JN299685

CREATING SIGNIFICANT LEARNING EXPERIENCES
AN INTEGRATED APPROACH
TO DESIGNING COLLEGE COURSES

学習経験をつくる大学授業法

L. Dee Fink
L. ディー・フィンク

Gary Hoichi Tsuchimochi
土持ゲーリー法一 監訳

玉川大学出版部

本書は
どれほど気にかけるのかで私を奮い立たせた
スティーブ・ポール
(1952-2001)
と
何百人もの教員に捧げられます。

Creating Significant Learning Experiences
An Integrated Approach to Designing College Courses

By L. Dee Fink

Copyright © 2003 by John Wiley & Sons, Inc.
All Rights Reserved.
This translation published under license.
Japanese translation rights arranged with John Wiley & Sons International Rights, Inc.
through Japan UNI Agency, Inc., Tokyo.

目 次

日本語版への序文　7
序文　8
著者の紹介　13

第1章　意義ある学習経験の創造── 教育プログラムの質を高める鍵 …… 15
　現行の授業法にどこまで満足か　16
　基本ニーズ── 学生のための意義ある学習経験　20
　教員── 変化についていけるか　22
　組織の変革── 実行したかどうかは別として、目下整備中！　25
　より効果的な学習は可能か　31
　コースデザインについて学ぶことの意義　36
　授業の新しい考え方への招待　39

第2章　意義ある学習の分類 …………………………………………… 41
　行程の始まり　42
　何が学習を意義あるものにするのか　43
　意義ある学習の授業目標の考案　47
　意義ある学習と大学教育についての文献　49
　どのように意義ある学習を達成するか　73

第3章　意義ある学習経験をデザインする 1 ── はじめるに当たって …… 74
　コースをつくる2つの基本的な方法　74
　統合的コースデザイン── 新しいモデル　75
　コースデザインからはじめる　81
　初期段階── 強い主要構成部分をつくる　82
　これまでのコースデザイン・プロセスの概観　118

第 4 章　意義ある学習経験をデザインする 2 —— 学習経験を形成する …… 119

- 初期段階（続き）　119
- 中間段階 —— 主要な構成部分を整合的な全体にまとめる　149
- 最終段階 —— デザインを仕上げるための 4 つの課題　164
- 2 つの一般的ティップス　169
- このコースデザイン・モデルの恩恵　172
- 統合的コースデザイン —— 要約　173
- 優れたコースデザインと「フロー」経験　176

第 5 章　教え方を変える …… 180

- 本当に実現可能か　181
- どのようにして、変化のチャレンジを克服することができるか　201
- 私は、どのように変わるのか —— 事例研究　205
- 何か違いが生じるか　222
- 結びのコメント　228

第 6 章　より良い組織的な教員サポートとは …… 230

- 現在教員が直面する問題　231
- 教員には何が必要か　232
- 大学からのサポート　233
- 4 つの提言　246
- 大学が行う「良い授業」への定義付けへの手助け　264
- その他の全国レベルの機関からのサポート　266
- より良い教員サポートのために、すべてを 1 つに　277

第 7 章　良い授業と学習に関する人間的な意義 …… 284

- 授業、学習、そして、人生を踊る　284
- 良い学習の意味と意義　286
- 良い授業の意味と重要性　289
- 授業に関する新しいメタファー　290
- 本書のアイデアが果たす役割　291
- 教員と学生の相互作用を最大限に引きだす　296
- 伝統的な授業方法をやめるべきか　301

良い授業の原則と精神　*302*
　　　起こりうる１つのドリーム　*303*

付録A　コース計画 ── 最終手引き ·· *306*
　　　初期段階　コースの最も重要な構成部分を構築すること　*306*
　　　中間段階　構成部分をダイナミックで首尾一貫したまとまりに組み立てること
　　　　　308
　　　最終段階　重要な詳細を大事にすること　*311*

付録B　推奨図書 ··· *316*

参考文献 ··· *329*
高等教育におけるパラダイム転換への対応 ── 訳者解説にかえて ··········· *336*

日本語版への序文

　私の著書が、日本語訳として刊行されることを光栄に思います。世界の高等教育は、個人や社会の生き方にとって、以前にも増して重要になりつつあります。個人において、高等教育は個人的、社会的、市民的、そして専門家としての人生のために、より良い準備として役立っています。社会において、高等教育は複雑な経済的、環境的、政治的、そして社会的な問題を解決し、それらの実現に必要な技能、判断およびビジョンをリーダーや追随者に授けるために役立っています。この偉大な使命を実現するために、世界のいたる所で高等教育のリーダーたちは、高等教育の量と質の双方を向上させる方法を探し求めています。

　日本の文部科学省は、全国の高等教育の質を向上させる必要性を早くから認識し、すべての大学の教授開発プログラム（FD）を義務化するという点で、世界の最初の国となりました。私は、これらのFD関連のリーダーたちが、キャンパスにおいて、より良い授業や学習を支援するために、本書が役立つことを願っています。

　私は、本書を翻訳するという困難な仕事を成し遂げてくれた各分担者、とくに、本書を監訳してくれた「ゲーリー」こと、土持氏の貢献に深く感謝しています！

　そして、翻訳者全員に深い謝意を表します！

L. ディー・フィンク
オクラホマ州ノーマン
2010年7月

序文

　本書は、現在、大学で教えられている2つの広範囲の問題に対応して書かれています。最初の問題は、大学教員の大部分が、「記憶する、理解する」タイプ以外の学びを越えた学習目標をもっているように思えないということです。いくつかは、応用学習、たとえば、問題解決、思考、および、意志決定のようなある一定の局面にまで広がっていますが、そのような応用学習バージョンを提供するものでさえ、例外的です。その結果、多くの授業で、教員が、情報をただ「詰め込んでいる」という感じを与えます。それは、特定の論題に関する情報や考えを収集して、学生の頭上にたれ流しているに過ぎません。授業が終わったとき、情報のたれ流しに何らかの関与をしているとの恐れがあります。

　2番目の問題は、ほとんどの教員が、たとえば、2つの伝統的な講義やディスカッション以外に、どのような教育活動をすればよいのか、理解できないでいるということです。大学の教室で、教員の実態を調査した研究があります。それは、教員が、1時間の授業の間に、質問を促す回数が著しく低下しています。学生が、教員に、あるいは、他の学生同士で議論するのはきわめて稀です。言語と能動的学習は、北米で重要視されていますが、具体的な実践は、未だに、悲惨で、遅れています。

　教員のもつこれらの問題の事実は、すべてが教員のせいだけではありません。彼らは、十分な準備とその困難について学ぶ大学院でのプログラムが行われてきませんでした。大学院生の時間は、優れた研究に専ら向けられ、そして、博士課程修了の院生が大学教員として専任の職に就くと、教育系の大学だったら、「教育に専念しなさい」、あるいは、研究系だったら、「研究と出版に専念しなさい」と言われることでしょう。どのように優れた教員になるかを学ぶ手段が与えられるのは稀なことです。そして、大規模な大学では「教員の第一義的な優先権は、刊行物を出すことです！」、と明確なメッセージを送っています。

主要メッセージ

　本書の目的は、高等教育で実践される教育方法を改善できるアイデアを提供することです。それを実現するために、最初に読者は、現在、教えているよりも、別の重要な教育方法があることを知る必要があります。次に、これらの新しい別

の教育方法が、学生や教員の両方にとって、良い結果をもたらすものであることを説得する必要があるでしょう。3番目に、この新しい方法を「どのように」教えるかを理解させるガイダンスが必要になるでしょう。最終的に、高等教育における機関と別の重要な組織は、そこでの努力を認めて、適切なレベルの奨励と支援を与える必要があるでしょう。私の希望は、本書の中で、すべての4つを記述することに成功し、教員が、世界で最も重要で、かつ、満足できる職業に従事する、新しい優れた教育方法を見いだす手助けをすることです。

　この目標を達成するために、教育と学習の新しいビジョンを、次の3つの主要な考えにもとづいて展開します。すなわち、意義ある学習、統合的コースデザイン、そして、優れた組織的サポートです。

意義ある学習

　最初のアイデアは、コースの学習目標を定式化するために、用語一覧を教員に示し、意義ある学習の新しい分類についてのものです。この分類は、「記憶する、理解する」を超え、さらに、応用学習をも超えます。学習中心の教育を実践している教員や大学にとって、この分類は、多様な意義ある学習方法の「道しるべ」を提供してくれます。

統合的コースデザイン

　本書には、統合的コースデザインのモデルが含まれています。このモデルは、授業デザインと優れた教育に関して、すでに刊行された文献に含まれる多くの考えが組み込まれています。しかし私は、教員と授業デザイナーが実践できる方法を、より簡単に新しい方法で示し、学生が意義ある学習、能動的学習や教育的アセスメントを促進できるようにします。また授業デザインの統合が強調され、相互にリンクされるときだけ、本来の力を発揮できることも示します。省察的対話がリンクされるとき、たとえば、学生を経験的な活動に取り組ませることを、より強力にします。学生を自己アセスメントに取り組ませる機会にリンクさせるとき、真正なアセスメントが、さらに重要になります。意義ある学習と統合的コースデザインの2つの概念が繋がるとき、教員は自らの教育を分析して、つくり直す新しい強力なツールをもつことになるでしょう。これらのツールは、何が価値があり、**なぜ**価値があるか、そして、他に何が教育をより効果的にするかを完全に理解することでしょう。

優れた組織的サポート

　最初の2つのアイデアが主に教員を意図したものです。しかし、教育に関する新しいアイデアを学び、実行するには時間、努力、そして、サポートを必要とします。これは、大学の教員がどのように教えるかを変えるのに強力なサポートを必要とすることを意味し、大部分は現在よりもより強いサポートを必要としています。第6章ではファカルティの6つの具体的なニーズにリンクし、より優れた組織的サポートのいくつかを提言します。必要とされるサポートの大部分は教員の機関からのものでなければならないでしょう。しかし、他の多くの組織でファカルティがどう働いているかもかなり影響を及ぼすので、より良く教えるために必要なサポートの役割についても言及します。

本書の構成

　本書の構成は、以下の通りです。最初に、現在、高等教育に何が起こっているかを説明します（第1章）。この状況は、私の見るところ、教える方法に大きな変化が求められ、同時に、どのようにするか、多くの新しいアイデアを提供しています。次に、本書では2つの主要な考えを展開します。最初は学習目標を設定し、新しい用語を提供して、意義ある学習の分類をします（第2章）。続いて、統合的コースデザインの主要な考え、学習目標を効果的に達成する新しいツールを教員に提供します（第3章と第4章）。

　教員は、どう教える方法を変えればよいかの提言の必要を感じているかもしれないので、このことについては第5章で記述します。教員たちが、個々の変化への対応の準備が整うと、彼らに影響を及ぼす組織からの優れた組織的サポートが必要になるでしょう（第6章）。最終的に、第7章では、すべてのグループが、21世紀の夜明けに、高等教育の変革に意義ある学習をサポートするために関われるよう、高等教育について、私のドリームを共有します。

意義ある学習に関するウェブサイト

　読者が、対話を続けるために、意義ある学習に関するウェブサイトを閲覧してもらいたい。ウェブサイトの主たる目的は、教員が質問し、成功を共有し、すべての教育的文脈で、意義ある学習を促進する貴重な材料とアイデアを収めることです。

　ウェブサイトの構造は、時間とともに、疑いもなく進展するでしょう。しかし、

議論リストやデザイン過程において、教員を助ける材料や意義ある学習を促進するコース記述も含むでしょう。

ウェブサイトへの URL は、http://www.designlearning.org です。

謝　辞

　この格言を現代風にパラフレーズすれば、「この本は、私一人では決してまとめることができなかった」(訳者注： 昔の格言に親だけではなく、同じ村 (village) に住んでいる人々が協力して子育てしてくれたという表現がある) ということです。これほど、本書について的を射た表現はないでしょう。私のビレッジで重要なことは、大学教育に関して書かれた他の多くのものから構成されているということです。ここで提示される主要なアイデアは、高等教育に関する多くの古典的な文献からのもので、いくつかの現代の刊行物からの興味あるものも含まれます。本書を一読し、参考文献や付録Bの推奨図書からも、私自身が、どれだけ深く、他の刊行物からの影響を受けているかがわかるでしょう。

　他のものは、さらに、直接的な形で貢献しています。ここで提示される質問やアイデアは、何年間も温め、そしていくつかの洞察をもとに、私がオクラホマ大学で「成人と高等教育における授業法の戦略」と題した授業で教え、1996年に具体化したものです。大学院生の授業での反応は、私に、そのアイデアについて探索、読書、創造、討論、テスト、そしてアイデアを改訂する集中的な道のりに着手することを促しました。

　その過程で、多くの人々は、道のりを促進する手助けをしました。オクラホマ、その後、アリゾナ大学で偉大な音楽教育者となったスティーブ・ポール (Steve Paul) は、1年半の間、提示された主要なアイデアに関する最初のアウトラインをバックアップしました。大学教育に関して、学究的に真の業績において、誰よりも優れている、ビル・マッキーチ (Bill McKeachie) は、アイデアの価値や本書の道のりの初期の段階において、重要な奨励を与えました。トム・アンジェロ (Tom Angelo) は、多忙なスケジュールにもかかわらず、初稿を読むために、寛大な時間を割き、修正のための指摘をしました。

　ここ数年間、私の大学や他の大学の教授たちは、インフォーマルな懇談や正式なワークショップにおいて、これらのアイデアを聞いてくれました。これは、決して、終わることのない仕事ですが、彼らからの応答は、教育で何に心がけ、どうすれば、うまく教えることができるかを考える人々にとって、重要な理解をす

るのに必要なことです。とくに、同僚のオクラホマ大学物理学教授ジョン・フルノー（John Furneaux）は、聞くだけでなく、アイデアの価値を試すために、彼の授業を提供しました。その結果については、第5章で共有します。

私の人生の早くからメンターとして仕えた2人、トーマス・ラドラム（Thomas Ludlum）とウィリアム・パチソン（William Pattison）に敬意を表します。2人が、私の個人的、そして専門分野での人生を通して、ガイドとして知的で人間的に卓越したモデルになりました。

以前オクラホマ大学、現在、ブリガムヤング大学ファカルティ・センターの准ディレクターであるリン・ソレンソン（Lynn Sorenson）は、本書が一貫して読めるように、書き直しや提言において、彼女の時間と専門性を惜しげもなく与えてくれました。

最終的に、教授開発分野で働き、草稿に対して、すばらしいフィードバックを与えたアレッタ・ナイト（Arletta Knight）の影響に言及しなければなりません。彼女は、本書が意義あるものになるよう、継続して精神的な励ましと貴重な提案をしました。私の人生にそのような人がいたことは、この上ない幸せです。しかも、それが私の妻であるとはこれ以上の幸せはありません！

著者の紹介

　L. ディー・フィンクは、オクラホマ大学教授開発プログラムセンター長および地理学兼任教授です。彼は、シカゴ大学から博士号と修士号、そして、キャピタル大学から学士号を取得しました。1976年に、最初に、オクラホマ大学大学院に就任したときから、地理学と高等教育の授業を担当しました。1979年に、教授開発プログラムセンター設立を提案して以来、センター長として勤めました。オクラホマでは、成人や寮生の学際的研究特別プログラムのカレッジ・オブ・リベラル・スタディーズに、15年間教員として勤めました。さらに、初年次学生を大学に適応させるためのコースのオクラホマ・ゲートウェイ・カレッジ・ラーニングの初代ディレクターを勤めました。

　20年以上におよぶ教育コンサルタントの仕事は、本書の考えの基礎となっています。何百人もの教員の授業を観察し、授業で学ぶ学生を充実させるために、個別に相談し、問題を解決し、頻繁に教員たちを議論とワークショップに導きました。教職歴に加えて、コンサルティングの経験は、大学の教員の状況、考え方、心情、そして行動に親密さを与えました。

　全国的、そして国際的なファカルティ・ディベロップメントでも活発に活動しています。1981年に、ファカルティ・ディベロッパーのグレート・プレインズ地域コンソーシアムを開始して、20年以上、専門的組織的開発（POD）高等教育ネットワークのメンバーとして執行部委員となり、1990年代前半以来、POD 年次会議「初任者ファカルティ・ディベロプメント」のワークショップを共同指揮しています。ASHE-ERIC 高等教育レポートと機関誌 *Staff, Program, and Organization Development* 編集委員を歴任しました。2002年に、POD ネットワーク会長に選出されました。これは、北米におけるファカルティ・ディベロプメントの最高の組織です。

　1989年 AAHE ジェイミ・エスカランテ（Jaime Escalante）「スタンド・アンド・デリバー（Stand and Deliver）」賞を受賞しました。そして、1992年、オクラホマ大学カレッジ・オブ・リベラル・スタディーズから「顕著な教員賞（Outstanding Faculty Award）」を受けました。

　彼の最初の主要な刊行物の1つは、1984年に Jossey-Bass 出版社の *New Directions for Teaching and Learning*（No. 17）に発表された大学教員をスタートす

る100人の実証的研究でした。以来、大学教育、大学教育の評価、新任教員、そして、教育開発プログラムに関する多数の論文や著書の分担章を執筆しています。また、*Team-Based Learning*（Praeger, 2002）の共編者でもあります。彼の専門職としてのウェブサイト URL は、www.finkconsulting.info です。

第 *1* 章

意義ある学習経験の創造
―― 教育プログラムの質を高める鍵

> 教授たちが教員ではなく、学習経験の設計者になるまでは、より高くより良い高等教育のニーズに対応することはできないだろう。
>
> Larry Spence（2001）

　毎年、アメリカ国内だけで50万人を超える大学教員が授業準備に当たり、1,500万人もの学生が勉強しに来ます。ほとんどの教員は、通年4単位から8単位を教えています。この仕事をするにあたっては、選択肢が2つあります。1つは、いままでどおりのやり方を続け、それぞれの専門で長い間培われてきたような教え方と同じことを繰り返す方法です。もう1つは、学生の学習の質を著しく向上させるような何か特別で違ったことをやろうと夢見ることです。このオプションは、教員がすべてのレベルにおいて、どこでも直面している問いかけにつながります。すなわち、「変革すべきか、どうか」という問いです。

　教育が広く行われ、個人の生活と社会全体に深い影響を与えていることからいって、このような永遠の問いにどう教員が反応するかということは、重大な意味をもちます。私たちの反応は、どのような要因に影響されているのでしょうか。本章と本書全体では、この問いに対していくつかのアイデアを提示しようと思います。スペンスが本章冒頭の引用で述べているように、私も大学教員が、教育プログラムの質を著しく向上させるため、高等教育においてより効率的に授業設計に当たるべきだと考えています。

　この最初の章の主な目的は、異例かつエキサイティングな現在の高等教育の状況について述べるとこにあります。いろいろな展開が、教育プログラムの質を向上させる非常に強い必要性を生み出すに至りました。同時に、ここ数十年の間、教育に関するたくさんのアイデアが生まれ、それらは大学教員がこの状況に独創的に対応するための、異例なくらいのチャンスを与えたのでした。本章の最後の方では、授業設計が新しいアイデアを統合するのによいのはなぜか。また、それ

がほとんどの教員が自分の教育の質と学生の学習を向上させることができる唯一重要な変革を成り立たせているのか、という理由を私見ながら提示します。

現行の授業法にどこまで満足か

学校を離れて検証したときは、現在の教育実践は適当というより非常に優秀であるといえます。私たちのサービスに対する需要は、依然高い。高卒の大学入学志願者は50%を越え、増加し続けています。大人が何らかの形で高等教育プログラムを履修する割合も依然として強い伸びを示しています。加えて、アメリカの高等教育は、世界中の学生にとってまだまだ魅力的です。

ところが、学校の内情と学生の学習の質について精査すると、決して楽観視できない状況が浮かび上がります。そもそも、大学生は自分に果たされた学習をどのくらいこなせているのか。大学で学生が学ばなければならないこととは何なのかは、人によって当然意見の分かれるところですが、大学4年生を対象とした次のギャラップ調査の結果を問題ありとする人は多いと思われます（Heller, 1989）。

- 42%はコーランがイスラム教の聖典であることを知らなかった
- 42%は、南北戦争が1850年から1900年の間に起こったと答えられなかった
- 31%は、南部諸州の再編入を第二次世界大戦の後に入れた

さて、半分近くもの大学生が、こんな簡単な一般常識さえも答えることができないというのも相当ひどいことですが、私を含む大多数は、こうした「暗記物」が高等教育のゴールでないこともよく知っています。大学とは、人々が複雑な思考や論理に携われるようになるために努力をするところであるはずです。さて、こちらのほうはどうでしょう。

Amiran（1989）は、カレッジ学生を対象に省察的思考とメタ認識に関するテスト結果から多角的で突っ込んだ研究を行い、次のような結論を得ました。

- **読解力**　論述文において、学生たちはその論旨と論拠を示すことはできたものの、在学期間中ずっとその論述文が暗示していることは示せず、著者の推論を明示できず、その論述文と自分の生活や社会との関連について考えることができなかった

- **内省的思考力**　ほとんどの学生は内省的思考ができていなかった。問題解決や理論付けの能力が弱く、与えられた問題を解決するための推論ができなかった
- **科学的論理力**　科学的思考とは何か、経験科学的方法論とは何か、因果関係を立証するための制御の大切さ、調査者のバイアスについて知らなかった
- **歴史学的論理力**　事件を年代順にまとめたり、事件どうしの因果関係を見たりする力が弱かった

　これらのデータが意味しているのは、高等教育は今日の社会が求めているような一般常識もなければ、複雑な思考力や論理性をどう使うのかといったこともわからないような大卒者を生み出している、ということです。

これらの欠点の根本

　根底にある問題は、教員が学生により高度な学習を望んでいるのにもかかわらず、そうした学習に効果的でないような教え方を使い続けていることです。インタビューをすると、批判的思考を高度な学習のゴールに据えているという教員がよくいます。それなのに、ずっと昔から、彼らは授業をするとき講義にばかり頼っています。5種類の異なった形態をもつ学校（小規模私立カレッジを含む）で1,800人の大学教員を対象にした研究によれば、73～83％が講義を主な授業方法としてあげました（Blackburn and others, 1980）。この割合は、ここ10年間ではおそらく減少傾向にあると見られますが、私の大学教員とのやりとりでも、講義がやはり圧倒的な授業方法です。

　非常に良質の講義であったとしても、講義は学習にどんな結果をもたらすのでしょうか。ある長期調査によれば、講義が学生にとってあまり効果的でなかった点は、次のようでした。

- 授業後に情報を身につけること
- 新しい状況に知識を応用させる能力
- 考える力や問題解決のスキルの上達
- より深い学習への動機付けや態度の変化につながるような情緒の発達

　イギリスのノーウィッチ大学では、特別に効果的な内容の講義をつくり、教員

が授業するという実験を細心の注意を払って実施しました（McLeish, 1968）。学生には、事実関係、理論、内容の応用に関するテストを与えました。講義ノートや授業のまとめのプリントの持ち込みが許されました。講義直後、平均で授業内容の42％分を学生は覚えていたのに、1週間経つと全く同じテストにもかかわらず、理解度は20％にまで落ちてしまいました。

アメリカで行った別の研究では、通年開講の経済学概論を受講した学生としない学生を比較しました（Saunders, 1980）。両方のグループの合計1,200名以上の学生に、その授業内容についてのテストを実施しました。

授業終了時点では、受講した学生はそうでない学生の20％しか理解度が上回りませんでした。2年後、両者の違いは15％でした。7年経つと、その差は10％に過ぎませんでした。

こうしたいくつかの実験結果（その多くは、Lion Gardinerによる優れた研究（1994）にまとめられています）を総合してわかることは、現在行われている教え方がうまくいっていないということです。学生たちは、基礎的な一般常識さえも学ばず、より高度な認知能力も身につかず、学んだことをよく覚えていません。それどころか、授業を取った学生と取らなかった学生の間に大した違いが認められないのです。

こうした問題を人々は懸念しているか

明らかに、すべての人が現在の教え方が招いている結果について懸念をもっているわけではありません。そのような懸念をもっていたら、根本的な変革をするプレッシャーをもっとずっと感じているはずです。反面、多くの大学教員や学生や世間が示す学生による学習の質についての反応をみると、確かに、何かがおかしいという意識が現れてきているのがわかります。

大学教員の懸念　　大学教員と話をしてみると、彼らは、授業出席の低さが最も大きな関心であるといいます。低学年クラスの場合、学期の中間で毎日の出席が50％ほどになってしまうといいます。問題点は、他にもあります。学生は文献を読んでこない。活発な議論にならない。学びよりも成績を気にする。テキストがどんどん肥大化するので、教員が内容を把握するのもどんどん大変な作業になります。多くの教員が、教えることの楽しさを失ったと話します。教え方を変えようとしても、学生も同僚も大学も味方についてくれないと感じています。

学生の懸念　　学生側の懸念も、同じようなところにあります。ただ座って

ノートを取って試験に終わるだけの授業はつまらない。勉強している中身の価値や意義が自分でもよくわからない。彼らにとってもテキストはどんどん肥大化していて、それは金銭の問題だけでなく、それだけたくさんのことを試験のために習い、マスターし、覚えなければならないことを意味しているのです。

自分が受けている授業に対する学生の反応について詳細に調査したある研究（Courts and McInerney, 1993, pp. 33-38に要約）では、学生からの批判は、彼らが受けている授業の質、教員の教え方、期待されている到達目標のレベルに集中しました。最も顕著に見られた懸念は、情報の伝達のためにもっぱら講義と問題集に依存する教員側の傾向、相互交流の欠如、何人もの学生が指摘した「体験的学習（ハンズオン・ラーニング）」にありました。そのほかにも、次のような結論もありました。

- 学生は自己学習ができていなかった。彼らは、問題に独自にアプローチして答えを出す自信がなかった
- 学生は、自分の学ぶべきことがきちんと学べていない、という思いを強くもっていた
- 多くの学生が、自分は教員に大切にされず、勉強や交流を促すように扱われてもいないと思っていた
- その結果、学生は勉強したくもなければ勉強する必要性を感じることもできないような何かに、わざわざエネルギーや情熱を注いで取り組まない、ということになる

私も勤務校の内外で学生に声をかけてみると、やはり彼らもばらばらで孤立しているように強く感じているのがわかります。このばらばらな感じは、授業内容が互いに連関しておらず、ただ「この科目」「あの科目」と並んでいるだけで一貫性がないという観察から来ています。孤立感は、学生同士で科目に関係することを、教室内外であまりやりとりしないことから来ています。最終的にどうなるか。それは、学生の低い知的努力であります。ほとんどの大学教員が授業時間1時間につき2時間の自学自習を期待しているのに、学生の自学自習時間はそれよりもずっと短い。3単位の授業を5コマ履修している正規学生ならば、30時間の自学自習をしなくてはならないと教員から期待されているにもかかわらず、研究によればほとんどの学生の自学自習時間は、全部の授業の分を合わせて、1週間

あたり6時間以下です。彼らは、ほとんどの時間を遊んだり、バイトをしたり、テレビを見たりして過ごしているのです（複数の研究による、Gardiner, 1994, p.52を参照）。

世間の懸念　　世間も、この国の高等教育が貧しいと感じ、懸念を募らせつつあります。これは、多くの州議会において、アカウンタビリティ制度や競争的予算配分への動きを後押しする原動力となっています。5年前の『高等教育新聞(*Chronicle of Higher Education*)』によれば（Carnevale, Johnson, and Edwards, 1998）、当時の時点で、「11の州が公教育機関の成績評価を予算に導入し、さらに、15の州が5年後までに導入する」。その2年後の『高等教育新聞』では、テキサス大学の全組織に適性試験を課すという、評議会からの提案についての論文が掲載されています（Schmidt, 2000）。その論文には、「より多くの州が公立大学、学生、またはその双方に、一定水準を維持するための大規模な適性試験を導入（する見通しである）」と書いています。全米高等教育経営システムセンター（NCHEMS）からの引用では、過去2年間「基準試験を高等教育政策における審議対象として、真摯に検討あるいは試験導入する州の数が増加している」としています。

　明白に、世間は私たちが高等教育の質を向上しなければならないと信じています。しかし、何が変革に必要なのでしょうか。

基本ニーズ ── 学生のための意義ある学習経験

　これら複数レベルでの懸念の根底にある根元的なニーズとは、学生が意義ある学習経験をもてるようにするということです。これが、高等教育においてもっと頻繁かつ持続的に現れるようになれば、教員、学生、保護者、教育機関、社会の全員が、高等教育の質に現在よりも満足するでしょう。

意義ある学習経験

　この問題をより具体的にする1つのやり方は、学生にとって、意義ある学習経験が得られるような方法を探すことです。もしも、私たちが、学生やその他の人が本当に意義あると認めるような学習経験を示しつくり出すことができるようになれば、高等教育の質を著しく高める努力に大きな進歩が見られたといえるでしょう。では、そのような学習経験とはどのようなものでしょうか。

表1-1　意義ある学習経験の特徴

プロセス：
- **エンゲージ**　　学生は、自分の学習にエンゲージ（関与）させた状態にある。
- **高いエネルギー**　　クラス内のエネルギーが、高いレベルにある。

結果、成果、波及効果：
- **意義があり長期に及ぶ変化**　　科目の結果は、学生に意義ある意識変化をもたらし、科目履修後も卒業後もその意識変化は続く。
- **人生における価値観**　　授業終了後も学んだことが学生個人の生活に影響を与え、組織や共同体への参加や就職の準備にあたって、その後の人生において価値観を形成する可能性をもつ。

　このことばの中心理念は、教えが他者から見て、「あの学習経験は、この学生たちの人生に本当の意味で意義あるものになった」といえることです。さて、どのようにしたら、このような学習経験をきちんと定義し、特徴づけることができるでしょうか。

　完全な定義のためには、まず、学習経験がプロセスと結果の領域をもっていることを認識する必要があります。そして、そのそれぞれは、表1-1のように、2つずつの特徴をもちます。

　強い学習経験では、学生は自分の学習に取り込まれており、高いエネルギーのレベルが保たれているので、プロセスの全体において意義ある結果をもたらします。学生は、科目全体で勉強するだけでなく、科目の終わりには何らかの形で有意義に変わる――そうなれば、何か大切なことを学んだのだといえます。この学びには、彼らの人生を大きく変える可能性があります。私の見方では、意義ある学習経験は、次のような価値を1つ以上もっています。

- **個人の生活を高める**　　芸術や音楽に親しむ、人生哲学に関する思索を深める等
- **共同体に参画し貢献する**　　家庭、地域共同体、国民国家、宗教団体、各種団体、国際社会等
- **就職の準備をする**　　専門的な職場で役立つために必要な知識、技能、態度を養う

アナロジー

　私が食いしん坊なせいか、大学における意義ある教育体験はレストランでおいしい食事を楽しむ体験とよく似ているように思えます。人にもよるでしょうが、普通に考えて選りすぐった品ぞろえ、味のいい料理、心遣いの行き届いた接客の3つともそろっていれば、その店は申し分ないといえます。その1つでも落としたら、店の評価はぐんと下がります。だが、一番落としてほしくないのは、料理の質です。そうでなければ、料理屋の看板を出す意味がありません。店が味を落としてしまったら、どんなにメニューが凝っていようが、従業員が親切だろうが、わざわざ足を運ぼうとは思わないでしょう。

　高等教育も同じです。大学は良質のカリキュラムをまとめ、良い授業をし、学生にきちんと対応できる教員を確保しなければなりません。その1つでも良くできていなければ、教育体験の質は非常に落ちます。だが、中でも授業の質は、決定的に重要です。そのために、みんな大学へ通うのですから、肝心の授業がいいかげんだったら、どんなに立派なカリキュラムであろうが、教員が優しく親切だろうが、その教育体験のトータルは最悪です。

　もし、学生が、より意義ある教育体験をもてるように、私たちが高等教育を改革し改善したいのなら、教員側も大学側も大きな変革を経なくてはなりません。でも、そんなことが本当にできるのでしょうか。

▍教員──変化についていけるか

　教員サイドがもっている問いは、「自分は、新しい教授法のために時間と労力をかけるべきだろうか」でしょう。普通の大学教員は、すでに限度を遥かに超える授業や研究や管理運営業務に忙殺されています。だから、先生方にこれ以上新たに教える能力の向上を求めようとするのは容易なことではありません。ということは、先生方が「イエス。自分はよりよい教え方ができるように勉強しなければ」と返事できるような理由があるかどうかが問題となります。それに見合うメリットとして、必要な時間と労力だけの価値と効果が見込まれているでしょうか。

　この問の答えは、教員自身の中にあると思います。私自身の経験と信念からいって、たいがいの大学教員は自分の授業がどんな風だったらいいか、密かにドリームを描いているのに、自分が実際に教えている教室の現実との間には往々にして大きな隔たりがあるものです。でも、そんなドリームをもって、もしも、そ

れを現実に変えようと望むだけの気力が教員にあれば、たぶんこんな返事が返ってきます。「そう。よりよい教員になるために学ぶことには意義がある」と。

　みんなそんなドリームをもっているだろうか。とんでもない、小さなドリームではなく、みんなすばらしいドリームをもっています。私は、2001年から、西はカリフォルニアから東はコネチカットまで、大きな州立大、公立・私立のカレッジ、専門学校、コミュニティ・カレッジなどでコースデザインのワークショップを数え切れないほど指導してきました。何かをデザインするということは内在的にクリエイティブなことなので、研修に参加した教員の独創性を高めるために、「ドリーミングとイメージング」という練習をまずやります。

　　　次のことを思い浮かべて下さい。あなたには完璧な条件が与えられました。そこでは、あなたの学生は指示したことならば何でもこなします。彼らは、言われたらどんな文献も読みこなし、どんなレポートも作成できます。期日はしっかり守り、しかも、出来映えも完璧です。そんな特殊な条件下で、あなたは教員としてどんなことでもでき、どんな影響を学生に与えることも望み通りです。たった1つの拘束は、もちろんあなた自身の想像力です。

　　　では、質問します。この最高に美しいドリームの中で、あなたは学生にどんな影響を与えたいと思っていますか。つまり、科目が終わってから、1年か2年ほどが経って、あなたの授業を受けた学生たちが、そうでない一般の学生と違うところがあるとしたら、それはどんなことですか。あなたが施した教育がはっきりと学生たちに影響を残したもの、それは具体的に何ですか。

この質問にかける先生方の熱気はいつも相当なもので、実際に返ってくる答えはいつも全くすばらしいとしかいいようのない、どれも賛嘆するものばかりです。典型的な回答をいくつかまとめてみよう。

　　　「私のドリームは、1年か2年ほどが経って、学生たちができるようになっていること、それは○○のこと」

- 学んだことを実生活で活用したり応用したりできるようになっている
- 世の中をもっとよくするような道をみつけている
- 強い好奇心をもつ
- 生涯にわたって学び続ける
- 「学びの楽しさ」をつかんでいる

- 何をしているにしろ、自分のやったことにプライドをもっている
- 仕事や私生活では環境作りが大切なことがわかっている
- 自己や他者の信条や価値観や行動と自分自身との関係がよくわかっている
- 障害や問題に行き当たったとき、枝葉末節でなく全体をみて判断したり、多角的な視野をもったりできる
- 世の中を変革する必要を認め、行動する
- 型にはまらない問題解決能力をもっている
- コミュニケーション能力のような、生活に必要な技能を身につけている
- 授業で教えたことを最低限でいいから理解し使うことができる
- いつもポジティブでいる。人生のどんな苦労や困難に直面しても
- 人の先導者となる
- 批判的思索者として成長し続ける
- つねにより良くあろうとする

このドリーミング訓練のあとで、研修者には自分のドリームを何か芸術的な方法で表現してもらいます。それは、詩でも、曲でも、パントマイムでも、寸劇でも、何でもかまいません。絵を描くというのが一番多いですが、どのワークショップに行ってもほかの表現もみられます。それから、研修者は小グループに分かれてメンバーのドリームをお互いに共有します。その後で、小グループを代表して研修者全員が共有できることをグループ発表します。

ドリームを具象化して分かち合うことは、いろいろな意味でドリームをよりふくらませ強めることになります。ここに紹介するのは、アジア系アメリカ人研究を専攻している、カリフォルニア大ノースリッジ校のGina Masequesmay教授が見たドリームです。先生はこんなドリームを見ました。

　　私のドリームは、学生が**批判的に思考でき**、それを日常生活に活用でき、公平な世界が訪れるよう、その知識と思いを他者と共有できるようになることです。
　　批判的な思考を可能にするには、まず知と正義がつねに権力によって支配されていることを認識することです。つまり、誰の世界観も社会的立場によって偏っており、このためにどんな物の見方も一面的に過ぎない、ということです。そうして、世界に何が起きているのかをなるべく完全に知るためには、何かの権威を疑いもせずに従うのではなく、自らの視野を狭めている偏見や文化のレンズから抜け出して、つまり「批判的に」物事をみつめ直すように省察するのです。

グループの他のメンバーは、彼女のドリームに自分たちのものを付け加えました。批判的思考、思い、省察的思考の共有、持続性、過程をふまえながらこの学びを身につけるといったことを整理しました。
　これらは、本当にすばらしいドリームだと思います。もし、こんなドリームをかなえる方法がわかったとしたら、高等教育はずっとエキサイティングな経験になり、学生は現在行われているのとは全く違った教育を受けて卒業するでしょう。
　このようなドリームは、当然、教員が働き、ドリームを叶える現場でもあるところの高等教育組織が、教員の変革を後押しできる態勢にあるかどうかも、同時に問うているのです。

組織の変革――実行したかどうかは別として、目下整備中！

　教員は、組織の後ろ盾がなくては改革するかどうかを決断することができません。新しい取り組みをするためには、組織がより良い学習と授業を目指す必要を真摯に感じているか、そして、教員が新しい教え方を開発するのに求められる時間、励まし、必要な知恵を貸すセンター組織、手当等々を与える覚悟が本当にあるのか知っておかねばなりません。では、大学組織には、改革する準備があるのでしょうか。各界の見方は、変化は組織が選択したり、オプションにしたりできないということです。それは、不可避なのです。組織が準備できているかどうかに関係なく、変化は必ず起きます。では、その変化とは何か、そして何が変化を促しているのでしょうか。

組織改革を促している力とは

　ここ10年ほどの間、高等教育が根本的に変貌するだろうと予測する声や、そうした変化を促すような声が、たくさん聞かれるようになりました。それらの一部は、技術革新によってもたらされる構造的な変化を予見したものです。そうした変化の中には、「良質な学習」とは何かについての新たなビジョンの必要性や、そうした学習を促すような教育法の必要性があります。
　DolenceとNorrisによる短いが先駆的な著書『高等教育の変革（Transforming Higher Education）』（1995）は、そうした声の1つですが、そこでは産業社会から情報社会への移行期に起きる、根底を覆すような社会変容について概観しています。この変化がもたらす結果の1つは、高等教育を含むほとんどの社会組

表1-2　工業化時代と情報化時代の高等教育

工業化時代：	情報化時代：
教える側主体	学ぶ側主体
教える側主導の集団学習	個別化した学習
情報インフラは補助的役割	情報インフラは変化に中心的役割
個人の技術	技術の相乗効果
教育に時間制限あり	学びたいときに学べる
継続的な教育	永続的な学習
分離された学習システム	融合した学習システム
従来型の授業科目、学位、時間割	学習者のニーズに即して解放された学習体験
教育と修了書の結合	学習と修了書の関連、分離の問題
学期単位による入学金支払	知的財産の対価としての支払い
断片的、狭量的、独占的システムの集合体	シームレス、統合的、開放的システム
官僚システム	自己認識、自己修正システム
硬直化、計画化した手順	学習者、教員、スタッフのニーズを臨機応変にカスタマイズ
テクノロジーからの圧力	学習ビジョンによる牽引

出典：Dolence and Norris, 1995, p. 4.（引用許可）

織が変容するということです。そのとき、人々が何をどのように学ぶべきか、ということに関して、社会も個人の学習者もこれまでと全く違ったニーズをもつようになるといいます。DolenceとNorrisがいう、工業化時代と情報化時代における学習の違いの特徴は、表1-2を参照。

　情報技術のもつ特性として、高等教育の変容を促す最も大きな力は、従来型の教育組織のままでは、高等教育を唯一行うモノポリーとしての「最高学府」の座から転落するようになる、という事実です。現実に、大学企業、フェニックス大学（専用サイトとオンラインで授業を提供するサイバー大学 http://www.uophx.edu を参照）、バーチャル大学（完全なオンライン方式によるサイバー大学 http://vu.org を参照）など、新しい教育の提供者が、学習者に現れ始めているのではないでしょうか。工業化時代のモデルによる昔ながらの工場みたいな大学もたぶん存在しているでしょうが、どんどん不利な競争を強いられることになろうとしています。そうした古びた大学組織は硬直化しているために、プロセスと生産物（卒業生）にのみ固執するかわりに、結果（意義ある学習）に目を向けることがなく、このため、運営コストも高いままです（Dolence and Norris, 1995, p. 11）。もしも、学士課程のパッケージにはめ込まれている現在の授業を個別化して、学

習者が本来必要としている質の高い学習体験だけを修了証で認定し、しかも、履修に便利で学費も経済的に提供することに成功するような業態がついに登場したとします。そうなったら、旧態依然とした大学からは大勢の学生が流出することは避けられないでしょうし、むしろ、そうなってしかるべきです。いうまでもなく、そのときまでに従来型の組織が大きな自己変革を遂げ、そうした社会の変化に対応できるようなプログラムをつくっていれば、それはもちろん別の話です。どちらにしても、必要最低条件は、質の高い学習体験を提供できるかどうかです。それをどうやったらより良く、より速やかに、さらに、低コスト（金銭と時間や労力から計算して）で実行できるかをつかんだ大学に、アドバンテージがいくでしょう。

　ほかに、こんな変化が起きると考えている人はいるでしょうか。Frank Newman 元米国教育委員会会長も、根本的な変化が高等教育に起きることをやはり確信しており、変化の中身とそれを促している４つの力を明らかにして示しています（以下のコメントは、2000年夏にアクセスした「未来プロジェクト・ウェブサイト」http://www.futuresproject.org から引用しました）。Newman によれば、その４つの力で最初の変化は、**情報技術**です。この技術は、科目とカリキュラムのすべてを完全にオンライン化するところまで成熟しており、しかも、一般社会に急速に広がりつつあります。この情報技術の発達は、次の変化すなわち教育産業への**新規業者**の参入という新しい流れを刺激することになります。企業や営利目的の教育会社は、従来の学位プログラムと共に学習パッケージをオファーしながら急成長します。この新規業者と新しい様式による教育サービスの提供は、第３の力、すなわち**高等教育のグローバル化**をもたらします。教育組織は、アメリカの内外で全世界を舞台に科目や学位をマーケティングし提供するようになります。その明らかな例としては、世界にビジネスの学位を提供している、アメリカの４大学（シカゴ、スタンフォード、コロンビア、カーネギー・メロン）が連携して立ち上げたカルデアン大学や、ロンドン・スクール・オブ・エコノミクスなどをあげることができるでしょう。

　最後に、これらの変化の流れは**新しいタイプの学生**を生み出します。アメリカでは、中高年、マイノリティ、第一世代がどんどん高等教育の新しい学生になります。加えて、今までのような学生は、よりコンピュータに慣れ親しみ、その多くはパート労働を抱えて高等教育にやってきます。ある者は従来型の大学教育に進むだろうし、また、ある者は世界中で展開している業者が提供する新しい教育

を、自分の部屋にいながらにして受けるようになります。

　ニューマンの予測では、変化を促すこれら4つの力は、近い未来に高等教育における競争をそれまで以上に激化させ、産業全体の構造がもっとずっと学習者中心になるといいます。高等教育機関が変化を受け入れなければならないという、新たに大きなプレッシャーに直面している現状では、彼の予想はある程度当たっています。もしも、そのときが来たら、大学やカレッジの上層部は、今までになかったような大きな変化に備えることになるのです。

正しい変革を導くために

　大学経営者や管理職がこの大変革の時代を迎えるに当たって、もちろん問題となるのは、彼らが変われるかどうかではなく、**どのような改革**を行うかです。歴史的にみても、アメリカの高等教育は、改革を求める声が一定程度強くなってから行われてきました。たとえば、19世紀半ばには応用を重視した教育機関を設置するための学校法人制度が整備され、19世紀年代後半では、分野ごとの専攻研究や学科に再編され、20世紀の半ばには高等教育の大衆化が進められました。

　1980年代以降、また新たな改革を求める声が上がり始めました。それが、学生がどのように、何を学習するべきかを改めるということなのです。また、こうした声は、国の機関や有識者のように、高等教育の外部にいる者がもつドリームを映し出しているのです。

　国の機関　この問題について、初めて注目を浴びたのは、国立教育研究所（NIE）が設置したある調査会です。その報告書「学習の関与」（1984）では、これまでアメリカの高等教育に起こった変化を肯定的に評価しながらも、いくつかの課題に懸念を表しています。それは、学生の到達度の問題、4年制の専門教育のタコツボ化、大学教員という仕事への魅力の減退、その他でした。他方、報告書は、従来型の評価方法も、資料やインプットに偏重し、「高等教育の結果として学生が何を学びどれだけ成長したか」（p.15）に焦点を当てていないのは不十分であるとし、さらに「学生の知識」だけでなく、「能力、スキル、在学期間の学習態度」（p.15）にも、改善が見られなければならないとしました。この報告書の内容は、「コンテンツ教育」批判の最も早い例の1つです。

　それから1年後、アメリカ・カレッジ協会（AAC）が「学士課程における意義と目的の再定義に向けたプロジェクト」を立ち上げました。その報告書は、前述のNIEレポートよりもさらに踏み込んだ、危機感の強い調子になっています。

その序言は、アメリカの高等教育に警鐘を鳴らすものでした。

> アメリカにおける教育の失敗は、1980年代の重大な懸念となりつつある（略）。この報告書では、米国教育の危機が教育の劣化と大学教員が増長させているものとして（略）。
> 大学カリキュラムは、野放し状態であり、大学の存在意義がその内容と目的ではなく、ほとんど通学することのみであるとさえ感じさせるものである（AAC, 1985, pp. 1 - 2）。

この小委員会メンバーは、現在のような専門と一般教育からなるものとは、全く異なったカリキュラムを大学教育における新たな基準として提案しています。すなわち、学生が「どのように学習するか」という学びの態度について教育するということを中心に据えた新カリキュラムの提言です（p. 24）。
全米州立大学・土地付与大学協会（NASULGC）が出した報告書も、同様に、高等教育における重要な価値観と基本的な生活技術を学生が学べるように提言しています。

> 私たちは、こうした努力をもっと評価しなくてはならないことを強調したい。私たちが直面している、教育における最も高いハードルは、人間性、良心、市民感覚、忍耐、礼儀正しさ、それに個人的ならびに社会的責任感を学生たちに涵養することにある。こうした社会的義務につながる徳性を無視するようなことは私たちには許されていない。これらは大学生の一部でなくてはならず、付属物であってはならない（NASULGC, 1997, pp. 12-13）。

同じ時期、高等教育におけるサービス学習のために組織されたキャンパス・コンパクトという団体は、ウィスコンシン州ウィングスプレッド・カンファレンスセンターで開催された「研究大学の公共的責任」と題した会議を共催し（Campus Compact, 1998）、報告者は「研究大学は、学生を責任ある市民に育てるとともに、教員の専門知識を一般社会全体の改善に役立てるように促さなくてはならない」との考えを示しました。もしも、「責任ある、活きた市民感覚」を学生に学ばせるとしたら、必要なことは何か。それは、「技能を学び、習慣とアイデンティティを高め、（学内外や世界にとっての）公共の幸福に貢献するような知識を習得する」ことでなくてはなりません。

専門予備教育　多くの研究が、様々な種類の専門予備教育を対象として、それらの教育現場において学生が何を学ぶべきか、そして、学生が学ぶべきことが時代と共にどのように変遷してきたかについて行われてきました。ビジネス教育

に関する主な研究では、Porter and McKibbin（1988）がビジネスカレッジの学部長と企業 CEO を対象として、学部教育と大学院教育の役割においてどのような変化が求められているかについて、意識調査を行っています。彼らが推奨するのは、とりわけ管理職や指導者としての人間力のスキルを高めることと同時に、企業や社会活動に取り組み、生涯学習または継続学習への前段階とすることでした。

より近年では、技術職の認定団体（技術工学教育基準委員会、通称 ABET）が、より進んだ学習法の需要に踏み込み、特定の学習法について独自の認定基準に組み入れました。この新たな基準は、2000年度からの実施だったことから ABET 2000基準と名づけられ、工学系の学生が卒業までに身につけるべき学習について具体的に示しています。それらは、顧客ニーズに合致したシステムデザインといった個別の技能や能力、コミュニケーション能力のような一般的な能力、技術的な問題解決の国際社会への波及効果への理解などの広い専門的知見です。

ほぼ同時期に全米科学財団（NSF）付属の諮問委員会が、科学、数学、工学、技術（SMET 科目）について国内の学部教育に関する検証を行いました。『未来を創る（Shaping the Future）』と題されたその報告書では、アメリカにおける理数・工学系の基礎研究は世界トップレベルなのにもかかわらず、教育は同水準に達していないという結果を出しています（1996, p. iii）。これらの分野の教育は、国際的にも専門的にも重要であることから、SMET 科目はきわめて深刻な問題に直面しているといえます。学生が学ぶべきこととは何か？　この報告書では、SMET 科目教員に対して、現代社会の要望に即した態度と能力を身につけるべきだと提言しています。とくに、意思疎通、チームワーク、生涯学習のスキルアップなどのために、新しい学習法に取り組むべきである、と訴えています（同掲、p. iv）。

識者が求める新たな学習法　　国や専門家組織だけでなく、高等教育の有識者のなかにも学習の変化を求める声が多くあります。Lion Gardiner の『高等教育の再設計（Redesigning Higher Education）』（1994）は、その代表です。政財界のリーダーを対象とした大規模な調査の結果、ガーディナーは将来的に市民や労働者が必要とする教育について共通する項目をいくつか見出しました。彼は、それらを「重要能力」と名づけ、以下のような人間性や能力をリストアップしています（同掲、p. 7）。

- 人柄、責任感、信頼性
- 首尾一貫した品格の備わった行動力
- 読み書きのコミュニケーション能力
- 協調性とチームワーク
- 判断力と問題解決力
- 自分と異なる人をありのまま受け入れる能力
- 環境変化への適応力
- 常に学ぼうとする向上心と熱意

　これらの能力のうち、判断力については Richard Paul が、カリフォルニア・ソノマ州立大学・判断力研究所で行っている研究で明らかにしました。彼は、『批判的思考力（*Critical Thinking*）』（1993）のなかで、われわれの暮らしはますます急速に変化し、なおかつ複雑になっていることを、2つの重要な特徴であると指摘しています。この見地から、彼は、「未来の労働とは、頭でする労働すなわち知的労働であり、理論的思考と個人の知的鍛錬が求められるような労働である」と結論づけています（同掲、p. 13）。Paul は、私たちは多様に育ち、多様に働き、多様に学ばなければならないというのです。
　高等教育では多くの教員が批判的思考力を身につくような教え方をしていると信じる傾向にありますが、Paul らによる140人の大学教員について行ったある調査では、批判的思考力に関して、ほとんどが底の浅い取り組みしかしていないことが明らかとなりました。75〜80％の教員が、批判的思考力を身につく教授法をとっていると自己申告しました。それに反して、そのうち19％しか批判的思考力とは何かについて明確に回答できず、9％だけしか典型的な日に批判的思考力についてクラスで明確に教えていません。そして、本人たちが実際に学生評価のために用いている判断項目や基準を回答できた教員は、たった8％しかいませんでした（Paul, Elder, and Bartell, 1997）。
　これこそが、経営者が採用学生の学力、表現力、コミュニケーション力の不足を嘆いている本当の理由なのではないのでしょうか。

より効果的な学習は可能か

　高等教育に関わる人や社会的指導者たちが、従来とは違った、より効果的な学

習の必要性を痛感していることは明らかになりました。しかし、このことはそのような変革が実現可能なのかどうかという、新たな疑問を投げかけています。今まで以上によい教育など本当にできるのでしょうか。

先回りして言うならば、これまでにも研究者、実践家、高等教育理論家といった人たちが、教育の質の向上に向けて、ここ数十年でたくさんのアイデアを出してきたのです。これらの新たな考えは、学生のための学習をつくり上げる上でのたたき台となりました。

教育の新しいパラダイム

高等教育における教授法について、パラダイム転換を促した著者は多くいます。よく読まれている Barr and Tagg (1995) では、アメリカの教育界はすでに大きな転換点に差しかかったと説いています。それは、学校教育での教育の生産（ティーチング・パラダイム）から学習の生産（ラーニング・パラダイム）への転換であるといいます。この論文では、学士課程教育の進め方に対する転換がもたらすことを、次のようにまとめています。

  使命および目的 教育の質の向上から学習の質の向上へ
  成功の基準 教育の「入り口」から「出口」教育へ
  教育・学習の構造 「内容の網羅」から「個別化した学習効果」へ
  学習理論：「集積的で直線的な学習」から「フレームワーク作りとその相互作用としての学習」へ
  生産性および経費配分 「学生1人当たりの授業時間コスト」から「学生1人当たりの学習単位コスト」へ
  役割の性格 「もっぱら講師としての教員」から「もっぱら学習法と環境のデザイナーとしての教員」へ

こうした転換点は、「必要であり、また必要とされている」と著者は述べています。私も同感です。ただし、こう付け加えたい。それは、単なる「学習の生産」ではなく「意義ある学習の生産」なのだ、と。

同様にして、Campbell and Smith (1997) も、「新旧パラダイム」の対象ということばで大学教育について述べています（表1-3）。新しいパラダイムの視座は、国内外の独創的な教育開発の専門家がこれまでに強調してきた多くの点を反映したものであるといえます。

表1-3 大学教育における新旧パラダイム

	旧パラダイム	新パラダイム
知識	教員から学生へ	学生と教員との共同作業
学生	教員の知識を詰め込む受容者	知識の積極的な構築者、発見者、変革者
学習方法	暗記	関連付け
教員の仕事	学生を選別すること	学生の潜在力を高めること
学生の成長とゴール	基準を満たし、所定の学習を専門分野で修めること	より大きな枠組みの中で生涯にわたって継続的に学習すること
関係	学生間や学生と教員間の非人格的な関係	学生間や学生と教員間の人格的関係
コンテクスト	競争的、個人的	教室での共同作業による学習と教員同士の連携
雰囲気	画一的、文化的同一性	多様で個性的、文化的多様性
力関係	権限が教員に集中	学生のエンパワメント、学生間や学生と教員間の力のバランス
アセスメント法	標準式（偏差値等）、選択式設問の多用、学生による授業評価は学期終了後	項目式（あらかじめ決められた項目について評価する）、実技やポートフォリオの活用、授業途中での連続的なアセスメント
知の方法	科学論理	叙述
認識論	帰納的、事実関係の暗記	構築的、探求と創発
使用技術	練習と演習、教科書的、板書式講義	問題解決的、コミュニケーション、共同参画、情報アクセス、表現
授業の前提	専門知識があれば誰でも教えられる	教育は複雑で、特化した研修を必要とする

出典：Campbell and Smith, 1997, pp. 275-276. 許可を得て使用。

　Frank Smith も、「学習と忘却」に関して挑発的な本を書いています（1998）。彼によると、いわゆる「古典的」学習観とは、学習を連続的で試行錯誤のない、一度覚えたら忘れないものとする考え方であるといいます。こうした学びは、日常的にあらゆる場面でだれにも起こります。これに対して、「通念的」学習観では、教育が期間的で、困難で、簡単に忘れてしまうものとされます。こうした学習観は、学校教育の場でよく見られます。彼は言います、「私たちは面白くてわかりやすいものから学ぶのである。つまり、好きこそ物の上手なれ、である。それが与えられない場合には、効果の少ない暗記物だけしかなく、それを忘れてしまうことも仕方ないことになる」（p. 87）。

　1970年代から、スウェーデン、イギリス、オーストラリアなどの研究者が半ば

個別的に手がけた研究の中から、単に学習の行動ではなく**体験**を重視するべきであるとする提言をまとめました（Marton, Hounsell, and Entwistle, 1984, 1997）。彼らは、ある学生は学習に「深い」アプローチを示し、またあるものは「表層的」なアプローチを示すことを明らかにしました。前者においては、学生は授業内容の中からおのおのにとって意義のあることを求めるのに対して、後者は、ただ授業で得た知識の複製だけで十分と感じました（1997, p. x）。この両者の違いが意味するのは、教員は自分の授業法やアセスメント法の影響についてきちんと考えておかねばならないということであり、学生が**どれだけ**学んだかではなく、その学習の**質**をこそ知らなければならないということなのです（p. x　太字は筆者）。

　教員がどのような異なったことをするのか、新しい見解とパラダイムのすべてを知ることができます。

新しい教育法

　この20年来、行動的・体験的学習という見出しで呼ばれるいくつものアプローチが工夫されました。これらの試みは、相互連携が取れていたわけではなかったけれど、教員は学内センター施設などの支援体制の下に、教育と学習について以下にまとめるような価値観を見出すことになりました。

　教育・学習に関する新しい考え方については数多くの書物が出ていますが、私にとって使い勝手のよかったものは、Svinicki, 1999; Halpern, 1994; McKeachie and Others, 1999; Davis, 1993; Campbell and Smith, 1997、そして、Davis, 1993 です。

　ロール・プレイング、シミュレーション、ディベート、事例研究　　これらは、教育法というよりもむしろ教材に近いものですが、学生に心理的・社会的・知識的な面から学習体験を促すものです。いずれにしても、ただ「情報を出す」のに対して、明確な代替案です（Bonwell and Eison, 1991）。

　書くことで学ぶ　　作文は、これまで長年使われてきましたが、レポート、小論文、記述試験など学習アセスメントに用いられ、授業そのものの一部に使われることは少ないです。カリキュラム全般に書くという行為を用いることにより、学生による学習の質やプロセスを向上させることができるとの議論がなされています。(Zinsser, 1988; Bean, 1996)

　小規模グループ学習　　この10年間で、小規模グループ学習は飛躍的に増加し、

簡単な共同作業グループから完成度の高いチームによるグループ編成などいろいろな形が出てきました。やり方しだいですが、小規模グループは極めて有効な学習法で、科目理解、問題解決、自己探求、共同作業、多文化学習などに用いられています（Johnson, Johnson, and Smith 1991; Millis and Cottell, 1998; Michaelsen, Knight, and Fink, 2002）。

学習としてのアセスメント　教員は、これまでに当然学生にアセスメントしてきました。しかし、最近はアセスメントするということそのものを学習の一環に組み込む取り組みが始まっています。アルバーノ・カレッジでは、ラーニング・ポートフォリオを用いて、学内のアセスメントセンターが学生による学習の持続的発展のためにフィードバックを行い、「学習としての学生アセスメント」として位置づけています（Mentkowski, 1999）。それぞれの授業内の取り組みとしては、よく知られている「教室アセスメント法」があります。多くは、評点をつけないフィードバックが頻繁に行われることによって、学生は自分の学習の質を高めることができ、教員はそれぞれの授業方略や手法やアセスメント法の効果がわかります（Angelo and Cross, 1993）。

問題解決型学習　近年、より効果的な教育法として注目されているのが、問題解決型学習です。このやり方では、問題が使われます。医科系やその他一部の専修系の学校などでは、現場の作業環境にできる限り近づけて、再現したシミュレーションによって学びます。学生は、そこでプロの現場と同じく、一筋縄ではいかないような難問に直面します。そこで、彼らは現状を分析し、データを収集し、新たな情報を取捨選択し、解決策を考え、その中身を吟味します。この方法で学んだ学生は、2年間の机上の講義と生半可な知識による研修からなる伝統的な医学カリキュラムに比べ、はるかに臨機応変に問題に対応できることがすでに立証されています（Wilkerson and Gijselaers, 1996; Duch, Groh, and Allen, 2001）。

サービス学習　歴史的に様々な学習に使われてきましたが、サービス学習が1990年代から地域社会と学校とを結びつける学校や学生からのニーズによって本格化しました。基本的には、専門的な授業科目の中で、学生が授業内容に即した活動を地域社会の中で実際に行うという形をとります。他者へのサービスと地域社会の問題について体験的に触れることによって、学生は学習の質に新たな次元を加えることになります（Jacoby, 1996; Rhoads and Howard, 1998; Zlotkowski, 1998）。

オンライン学習　学習法として誕生して間もないが、オンライン学習は、高

等教育を根底から刷新する可能性を秘めています。教材をCD-ROMやウェブサイトにすることによって、教員と学生とのコミュニケーションを電子化し、教育機関は学習をオンデマンドで文字通りいつでもどこでも発信することが可能となりました。対面的学習の不在による学習効果のデメリットは憂慮すべきにしても、教育のオンライン化はますます加速していくでしょう。今後の課題は、学習の質を高めるに当たってどのようにしたら、この学習法が効果的なのかを見極めることでしょう。

このように、新たな取り組みが盛んになるにつれ、今、求められるのはそれらのアイデアを整理し、それらの関係性をより的確に明示できるような理論的枠組みを構築することです。そのためには、私たちは、コースデザインについてよく知っていなければならない、というのが私の考えなのです。

コースデザインについて学ぶことの意義

学生にとって、質の高い学習体験を得るためには、教員は何を学んでいなければならないでしょうか。効果があろうと無かろうと、伝統的であろうと独創的であろうと、教育には図1-1にまとめたような、4つの要素があると私は考えています。すべての教員は、自分が教える科目内容についての知識、授業をデザインする判断力、学生との意思疎通、授業進行の管理運営ができなくてはなりません。ふつう、前者の2つは授業開始前に、後者の2つは授業開始後に起きます。

要するに、授業の質を高めるということは、これら授業の4要素のうち1つ以

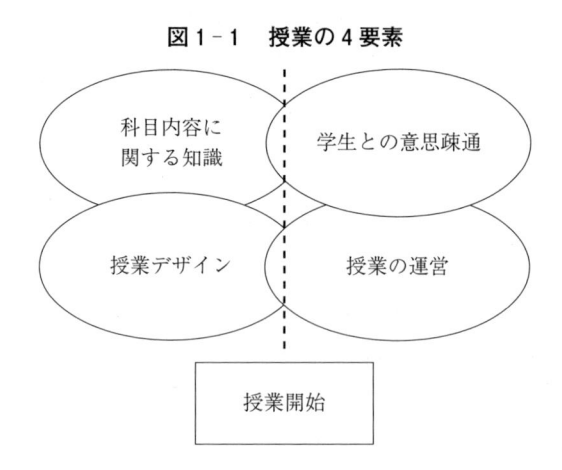

図1-1　授業の4要素

- 科目内容に関する知識
- 学生との意思疎通
- 授業デザイン
- 授業の運営
- 授業開始

上について改善を図るということです。たった1つでも改善するということは、価値のあることです。しかし、授業改善に関しては、これら4つのどの要素について行うかで、その度合いに大きな差が生じると、私は考えています。

　たとえば、ふつうの大学教員ならば大学院で研究する過程で、だれでも自分の専門領域についての知識をもつようになるし、就職の段階でふるいに掛けられます。全くの素人（つまり専門教育を受けた自分自身とは違う）がどんなことを勉強しなくてはならないかについて再考することは、たしかに、授業改善につながるでしょうが、それは教育の質の向上にとっての最大の障壁とはなり得ません。

　「学生との意思疎通」とは、講義、討論の指導、学生相談、電子メールによるコミュニケーションなど、全般的に教員と学生との接し方についていいますが、これには教員によって、たいへん大きな個人差があります。もともと、社交的で社会常識も有している、ある教員は学生教育もうまくいきやすいが、積極性や信頼性をもっと身につけなければ学生との関係がなかなか改善しない教員もいます。学生との接し方1つを変えるだけでも大きく向上する大学教員もいれば、それだけでは問題が解決しない教員もいるということです。

　「授業の運営」とは、授業内の様々なことを常に準備し、組織だって行うことで、たとえば、きちんと課題を用意する、すみやかに試験を行って返却する、学生に求められれば、評価基準を明示できる、などが挙げられます。たまに、この点について大きな問題を抱えた教員を見かけるが、ほとんどの場合は問題ないといえます。

　これらに比べて、「コースデザイン」は、ごく少数の教員しか身につけていない技能です。すでに、学部生時代にこのトレーニングを積んだ教員の授業を受講していたり、大学院生としてこの内容に関する科目を履修していたり、教職に就いてから、授業デザインの新任教員研修などに参加したりした教員は、かなり幸運な方です。ほとんどの教員は、今まで通りのやり方で、自分の専門の科目を担当しています。そもそも、彼らには自分たちの教育学習活動について再考や再構築を行うための、概念的枠組みが欠落しているのです。私の経験では、授業の4要素の中でも、このコースデザインに関する知識こそが、教育・学習の質を高める上での最大の障壁といえるのです。

教員が抱える問題への潜在的影響

　同じ問題を別の角度から見ると、コースデザインは、教員が抱える問題を解決

する最大のポテンシャルをもっているといえます。これを検証するには、次の3つのよくある問題について、それぞれ3つの解決策のどれが最善か見てみるのがいいでしょう。

学生の授業準備　教員は、学生がリーディングや宿題をやってこないとよくこぼします。その結果、授業課題に取りかかるための準備不足となります。教員は、この問題にどうやって向き合うべきでしょうか？

- 準備してこない学生のペナルティを重くする
- 学生を励ます
- なぜ、そのリーディングが必要か学生に理解できるようなコースデザインをし直してみる

3つともすべて効果がありそうだが、最後のコースデザインを考えた方が、準備不足の問題は解消し、学生による効果的な学習体験に繋げていくことができるでしょう。

学生の飽き　学生が、教員の講義や授業テーマそのものに対して、飽きてしまうというのも、よくある問題です。この学生の飽きについて、何とかしようとすることで、学生の学びの質に著しい影響をもたらすはずです。次の3つのうちで、一番そのゴールを達成しやすいのはどれでしょうか？

- 教員の講義力を高める
- 先端的研究をもっと紹介する
- 講義に能動的学習を取り入れた授業に改める

3つとも学生の飽きを防ぐのに効果があるでしょうが、ワークショップの場などでは、参加者の教員はたいてい3番目の方策を考えるし、私も全く同感です。能動的学習を授業に取り込むと学生は授業に飽きないだけでなく、学習の質を高めるのに効果があります。

身につかない知識　もう1つの教員が感じている問題は、試験結果では授業内容を学んだかに見えても、学生は、その知識を次に履修する授業のうちに忘れてしまうということです。さて、教員はどうやってこれを解決できるでしょうか？

- もっと良質な（または難しい）試験を出す
- 学期間でリフレッシュ用のコースを開講する
- 学生が学んだことについて、体験できるような授業に設計し直す

　ほとんどの場合、3番目がベストだと答えます。知識の応用によって、理解を深めるための機会を提供し、学習を忘れずにいることの見込みがあるからです。応用の機会を与えるための授業設計であります。

コースデザインについて学ぶことの大切さ

　もしも、学部教員がコースデザインに関して効果的な手順を習うことができたら、次のような多様な価値をもたらすということができます。教員のもっているドリームをずっと現実に近づけるためのツールを提供すること、教育に関する新しいアイデアのもつ役割と重要性を理解するための枠組みをつくり出す、教育機関の指導者が必要としてきたカリキュラム運営における教育指導の質を高めるための方向性を与える、ということです。

　内容に関する知識や教育現場での学生との意思疎通が大切なことは、もちろん、私もよく知っているつもりですが、コースデザインこそが教育の新しいアイデアを統合し、現場の大きな問題を解決し、大学においては教員によりよい支援と学生（および社会）に、よりよい学習プログラムを提供できることを、ずいぶん前から確信するようになりました。

授業の新しい考え方への招待

　この章を始めるに当たって、まず、私は現場の教員がいつもこれまでのやり方を続けるのか、それとも、新規の改善に取り組むのかという問題に日常的に直面している状況について書きました。そして、変化が必要だということを、より良い学習への学生ニーズ、新しくより良いと思われる高等教育の有効性、組織改革に直面する大学が教員の自己変革により肯定的になりつつある状況、などに即して述べました。これらはすべて、教育と学習についての新しい考え方を開発し、変革するための誘い水となっているように思います。この状況は、教員による学びと、彼らの社会の夢である学生の学習経験を創出するのに必要な知識的・組織的支援を見いだすうえで、またとない機会です。

この本は、すべての変革の根本であるコースデザインということ１つに絞ってまとめてみたつもりです。今日の社会で求められているように、教員はより効果的にコースデザインができるようになり、学生は有効な学習経験をもつようになるのです。

　とはいえ、この本は、ドリームについての本でもあります。私のドリームは、教員が教育・学習について、自分のドリームをもってもらえるということです。そればかりでなく、それがドリームはドリームでも、**実現可能なドリームである**ということを信じてもらえたら、と思うのです。

　具体的手順の始めに続き、第２章では教員その他の教育指導者が重要視し、ドリームをもってもらえるような学習をより的確に表現できるように、学習ゴールに関する用語について説明していきたいと思います。

| 第2章 |

意義ある学習の分類

> 学習が、情報収集ではなく、意義の探索と人生の追究であると考えるならば、そして、その重要性がどれだけ学んだかということよりも、学習者が何を学び、個人的にどのような意義を見出したかに置かれるならば、研究者は、学習メカニズムや教員そして学習者にコントロールされた学習方法を比較した場合の利点について新しい洞察をするでしょう。　　　　Philip Candy（1991）

　数年前、私は健康診断を受けるため主治医を訪ね、学校や大学教育の質について話しました。公共の医者として、彼は現在社会の広範囲な問題について意見を述べました。「最近、学生はあまり勉強しないようだ」と言いました。私は、「いや、学生は勉強しているが、学ぶために必要なことを十分に学習していないようです」と応えました。

　私と冒頭のCandyが引用文でうまくまとめているのとの違いは、教育内容を中心とするか、それとも学習中心とするのかのアプローチの違いによるものです。もし、高等教育が学生を教育するための意義ある方法を望むのであれば、前章で引用され、多くの支持者に主唱されている大学の教員は、学生の学習の**品質保証**に焦点を当て、新しくて優れた教育方法を探し出す必要があります。それは、どのようにはじめることができるでしょうか？

　過去20年間、私は教員の教育と学生の学習を改善する方法を援助するため、オクラホマ大学でインストラクショナル・コンサルタントとして働きました。その任務のなかで第1章で述べたように、私は「意義ある学習経験を学生に与える優れた方法を探す」ための成果を発見しました。

　間もなくして、そこでの経験を記述するための概念と用語を探すか、つくり出す必要があることに気づきました。学生生活で望ましい影響を正確、かつ、十分に記述できる用語が必要でした。新しい用語とは、広範囲にわたる専門分野と学習状況の全般で適用させる必要があります。それは、高等教育の何人かの主要なサポーターからの切実な要求も満たさなければなりません。たとえば、教職員、

学生、管理者、学問分野の学会、雇用者グループ等々です。

　本章では、広範囲で多様な学習を含む新しい「意義ある学習分類」について記述します。多くのサポーター（学生、教職員、専門団体、現代社会の教育要求に関する解説者等々）が、重要と考える学習タイプを含みます。それは、分類にもとづく授業目標をつくる方法を示し、分類がどのように大学教育の文献のなかで記述され、主唱され学習に反映されているかについて述べます。この分類のパラダイム転換における根本的な変化に関連した質問についても述べます。

行程の始まり

　数年前、キャンパスのオフィスで待機しているとき、受付係に「他の授業を観察した経験が多くあれば、優れた授業をつくるとき、何が必要であるかがわかるでしょう」と言われたとき、優れた授業とは何かについて考えました。この率直で重要な質問に速やかに答えられない恥ずかしさから立ち直って、暫くして、「フィンクの優れた授業の５つの原則」と称するリストの開発に取り組みました。リストの最後の３つの項目は、時々、修正されましたが、最初の２つは、最上位のものとして残りました。現在のリストは、以下のようです。

「優れた授業とは、次のようなものです」

- 意義ある学習に学生を挑戦させる
- 能動的学習形態を用いる
- 科目や学生、そして、教育や学習の「**面倒見の良い**」教員である
- 学生と「**よく交流する**」教員である
- フィードバック、アセスメントや採点のための優れたシステムをもっている

　このリストは、教育においてこれらの基準を周到に満たしていれば、たとえ、他のものがどんなに悪くても、教員が偉大でなくても、あるいは、うまく組織化されていなくても影響を与えることができる、というのが私の考えです。逆に言えば、教員の教育が上の５つの基準を満たしていない場合は、たとえ、他のものがどんな優れていても劣ることになります。

　このリストの最も重要なものは、私の考えではいつも最初のものでした。学生

が、本当に挑戦して「意義ある学習」の何かを成し遂げることができるならば、たとえ、他の授業がどんなに悪くとも学習経験は優れたものになります。重要な点は、意義ある学習成果が遂げられるかどうかです。これは、次の質問「どのような学習が意義ある学習を構成するのですか？」に繋がります。

何が学習を意義あるものにするのか

教員が授業から学生に何を学んでもらいたいか、学生自身に何ができるようになってもらいたいかを望むとき、1950年代に Benjamin Bloom と彼の同僚によって明確となった教育目標の有名な分類学にたどり着きます。事実、3つの分類学（認知、感情、精神運動）を教員は、頻繁に、認知領域で言及します（Bloom, 1956）。認知分類学は、序列的な6種類の学習から構成されます。高いものから低いものまであります。

- 評価
- 統合
- 分析
- 応用
- 理解
- 知識（情報を想起する能力）

教員は、授業目的を明確にする枠組みとして、また、学生の学習成果を測るものとして、この分類学を使用しました。

Bloom と彼の同僚が、この分類学によって達成した事実は疑う余地がありません。半世紀後も、このモデルへの尊敬は驚異的なものです。しかし、第1章で見たように、高等教育に関する個人と組織は、たとえば、Bloom による分類学からは容易に結合できない意義ある学習が必要であることを表しています。たとえば、学ぶ方法、リーダーシップや個々の技術、倫理、コミュニケーション技術、品格、寛容性、変化能力について学ぶことなどがそうです。前述の解釈は、新しい種類の学習によるもので、Bloom による分類学の認知領域を超え、認知学習を越えて機能していることを表します。このことからも、意義ある学習の新しくて広範囲な分類学を必要とするときが来ていることを示唆しています。このこと

図2-1　意義ある学習の分類

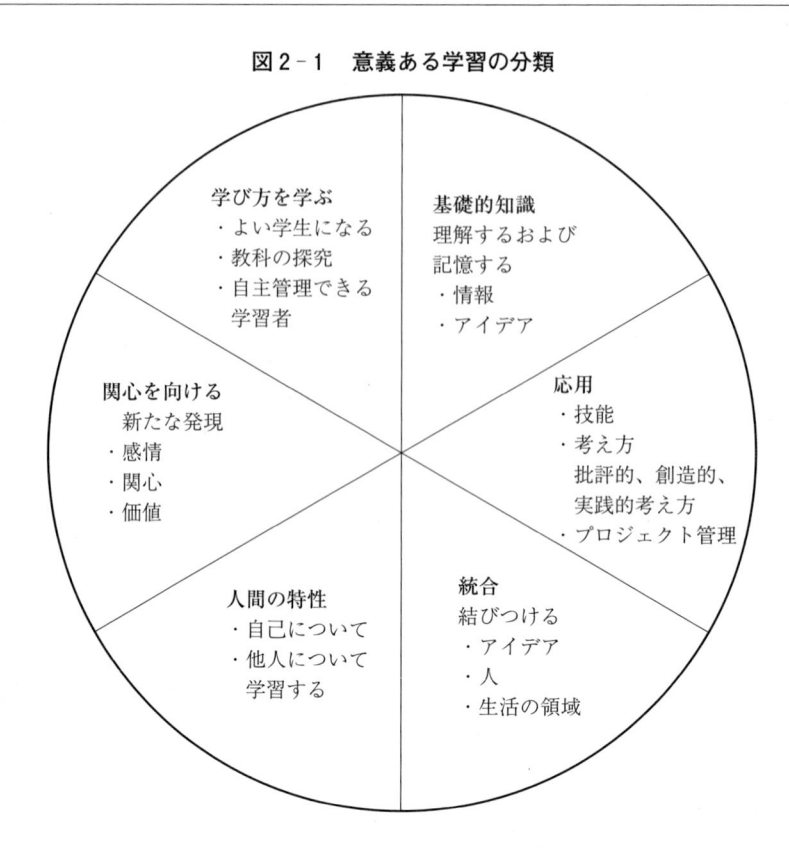

学び方を学ぶ
・よい学生になる
・教科の探究
・自主管理できる学習者

基礎的知識
理解するおよび記憶する
・情報
・アイデア

関心を向ける
新たな発現
・感情
・関心
・価値

応用
・技能
・考え方
批評的、創造的、実践的考え方
・プロジェクト管理

人間の特性
・自己について
・他人について学習する

統合
結びつける
・アイデア
・人
・生活の領域

を心に留め、教育の質と学習の記述を再考して新しい分類を試みました。それは、学習は意義があり、多様な方法を記述して学生と教員の数十年の対話を総合することを意味しました。

　この分類を構成する過程で、学習の具体的な展望に導かれ、変化する学習を明らかにしました。学ぶには何らかの変化を学習者に与えなければなりません。変化なしには何も学べません。意義ある学習は、学習者の人生に一貫して変化を与える必要があります。このことに留意して、図2-1の意義ある学習の6つの種類の分類表をつくりました。

意義ある学習の分類の主要なカテゴリー

　意義ある学習の各々のカテゴリーには関連があり、学習者に多様な価値観をもたせるいくつかの具体的な種類が含まれます。

基礎的知識　大部分の学習の基礎に、学生は、何かの知識をもっている必要があります。この**知識**とは、特定の情報や理念を理解して記憶する能力を指します。たとえば、世界の科学、歴史、文学、地理学など有効な基礎的知識が重要で、それを展望できることが必要です。たとえば、何が進化であるか（そうでないか）、何が資本主義であるか（そうでないか）です。

　固有の価値　基礎的知識は、別の学習に必要な**基本的理解**を与えることです。

応用　事実と理念を習得するほかに、学生は新しい行動がどのように関わるかについて学びます。それは、知的、身体的あるいは社会的なものかもしれません。多様な思考（批判的、独創的、実践的）がどのように関わるかについて学ぶことは、応用学習の重要な形態です。しかし、この重要な学習カテゴリーも、固有の技術（コミュニケーションやピアノ演奏のように）を習得するか、あるいは、複雑なプロジェクトをどのように管理するかについて学ぶことも含みます。

　固有の価値　応用学習は、他の学習に役に立つようになります。

統合　学生が多様なものに接して、見たり理解したりすることができるようになるとき、意義ある学習が起こります。具体的な考えや考えの全領域、人間、異なる人生の領域（たとえば、学校と職場、学校と余暇生活）と結合することができます。

　固有の価値　新しい繋がりをもたせる行動は、学習者に新しい形の力を与えることになります（とくに、知力）。

人間の特性　学生が自ら、あるいは、他について重要な何かを学ぶとき、より効果的に機能して相互作用します。彼らは、学習した個人的、社会的意味合いを発見できるようになります。学生が学び、そして、方法を学ぶことは、自己像の新しい理解や何かになりたいとの自己理想の新しい展望を与えます。他のことについても、より理解を深めることになります。彼らの行動と方法は、どのように、なぜ、違うのでしょうか。それは、学習者がより効果的に他の人と交流することができる方法であるからです。

　固有の価値　この種の学習は、学生が学んだ**人間の意義**について教えます。

関心を向ける　学習経験は、時々、学生の関心の度合いを変えます。これは、新たな感情、価値観に反映されることがあります。これらの変化は、学生に、現在、多様な方法で大きな度合いで関心をもつことを意味します。

　固有の価値　学生が何かに関心をもつとき、学んだことが人生の一部となる**エネルギー**が生まれます。これなしに、重要なものは何も起こりません。

学び方を学ぶ　　学習している間、学生は、学習過程を学ぶことができます。優れた学生は、具体的な知識（たとえば、科学的方法論）の方法や自律型学習者としての方法を学んでいるかもしれません。これらすべては、学び方を学ぶことの重要な形態を構成します。

固有の価値　　この種の学習は、学生が、将来、学び続け、偉大な効果を生み出すことができます。

意義ある学習のインタラクティブな特質

この分類の重要な特徴の1つは、階層的ではなく、関係づけられ、インタラクティブであるということです。図2-2は、インタラクティブな特徴を示します。このダイナミックな図表は、学習が他と関連があり、どのようなものでも達成できる可能性を高めることを目的とします。なぜ、重要なのでしょうか。

多様な学習が相乗作用し、相互関連することが教員にとって重要です。これは、**教育がもはや「ゼロサムゲーム」**でないことを意味します。つまり、教員は、他を達成させるためにある学習をあきらめる必要はないのです。事実、教員が、学生の学習を達成させる方法を見つけるとき、それを高めることもできるもので、

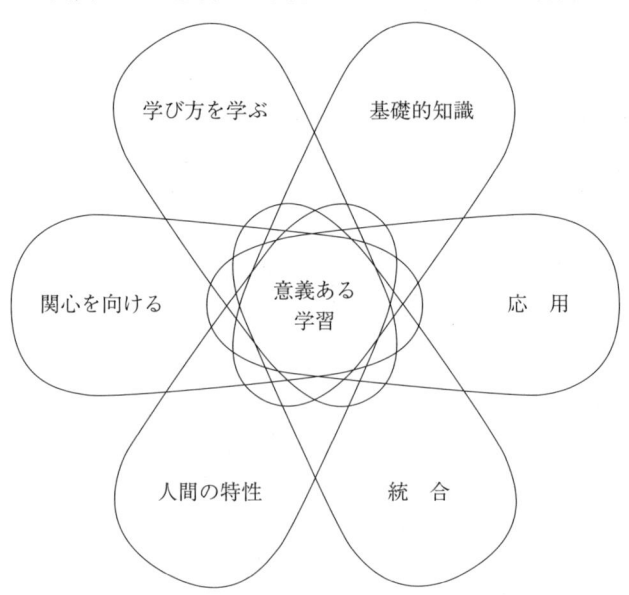

図表2-2　意義ある学習のインタラクティブな特質

（学び方を学ぶ・基礎的知識・関心を向ける・意義ある学習・応用・人間の特性・統合）

学習達成を妨げるものではありません。たとえば、もし、教員が学生に効果的（応用）問題解決を授業において、情報と概念を用いる方法で教えるならば、課題（関心）の価値を容易に高めることができます。あるいは、学生が、効果的に課題を他の課題（統合）と関連づける方法を学ぶとき、学生に自ら、そして、他（人間の特性）の教材の重要性を参照することを容易にします。授業や学習経験が、すべての6種類の学習を促進することができるとき、意義ある学習経験をすることができます。

意義ある学習の授業目標の考案

　意義ある学習の分類は、教員にとって2つの重要な意味合いがあります。最初は、授業には学習目標が含まれなければなりませんが、それは、内容を熟知したものでなければなりません。基礎的知識の他に何かを含むことは、本質的に学習経験をより価値あるものにし、同時に、学習者をより興味あるものにします。第2は、教員が意義ある学習目標の組み合せを用いるならば、学生にも意義ある学習到達を大いに強化し、交互作用と相乗効果を引き出すことができます。

　しかし、これらの効果を得るためには、教員は、意義ある学習の考えについての新たな授業目標を明確にする方法を知る必要があります。どうすればそれが、できるのでしょうか。第3章で、これに答えることにします。しかし、意義ある学習目標の一般的な見解、その後に授業固有の見解へとはじめることが有益です。

一般的な見解

　ある教員は、一般用語で授業目標を解説することが好きで、他の教員は、より詳細なものを好むことがあります。前者のアプローチを好むものに、表2-1は、意義ある学習の6種類が反映された1組の授業目標を示します。学生が、授業目標を達成するならば、大部分の教員はそれが重要であることを知るでしょう。

　表2-1のように、授業目標の一般的な形態では、具体的な概念と用語、そして、その関係が何であるかをそのままにして具体的な用途から内容をつくります。学生が、読書、講義、応用問題、そして、他の学習活動を通して学ぶとき、授業が明白になるはずです。

表 2-1　一般授業の目標
意義ある学習の用語の考案

この授業が終わるまでに、学生は、以下のことができるようになります。
　鍵となる概念、用語、関係等々についての**理解と記憶**
　内容の**使用方法**について知る
　主題を他と**関連づける**ことができる
　主題を知ることで、**個人的、社会的意味合いを理解**する
　主題に**関心をもつ**（そして、主題に関して、さらに、学ぶ）
　授業が終わった後も、主題について、**学び続ける方法**を知る

授業固有の学習目標の開発

　他の教員は、最初からより具体的な用語で授業目標を記述することを好みます。具体的な授業に関して考案するとき、学習目的はどのようになるのでしょうか。この質問に的確に答えるため、意義ある学習の6つのカテゴリーについて明確に述べます。私が教えた地域世界の地理学の授業の学習目標について解説します。
　「この授業が終わったあと、学生は次のことができるようになります」

基礎的知識
- 世界地図が知的に描け、主要な場所（国、山脈、川、都市、海等々）を正しく探すことができるようになる
- 主な地理的概念を理解することができるようになる。たとえば、自然地理学、人文地理学、比例尺、人口学的遷移等々

応　用
- 地理的展望から地域問題の分析についての情報を検索することができるようになる
- 地図を効果的・効率的に使うことができるようになる

統　合
- 地理学と他の知識との相互作用を明らかにすることができるようになる。たとえば、歴史、政治、経済学、社会構造等々である

人間の特性
- 人が、個人的に影響を受けているように、世界の各地域でインタラクションによる影響の具合を明らかにすることができるようになる
- 世界の出来事について、他の人々と地理学への影響を知的に議論することが

できるようになる

関心を向ける
- 世界の国々に興味をもち、読書、テレビ、インターネットや旅行を通して学び続けるようになる

学び方を学ぶ
- 地理の重要性について、新たな情報と将来について解釈することができるようになる
- いくつかの著名な地理学ジャーナルと世界地域の知識源に親しむようになる
- 世界の国々の何について知ることが望ましいか具体的な考えをもつようになる

　別な教員が、授業目標を開発するとき、私のサンプルとは全く異なるかもしれませんが、具体的な授業のために意義ある学習目標がどのようなものかを説明します。授業をデザインする最初のステップについて述べる次の章では、教員が具体的な授業のために意義ある学習目標を立てる方法について、より具体的な事例を提供します。

意義ある学習と大学教育についての文献

　分類の魅力的な特徴の1つは、学習に望ましい種類の広範囲な文献を包含して集積することです。分類について見るとき、おなじみのカリキュラム目標が繰り返されています。さらに、新しい分類では学生が大学レベルで学ぶことができ、学ばなければならないものを幅広く組織し、意味づけることができます。

一般カリキュラムの目標
　大学教育についての文献には、教員が教えなければならないもの、学生が学ばなければならない多数が推薦されています。意義ある学習の枠組みを知ることで、何が明らかに価値があり、そして、意義ある学習の全体を網羅しているかを知ることが容易になります。
　表2-2は、高等教育に関する文献で、大学の授業とカリキュラムに望ましい教育目標のリストを含みます。各々が最良と思われる意義ある学習の種類に、グループが分類されています。

表2-2　主要な教育目標と意義ある学習

　この表は、教育と学習に関して、一般的文献が記述され、主唱された重要な学習の多くのタイプの事例が示されます。事例は、意義ある学習の分類のすべてに関わる枠組みの中で例証する学習の具体的なタイプによって分類されます。

　学び方を学ぶ
優れた学生になる方法　　自主的学習あるいは洞察的学習に関わる方法について学ぶこと
知識の探究と構築の方法　　科学的研究法、歴史的研究法と探究に関わる方法について学ぶこと
自発的あるいは意図的学習の探究方法　　学習課題と計画の作成をすること、意図的学習者；独習（自主管理の学習と人生を導く能力）に長けること、省察的実践者であること
　関心を向ける
優れた学生になりたい　　高いGPAをもつか、優秀学生になりたい
科目の具体的な活動に感動する　　たとえば、バードウォッチングに興味をもったり、歴史について読んだり、音楽を聞いたりする
正しく生きることに専念する　　たとえば、優れて効果的な人々に関するCoveyの7つの習慣を学び続ける決意をする
　人間の特性
リーダーシップ　　効果的リーダーとなる方法を学ぶこと
倫理、性格構築　　品格を高めて、倫理原則によって生活すること
自己著述　　自身の人生に対する責任のとり方を学ぶこと
多文化的教育　　他とのインタラクションにおける文化的配慮がもてること
チームメンバーとして働くこと　　チームに貢献する方法を知ること
市民権　　コミュニティ、民族国家、そして他に対して信頼できる住民であること
他への貢献（地域、国家的、世界）　　社会に対して複数のレベルで健全な貢献ができること
環境倫理　　人間以外の世界に関して倫理原則をもつこと
　統　合
学際的学習　　多様な専門分野と展望との連携
ラーニング・コミュニティ　　多様な人々との連携
学び、生きて／働くこと　　人生の多様な領域との連携
　応　用
批判的思考　　問題と状況を分析して批判すること
実践的思考　　問題解決と意思決定力を高めること
創造力　　新しい考えや作品と展望を創造すること
複雑なプロジェクトの管理　　単独のプロジェクトが調和でき、複数の仕事が整理できること
技術の実行力　　外国語、コミュニケーション、テクノロジー操作、美術やスポーツにおける実行における能力を高めること
　基礎的知識
概念理解　　説明や予測等を可能とする科目や関連する概念の十分な理解を深めること

　この分類の価値と意義を理解する次のステップは、より広範囲に大学教育の文献と関連づけることです。広範囲に学生が学ばなければならないものについて、

そして、学生が重要な何かを学ぶことを教える方法について書いてあります。分類テストの1つは、この文献をどのくらい解釈し、理解しているかです。

この文献を批評するために、私は分類で最も親しみやすいカテゴリーや基礎的知識からはじめ、次に、より新しいカテゴリーへと進むことにします。

最初の意義ある学習――基礎的知識　この種の学習の基本的な意味は、**理解と記憶**です。トピック、主題や活動について学び続ける努力でも、特定データ、概念、関係や展望、将来この知識を思い出す能力の基本的知識を得ることを学生に必然的に要求します。

しかしながら、一部の教育者は、課題の基本的理解を遂行するときでさえも、重要な考えを与えることに心を留めました。Jerome Bruner は、教育で多くの先見的な考えの持ち主として有名です。彼の重要な貢献の1つは、すべての課題には、具体的な論理があり、概念的構造に結びついているという信念です（Bruner, 1960, 1966）。それゆえ、教員の責任の1つは、単に、与えられた課題の事実を教えるだけではなく、学生が課題の根底にある概念構造の完全な理解を得る援助もしなければならないということです。それにより、学生は新しい知識で価値ある何かをする良い立場となります。この議論の第2の部分の知識とともに、何かをする意義ある学習の分類が「応用」と呼ばれていることに注意すべきです。しかしながら、Bruner が、基礎的知識の強力な把握が十分に関連づけられない事実と概念の大きなコレクションよりも、多くの何かの課題の概念的構造について深い理解を必要としているとの主張は正しいでしょう。

最後の数十年間に、Bruner の影響により、さらに、多くの専門分野における教育的な考えや実践者が再考した結果、鍵となる概念や専門分野の概念的構造が明瞭に表現されました。1つの顕著な事例は、アリゾナ州立大学 David Hestenes と彼の同僚との物理学における最も基本的概念の明確な声明に関する最近の物理学教育の成果です（Hestenes, 1999）。彼らは、学生が練習問題の計算をする能力よりも、物理学の概念上の知識を得る援助方法を開発しました。

ここでの中心テーマは、意義ある学習のすべてが基礎となり、学生に主題に関わる問題の深い理解を必要とします。それが、**基礎的知識**と呼ばれる理由です。

第2番目の意義ある学習――応用　基礎的知識の後の応用学習は、多分、多くの大学教員に最も共通した教育目標です。彼らはどうにかして、学生に「知識を**使う方法を学んで**」ほしいと話します。しかし、知識は複数の方法で使われ、これが、意義ある学習カテゴリーが複数の意味をもつ理由です。ここで使われる**応**

用、あるいは、基礎的知識は、専門的技術を習得し、複雑なプロジェクトを管理する方法を学び、多様な考えに関わる能力を高めることをも含むものです。

　技術　　教員が、学生に専門的知識を使う方法を学んでほしいと言うとき、それは、ある種の技術、つまり、特定の行動に関わる能力を習得する方法を学ぶことを指します。この技術は、関連した重要な身体的な構成要素をもっています。たとえば、ピアノを演奏する方法を学ぶ、誰もがある程度の基礎的知識を習得しなければなりません。たとえば、音符、音階、旋律等々がそうです。しかし、新しいピアニストは、音楽を楽器で奏でるために両腕、両手、足と指を使う方法をも学ばなければならないのです。彼らがそのような方法を学んでいるとき、特定の行動に関わる技術能力を習得します。他の例として、ライティング、オーラル・コミュニケーション、コンピュータ・プログラムの使用や顕微鏡やバーナーなどの研究備品の操作があります。

　大部分の技術は、関連した基準をもち、技術の有能さ、専門家レベルのパフォーマンスが初心者レベルのパフォーマンスのものと区別させます。技術を中心とした学習目標は、能力のより高いレベルの行動を実行することができるように、連続して学習者を動かすことになります。

　複雑なプロジェクトの管理　　もう１つの応用は、複雑なプロジェクトを管理する能力です。技術を使用するように、この活動にも高品質のパフォーマンスと関連した基準があります。しかし、応用学習の別の形態から、この活動を区別するのは活動の複雑さにあります。この複雑さは、主要なプロジェクトの一部としていくつかの仕事を組織したり、調整したりする方法を学ぶことを学生に要求します。

　複雑なプロジェクトの良い事例としてオクラホマ大学で学士課程学生と大学院生に地域および都市計画の授業を担当した教授例があります。この教授は、学生にロサンゼルス市内を流れる川をどのように美化することができるかを考えさせ、プロジェクトを実行する提案をさせました。これは、都市水路のように、たとえば、ロサンゼルスと特定の川の情報をどのように発見するかの方法について、モデルや製図を構築するために、コンピュータをどのように駆使するかについて、市に構想を売り込むための必要な政治力、マーケティングとパブリックリレーションズに関わる方法を学生に要求しました。このプロジェクトが他と違うところは、全プロジェクトを成功裏に完成させるために多くの異なる仕事を学生が組織・調整する方法を学ばなければならなかったということです。

複雑なプロジェクトを管理する学習の適度について、よく知られている事例は、教授が学生に複雑な研究プロジェクトに従事させるときです。学生は、全プロジェクトを完了するためにいくつかの予備作業を行い、調整する方法を学ばなければなりません。たとえば、トピックに集中させる方法を学んだり、関連した情報源を見つけさせたり、文献から鍵となる情報や考えを抽出させたり、まとまった論文や発表などを分析させたり、組織させたりすることです。そのような仕事を成し遂げるには、学生に複雑なプロジェクトを管理させる能力を高めさせることを援助します。

　思考の一般的概念　　非常に重要な第3の応用は、考える方法を学ぶことです。大学教育についての文献でこれほど多くの注目をされることはありませんでした。教育目標を語る教員も、結局のところ、「学生に考える方法を学んでほしい」と言うでしょう。このトピックの学術的文献は、2人の著者が思考を注釈付きの膨大な参考文献としてまとめたものです（Cassel and Congleton, 1993）。しかし、文献の論評でさえ、教員や作家が**思考**の用語を用いるとき、異なるものを指していることが明らかです。これは、概念の複雑さや魅力的な用語によるもので、人々は学習を好きに記述しました。

　教員が抱く思考の見解にかかわらず、応用学習の形態を構成します。とくに、魅力的な事例を引用します。Robert Sternberg（1989）は、思考で「トライアーチック（triarchic）」的見方と呼ばれるもので、学生がより効果的に考えることを援助するために使われました。彼は、**思考**を一般的概念とみなして3つの異なるサブカテゴリーで確認しました。すなわち、批判的思考、創造的思考、そして、実践的思考です。これに対する私の解釈は、これらの3つの思考を以下のように区別することができるということです。すなわち、高等教育で最も広く用いられる用語の**批判的思考**は、Sternbergの「トライアーチック」的見方で具体的な意味があります。ここでは、分析して評価するプロセスについて言及します。そのために、基準が、とくに、重要です。人が、何か新しい考えやデザインや作品を想像したり、創造したりするとき、**創造的思考**が起こります。これらの顕著な事例として、「文脈に合致する」は、鍵的な役割を演じることになります。問題を解決するとか、決断することを試みるように、人が何かを使って応用する方法を学んでいるとき、**実践的思考**は起こります。このような思考は、解決や決定、そして、解決や決定効果として最高のものです。ビジネススクールの事例研究での使用は、実践的思考を推進する良い例で、学生は、一般的問題を解決して、決定

する方法を学びます。

　教員が、この思考を教室で意味づける手伝いをするために、Sternbergは、3種類の思考を促進する質問リストを作成しました（表2-3を参照）。多くの執筆者とは異なり、Sternbergは一般的概念の適切なラベルとして、「批判的思考」より、むしろ、「思考」を用いました。「**批判的思考**」は重要ですが、それは3種類の重要な思考のわずか1つに過ぎません。教員が、具体的に学生に何かを学んでほしいかについて話すときに、この区別が役立ちます。3つの思考の種類を反映した授業目標のおなじみの例は何でしょうか。

　批判的思考　　大学教員は、学生が何かを分析し、評価する方法を学ぶことを望むとき、批判的思考の目標を立てます。文学の教員は、学生に小説を解釈させるとき、「分析して、評価する」ことを望みます。教員は、学生が多様な概念（計画発展、性格の描写、劇的緊迫の創造等々）の小説を分析することを望みます。すべてのクラスでの議論は、多様な解釈をアセスメントする方法を学ぶ学生のために頻繁に行われます。科学の教員は、学生に何が特定の状況下で明確な現象を起こしているか（あるいは、起こそうとしているか）について説明する（あるいは、予測する）ために、以前に説明した概念（たとえば、省エネルギー、または、プレートテクトニクス）を用いて分析することを望みます。それから、学生個々に、あるいは、集団で説明と予測をアセスメントするようにさせます。

　これらと類似した教育状況では、教員は学生が関与し、批判的に思考する能力を向上させることを望みます。このためには、学生は関連した概念上の理解をする必要があります。しかし、基準を解釈し、説明し、品質をアセスメントする必要もあります。

　創造的思考　　人文科学で教える教員は、学生が創造的思考に関わることを奨励することに全く慣らされています。人文科学の実用コースでは、教員は学生が絵画、文書、音楽、そして、他のメディアに表現された新しい形とスタイルを見つけるのを手助けします。非実用的コースでさえ、教員は、しばしば、学生に既存の作品の新しい解釈を見出させようとします。このようなときも、教員は学生が創造的思考に関わることを奨励します。

　創造的思考は、社会科学や自然科学の領域でも探せます。教員は、学生が「箱の外で考える」ことを望むとき、質問に答える新しい方法を見つけるか、調査された現象について新しい見通しを発展させるか、あるいは、長年の懸案の新しい解決を考案するため、学生に創造的思考に関わるように主張します。創造的思考

表2-3　3種類の思考を促進する質問デザイン

分　野	批判的思考	創造的思考	実践的思考
心理学	Freudの夢理論とCrickのものを比較する	夢理論をテストするための実験を設計する	Freudの夢理論はどのような意味合いをなすか
生物学	潰瘍の細菌理論の有効性を評価する	潰瘍の細菌理論をテストするための実験をデザインする	潰瘍の細菌理論は、従来の処置方法をどのように変えるか
文　学	Catherine EarnshawとDaisy Millerは、どの点で類似しているか	CatherineとHeathcliffの生涯を結びつけ、『嵐が丘』を別のエンディングで書く	なぜ、恋人たちは、時として、互いに残酷なのか。それについて何ができるか
歴　史	第一次世界大戦後の出来事で、ドイツは、どのようにしてナチズムの高揚に導いたか	トルーマンは、原子爆弾を広島に投下することなしに、どのようにして日本を降伏させることができたか	ナチズムは、今日のボスニアでの出来事にどのような教訓を与えるか
数　学	この数学的証明には、どのような欠点があるか	証明（与えられた命題）カタストロフィー理論の不連続的事象はどのように心理学に適用されるか	三角法は、橋の建設にどのように適用されるか
芸　術	RembrandtとVan Goghが、（特定の絵で）光を使った方法を比較し、対比する	光のビームを描く	実際の部屋で、この絵の中にどのように照明を再現できるか

出典：Robert J. Sternberg, Psychology Department, Yale Universityからの資料提供および使用許可

の共通の要素は、学生が新しい考えや新しいやり方を学ぶのに役立ちます。

　実践的思考　3番目は実践的思考です。これは、学生が質問に応えたり、決断したり、問題を解決したりする方法を学ぶことを意味します。これは、学生に問題解決や意思決定の訓練に関わらせるときに用います。ビジネス、エンジニアリングや教育の教員が、たとえば、学生に「問題があります。これをどのように解決しますか」と聞くとき、学生に、実践的思考に関わらせることになります。教員が、「ここに共通の選択肢があります。何を選択し決定しますか」と聞くときも、学生に実践的思考に関わらせることになります。

　教員は、仮説的であれ、シミュレーション的であれ、実際問題や質問を用いる

かどうかにかかわらず、学生の個人的、社会的、そして、職場生活における広範な価値能力の効果的な実践的思考に関わる方法を学ぶようにさせます。

それは、すべての応用学習の鍵となる価値であり、学生に役に立つ学習を提供します。特定の技術を学んだり、複雑なプロジェクトを管理する方法を学んだり、批判的、創造的、そして、実践的思考に関わる方法を学んだりすることのすべては、学生が他の学習をするときに役に立つでしょう。

第3番目の意義ある学習 —— 統合　重要な学習の第3の領域は、統合です。これは、学生が、いろいろなものを互いに繋ぎ、関連づける方法を学ぶところです。多くの事例があげられるなか、多くの教育者が強調している3つの主要な接続に注目したい。

学際的学習　教員は、長い間、学際的学習の目標に興味を抱いてきました。個々の専門分野について学ぶ必要性が明白に認められていますが、何人かの学者は、世界の大半の重要な問題は、単独の専門分野よりも、大きいことに注目しました（たとえば、Davis, 1995を参照）。したがって、世界は2つ、あるいは、それ以上の専門分野から問題を見る方法を学んだ、異なる展望と専門分野を代表する個人と効果的に交流できる人々を必要とします。

学際的授業は、時々、クラスに2つ、あるいは、それ以上の専門分野が展開される1つの授業を1人の教員で達成しました。別なとき、教育者は学際的学習を達成するため、全大学のチーム・ティーチング、授業コーディネート、学際的プログラム、あるいは、カリキュラムを使います（Klein and Doty, 1994; Klein and Newell, 1996）。ワシントンのエバーグリーン州立大学は、そのようなカレッジの1つの例です。もう1つは、オクラホマ大学リベラル・スタディー学部です。これらに共通する要素は、学生が異なる種類の情報、展望、そして、問合せや分析方法を繋げたり、統合したりする方法を学ぶことを援助する目的があり、問題あるいは課題のより全体論的な理解を展開させるためのものです。

ラーニング・コミュニティ　1990年代に強い関心を集めた別の密接な関連活動は、ラーニング・コミュニティの創設です。この活動も学生が異なる展望を統合する方法を学ぶのを援助する一般的目標を取りますが、多様な専門分野と同様に、多様な人々を繋ぐ戦略に焦点を当てます（Gabelnick and others, 1990; Shapiro and Levine, 1999）。

これらのプログラムは、教員、学生、スタッフ、時々、キャンパス外の人々との新しい交流をつくる方法を探します。これは、以下のような多様な方法で行わ

れます。

- 異なる居住設備の計画をするとき
- 学生が、チーム・ティーチングとして、1組の授業を一緒に取るように授業をリンクさせるとき
- キャンパスで学生と一緒に何かするために外部の人々を入れるか、キャンパス外で他の状況や環境で一緒に働かせるために学生を送るとき

　Parker Palmerは、彼の偉大な著書『**教えることの勇気**（*The Courage to Teach*）』（1998）において、ラーニング・コミュニティを構築する別の方法を推薦し、解説しました。少しは寓話的で、少しは現実的に言えば、彼は教育者の「中心」に課題を置き、課題の周りにサークルで座って、教員と学生が一緒に学ぶようにしました。その意図は、教員、学生と課題の新しい関係を確立することです。この大胆な議論で繰り返されたテーマは、壁を取り払い、相互に、学生と課題との隔離を克服することです。つまり、さまざまな人と異なる考えのこれまでの空白の連携と統合をしようとしています。

　学術的研究を別の生活の領域と繋ぐこと　　教育的努力の第3の密接に関連した領域は、学生が別の生活領域で学術的研究が何かを学ぶことに繋げることです。これらの別の領域とは、学生の仕事も含むが、学生の個人および社会生活にまで及ぶことです。

　教員が、学生にオーラル・ヒストリーを通して学ばせるために、家族の年長者にインタビューさせるとき、新しい資料から歴史の情報を集める方法を学びます。しかし、彼らが授業で学習する歴史と自分の家庭生活との関係も学びます。授業の間、専門予備課程の教授が学生にインターンシップや実際に作業をさせるとき、カリキュラムは授業で学ぶことと現場で作業することを繋げることを意図します。教授が学ぶ機会を与えるとき、学生は授業で学んだり、住んでいる大きなコミュニティで活動したりすることの関連性を見出し、繋げることが奨励されます。教員が、学生に学んでいるどのような科目も反映する私生活でのイベントをつけさせたり、日記をつけさせたりするとき、教員は、学生が授業で何を学んでいるか、生活の一部として何が起こっているかに繋げることができます。

　第4番目の意義ある学習　　人間の特性　　第4番目の意義ある学習は、私たちと他者との重要な関係やインタラクションについてです。私たちが、積極的な方

法でこれらの関係を成し遂げる方法とその関係を履行し、進める方法を学ぶとき、重要な何かを学びます。学生が、自身について、および他者について学習することが大学における、最も重要な経験の1つである、としばしば報告されます。これは、「他者」についての学習とは、異なるものであることは明らかで、その違いは真の関係の存在にあります。

自身について学ぶこと　　私たちが、自身について学ぶとき、現在、置かれていることについて理解するのを助ける何かを学ぶかもしれません。この種の学習は、自己像を変化し、形成します。あるときは、私たちが、なりたいと思っている人について何か新しいことを学ぶことになるかもしれません。これは、私たちに新しい自己理想を与えます。両方とも重要で、計画的、あるいは、学校教育の副産物として起こりうるかもしれません。

この種の学習の一例として、化学や数学の授業を挑戦的に履修したいと考える新しい世代の大学生を想像してみると、「この教材は、難しいが、賢く懸命に勉強すれば、できることがわかります。つまり、困難な科目を理解することができて、良い成績を得ることができ、大学レベルの学業を可能にできると思います」と考えます。このような学生は、大学で成功する人に対して半信半疑になります。しかし、努力がうまくいくならば、学生は、新たな、より有能な人としての新しい自己像を展開できます。

数年前にインタビューした学生は、都市地理学の授業の履修方法と教員が地元の真正なプロジェクトに取り組んでいるクラスの出来事を語ってくれました。ある日、学生が、小脇に地図を抱えてキャンパスを横断していて、友人のグループに出会いました。友人たちは地図を見て、何をしているか尋ねました。彼は、新しい輸送機関システムをアセスメントする都市プロジェクトに取り組んでいると話しました。友人たちは、印象づけられました。会話の結果、学生の取り組んでいることは、友人たちの目に重要に写り、彼自身にも、より価値があるように感じました。彼自身も専門家のように見られることを心地よく感じました。その結果、都市計画者のプロになりたいと決意しました。この状況で何が起こったかは、彼が新しい自己像を得ただけでなく、新しい「**自己理想**」、すなわち、彼がなりたい新しいイメージをつくり上げました。

自己著述（Self-Authorship）の行程　　Baxter Magolda（1992, 1999, 2001）は、自己著述の行程に学生を援助する意義ある学習の有力で効果的な事例は、すべての大学教員の教育目標となると仮定しています。彼女は、1986年に、大学に

第2章　意義ある学習の分類

入学して、現在、30代前半になった100人の学生を対象にした長期的研究を行っています。彼女の結論の1つは、大学教員が現在行っているよりも、自己著述の行程に沿って学生の信条、主体性、関係性を内面的に明らかにする援助がより可能であるとしています。

知識は、複雑で社会的に構築され、「自己」が知識構造の中心となる信条は、彼女の提案の根底となっています。自己著述に関わろうとすれば、自身の知識と人生の他の側面をつくることに責任を取るようになり、学生自身の主体性を発展させなければなりません。

他者について学ぶ　　教育的な経験は、時々、より良い理解と他者との交流を円滑にすることができます。たとえば、私の大学で数人の教授は、現在、クラスでチーム中心学習の小さなグループを使っています。これらのクラスの1つの学生チームに東アジアからの学生が含まれていました。グループは、この学生が個別テストで高得点をあげながら、グループとして同じテストをしたとき、自発的に解答していないことに気づきました。グループが、学生に、なぜ、率直に発言し、解答を他のものと共有しないのか尋ねると、「私の国では、間違いを指摘することは、礼儀正しいことではない」と答えました。しばらく、この状況を熟考した後、グループ・テストをするときがやってきたとき、残りのグループは、新しい戦略を決めました。グループは、この学生の答えが、何かを尋ねることから議論をはじめることにし、それから残りのグループに何が正しいと思ったかを尋ねることにしました。このように、彼は間違いの指摘を強制されることなく、しかも、グループも彼の答えが何であったかを知ることができました。グループの学生は、異なる文化から、とくに、面目を保つことが重要であると考える文化の人々との交流から、重要なレッスンを学びました。

2つめの事例は、数年前に、大学のフレッシュマン・カレッジ・オリエンテーションでのものです。その年、私は学生グループに見られた「自己中心主義」の強い態度を何とかしたいと考えました。そこで、私はクラスに地域の奉仕活動をさせることにしました。この特別の催しに、「友人のための食べ物」と呼ばれるコミュニティの台所で昼食を出しました。後で、学生が経験について書いてくれたとき、多くのものがどのように異なる見解で貧しい人々に会いに来たかコメントしました。学生は、これらの人々が自尊心を守るために苦慮しているのを見ることができました。そして、そこでの経験は、その後、幸運な状況に置かれない人との出会いや交流の仕方を変えました。

両方の状況で、学生は他者についての新たな理解および交流のために必要な能力を身につけました。つまり、学習や人生における人間の特性について学びました。

他者についての広い概念　他者についての学習を話すとき、通常、他の人に言及します。しかし、時々、**他者**とは、人々より多くのものに及びます。

私は、Monty Roberts『モンタナの風に抱かれて』原文（1997, 2001）とビデオテープから、多くの重要な方法を教わりました。青年であった彼は、ネバダの広大な耕地で荒馬を観察し、彼らが、他者とどのように触れ合い、互いに交流しているかの理解を深めました。その経験から、彼は人間と馬が暴力や強制ではなく、「一緒」に協力して相互交流する方法を考えました。この場合、他者が馬であるというだけで、Monty Roberts（そして、彼から学んだ他の人間）は、他人を理解し交流する方法を学びました。類似した傾向として、アメリカ先住民は、時々、彼らの生命において自然との繋がりの重要性ついて話します。

人々は、機械とテクノロジーによる生命のない他との類似した特別な関係を進展させます。しばしば、Charles Lindbergh の飛行機の冒険に関する著作を読んだ人々は、彼が、単に、飛行機を操縦しただけでなく、「共に仕事をした」と結論づけます。彼の著書『We』（1927）と『The Spirit of St. Louis』（1953）のタイトルもこの関係が反映されています。彼には、特別なテクノロジーとの関係があり、それを理解して深く関心を寄せました。その結果、他の人が成し遂げられなかった飛行機を可能にできました。今日、私たちは車やコンピュータと類似した関係をもっています。テクノロジーという形で「理解し、相互作用する」方法を学びました。

学習と情緒的思考力の人間の特性　Goleman（1995, 1998）の解説によれば、私の指摘する学習の人間の特性とは、情緒的知性と類似していることになります。彼は、自分の（個人的能力）と他者との相互作用の（社会的能力）のいくつかの異なる能力があることを明らかにしました。

本質的に、Goleman は、知的にも、情緒的にも、私たち自身と他者との理解を深めなければならないと述べています。そうすれば、私たちは他者と自身の活動とインタラクションをうまく管理する方法を学ぶことができます。彼が、周到に実証したおかげで、この種の学習は職場だけでなく、私生活においてもきわめて重要であることがわかりました。

自身と他者についての学習の相互関係　学習における人間の特性の事例を探

個人的能力	社会的能力
自己認知 自らの内的状態、好み、力量、そして、直観力を知ること	**感情移入** 他者への感情、ニーズ、そして、配慮の自覚
自己規制 自らの内的状態、推進力、そして、力量を管理すること	**社会的熟練** 他者との望ましい対応を引き出す熟練。
動機づけ 目標に到達するためのガイドおよび促進する感情的傾向	

出典：Goleman, 1998. 図表1、pp. 26-27。

しはじめたとき、すぐに、教員の手助けになる関係を見つけました。人が自身について学ぶとき、他者について知ることはほとんど避けられません。逆の場合も同じです。これは、教員が授業で何らかの学習で働きかけることができれば、両方とも達成することができることを意味します。

　この関係は、いくつかの状況で見られます。授業やカリキュラムのプログラムが、主にどちらかのトピックに集中することなく、少数派の文化的教育に関与した教員は、学生が自身の人種集団と他の少数民族を、同時に学ぶことを知るでしょう。同様に、文学の授業で学生が小説の人物について読んだとき、物語を一体感をもって特定の人物と関連づけ、それによって他者を理解することを学ぶことで、彼ら自身をより良く理解するようになります。

　人は、表2-2で示される主要な教育目標リストにこの相互関係を見ることもできます。たとえば、人格形成、自分（多文化的洞察）と他者との相互作用、リーダーシップ、倫理（個人的、社会的、職業的、あるいは、環境的）を学び、さらに、効果的にチームメンバーとして、市民として、他者にサービスしたり、国際的な自覚をもって他の人々と効果的に仕事をしたりする方法を学びます。これらのいくつかは、主に「自身」の学習、他は「他者」への理解に焦点を当てます。しかし、基本的に、両方、つまり、より効果的で生産的な方法で「他者」と相互作用をすることができる「自身」の開発についての学習を含みます。

　このレッスンは明白です。すなわち、学生が、「自身」を学ぶ手助けをします。そして、彼らは、多分、「他者」について学ぶし、その逆も、また、同じです。

　カリキュラムのすべての部分に示されるか　何人かの読者は、意義ある学習の人間の特性が、人文科学や社会科学と同様に、自然科学にも適切かどうかと思うかもしれません。この質問を探るために、私は学習に対する人間の特性が物理

学の授業でも関連しているかどうか、物理学の教員に尋ねました。しばらく考えた後、彼はそうだと確信しました。彼は、学生に科学のすべてがそうであるように、物理学の重要性を学生自身に自分たちで理解してほしいと考えています。彼らには異なった個性があります。あるものは、気高く、あるものは、うぬぼれが強いです。あるものは、喜んで彼らの考えと研究成果を他者と共有し、他のものは、秘密主義で彼らの仕事に対して用心深いのです。大部分は、物理学の世界に対するすばらしい本質や研究に強い情熱があります。この教員の応答は、この形式の意義ある学習が、すべて、あるいは、ほとんどすべての学問分野で適切であると示唆しています。

第5番目の意義ある学習 —— 関心を向ける　第5番目の意義ある学習は、関心を向けるです。私は、コースデザインや意義ある学習に関する教員のワークショップを行うとき、授業から学生に学び取ってほしい最も重要なものについて説明するように尋ねることからはじめます。最も頻繁な答えの1つは、「学生に興奮してほしい」というものです。教員は、時々、内容に関して「歴史について興奮してほしい」と望んでいます。別なときは、「学生に**好奇心**をもってほしい」、あるいは、「(何かの) 研究に興奮してほしい」と焦点を活動に当てて、学ぶことに対する興奮を求めます。いずれにせよ、これらの教員が、望んでいることは、より深く関心を向けて、学生のための何か異なる価値を求めています。

感情、関心、あるいは、価値の変化に関心を向ける　学生に特定の授業 (あるいは、内容) についてどのように感じているか、あるいは、教員が、学生のどのような情緒的反応を見たがっているかについて話すとき、以下のコメント (学生が、使うかもしれない言葉で) が返ってきます。

- 私は、授業に出るのが**楽しいです** (どのコースでも)
- 私は、顕微鏡で見るのが**好きです** (生物学)
- 私は、人々が、なぜするか、何をするかについて学ぶことに**魅力**を感じます (心理学、社会学)

そのような声明は、学生が特定の内容に関する感情や学習体験 (科目などの) の展開を示します。ある関心の現れや様々な価値が重要になります。これらのどれかが起こるとき、いつも、学生は、何か異なるものに関心を向けるようになります。そして、学生が関心を向けるとき、彼らは異なった情緒的反応をもちます。

関心を向けるための焦点　　教育目標として、関心を向けることについて考えるとき、学生が、学習のために何かに関心を向けるようになることができるのを知ることは重要です。学習経験の結果、学生は何かについて、より異なる関心を向けるかもしれません。

- **現象**の研究　　文学、歴史、鳥類、気候、岩などへの新たな関心を探すかもしれません
- **思考**の研究　　地理学者や歴史家が世界を研究、相対性理論の含意、進化論が生物学的現象の説明力、出来事に対してのフェミニスト見解による広範囲の洞察の提供などに関して、より好奇心が強くなるかもしれません
- **自身**の研究　　「たぶん、私には、私が気づいたことよりも、人生でおもしろいことをするか、そうしたいと思う人になる可能性があります」
- クラス、あるいは、研究で直面する**他者**　　学生は、人々の年齢、性、民族性、宗教、国籍や何かで、自分たちと異なることがわかるかもしれません。彼らは、良い人々であり、理解の過程で、相互交流を促進させ、経験を豊かにするかもしれません
- **学習の過程**　　学生が、学習に関心を向け、一般、あるいは、特定のものについて学びたいと望むとき、真の強力なことを教育の上に起こすことができます。次に、学生は、現象、思考や同様のことに関心を向けるだけでなく、それらに関して、**学習することに関心を向けます**

第6番目の意義ある学習 ── 学び方を学ぶ　　第6番目の意義ある学習の一般的なものは、学生が、学ぶ方法を学ぶことを助けるものです。これは、長い間、教員を魅了する教育目標です。評価や思考のように、この目標は、学習の他のことを可能にすることで、とくに、効果が期待できます。授業や授業終了後も学ぶ方法を学ぶことを助けることができると、学習者は、残りの人生を、真に魅力的に学び続けることができるでしょう。

　また、歴史的変化で、この種の学習は、とくに、重要となりました。20世紀は、アイデアの量と、実際には、あらゆる、トピックや課題に関する情報が、年々、急激に増加し、知識の激増が見られました。そして、そのような傾向の変わらない状態が続いています。学生と教員は、ともに、痛々しいほど、この急増の教育的な含意を意識しています。学生は、毎年、ますます、多くの教科書を買い、教

員には、授業でカバーしなければならない、多くの材料が出てきます。教育者として、この状況に対処するための、唯一の戦略は、特定の対象の基礎的知識を明確にして、学生が知っていることを確かにして、授業が終わった後も、学び続ける方法を教えることです。

もし、学び方を学ぶことが重要であるという意見を受け入れるなら、これは、何を意味するのか、どのようにするべきなのか。残念ながら、「学び方を学ぶ」フレーズの混乱は、このトピックに関する文献の多さでした。これは、このフレーズを使用するとき、異なった人々が、異なったことを言っていることから起こりました。この問題に関する文献を批評した後、私は、学者と教員に、「学び方を学ぶ」という考えに3つの異なった意味があると結論づけました。

- どのように優れた学生になるかを学ぶ
- どのように知識を問いかけ、構成するかを学ぶ
- どのように自律型学習者であるかを学ぶ

それぞれの学び方を学ぶ3つの意味が、他の2つと明確に異なっています。そして、各々が教員の異なった提案となっています。したがって、それぞれの3つのフォームの「学び方を学ぶ」の意味を見直すことは重要です。

どのように優れた学生であるかを学ぶ　多くの教育に対する努力が、数年の間に向けられました。とくに、1980年代以来、学生が、どのように有能な学生であるかを学ぶのを助けることを目的としました。

1980年代前半に、サウスカロライナ大学 John Gardner によってはじめられた初年次教育は、この代表的な事例です。彼と他のものは、著書を書きました（たとえば、Gardner and Jewler, 1999; Ellis, 2000）。そして、初年次学生が、この重要な移行期に、より良く理解するために、どのように読み、講義メモを取り、テストを受け、時間や集中力を維持し、そして、他の多くの人生課題を扱うかを学ぶことを助けることを目的としたプログラムをスポンサーしました。これらのプログラムがうまくいくとき、学生は、学び方を学ぶ原理を学ぶことができるかもしれません。

最近、数人の認知心理学者が「自己制御型学習」の考えを開発しました（Pintrich, 1995; Schunk and Zimmerman, 1998; Zimmerman and Schunk, 1989）。これは、学生が、学習の3つの側面を管理する方法を学ぶことを助けることを目

的とします。すなわち、観察可能な**振舞い**、**動機**、**影響**、そして、**認知**です（Pintrich, 1995, p.5）。これは、どのような年齢の人々の学習活動やどんな状況でも適応可能ですが、基本的に学生の研究と応用に焦点が当てられました（Pintrich, 1994）。

同様の活動は、ヨーロッパで起こりました。1970年代後半の研究から始まって、1990年代に、世界中でますます活発に見られるようになりました。それは、学生の学習オリエンテーションの「深い学習」に関係があります。(Marton, Hounsell, and Entwistle, 1997; Gibbs, 1992, 1993)。学生の間、より深い学習を促進しようとした教員との共同作業の後、Gibbs は、学生が以下のことをすることによって、学びをより深いアプローチに向けることが可能であると示唆しました（Gibbs と筆者との1999年の個人的な通信）。

- 学習や知識に関する基本的概念を開発する
- メタ認知の**認識**を開発すれば、深いアプローチの必要に気づき、メタ認知を**コントロール**できれば、適切な「意味づけ」の手段を講じることができる
- 個人的な興味を探求する時間をもつ空間と自由を提供する
- アセスメントの要求を明確にすれば、学生は十分な理解だけが、学習成果として許容できることを理解する
- 学習をよりアクティブでインタラクティブにするために、教授法を変える

このグループ（私の意見が正当化される）では、Gibbs のリストに沿って学習へのオリエンテーションを変えるとき、読み書きの能力におけるトレーニング学生に対して絶対に同じ効果がないと感じるものもいます。

一方、これらのすべての3つの教育的なイニシアチブには、学生が、より有能になるために、何を学ぶ必要があるかを、助ける意図があります。そして、これは、「学び方を学ぶ」1つの有効な意味であります。

特定の方法で知識を問いかけ、構成する　「学び方を学ぶ」の2番目の趣旨は、学生が、知識の特定の領域に、特定の方法で知識を加える方法を学ぶのを助けます。たとえば、科学、歴史、文学などがそうです。それぞれの領域の知識の本質は異なります。したがって、公的、あるいは、個人的であるにかかわらず、人がどう知識に加えるかも異なります。教育的に、学生にそれらの違いが何であるか、各領域でどのように個人的知識に加え続けるかを学ぶのを助ける必要を意

味します。

　科学教育者は、「探究授業」と「探究学習」の概念を支持します。多くが、科学教育は、探究結果を教えるだけでなく、科学研究が、どう働いているかを教えるべきであるとの主張に基づいています（Schwab, 1962 ; Thelen, 1960）。教員が、この挑戦に応じるための本格的な対策をするとき、学生がどのように質問を定式化するか、次に、どのように質問に答えることができる情報を求めるかを学ぶのを助ける方法を探します。

　より一般的なフォームでは、学生が科学（たとえば、Gower, 1997）の規範的で革新的な研究手順（たとえば、Barzun and Graff, 1992）、歴史などの他の分野で安定している研究手順（たとえば、Collingwood, 1993）に関して、学ぶのを助けることができます。

　研究手順に関して、単に、意味と知識の構築を学ぶことを超えて、Novak と Gowin は、このフォームの学び方の学習を広げました。著書『学び方を学ぶ学習（*Learning How to Learn*）』の序文で、教育の目標が、「行動の変化」をつくり出すのではなく、「経験の意味の変化」をつくり出すことであると述べています（Novak and Gowin, 1984, p. xi）。これは、学習者が、「彼らの経験を反映し、新しく、より強力な意味を構築すること」を助ける方法を探し求めるように導きました。これを行う、2つの基本的な方法を提供します。1番目は、「V字」ダイヤグラム（図2-3を参照）です。

　知識のクレームには、2つの側面——理論的（概念的）、および方法論——という考えに基づいて、このダイヤグラムは、「知識」、あるいは、「知識クレーム」の拡大検索において、2つの側面間を行き来する必要性を強調します。Novak と Gowin は、学生が、知識を構築する方法を学ぶとき、彼らの努力が、暗記学習より、むしろ、意義ある学習に繋がると主張します（1984, pp. 7-9）。

　学生が、知識を構築する方法を学ぶのを助ける2番目の方法は、「コンセプトマップ」を使用することです（Novak and Gowin, 1984, chapter 2; Novak, 1998）。これは、教員が単元や授業で教えた様々な概念の関係を示す地図やダイヤグラムを学生に作成させるテクニックです。これをするのは、学生が学んだ内容を理解し、同じ概念を他の人々がどのように異なった意味合いで理解でき、一般的な話題の理解に新しい概念を関連づけるように促します。

　学生が、どのように尋ね、質問に答え、結果として、起こる何か、新しい知識を現存知識に組み入れることを学ぶのを助けるのは、「学び方を学ぶ」2番目の

図 2-3 「知識 V 字」ダイヤグラム

問題の焦点

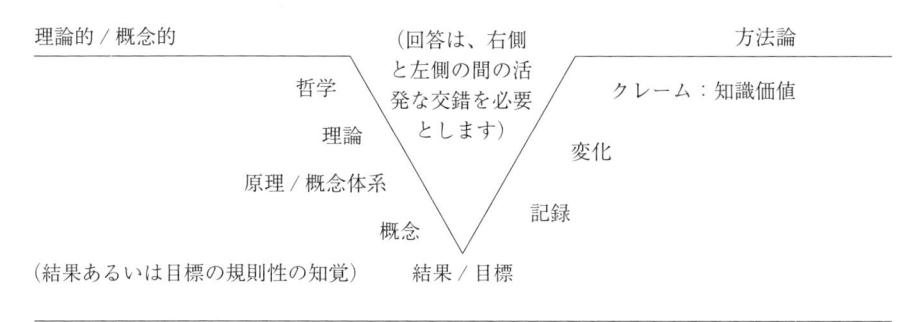

理論的／概念的　　　　　　　　　　　　　　　　　　　方法論
　　　　　　　　　　　　（回答は、右側
　　　　　　　　　　　　と左側の間の活　　クレーム：知識価値
　　　　　　哲学　　　　発な交錯を必要
　　　　　　理論　　　　とします）
　　　　　　　　　　　　　　　　　変化
　　　　原理／概念体系
　　　　　　　　　　　　　　　記録
　　　　　　　　概念
（結果あるいは目標の規則性の知覚）　結果／目標

出典：Novak and Gowin, 1984, p.3.（ケンブリッジ大学出版局の許可付き翻刻）

効果的な意味です。

自律型学習者　　学び方を学ぶ3番目の意味は、学生が「自律型学習者」になるのを助けることに関与することです（注：この教育目標の伝統的な用語は、「自律型学習」ですが、私は、学習が行われる場所より、むしろ、学習者に言及されるよりアクティブで個人的な意味合いを好みます）。

1975年、Malcolm Knowles は、このトピックに関する研究の多くの概念的で、理論的基礎を築きました。彼の考えでは、学び方を学ぶのは、以下の一般的な2つのステップにかかわります。すなわち、自身の学習の必要性を診断し、学習プランをデザインすることです（pp. 11-13）。

成人は、自身が1人で学ぶという Allen Tough の研究調査結果（1979）に注目します。Brookfield（1985）は、教員が、「知識の伝達者」より、「学習のファシリテーター」である必要があると主張するのに、これらの観察を使用します。Brookfieldによって編集された本の別の章で、彼と Mezirow（1985）は、ともに、学習者による批判的な考慮の必要性を批評しています。成人で自律型学習者は、それぞれの経験の意味を理解する、複数で別の方法を考える必要があります。これは、**批判的省察**の鍵となります。

Phil Candy は、1991年、これまでの自律型学習の最も包括的な論評を刊行しました。彼は、目標や方法としての学び方の違いに注目し、さらに、一歩進めて、人生と教室での学習の2つにこれがどう適用されるかを示しています。以下の方法でこれらの関係を例証できます。

自発型学習

	目標	方法
人生における使用	個人的な自治	独習
学生としての使用	自己管理型学習	学習者の制御活動

　Candy が、これらの区別を強調した理由の1つは、「学習者の制御活動」が、**独習**と同じでないことに注意したかったことです。独習とは、人が人生で学ぶために必要とするものを学ぶ方法を知ることを意味します。多くの教員は、トピックを選択するために課題を学生に与え、独学させてクラスで報告させ、自発的学習を促進させることを望みます。それは可能ですが、限られた方法だけです。Candy の分析によると、この実行は、学習の方法と学生の役割の中だけで自発的学習に関与させるだけです。過程における批判的な省察の必要さが伴わなければ、「自己管理型学習」の目標へ向かって推し進めることには役立ちません。「私は、トピックを超えて何を学ぶべきか。なぜか、どのようにしてか」という質問に学生を関与させる、より大きい過程で全体をリンクさせることなしに、学習者の制御活動は、人生で個人的な自治を強化する目的の独習の関与を高める能力に繋がりません。教員は、より協力して強くて、より充実した自発的学習を促進するために何ができるでしょうか。Candy は、以下の提案をしています（第11章において）。

- 学習者の現存する知識構造を利用する
- 深い学びを奨励する
- 学習者の質問を増やす
- 批判的思考力を開発する
- 読書術を高める
- 包括的なモニタリング（自身の学習）を高める

　学び方を学ぶ重要なバージョンのさらなる探検に興味をもつ読者に、私は、3つの付加的な文献を推薦します。Grow（1991）は、学習者が、はじめから自身の学習の自主独往の準備ができているわけではないと提言します。彼らは、一連

の4つのステージを通して、目標に向かう必要があるかもしれません。すなわち、依存、関心、関与、そして、自発的なものです。各段階で、教員の役割は、かなり変化します。Martinez（1998）は、「意図的学習」としての学習形態を分類します。彼女は、意図的学習者になることを学ぶために、学生がもっている考えを開発するのにこの概念を使用し、ほとんどの教員に認識可能となる4種類の学習者について説明します。すなわち、抵抗的学習者、順応的学習者、実行的学習者、そして、意図的学習者です。そして、最終的に、Schön（1983, 1987）は、プロフェッショナル・スクールが優れた実践の原則を研究して、学生が適用するのを分類する必要があると言葉巧みに主張しました。彼の意見では、良い専門家は省察的実践者です。それは、プロフェッショナル・スクールの学生が、同時に、これらのタスクの両方の方法を学び、支持するカリキュラムを必要とすることを省察するという意味です。

パラダイム転換

　私は、学習の新しい分類で描かれる複数の学習の種類について説明したので、1つの重要な特徴の含意に戻って調べるのは役立ちます。この分類は、教えと学びについて考える方法に大きな転換を表します。高等教育では、ほとんどの教員が内容中心パラダイムと呼ばれるものを未だ教えています。このパラダイムでは、教員は学生が授業で含まれるトピックや内容について学ぶべきかを問題にします。たとえば、

　　トピック　A、B、C、D……

　対照的に、意義ある学習の分類は、学習中心パラダイムです。このパラダイムでは、教員は学生が学習の異なる種類について説明することによって学ぶべきであることを問題にします。たとえば、

　学び方を学ぶ
　関心を向ける
　人間の特性
　統合
　応用

基礎的知識

　これらの2つのパラダイムは、非常に異なった方法で作動します。内容中心パラダイムの下では、教員は限られた時間内にどれだけをカバーできるかの問題にいつも直面します。新しい研究に関しての頻繁な刊行は、ますます、多くの詳細さとトピックをカバーする必要性に追い立てます。これは、教科書のとどまるところを知らないサイズにも明らかに反映されています。これは、教育が伝統的なトピックA、B、Cをカバーする必要性だけでなく、トピックD、E、F、それ以上のことをカバーする必要性を感じさせる学習中心パラダイムとは非常に異なった方向に教員を向けます。
　図2-4に示されるように、それは重要な内容に関する注意を含んでいますが、新しい種類の学習を取り入れるように教員を駆り立てます（むしろ、新しい内容よりも）。
　事実、教育と学習に2つの異なった方法があることが明確です。どのような根拠で、どちらかの1つを選ぶべきでしょうか。私にとって、学習中心パラダイムがより良い選択です。1つの理由は、学習が学生と関係があり、他は教員の必要性に関係があります。
　学習の長期的視点の必要性　私が、教員から、しばしば、聞く関心の1つは、増大する知識が、本質的に、すべての研究分野に関係するかです。私が、この分類を提示するとき、教員はいつも懐疑的で、「現在カバーする必要のあるすべて

図2-4　2つの異なるパラダイム効果

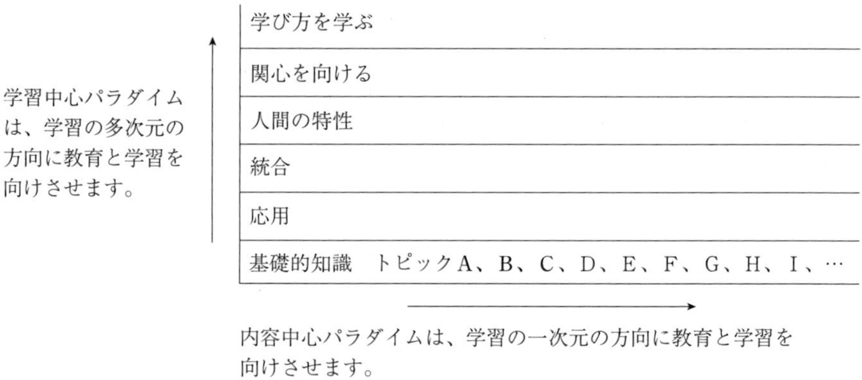

学習中心パラダイムは、学習の多次元の方向に教育と学習を向けさせます。

| 学び方を学ぶ |
| 関心を向ける |
| 人間の特性 |
| 統合 |
| 応用 |
| 基礎的知識　　トピックA、B、C、D、E、F、G、H、I、… |

内容中心パラダイムは、学習の一次元の方向に教育と学習を向けさせます。

の内容をカバーできません。あなたは、私がすべての学習の新しいことについて学ぶ必要があると言っているのですか」と応えます。

　事実に直面するよう教員に話すことで、この問題に応じます。現在、学生が授業に関して知る必要があるすべてをカバーしているのですかと尋ねると、彼らは、いつも「とんでもない」と答えます。誰もそんなことはできません。さらに、状況は、より悪くなっています。このジレンマに対処する何か選択肢があるのでしょうか。１つの選択肢は、毎年、より速いスピードで話すことです。これは、明らかに効果的でなく、また、魅力的でない安易な方法です。さらに、第１章で紹介した研究は、ますます多くの教材を授業ですし詰めにしますが、それは学習を長続きさせません。それでは、他に何ができるでしょうか。

　私の信念とする唯一実行可能なオプションは、学習が長期的であるということです。これは、学生が授業の後に学び続ける可能性を広げる方法として、授業で最も重要なトピックを特定し、同時に、複数の種類の学習を促進する必要を意味します。

　２つのオプションを考えてみます。多くの内容が、含まれているにもかかわらず、学生が科目に関心も向けず、学習について学び続ける方法を学ばないなら、学生が学んだことを維持し、学び続ける努力をする可能性は何でしょうか。研究と広範囲な教員の観察の証拠から、学生が現在授業から学んだことを持続しないことは、私たちが望むオプションではありません。

　他方では、学生が内容を応用する方法を学んで、他の知識にどのように繋げるかは、学んだことに関する人間性の含意を理解して、科目について学び続ける方法を学ぶことについて関心を向けることができます。それらは、学んだことが持続され、授業が終わった後も知識を広げ、学び続けるでしょう。したがって、学生の学習の長期的視点に立てば、意義ある学習に関心を向けることは、正しい選択です。

　意義ある学習と教員のドリーム　　学習中心パラダイムを選ぶ２番目の理由は、教員に関連します。教員に、授業で学生に本当に学んでほしいドリームについて尋ねるとき、教員の応答は第１章で説明しています。学習のおもしろさを説明することだと一貫して応えています。これらのドリームは、内容中心、あるいは、学習中心パラダイムを反映するものでしょうか。表２-４は、意義ある学習の教員のドリームと分類との関係を示したものです。このリストは、第１章で説明した学生の学習についての教員のドリームのすべてを表したもので、それぞれの意

義ある学習を例示します。

　意義ある学習の分類と教員のドリームのリストから引き出された私の結論は、内容中心パラダイムより、学習中心パラダイムを選ぶ方が、はるかに学生に関する深いドリームの実現に近いことを学ぶでしょう。

　学習中心パラダイムは、内容を捨てることか　教員は、時々、学生がそのような異なった方法で学んでいることにショックを受けます。このショックは、他の望ましい学習を含むように、授業の範囲を広げることで授業内容で伝える元来の

表2-4　教員のドリームと意義ある学習

「私のドリームは、学生が、授業で○○することである」	
・生涯学習に関わる準備をすることである ・継続的な改善を評価することである	学び方を学ぶ
・深い好奇心を育むことである ・学習の喜びを経験することである	関心を向ける
・自分たちの間の接続、他のものと自身の信念、価値、行動などを繋げることである ・切り離されて分類された方法より、むしろ、統合された方法で問題と課題について考えることである。学生は、複数の見解の関係を見いだすことであろう	統合
・どのような学問分野、あるいは、選択した職種の達成にも誇りをもつことである。彼らが、選ぶどんな専門分野や職種でも達成できることに誇りをもつことである ・職場や私生活において、コミュニティ構築が重要であることを認めることである ・人生や仕事の挫折や挑戦にも、どのように積極的に対応するか、その方法を学ぶことである ・他者をメンターすることである	人間の特性
・現況で学んだことを応用できることである ・より良い世界にする方法を探し、変えることである ・創造的問題を解決する人になることである ・コミュニケーション技能のような主たる技能を開発することである	応用
・批判的見方ができる人になることである ・部分的でなく、全体的に考えることである。鳥瞰図的に見ることである	基礎的知識
・世界の変化の必要性を認めることである。そして、変革推進者になることである（応用／考えと人間の特性／自己） ・問題を分析し、新しい解決策を再建することである。そして、他の人々の人生の解決策を関連づけさせることである（応用／考えと人間の特性／自己と他者）	統合

目標を捨てたのではないかと思われがちです。

　私の答えは、「いいえ、授業内容を捨てることではない」ということです。それは、単に、新しい名前の基礎的知識を与え、他の意義ある学習に包み込むことです。意義ある学習は、他にも学生が研究した新情報や考えを習得することをまだ必要とします。しかし、授業の唯一の目的は、「内容に関する新しい知識を習得する」ことより、どのように内容を用いるか、そして、どのように知識を他の分野と統合させるかを学び、個人的で社会的な含意などを理解させるための学習を達成する基礎となるものです。

どのように意義ある学習を達成するか

　学習中心パラダイムの価値を受け入れるなら、次の質問をおそらく受け入れるでしょう。学生のために、どのようにより意義ある学習を達成するか。意義ある学習の分類に関連して、単に、教育目標を定義しても、学生の学習の質は向上しません。それをするために、特別な学習体験を授業にデザインする方法を見つけなければなりません。そうすることにより、学習のおもしろさが、実現される見込みがあります。

　それは、本書の次の3つの章の目的です。第3章と第4章は、学生のより強力な学習経験を作成する方法として、統合的コースデザインのモデルを紹介します。第5章は、どう教えるかを変えることで意義ある学習がより多くの学生に、より頻繁に起こる方法に関する具体的な考えを提供します。

第3章
意義ある学習経験をデザインする 1
―― はじめるに当たって

　この本の最初の2章は、2つの鍵となるアイデア、すべての授業は意義ある学習経験をつくり出すよう努力すべきであること、そしてそのような経験を何がつくり出すのかを見極めるには、言語や概念のような、分類が使いやすいというアイデアを提示しました。もし、高等教育が学習中心の方向へ向かうべきであるということを前提とするならば、教員は、どのようにすれば学生にとって、意義ある学習経験をつくり出すような仕事ができるでしょうか、という疑問が生じます。

　この疑問への答えには、明らかに、いくつかの重要な要素があります。しかし、学生が意義ある学習経験をするような授業をつくりたいと教員が望んでいるなら、教員は、高品質の授業をデザインする方法を学ばなければなりません。授業が十分にデザインされなければ、他のどの効果的な授業のための要素も、その効果はほんの限られたものにしかならないでしょう。

　この章と次章では、学生に、強烈な学習経験を引き起こし、教授陣に、彼らが、もち続けてきた深いドリームを成し遂げるような（第1章で、記述したような）、授業デザインの方法のアイデアを提示します。この章では、授業デザインに関するいくつかの一般的なアイデアを配置し、授業デザインプロセスの新しいモデルを紹介し、そして、そのプロセスの第3段階まで行きます。第4章では、残りの段階の、実際に、学習経験がつくり出される教室内で起こることを検証します。

コースをつくる2つの基本的な方法

　教授たちが、1つの授業をつくる仕事に向かうとき、彼らは、2つの異なったアプローチのうちの1つを使います。1つは、私が、「トピックのリスト」と呼んでいるアプローチであり、とくに、こうした仕事の訓練を受けたことのない、新しい教員たちに広く見られますが、経験を積んだ教員たちにも、また、共通しています。それは、このようなやり方です。教員が、主題を見て、それに関する

8つから12のトピックのリストをつくります。そして、それぞれのトピックについて、講義をつくり始めます。1回か2回の中間試験と最終試験を加えて、授業は準備完了というものです。トピックのリストは、教員自身による主題の理解か、または、良いテキストの目次からつくられるでしょう。極端な場合は、教員たちは、このプロセスに2冊のテキストを使います。彼らは、1冊のテキストを学生が読むように選択します。通常の場合、それは見やすい方です。2冊目は、より洗練されたテキストであり、自分自身の授業の資源です。たとえば、若いころの私の世界地誌の授業では、私の授業デザインは、そう呼べるものであれば、各地域を順番に（テキストにある順にしたがって）配置して、何回かの試験を加えたもの以上のものではありませんでした。ほんの数分で、私は、コースデザインを終えました。

　このアプローチの魅力的な特徴は、非常にすばやく、簡単にできることです。毎週、トピックの概要をつくるのにも、30分から45分以上かかることは、ほとんどない。その一方、魅力的でない方は、情報の組織化に焦点が当てられていて、情報がどのように学ばれるかに、ほとんどか、全く注意が払われていない点です。したがって、基礎的知識を学ぶことのみに一般的な支持が与えられます。研究結果によると、不幸なことに、このような学習は、半減期が比較的短く、より重要なことに、今日の学生や社会の教育ニーズに合っていないことです。

　この伝統的な主題中心のアプローチに対置する選択肢として、学習中心のアプローチがあり、私が「統合的コースデザイン」と呼んでいるプロセスによって、構造的に授業をつくり出していくものです。このアプローチでは、教員は、与えられた状況の中で良質の学習を構成するものを決め、授業と学習経験の品質を設計する責任を負います。このアプローチは、何に似ているでしょうか？　それが、この章と次の章の主題です。

統合的コースデザイン ── 新しいモデル

　教育デザインを主題にした本は、かなりたくさんあって、ほとんどの公立学校教師は、それを目標にしています。しかし、高等教育においては、いくつかの著名な本があるだけです（Diamond, 1998; Bergquist, Gould, and Greenberg, 1981）。これらのモデルのそれぞれのデザインプロセスには、たくさんの共通の要素 ── 教育目標と対象を決めること、そして、学習行動や資源、アセスメントを見るこ

となど——が含まれていますが、2つのモデルは、どのように様々なステップを配置するか、どのステップを分割し、どのステップが同じでまとめられるか、に違いがあります。

　私が、ここで紹介する統合的コースデザインのモデルは、いくつかの同じ性質のものをもっています。それは、同じ重要な構成要素をもっていますが、それらには、特徴があります。重要な違いは、関係モデルであり、線形モデルではありません。ですから、**統合的**という単語を使うのです。加えて、このデザインプロセスの形式は、多くの魅力的な特徴をもっています。それは、

- **単純**　　教員にとって、基本的なモデルを覚えるのが比較的簡単である
- **ホリスティック**　　効果的なコースデザインに存在する複雑さをひもといて明らかにする
- **実践的**　　コースデザイン・プロセスにおいて、何をする必要があるかを明らかにする
- **統合的**　　コースの重要な構成部分間の双方向の関係が見える
- **規範的**　　コースデザインが、良いかどうかを決めるための特定の基準を提供する

　統合的コースデザインの基本的な特徴は、図3-1の通りです。下の箱（状況要因）は、集められる必要のある情報のことです。3つの円は、つくられる必要のある決定です。下の箱から出ている矢印は、この情報が、3つの重要な決定を

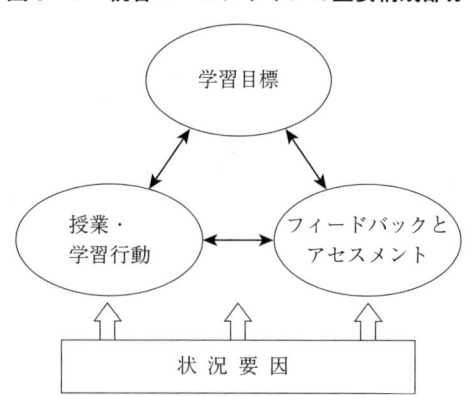

図3-1　統合コースデザインの主要構成部分

するプロセスで使われるべきものであることを示します。3つの円を繋いでいる矢印は、これらの構成要素が、互いに繋がり、支えあう必要があることを示します。

　この基本的な枠組みは、学習経験をデザインするときに、答える必要のある一連の質問を導きます。

1．ある授業や学習経験において、何が重要な**状況要因**なのか？
2．何を私たちの最終的な**学習目標**にするべきか？
3．どのような**フィードバックとアセスメント**をするべきなのか？
4．私たちが、設定した最終的な学習目標に到達するためには、どのような**授業・学習行動**をすればよいのか？
5．すべての構成要素が繋がり、**統合的**であるということは、それらは、互いに同一であり、支えあっているのではないか？

バックワードデザイン

　注意深い読者であれば、これらの質問の順番を見ると、「フィードバックとアセスメント」が「授業・学習行動」の前に来ていることに気がつくでしょう。多くの人にとって、これは意外なのではないでしょうか。しかし、授業をデザインしたり、再設計したりしている多くの教員たちと多年にわたって仕事をしてきた後で、フィードバックとアセスメントを初めにすると、どのような授業・学習行動が必要であるかを識別する能力が、非常に広がるということに気がつきました。Wiggins (1998) は、この順番に対し、**バックワードデザイン**という、きれいなラベルを貼りました。このラベルの意味するところは、デザイナーが、最後の授業が終わったときとか、その1～2年後、それ以降とかに、このような質問をすることを想定して、プロセスを始めるというものです。「私が、学生たちに学んでほしいと思っていることは何ですか？」「それは、授業が終わってから、数年後にも、まだ、残っていて、価値があることですか？」。この質問への答えが、学習目標の基礎となるのです。デザイナーは、授業終了時に戻って、このようなフィードバックとアセスメントの質問をします。「学生は、自分たちが、学習目標に到達したことを、私にしっかりわからせるために、何をするべきでしょうか？」。この質問に答える過程は、学習目標の本当の意味を明らかにすることになります。そして、もう一度、さらに、授業時に戻って、このように尋ねます。

「学生たちは、評価を良くするために、授業期間中に何をするべきでしょうか？」
　授業・学習行動を初めにしても、フィードバックとアセスメントを初めにしても、どちらでも、コースデザインを成功させることはできます。しかし、経験では、バックワードデザイン、つまり、フィードバックとアセスメントを初めにする方が、授業・学習行動に、何が必要かという問いに対する答えを、とても見つけやすくなります。そのため、私が、これから示すのは、この順番です。

鍵となる特徴 —— 統合された要素
　このコースデザインモデルの１つの非常に重要な特徴は、最初に決める３つ——学習目標、授業・学習行動、フィードバックとアセスメントを統合する必要があり、この３つは、互いに影響しあい、支えあわなければならないという提案です。これが、どんなに決定的に重要なことかを示すために、統合を欠いた仮の授業を描いてみます。

　良い教育法として知られている原理を、すべて冒瀆するような、非常に悪い授業をする教員と話をすることを想像してみて下さい。彼が、あなたのところへ来て、授業を分析して、変える必要のある点を教えてほしいと頼みました。まず、あなたは、教員に、その授業で、学生に何を得てほしいのかを尋ねました。
　彼の返事は、「私は、世界の地域地理の、すべての重要な内容を網羅しようとしています」。「内容を網羅する」は、教員のすることで、学生がすることではないので、もう一度、**学習目標**について返答を求めました。彼は、学習目標に関する答えをこのように変えました。「私は、学生に、世界の違った地域について、すべての重要な情報や思想をマスターしてほしい」そして、あなたは、彼の学習目標の１つが、学生が、重要な内容を、すべて理解し、記憶することであるとノートに書き留めます。しかし、あなたは、もう少し、こうした質問で押してみました。「他に、この授業で、学生に学んでもらいたいことはありませんか？」少し間をおいた後で、彼は、返答しました。「そうですね。もし、学生が、世界地理について、批判的な考え方も学ぶことができるなら、たぶん、それはすばらしいことです」。ここで、彼は、批判的思考という、もう少し、重要な学習目標をもちました。あなたは、より重要な学習目標を与えることができたことになりますが、しかし、あなたは、基礎的知識と批判的思考という２つの学習手法を使うことができます。
　ここで、授業内で使われる授業・学習行動に戻り、通常の講義形式——15週間

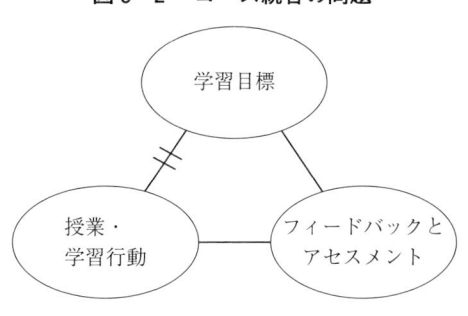

図3-2　コース統合の問題

```
            学習目標
           /      \
          /        \
    授業・      フィードバックと
    学習行動    アセスメント
```

の講義で、中間と最終の試験期だけ中断する──の授業を見てみましょう。それぞれの週に、教員が、新しい地域について講義し、学生は、その地域の関係する章を読んできます。ここで、学習目標と授業・学習行動の間の不接合、または、統合の欠如という、最初の問題が出てきます。教員が、効果的な講義を行い、良い教科書をもち、学生が、ノートを取るのがうまく、良い読者であることが保証されて、やっと、学習内容を学ぶことに成功する可能性がでてきます。しかし、彼らは、主題について、批判的な考え方を学ぶための訓練やフィードバックを受けていません。コースデザイン・プロセスの最も基本的な段階で、図3-2のように、学習目標と授業・学習行動の間が繋がっていないことを意味します。

　しかし、問題は、もっと悪くなります。中間（あるいは最終）試験を作成することになったとき、この教員は、問題を抱えます。「どのような種類の問題を、試験に出せばよいのだろうか？」彼は、内容に関する問題は、書くことができます。そして、完璧ではないが、学生も、このような問題には良く適応できるでしょう。しかし、彼は、世界地理の問題について、批判的思考に関する問題を含めてよいものかどうかというジレンマに直面します。もし、彼が、考える問題を含めるのなら、その試験は、彼の学習目標に正確にぴったりと合うでしょう。しかし、学生たちは、授業・学習行動が、学生たちに批判的思考の訓練をしていないので、たぶん、ほとんどできないでしょう。コースデザイン・モデルで言うと、これは、図3-3に示すように、授業・学習行動とフィードバックとアセスメントの間に、2つ目の不接合があるということを意味します。

　他方、教員は、試験に考える問題を含めることができませんでした。なぜなら、それを含めることは、彼が、その授業で教えた方法ではないので、公平でないということがわかったからです。この場合、アセスメントは、完全に、授業・学習

図3-3　解決1　目標に合致したアセスメント

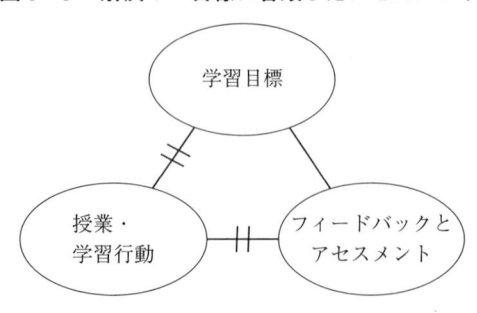

図3-4　解決2　学習行動に合致したアセスメント

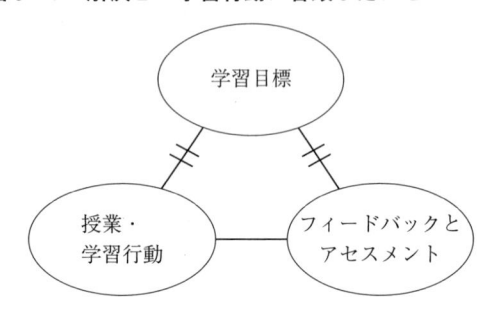

行動を反映したものとなり、学習目標を支援するものではなくなるでしょう。もう一度言うと、この解決策は、授業の中に1つの不接合をつくるが、図3-4のような、違う部分のモデルも出てきます。

　教員が、直面するジレンマ——試験に何を出すかということではなく——授業における3つの接合のうち、2つが壊れていることに注意が必要です。そして、これは、すべての授業に適用される鍵となる関係です。3つの接合部分の1つを壊してしまう教員の中には、必然的に2つ目の接合を壊してしまうものもあります。これは、3つの重要な結合のうち、2つを壊してしまうことになります。そして、2つの結合が、壊れた授業というのは、授業が壊れているのです。それは、統合されていないので、授業は役に立たず、効果的にすることもできません。これが、コースデザインにおいて、3つのすべての構成要素が統合されていて、それぞれが影響しあい、支えあっていなければならないことが重要である理由です。

コースデザインからはじめる

このコースデザイン・モデルには、表3-1に示すように、3つの段階があり、それぞれの段階に、また、多くのサブステップがあります（もう少し詳しく、より完全なものが付録Aにあります）。この章の残りで、どのように、このプロセスを始めるかを描き、初期段階の初めの3つのステップへのコメントも含むようにします。第4章では、残りのステップであり、学生が、実際に経験する行動を形作り、他の2つの段階も加えます。

教員が、この順序にしたがって、適時に、それぞれのステップを踏むならば、このプロセスが、ベストであると私は信じます。それぞれのステップは、それ以降の、ステップの基礎となっており、お互いの上に立っているので、これは、重要です。したがって、後のステップを終わらせようとする前に、早いステップを完璧にやって終わらせることが重要です。

表3-1　統合コースデザインの12ステップ

もし、教員が、学生が意義ある学習経験をするような授業をつくろうとするなら、その授業の質をデザインする必要があります。どうすれば、それができるのでしょうか？　以下に、構造化されたデザインプロセスの12ステップを記します。

初期段階　強い主要構成部分をつくる
1. 重要な**状況要因**を確認する
2. 重要な**学習目標**を確認する
3. 適切な**フィードバックとアセスメント**の手順をつくる
4. 効果的な**授業・学習行動**を選択する
5. 主要構成部分が**統合**されていることを確かめる

中間段階　構成部分を首尾一貫したものにする
6. 授業の主題の**構成**をつくる
7. **教授戦略**を選ぶ／つくる
8. **すべての学習行動の枠組みをつくる**ため、授業構成と教育的な戦略を統合する

最終段階　残りの重要な仕事を終わらせる
9. **成績評価システム**を開発する
10. **起こりうる問題点**をつぶす
11. 授業シラバスを書く
12. 授業と教え方の評価を計画する

初期段階──強い主要構成部分をつくる

デザインプロセスの初期段階で教員は、先に図3-1で示したような、学習目標やフィードバックとアセスメント、授業・学習行動といった強い主要構成部分をつくることを求められます。これらの要素は、残りのデザインプロセスの基礎を形づくるものなので、完璧につくる必要があります。そして、初期段階は、様々な状況要素を確認したり、特定の授業に対して、主要構成部分のうちのどれが重要であるかを決めたりすることから始めることになります。

ステップ1──重要な状況要因を確認する

新しい授業をデザインしたり、古い授業を再設計したりするとき、最初のステップでは、3つの鍵となる決定に影響を与える、状況要因を注意深く評価する必要があります。もし、このステップを飛ばしたり、表面的に済ませたりすると、学生のためにならなかったり、カリキュラムの要請に合わなかったり、教員に合わなかったり、さもなければ、目標をはずしたりするような、授業になってしまう可能性が増えます。ですから、多くの潜在的で、重要な要因を評価し、残りのデザインプロセスの間に、気をつけなければいけないことが、何かを決めることに、十分な時間をとることは重要です。

教育デザインの文献と私の教員たちと働いた経験から、私は、表3-2のような潜在的で重要な要因のチェックリストをまとめました。私は、できるだけ、総合的に、特定の前後関係、一般的な前後関係、科目や学習者と教員の性質に関する質問を含んだリストをつくろうとしました。

これまでの授業では見せかけ上、いくつかの要素は、重要とされてきたが、ほかの要素は、そうでもありませんでした。しかし、もし、あなたが、すべてのリスト項目をシステマチックにやり通せば、

統合的コースデザインのステップ
初期段階──構成部分をつくる
1. 状況要因
2. 学習目標
3. フィードバックとアセスメント
4. 授業・学習行動
5. 構成部分を統合する
中間段階──全体を見通す
6. 授業の構成
7. 教授戦略
8. 学習行動の全体像
最終段階──4つの残りの仕事
9. 成績評価システム
10. 起こりうる問題点
11. シラバスを書く
12. 授業と教育法の評価

その授業にとって、すべての要素を確認することができるでしょう。

表3-2　重要な状況要因

授業・学習状況の特定の前後関係
- 何人の授業なのか
- その授業は、低学年向けなのか高学年向けなのか、大学院レベルの授業なのか
- 授業回数の期間や頻度
- 授業の配信方法——教室内授業なのか、双方向のテレビ授業なのか、オンライン授業なのか、それとも、それらの組み合わせなのか

外部集団の期待
- 学生に対する教育という意味で、一般的に、または、その科目に関連して、社会全体が求めているもの、期待しているものは何か
- 州や関連職能団体が、この学習経験目標に影響する、職業免許の認定に関する必修条件の要求をもっているか
- 大学や学科がもっている、この授業やプログラムに影響するカリキュラム目標は何か

科目の性質
- この科目は、収束性か（1つの答えを導き出すのか）、離散性か（多くの、同じ価値のある解釈があるのか）
- この科目は、基本的に、経験的事実確認に基づいたものか。それとも、重要な身体技能も含む学習内容なのか
- この分野の研究は、急速に変化する時代、競争的に、パラダイムが変化する中で、比較的安定しているか

学習者の性質
- 学生たちは、そのとき、どのような生活環境にいるか——フルタイム学生なのか、社会人パートタイム学生なのか、家庭をもっているか、働いているか、など
- この学習経験は、生活上の目標や、職業上の目標に何か関係があるか
- 入学した理由は、何か
- 学生たちは、この科目に対して、どのような経験、知識、技能や姿勢をもっているのか
- どのような**学習スタイル**をもっているか

教員の性質
- この授業の主題に関して、この教員は、どのような経験、知識、技能や姿勢をもっているか
- これまで、この科目を教えたことがあるか、それとも、これが初めてか
- この教員は、将来、また、この授業を教えるか、それとも、これが最後か
- 教員は、この科目について、高いレベルの能力と自信をもっているか、それとも、この科目は教員の能力範囲の限界の部分にあたるのか
- この教員は、**授業プロセス**に関して、どのような経験、知識、技能や姿勢をもっているか（つまり、この教員が、どのくらい効果的授業法について知っているか）

特別な教育上の課題
- 学生や教員が、この授業で、重要で意味深い学習経験をつくり上げることを望んでいるという特別な状況では、何が課題となるか

特定の前後関係　この質問群は、常に、重要です。20人の授業なのか、100人の授業なのか、1年次の入門授業なのか、卒業演習なのか、月・水・金曜日に、50分ずつの授業なのか、1週間に、1回3時間の授業なのか、教室で行われる授業なのか、全部をオンラインで行う授業なのか——そのような情報は、コースデザインを決めるときには、常に、重要です。

外部集団の期待　外部集団は、しばしば、授業に対して、学生が、学ぶべき事柄について、期待をしており、教員は、この期待を計算に入れる必要があります。たとえば、社会は、大学卒業者に、アメリカの政治、歴史についての基礎的知識と、たぶん、民主的な市民としての意識に基づいた、意識や行動への関与を求めます。ですから、これらの授業では、このような学習目標が考慮される必要があります。ときには、**カレッジや大学が**、ある授業に対して、大学全体のカリキュラム課題に対して、貢献することを求めることがあります。学科は、授業群を専攻に引きつけて、デザインしようとすることもあるし（教員たちが、専攻を増やしたいとき）、一方では、もみ殻から小麦を離すこともあります（教員たちが、専攻を減らしたいとき）。他の例では、**職能団体が**、免許試験をもっていて、学科は、それらの試験（それらの試験の一部）の準備をさせる授業群をデザインします。

科目の性質　高等教育で教えられる違う科目の性質には、非常に違いがあり、この違いは、コースデザインにも反映させる必要があります。授業の中には、まず、理論が重要な主題であるものがあり、ここでの一般的な方法は、いくつもの理論の間の違いと、これらの違いの関わりを学生に理解させることになります。他の授業では、主題が、もともと、とても実践的であり、学生は、どうすればよいかを学ぶことが直接の目標となります。

　もう1つの授業間の重要な違いは、主題が、収束性か離散性かに関わります。多くの科学、数学や工学の授業は、**収束的**であり、問題が出たときの知的な努力は、1つの正しい答えを志向します。他方、とくに人文科学や、時には社会科学も、より**離散的**であり、その目標は、与えられた現象の解釈を研究したり、問題の様々な見方を理解したりすることがよくあります。これらの性質の違いは、コースデザインの際に反映される必要があります。

　そして、他にもう1つ、主題の性質によるものがあります。ある学問領域の研究方法が、大きく変わることがあり、それが、済んでしまったり、すでに、支配的なパラダイムの中にあったりします。そのようなときは、専門分野の新旧のパ

ラダイムの比較的良い点や価値について、論争があるでしょう。たとえば、私が大学院生だったとき、地理学の専門分野は、完全に、数量的分析が占めていました。研究領域において、このような論争や変化が起こったとき、学科カリキュラムの中のいくつかの授業では、学生に、このような状況を知らせ、自分たちで、この問題を考える責任があると助言しました。

学習者の性質　すべての教育環境には、学生集団が含まれるし、これらの学生たちは、授業ごとに違い、1つの授業でも、それぞれの学生は違います。違う学生は、たとえ、同じ授業を受けていても、違う生活をし、職業上の目標も違います。彼らは、違った仕事をもち、違った家族をもちます。教員は、19歳のキャンパス内に住んでいる学生がほとんどの授業と、親であったり、たぶん、結婚していたり、25歳から40歳の、フルタイムかパートタイムで働いている学生が、高い割合を占める授業とでは、違った計画をする必要があります。

　人口統計学上の違いに加えて、学生たちは、感覚も、これまでの経験も、既習の知識の違いも、授業に持ち込みます。学生たちは、しばしば、数学や統計学の授業を高レベルで心配したり恐れたりします。その他の授業では、予想したり興奮したりします。たとえば、私の地元では、「スポーツの地理学」は、常に、非常に興味がもたれます。

　これも、学生たちの様々な学習スタイルのトピックを考える上での、デザインプロセスなのです。学習者の中には、視覚的な学習法を好む者もいれば、言葉を好む者もいれば、運動感覚を好む者もいれば、その組み合わせを好む者もいます。学生たちは、教育レベルも、成熟度も、教養も様々です。ある者は、すでに、「深い学習」をする準備ができているのに、他の者は、表面的な学習しか受け付けません。

　オンライン教育や遠距離教育への関心が高まるにつれ、教員や研究者たちは、この種の学生たちが、他とは違い、よく勉強することに気がついています。この情報は、学生たちに、オンライン授業をとるかどうかをアドバイスするときに使うことができますが、さらに、どのくらいの数の学生まで、サポートできるかを決めるコースデザインにも使うことができます。

　もし、教員が、履修登録してくる学生の性質に関する情報を知ったり、得たりすることができれば、どのように授業を進めていくべきかを決める際に、とても助かるでしょう。

教員の性質　明らかなことではありますが、教育場面にいつも現れる、もう

一方のことを忘れがちです。それは、教員のことです（教員集団のこともある）。自分の授業をデザインするとき、自分自身の性質を評価する時間をとることは重要です。

大学教員は、通常、自分の専門分野について有能ですが、得意分野でない授業を教えることも多いのです。これは、問題点を生み出す場合があるだけでなく、授業戦略を選ぶときに、リスクとなるレベルをみなければならない影響です。

自分の教育技術の現在のレベルを、正直にアセスメントすることも賢いことです。それは、学生とのやり取りの技術や、授業運営技術や、コースデザインの技術などを開発することでしょうか。もし、あなたの現実的なアセスメントが、まだ、かなり基礎的なものであるなら、あなたは、コースデザインをあなたの満足する範囲に近づけようとするでしょう。もし、あなたの教育技術が、よく開発されているなら、あなたは、より高い目標を目指すことができるし、より力強い教育戦略に挑戦することができます。

教育技術に関係して、さらに、基本的なものは、授業哲学であり、これは、教員の信念や深い価値観です。私たちは、みな、学習がどのように行われるかについて暗黙の信念をもっているし、良い学習や良い教育が、何でつくられるかに関する自分の価値観をもっています。長い期間をかければ、それが、使えるかどうかを試したり評価したりすることはできます。しかし、短い期間では、ある授業をデザインするときには、それを所与のものとして、それに従って、コースデザインを決めていくことが重要です。

最も基礎的なレベルでは、私たちは、みな、科目や学生たちに対して、一定の態度をとります。私たちは、どれくらい、学生の世話をしているでしょうか。実際に、どのくらい、どのように、私たちはその科目を刺激的で重要なものと受け止めているでしょうか。私は、事実、個人的なり、集団的なりで、学生への面倒見の良い教員と、そうではない教員を見てきましたし、自分の科目を面白いとみている教員も、そうでない教員も見てきました。それらは、みな、コースデザイン・プロセスの際に、計算に入れるべき人格的な要素です。

特別な教育的課題　教員が、それぞれの状況要因を評価し、その授業に、どれが適切かを決めた後で、私は、しばしば、統合して集中する方法としての結論を出す質問に、「この授業に、特別な教育的課題はありますか？」の情報を引き出すのが、効果的であることがわかりました。すなわち、この授業が、学生と教員の両方にとって、意味があり重要な学習経験となるようにするという課題にお

いて、この授業の、何が特別な状況なのでしょうか。もし、教員が、その課題を見つけることに成功したなら、学生にとって、その授業が成功するチャンスは大きいです。違った種類の課題の例をいくつか挙げてみよう。

　私のキャンパスで、ある目立つ統計学の教員が、学生たちの統計学への恐れに対して、彼の授業に、ある特別の教育的課題を見つけました。彼の見たところによると、学生たちは、統計学を、「神のみぞ知る」というような複雑で、神秘的なプロセスであると見ていることが多いようです。もし彼が統計学の認識を解き明かし、学生に、この科目を、彼らが毎日やっているような、計算と同種のシステマチックな方法であるということをわからせたなら、学生の理解のレベルを高めたり、統計学を使う能力を高めたりする、貴重なチャンスを得ることになります。

　逆に、心理学の教員たちは、自分たちの特別な教育的課題のことを、全くその反対だといいます。学生たちは、授業に臨む際に、心理学は、日常の常識であり、だから、学生たちは、「すべてのことを既に知っている」と信じていることが多いです。このケースの課題は、期待と違う結果が出ることがあることだとか、多くの人が、信じていることと反対の結果が、理論や実験や研究によりわかることだとか、人々が、なぜそれをするのかを知るために、注意深く、他者と自分たちを研究する必要があることだとかを、学生たちに理解させることです。

　この質問へのもっと驚いた回答は、現代ドイツ史の教員からのものでした。この授業の特別な教育的課題は何かと尋ねたとき、彼女は、少し考えてから、「ヒトラー」と言いました。彼女の説明では、今日の学生たちは、第二次世界大戦、ホロコースト、ヒトラーとナチスの登場と終焉というストーリーで一杯になり、それらが、ドイツ史の焦点のすべてであると考えています。そこで、彼女の特別な教育的課題は、学生たちに、それは歴史の1つの章に過ぎず、恐ろしい章であることは確かであるが、しかし、ドイツ史の1つの面でしかなく、ヒトラーが否定的であるのと同じように、他に肯定的な重要で魅力的な多くの面があることを見せることです。

　状況要因を分析する資源　　重要な状況要因についての情報を補正するアイデアや例をさらにほしいなら、コースデザインに関する、Diamond（1998, pp. 59-78）の本を読むと良いでしょう。ダイアモンドは、これらの要因を慎重に分析するには、彼が、シラキュース大学やその他でコースデザインとカリキュラムデザインを行った際に、使ったような完全なプロセスを、デザインして使うことが、

87

非常に重要だと信じています。彼の例は、質問調査や達成度テストにより補正する方法が、本当に、理解したような見せ掛けをつくりがちな状況を判断する非公式な議論と、同じように有効であり、授業やカリキュラムの特別なニーズや求められる成果を判断するために、この情報を使うことが有効であることを示しています。

ステップ1の概要　コースデザイン・プロセスの第1ステップについて忘れてはならないキーポイントは、様々な状況要因に関する情報を、慎重に、そして、徹底的に補正したり分析したりすることが重要だということです。このステップを飛ばしたり、粗雑な仕事にしたりすることは、後に、悪い決定をする結果となるでしょう。逆に、完璧で徹底的な分析をすれば、重要なニーズや状況にあった要因を知ることができ、しばしば、次に、検討する必要があるデザイン上の問題——重要な学習目標、フィードバックとアセスメントの有意義なフォームや適切な授業・学習行動——への回答が示されることもあるでしょう。

ステップ2 —— 意義ある学習の目標を明確にする

ほとんどの大学教員の自然な傾向は、彼らが、受けた訓練や専門領域での社会化により、学習目標を内容中心のアプローチを取ろうとします。それは、彼らが言うのには、1つか、2つの方法しかない、「私は、学生たちにXとYとZのトピックについて学んで（習得して）ほしいのです」。これは、理解できる回答ではあるが、しかし、1つの内容を専門知識として使うには、最良の方法ではありません。それは、後に、授業の構成をつくり、学習行動をその構造に組み込むときに、問題となるでしょう。しかし、トピックのリストをつくることは、より意義ある学習経験を、学生につくり出すように、あなたに働きかけることにはなりません。

トピックのリストをつくるかわりに、学習中心アプローチを使い、学生が、この授業で何を得るべきであるかを確認し

統合的コースデザインのステップ
初期段階 —— 構成部分をつくる
1．状況要因
2．学習目標
3．フィードバックとアセスメント
4．授業・学習行動
5．構成部分を統合する
中間段階 —— 全体を見通す
6．授業の構成
7．教授戦略
8．学習行動の全体像
最終段階 —— 4つの残りの仕事
9．成績評価システム
10．起こりうる問題点
11．シラバスを書く
12．授業と教育法の評価

なさい。これが、第2章で示される、意義ある学習の分類が有効とされるところです。この分類は、簡単に言えば、どの授業でも多くの種類の意義ある学習を支援する、潜在力をもっていることを示します。

- **基礎的知識**　主題に関連する現象や、この現象に関連する概念上の考えについての知識
- **応用**　様々な方法で、新しい知識を使ったり、考えたりする能力。これは、重要な技術を開発する機会と同様である
- **統合**　ある知識を他の知識や考え方と結びつける能力
- **人間の特性**　自分と他者とを、より効果的に相互作用する方法を発見すること
- **関心を向ける**　新しい興味や感覚や価値を開発すること
- **学び方を学ぶ**　授業が、すべて終わった後でも、学び続けることができるような知識や技能や戦略を開発すること

もし、あなたが、自分の授業で学生に学んでほしいことを示すときに、この分類(もしくは、他の形の意義ある学習)を使うことができれば、そのときこそ、あなたは、授業・学習行動と、この種の学習を支援するフィードバックとアセスメント行動を選ぶことができます。

　意義ある学習の目標を明確にする　学習目標を明確にするための、基本的な手順は、潜在的に、関連のあるそれぞれの学習の種類について、順番に質問をしていくことです。意義ある学習の分類を使えば、ある授業の前後関係において、それぞれの学習の種類が意味することを尋ねることができるでしょう。表3-3には、この分類の中の6種類の学習がわかる質問リストが含まれます。あなたが、取り組んでいる授業のために、それぞれの質問に、少なくとも、それぞれの組のうち最も重要な質問には答えることを提言します。

　答えが、どのようなものになるかを説明すると、私は、3人の教授──専門は美術史、心理学、微生物学──と回答が同じでした。私は、彼らの学習目標について、インタビューをしました。彼らの回答は、表3-4に示したとおりです。この表の最初の質問に注意をしてもらいたい。あなたは、授業が終わって1年後、またはそれ以降に、学生に何を本当に望みますか、という質問をすることによって、授業の学生に与える最終的なインパクトに焦点が絞られます。このように質

表3-3　意義ある学習の目標を創るための構成する質問

　私は、この授業で、学生たちに、この授業が終わった1年後や、それ以後にまで残るような、どのようなインパクトを与えようとしているのだろうか。

基礎的知識
- 学生が、**理解**し、将来まで、**覚えている**ためには、どの**情報**（事実、用語、公式、概念、関連……）が重要なのだろうか
- 学生が、この授業で理解するためには、どのような**理念**や**知見**が重要なのだろうか

応　用
- 学生が、ここで学ぶには、どのような**思考**が重要なのだろうか
  学生が、分析したり評価したりする**批判的思考**か
  学生が、想像したり、創造したりする**創造的思考**か
  学生が、問題を解決したり、決断したりする**実践的思考**か
- 学生が、学ぶために必要なのは、どの重要な**技術**か
- 学生が、運営方法を学ぶ必要があるのは、どの**複雑なプロジェクト**か

統　合
- 学生は、どのような**繋がり**（同一性や関連性）に気づいたり、つくったりするべきなのだろうか
  この授業で扱った考えの中なのか
  この授業や他の授業、領域で扱った情報、考え方、知見なのか
  この授業で扱った素材と学生自身の個人的、社会的、職業的な生活なのか

人間の特性
- 学生たちは、**彼ら自身**について、何を学ぶことができて、何を学ぶべきなのだろうか
- 学生たちは、**他者**を理解し、相互作用することについて、何を学ぶことができて、何を学ぶべきなのだろうか

関心を向ける
- あなたは、どのような変化を見ようとしているのか。学生が、**関心を向ける**対象が変化するのは、
  感覚だろうか
  興味だろうか
  価値だろうか

学び方を学ぶ
- あなたは、学生に、何について学ばせたいのか
  授業の中で、どのように良い学生となるか
  この主題の問題と構造に関して、どのように知識を得るか
  この主題に関して、どのように**自律型学習者**になるか。すなわち、自分で必要となる、他の**題材を学ん**だり、それを、**学ぶプラン**を立てたりすることができる

問することは、あなたが、事実上、望ましい活動結果よりも、むしろ、どのような学習活動が授業中に行われたかの説明を妨げることになります。

表3-4　3つの授業の意義ある学習の目標

授業が終わって、1年後に、学生になっていてほしいことは、

学習の種類	微生物学	美術史	心理学（統計）
基礎的知識	…微生物の解剖、生化学と病気に関する用語を覚える …違うレベルやスケールの違いが、**存在する**ことを理解する。 …有機体の第一カテゴリーを覚える	…主要なスタイル別カテゴリー（先史、中世など）、芸術家、時代、年表と、世界の文明の中で、多くの芸術活動が行われた場所を覚える …多くの芸術分野で、主要なデザインの要素を分類できる	…人口と変数、サンプルと統計に関係する、用語の意味を覚える …2つの重要なコンセプトである、分散と相関の意味を理解することと、分散計算の公式を覚えること …数値システムの意味すること、たとえば、現実世界の地図との関連を理解すること
応用	…学術書や一般書に書かれていることを批判的に評価することができる（批判的思考） …微生物の成長の速度や広がりを数学的に計算することができる（技能）	…美術館の展覧会に行ったときに、デザインを中心要素として、絵画の形式分析をすることができる（分析的思考） …新しい絵を最初に見て、内容の象徴する意味を説明するとき、時代やスタイル（そして画家も）を特定することができる（分析的思考）	…グラフを見て、そのグラフと現実世界の関連を見ることができる（技能） …量的情報の分配を数量理論に結びつけられること（創造的思考） …物事のサイズに批判的に敏感になる。それは、適切な文脈に合った、情報の用語によりサイズの重要性を評価することができる（批判的思考）
統合	…化学と微生物学からエネルギーの考え方を統合する …微生物学の考え方と、より高次の組織、たとえば、新陳代謝や病気とを関連付ける	…様々な時代や場所でつくられた特定の芸術形式が、その時代や場所をとりまく歴史的反映（社会、宗教、経済、政治など）であることを認識する …ある時代や場所の違った芸術形式（絵画、彫塑、建築など）の間の似ている点を認識できる …同時代の、違った場所間での似ている点を認識できる	…数値統計システムと、学生の毎日の個人的・社会的生活で幅広く使われている数字を結びつける …人文学（たとえば、「芸術の見方」）も含む、他のすべての授業で進められる量的理論と、統計的処理を結びつける …分散と相関の2つの中心的コンセプト間の違いと関連を認識する。（たとえば、このクラスのIQ分散を測ることができるし、さらに、このクラスのIQと成績の相関を測ることができる）

人間の特性	…一般人よりも微生物学を学んだ人は、自分自身を見るようになる …個人的、公共的生活において、他の知性的な市民に、微生物学のやり方を知らせ、教えることができる。たとえば、ルームメートにハンバーガーの適切なつくり方を教えることができる	…学習者の日々の美学的環境が、どのように芸術スタイルや時代に反映しているのか、これらの違った環境が学習者にどのように影響しているかに、より敏感に気づくこと …違った人々（様々な文化、場所、時代）が、どのように違った種類の美的環境をつくるか、その理由について気づくこと …人々が住居、仕事場、公共の場を、より美的にしようとすることにより、他者の努力と相互作用することに気づくこと	…この題材を学ぶ能力に自信をもつようになり、それに怯えることが少なくなる（自己） …自分自身の特別な学ぶ方法を見つけ、それを有利に使い、他の学習者に比べて、良いか悪いかの心配をしなくて済むようになる（自己と他者）
関心を向ける	…微生物学について幅広く、複雑で多面的な研究分野であることを認識することができる。たとえば、人間の病気の原因である以上に、新陳代謝に関係するものと認識することができるようになる …専門家として、この分野の正確な言語が重要であることの価値を理解できる	…美術展に行くことに、興味をもつこと …自分の家に、良い芸術作品を収集しようと考慮すること …外国や違った人々が、どのように都市環境をつくり、どのように、自分の環境を飾っているかを調べることに、興味をもつこと …自分が、直感的に好きか嫌いかにかかわらず、様々な芸術スタイルや時代をすぐに理解しようとする時間をとること	…量的理論を学ぶことが楽しいことがわかる …公共メディアで、一般的に表される数量を、批判的に評価することができる
学び方を学ぶ	…与えられた論文を正確に読む方法を知ることができる（効果的な学生になる） …科学的な方法、とくに、分類と仮説検証の重要性について知ること（主題を特定して学ぶ方法） …その後の自分自身の学習のために、重	特定の芸術スタイルや時代を、より豊かに理解する仕組みを続ける方法を知ること …地方や地域の中で、芸術が行われたり、展覧会が開かれたりする中心的な場所を知ることができる …違う時や場所で、芸術について、継続的に学ぶことを助ける、いくつかの資源（映画、テレビ、本、雑誌、コン	…自分自身の好きな学習スタイルを学び、将来に、それを使う …確実な理解にするためのいくつもの素材、たとえば、講義を聞いたり、ノートを見直したり、テキストを読んだりする、が必要であることを理解する …自分の生活の中で、正しいデータを予測したりデータを

要な資源を認識することができる（自己決定型学習者になる）	ピュータプログラム）を知ることができる…芸術と芸術史について、次に、学ぼうとすることの、かなり明確な意識をもつこと	分析したりし続けること。たとえば、抵当料率を計算して、抵当で再借入れするか、早期返済するかを決める

　表3-4に示されている、他の重要な学習行動は、それぞれの最初の動詞です。目標を明確にするのに動詞から始めるのは重要であり、あなたが、実際に、学生に将来望むことを示すものです。しかしこれらの動詞が、できる限り、完全で、具体的であることも重要です。あなたに、そのような動詞を見つけたり使わせたりすることは、あなたが、学生の学習時間中に、何を本当に望んでいるのかを、あなたとあなたの学生にわからせることになるでしょう。このプロセスの補助として、表3-5に、それぞれの意義ある学習のタイプに適した動詞をいくつか挙げておきました。

表3-5　意義ある学習目標の動詞

基礎的知識	記憶する	理解する	明らかにする
応　用	使う 批判する 運営する 解決する 評価する	判定する する（技能） 想像する 分析する	計算する 創造する コーディネートする 決める
統　合	繋げる 〜の間の相互作用を認識する	関係する 比べる	統合する 〜の間の近似性を認識する
人間の特性	自分自身を〜と見るようになる 他者を〜と見なして相互作用するようになる	他者を〜の用語で理解する	こうなろうと決める
関心を向ける	〜に興奮する 〜する用意がある	より興味をもつ	〜に価値を認める
学び方を学ぶ	効果的に学ぶ用意がある 学ぶ題材を決める	〜の情報のもとを見極める 〜に関する知識を積むことができる	有用な質問群の枠組みをつくる 〜の学習計画をつくる

あなたが、自分の学習目標を明確にするときに、それぞれの意義ある学習へアプローチするためのこれらの手法を考慮してもらいたい。

基礎的知識　ここでの重要なことは、学生にとって、1年から3年後の長い期間の記憶に残る、本当に重要なことだけに、限定することです。もちろん、私たちは、みな、学生にすべてのことを覚えてほしいものです。しかし、実際には、「すべてのこと」が、非常に重要なのではなく、非常に重要なのは、いくつかです。細菌学の教授が、それについて考えた後で、一定の期間にリストを限定し、規模の**概念**において、すべてのカテゴリーやサブカテゴリーではなく、有機体の**最初**のカテゴリーに限定したことに注意してもらいたいのです。授業では、すべてのカテゴリーをよく紹介したでしょうが、もし、数年後に、学生が、少なくとも、最初のカテゴリーだけでも覚えていたら、教授は満足でしょう。

応用　これには、考える技能とその他の技能が含まれます。あなた自身にこのように聞いてみてください。この授業が終わってから、1年から3年後に、この科目に関連することで、学生にできるようになってほしいことは何でしょうか？　どのような状況で、学生は、そのようになるのでしょうか？　この授業のどこに、それは関連しているのでしょうか？　そのような状況で、あなたは、学生たちが何を ―― 何かを批判的に評価すること、何かを分析すること、つくること、設計すること、それとも、何かを計算すること ―― できるようになってほしいのでしょうか？

統合　統合の主要な点は、あなたが、学生につくってほしい結合の種類について考えることです。あなたは、この授業の素材を彼らの日常生活に結びつけたり（心理学の教授がしたように）、他の研究領域に結びつけたり（美術史の教授がしたように）、他の密接に関連する研究主題と結びつけたり（細菌学の教授がしたように）することを望んでいますか？　これらは、すべて統合の有効な形ですが、その主題を研究する際に、どのような種類の統合が重要であるかを、それぞれの教員が決めなければなりません。

人間の特性　この種の学習は、2つの密接に関連した要素があります。それは、自分自身に関する学習か、他者についての学習かです。最初の要素は、あなたが、学生たちに新しい方法で、自分たちを見るようにさせたいかどうかです。たとえば、学生が重要なトピックについて、もっと教育されて、そのために、そのトピックについて新しい社会的リーダーシップをとるようになると、自分のことを認識することを、あなたは望むでしょう。第2の要素は、あなたは、あなた

の学生が、この主題に関連して、他者とどのように相互作用をするかを新たに理解することを望んでいるかどうかです。彼らは、たとえば、他の学生たちや、ある分野の専門家や、将来の同僚たちや、何とでも、相互作用することができます。教員が、この種の学習目標を認めるとき、学生は、理論やある分野の内容について学ぶよりも、もっと多くのことを学びます。学生は、理論や内容が、彼らの生活や、他者との相互作用にどのように影響を与えることができるかを学ぶでしょう。

関心を向ける　ほとんどの教授は、以前より、より高度な価値をもつ研究主題について、学生たちが、高い評価を得続けることを望んでいます。資格に関して、これは、授業の明確な目標の1つであるべきです。科目の中には、正確な専門用語の重要性が評価される（細菌学の授業のような）ものや、展覧会に出席させる（美術史の授業のように）ものなど、特別の追加的価値が、求められるものがあります。

学び方を学ぶ　この種の学習は、3つの異なったこと――良い学生になること、この特定の主題について学ぶ方法を学ぶこと、自分自身で学ぶことのできる学習者になること――があるので、より複雑です。もし、ある学生が、選抜的で目標がしっかりしているのならば、細菌学の教授が言ったように、1つか、もう1つの方法で、3つのすべての授業に当てはめることを想像できるでしょう。他の2つの例は、やはり、この種の学習のうちの、いくつかであるか、より良い学習であることを示しています。

学習目標を選ぶための2つの手法　あなたの学習目標を形作るために、意義ある学習の用語を使うのに加えて、私は、2つの別の示唆を与えたい。

可能な限り多くの種類の意義ある学習を含めること　第2章で、私は、意義ある学習の分類のことを、もともと、相互作用のあるものと記載しました。この1つの意味するところは、あなたが、自分の授業の目標とし、実際に、支援することができる6つの意義ある学習の種類が、増えれば増えるほど、それぞれの学習が、良くなるだろうということです。もし、あなたが、授業に5つか6つの目標を設定したら、1つや2つだけしか含まないときよりも、それぞれが、あなたの学生により完全に、より効果的になるでしょう。

魔法かおまじないのように聞こえるかもしれませんが、そうではありません。優れた教員は、すでに、自分の教育の中で、この原理を活用しています。その秘密は、学生たちが、学んでいることや、どのようにして、それらが関連している

かに、より気づくようにさせることが、強い学習行動を開発し取り入れる際に、創造性をもつようにする方法を学ぶことです。第5章では、学生に、強い学習経験を与えた授業・学習行動とフィードバックとアセスメントの手順について説明することにします。しかし、その前に、1点だけ、学習目標を明確にするに際して、「多いことが、良いことである」ということを指摘しておきます。

　学習目標とあなた自身のドリームをリンクさせること　　私は、本書の第1章で、とくに、たとえ、そのドリームが、毎日の教育の課題や困難のもとで、深く葬られていたとしても、すべての教員たちは、自分の教育に、豊かで、刺激的なドリームをもっていると書きました。とはいえ、あなたが、自分の授業の学習目標を明確にするときは、自分の深いドリームを掘り起こし、それらを知らせ、授業の目標をつくる良い機会です。もし、あなたが、自分の主題によって、学生に、「世界の変え方」「社会的公正のために闘う方法」「創造的な作家になる方法」や「継続学習により、人生の楽しみを見つける方法」を学ばせたいのなら、それらのドリームを、あなたの授業に表す必要があります。意義ある学習の用語は、あなたが、コントロールでき焦点の定まった方法をとるのに役立つものですが、また、あなたが、ドリームをできる限り、全面的に、より豊かに、実現する方法をとるのにも役立つものです。

ステップ3──フィードバックとアセスメントの過程を明確にする

　教員が、デザインしなければならない3つ目の授業の構成要素は、フィードバックとアセスメントです。多くの教員にとって、これは伝統的な、「2回の中間テストと1回の最終試験」よりも意味をもちません。また、多くの教員は、点をつけることを、教育のうちで、最も、嫌いな部分の1つと見ているということです。教員たちは、しばしば、このように嘆きます。「教えるだけで、点を付けないでよいなら、もっともっと、楽しいでしょう」。同様に、学生たちも、しばしば、同じように感じるでしょう。「授業に出るのはそれほど悪くない。しかし、その試験に取り組むのは、本当につらい」。

　これは、どうしてでしょうか？　それについて、何が、できるでしょうか？　そして、構成的デザインの際には、何をしなければならないでしょうか？　試験を受けたり、採点したりすることが、双方にとって、そのように面倒である理由は、いくつかありますが、主要な理由の1つは、多くの教員が、フィードバックとアセスメントの性質について、とても限られた見方しかしていないからです。

> **統合的コースデザインのステップ**
> 初期段階──構成部分をつくる
> 1．状況要因
> 2．学習目標
> **3．フィードバックとアセスメント**
> 4．授業・学習行動
> 5．構成部分を統合する
> 中間段階──全体を見通す
> 6．授業の構成
> 7．教授戦略
> 8．学習行動の全体像
> 最終段階──4つの残りの仕事
> 9．成績評価システム
> 10．起こりうる問題点
> 11．シラバスを書く
> 12．授業と教育法の評価

　教員たちが、より多くの意義ある学習を含んだ学習目標に視野を広げる必要があるならば、彼らは、また、より多くの**教育的アセスメント**を含んだフィードバックに視野を広げる必要があります。

　次に、あげる2冊の本で、このトピックについて書かれた部分の趣旨は、ほぼ、同様です。『**効果的な採点法**（*Effective Grading*）』（Walvoord and Anderson, 1998）と『**教育的アセスメント**（*Educative Assessment*）』（Wiggins, 1998）です。私は、彼らのアイデアに、自分なりの解釈をもっています。しかし、彼らと私のアイデアは、すべて同じ目標──学習を邪魔するのではなく、学習を支援する採点とアセスメントの過程を明確にする──を目指しています。

　「監査的アセスメント」　対　「教育的アセスメント」　　Grant Wiggins（1998）は、ここで、非常に、重要な概念を一般化しました。彼は、監査的アセスメントと教育的アセスメントを区別しています（私が、この2つの概念の意味を表した図3-5を参照）。フィードバックとアセスメントの過程が、「2回の中間テストと1回の最終試験」だけの教員は、監査的アセスメントの観点の例です。これが、1つの授業の中だけで行われるフィードバックとアセスメントであれば、それは、1つの機能だけ──採点の基礎として、学生の学習を監査する──を与えるものです。このフィードバックとアセスメントのアプローチは、典型的な時代遅れのアセスメント方法を基礎としており、最近の数週間で、何をカバーしたかを振り返り、単に、学生が習得したか、どうかだけを測定するものです。

　逆に、教育的アセスメントの第1の目的は、学生が、より良く学ぶことを助けるものです。社会が、採点を求めるかぎり、教員は、自分が採点する際に、公平で有効な基礎を必要とします。問題は、教員が、採点する方法によって、単に、学習プロセスの結果を記録するだけでなく、学習プロセス自体を広げることができるということを知らないことにあります。教員は、教育的アセスメントとは何かを学ぶ必要があるし、それが、どのように関わっているかを学ぶ必要がありま

図3-5 監査的アセスメントと教育的アセスメント

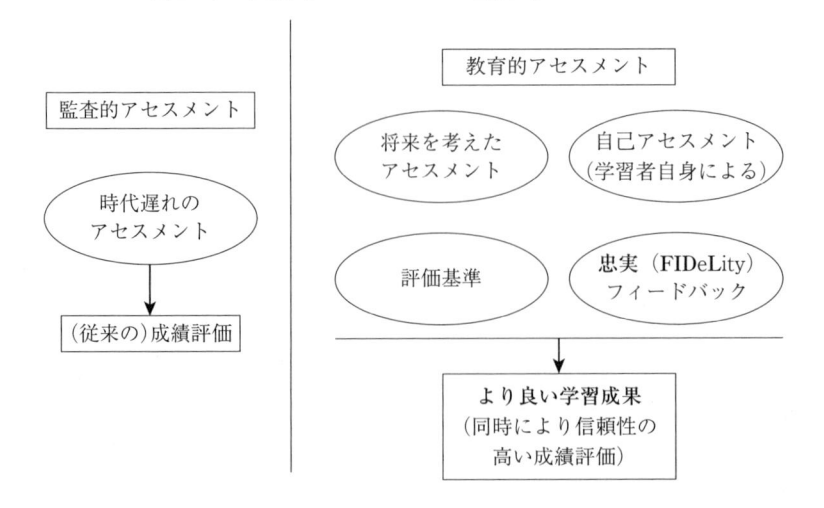

```
監査的アセスメント                教育的アセスメント

  ┌─────────┐         ┌──────────┐  ┌──────────────┐
  │ 時代遅れの │         │ 将来を考えた │  │ 自己アセスメント │
  │ アセスメント│         │ アセスメント │  │(学習者自身による)│
  └────┬────┘         └──────────┘  └──────────────┘
       ↓
  ┌─────────┐         ┌──────────┐  ┌──────────────┐
  │(従来の)成績│         │  評価基準  │  │ 忠実（FIDeLity）│
  │   評価   │         │          │  │  フィードバック  │
  └─────────┘         └──────────┘  └──────────────┘
                                   ↓
                           ┌──────────────┐
                           │ より良い学習成果 │
                           │(同時により信頼性の│
                           │ 高い成績評価)   │
                           └──────────────┘
```

す。

　図3-5に示したように、教育的アセスメントには、将来を考えたアセスメント、評価基準、自己アセスメント、"FIDeLity"フィードバックという、4つの重要な構成要素があります。"FIDeLity"フィードバックは、教育的アセスメントの概念に、私自身が、付け加えたものです。この頭文字は、Frequent、Immediate、Discriminating（評価基準を明らかにすること）、そしてdelivered Lovinglyです（この種のフィードバックは、この章の後ろの方で、記述しています）。もし、教員が、4つの構成要素それぞれの開発過程を学ぶことができたら、学生が、何かを正しく学んだかどうかを、より明確に、教員と学生が、知ることができるようになるでしょう。これは、また、学生が、自分自身の学習を見て、評価するステップの始まりであり、彼らが、自律型学習者になれるかどうかの重要なステップとなります。

　4つの構成要素が、授業の内外でどのように使われるかを見ることは、それぞれの関係と、学生の良質な学習における意義を示すのに役立つでしょう。教育的アセスメントの1つの拡張モデルは、図3-6に見られます。上の四角は、授業中に起こることを示し、下の四角は、学生が授業を終えた後に起こることであり、授業が、支援したり促したりしようとした行動に結びついています。

　授業の間に（上の四角では）、学習者は、本を読んだり、翻訳したり、科学実

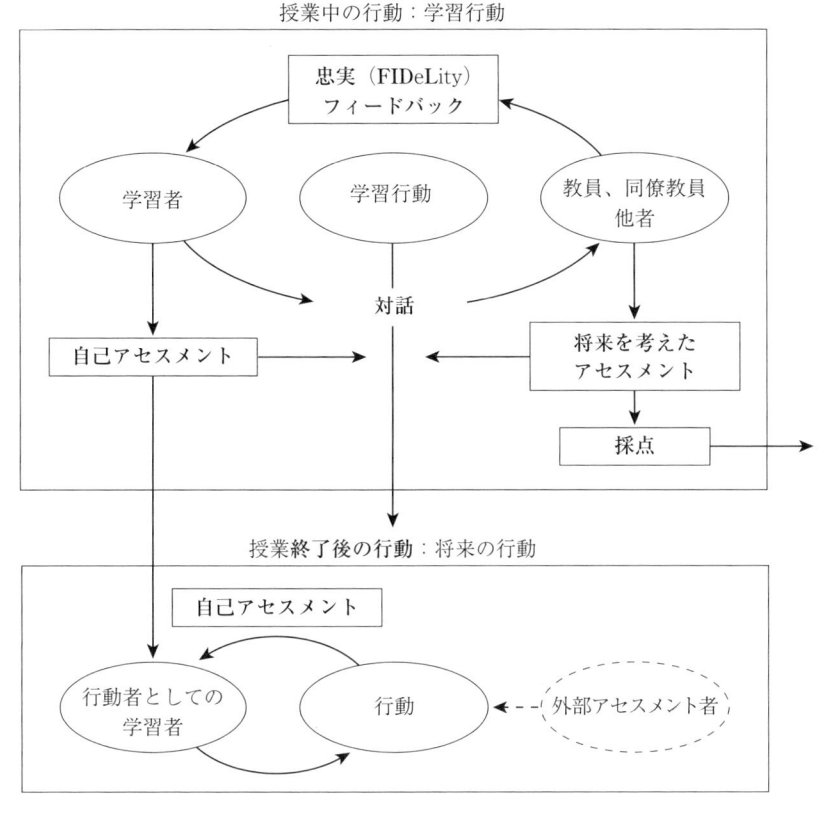

図3-6 教育的アセスメント（拡張モデル）

授業中の行動：学習行動

忠実（FIDeLity）フィードバック

学習者　　学習行動　　教員、同僚教員他者

対話

自己アセスメント　　　将来を考えたアセスメント

採点

授業終了後の行動：将来の行動

自己アセスメント

行動者としての学習者　　行動　　外部アセスメント者

験をデザインしたり、人間の行動の側面を説明する社会学理論を使ったり、などなど、どのように学ぶかを学ぶための学習行動に力を注ぐことになります。学生が、適切な行動方法を学ぶ際には、それが、上手くいっているかどうかを知るために、それぞれが、フィードバックを得るべきです。通常、このフィードバックは、教員から来るが、良い教員は、他の学生からフィードバックを得られるような、方法を見つけたり、場合によっては、その目的に合わせて、外部の専門家からでも得られるようにします。

　この図は、フィードバックが、対話の中で行われることが必要であることを示しています。**アセスメント**の結果は、単純に表すことができるものであるがゆえに、**フィードバック**の本来の目的は、フィードバックを与えるものと受け取るものとの間に十分な対話を必要とします。私が、学生に、たとえば、実験的デザイ

ンには、それに加えて、「統制変数」を必要とすると言ったとき、学生が、私のメッセージから受ける印象を知る責任があります。それが、フィードバックが、対話の中で行われる、必要となる理由です。

　学生が、しばらくの間、あることを学んでみた後で、実際に、良質の仕事をするためには、彼らの個人的能力をアセスメントすることが必要です。教員は、外部の専門家のこともあるが、いくつかのアセスメント方法を使う必要があります。これは、ほとんどの大学で求められる授業の外部目的である格付けの、1つの基礎を与える必要があります。しかし、これに加えて、学習者は、自己アセスメントをする必要もあります。これは、また、このような、特定の行動に適用される評価基準は、学生にとって、新しいものであり、学生には、それらの評価への適応方法を学ぶための訓練や時間が必要です。

　学生にとって、自分の行動や仕事をアセスメントする方法を学ぶことが大切なのは、なぜでしょうか？　授業が終わってしまえば（図3-6の下のボックス）、教員は、すでにいなくなり、改善する方法を見つけるのに、もはや、学習者は、それが行動する価値のあるものかどうかを決める第1の責任者となるからです。とくに、仕事の準備をする際には、外部アセスメント者のような働きをする監督者になるような状況も起こり得ます。しかし、人々の行動は、必ずしも、自分の行動をアセスメントできるものではありません。授業の中で振り返る方法を学び、訓練することがなければ、適時に、効果的に、自己アセスメントをすることは難しいでしょう。

　他の教育的なアセスメントや基準が、この図には含まれていませんが、それは、全体のプロセスを通して、重要なものです。フィードバックや将来を考えたアセスメント、自己アセスメント（授業の間と終わった後の両方）、このうちどれも、明確で、適切な評価基準がなければ、完全なものにはならないのです。

　次の数節では、教育的アセスメントの4つの形態を、それぞれ、どのように適用するかを説明します。

　第1の特徴——将来を考えたアセスメント　教員が、1学期間の（宿題があり、試験があり、個人的な質問が含まれる）授業で使ういくつかのアセスメント手順をつくろうとするとき、時代遅れのアセスメント方法よりも、将来を考えたアセスメントで努力する方が役に立ちます。時代遅れのアセスメント方法を使う教員は、最近の4週間で行ったことを振り返り、たとえば、学生にこのように言います。「私たちは、XとYとZをやってきました。あなたは、それらを習得しまし

たか？」。将来を考えたアセスメントでは、教員は、XとYとZについて学んだことの結果として、将来、学生ができるようになると期待することや、してほしいことを見通します。これに関連する質問はこのようになります。「人々が、実際にこの知識を使うような状況になったと想像してください。あなたは、XとYとZという知識を使って、これができますか？」。

Wigginsは、信頼性の高いパフォーマンスを確実にする必要性について書いたときに（1998、第2章）、信頼性の高い仕事と、「行為者寄りのフィードバック」という、2つの重要な要素を定義しています。これらは、私が、将来を考えたアセスメントやFIDeLityフィードバックと呼んでいるものと、ほぼ、同じです。彼は、私たちが、学生の学習を計測するのではなく、教えたり、学習を改善したりする状況をつくり出そうとするときに、なぜ、信頼性の高い作業が大切なのかをとても、自信をもって、書いています。評価は、日々の知的、技術的発達の有効な方向、知的な一貫性と動機付けを与えるように、信頼性の高い仕事に望みをかけ集中するべきです。アセスメントは、単純な質問への簡単な回答を単純に引き出すことよりも、人々が、したことの種類を大本から確認識するとき、真正なものとなります。

前向きなアセスメントや信頼性の高いアセスメントをつくり出すために、Wigginsは（1998, pp. 22, 24）、教員が、以下のような質問や問題、テストや課題をつくることを勧めます。

- **現実的であること**　ある人の知識や能力が、現実世界の状況で試されるようなやり方で、仕事を複製すること
- **判定と革新を求める**　学生は、ルーティンや決まった手順や簡単に引き出せることよりも、計画を立てる必要があって、解決法があるような、構造化されていない問題を解決することに、賢明で、効果的に知識や技能を使わなければならない
- **学生にやらせる**　授業の内容や大切な知識を暗唱させたり、繰り返させたり、複製させたりする代わりに、学生に科学や歴史、その他の原理を探索させなさい
- **大人が、職場や市民生活や個人の生活でやっている、様々な前後関係を、真似したり、模倣したりする**　前後関係には、一定の制約や目的、観客といった、特殊な状況が含まれます。典型的な学校のテストは、前後関係をも

ちません。学生たちは、職場やその他の場所であるような、汚くて、暗い傾向のあるような経験をする必要があります。換言すれば、知的な作業は、良い判定を必要とします。学校のテストで判定される点数の、全く有害な秘密生、沈黙、前提やフィードバックの欠如を、信頼性の高い作業は、取り戻します

- **学生が、知識や技術を組み合わせ、効果的に使ったり、効果的に、複雑な作業を切り抜けたりする能力をアセスメントする**　最も簡便なテストの項目は、ゲームをするのに必要な技術を統合するよりも、体育で反復横跳びを繰り返すのと同じように、パフォーマンスの素材をバラバラにすることです。良い判定は、ここでもまた必要とされます。ドリルのようなテストであっても、もちろん、達成度は、常にドリルの総和よりも多くなります
- **学生に、稽古をさせたり、練習をさせたり、相談したり、フィードバックを得たりして、パフォーマンスや成果をやり直すことを認める**　従来通りの問題は、秘密で、テスト時間になるまで、学生に素材も与えない秘密テストの役割もありますが、学生が、パフォーマンスを改善するためには、教育的アセスメントと一緒にしなければなりません

その理念は、学生を、パフォーマンス―フィードバック―見直し―新たなパフォーマンスのサイクルを通した、現実的で、意味のある作業によって、学ばせることに焦点があります。これは、とくに、学生が、前後関係の中で、効果的にパフォーマンスするために、情報や資源、ノートを使うことを学ぶ手助けになります。前後関係のない問題や質問をつくるより、むしろ、教員は、学生が、未来によく直面するであろう、また、学生が、最近得た、知識や技能を、実際に、使わせるような、意味のある現実的で信頼性の高い、前後関係をもった質問や問題をつくるべきです。

時代遅れのアセスメント方法から、将来を考えたアセスメント　教員が、どうやって時代遅れのアセスメント方法から、将来を考えたアセスメント行動へ移るのかを理解するのに、いくつかの例が役立つでしょう。

最初の例は、私自身の世界地理の授業です。私たちは、毎週、世界の違う地域を学習し、定期的に、1つか数箇所の地域ごとに試験をしました。1つの地域が終わると、時代遅れのアセスメント方法の場合は、学生に、次の2つの課題のうち、1つを与えるものでした。「この地域のそれぞれの国の、特徴的な性質を3

つ列挙しなさい」、または、選択肢で「この地域のX国の性質に、最も近いものはどれですか？」。これは、内容中心のアセスメントへのアプローチであり、いくつかの内容を提示して、そして、とくに、このように質問します。「あなたは、それを理解しましたか？ あなたは、それを覚えましたか？」

これより、もっと良い、前向きな選択肢があります。それは、私が、この授業で最近の数年間していることです。

> あなたは、国際的な会社で働いていて、この地域に商業的に進出をしたいという状況を想像してください。その会社が、製品を売るには、その地域で、人々がそれを入手できる、適度な国民所得が必要です。会社の幹部は、最初の5年程度の間は、たいした収入は実現しないだろうということを理解しています。しかし、彼らは、その地域で、そう遠くない将来には金融上の成功が望める足がかりを打ち立てたいと望んでいます。
>
> 成功への鍵は、その国が、経済的な成長と、そのほか、少なくとも、一般国民が適度に高い収益力をもつことを支援する要因をもたらす、十分な政治的な安定性をもっていることです。
>
> 会社は、あなたに、新しい支店をどの国で運営するべきかを推薦する、検討委員会に入るよう頼みました。
>
> この地域の国々について、あなたが学んできたことから、あなたは、どの国がこの会社のニーズに最も適合していると推薦しますか？

このシミュレーションの問題は、学生に、自分が学んだ情報を見直すことを要求します。しかし、彼らが、必要とする情報は、テキストや教室の中には、そのままの形では出ていません。それにより、彼らは、政治的安定性や経済成長、GNPなどに関連する多くの情報について考えなくてはなりません。そして、彼らは、いくつかの国からの情報を比べて、「最善の選択」を推薦しなければなりません。私が、この課題を使って、学生が作業するのを見たとき、彼らの回答の質、そして、そこで起こった考え方に感動しました。彼らは、また、グループでこの作業をして、そして、各グループが、シミュレーションした答えを比較して、議論しました。彼らは、他のグループが違った推薦をするのに対抗するために、自分たちの答えの理由を明確にすることを学ばなければなりませんでした。

Wiggins（1998, pp.26-27）は、学生の基礎の数学の計算の知識をアセスメントすることに関して、いくつかの例を示しています。よくあるアプローチは、私が、時代遅れのアセスメントと呼んでいるものですが、単純な前後関係のない問題を並べたものです。通常は、「この形の、表面積、または、体積を測りなさい」

というものです。もう1つの方法は、私が、将来を考えたアセスメントと呼んでいるものです。Wigginsは、学生に、彼らが、大きなデパートで贈答用の包み紙を扱っていることを想像させます。学生は、商品に量に関する、いくつかのデータなどが与えられました。しかし、彼らは、いくつかの重要なデータを自分たちで、生み出す必要がありました。その作業は、包み紙の量が最も少なくなる箱の形を決めて、上司に、来年どのくらいの数の箱と包み紙の総量が必要になるかを報告することです。その課題は、また、もう1つの教育的アセスメントの重要な構成要素である、特定の基準を与えてくれます。

訓練　対　将来を考えたアセスメント　私が、将来を考えたアセスメントをつくろうとしたとき、これと**訓練**について記述されることとの違いを理解することは重要です。ある種の問題に取り組む特定の手順を紹介するとき、私たちは、しばしば、学生に、問題に少しずつ違ったパラメータを与えながら、彼らが何度も、この手順を繰り返すという、宿題を出します。この種の訓練は、多くの章の最後の問題（end-of chapter）という特徴があります。訓練は、精神的な動きの起こり方の慣れを提供するので、学習の早い段階では、価値があります。しかし、訓練は、将来を考えたアセスメントと同じことではありません。学生は、自分が効果的に関連することのできる、現実的な作業に、新しい知識を使うことができれば、彼らは、結局、より知的に興奮し、モチベーションを見つけ出すでしょう。

　将来を考えたアセスメントを開発する重要な鍵は、教員が、「私は、学生に何をさせようとして、準備しているのだろうか？」「私は、学生が、何を用意ができているか、いないかを、決めようとしているのだろうか？」と考えることです。将来を考えたアセスメントという理念（そう呼ぶか、どうかは別として）を広く受け入れている機関の例として、アルバーノ大学があります。アルバーノ大学は、アウトカムベースのカリキュラムをもっているので、高度なアセスメント手順ももっています。その結果、学生のアセスメント手順は、「Xについて学習した結果として、その学生は、Yを学ぶ準備ができるか？」というような、典型的な枠組みをもっています。アルバーノ大学の教育学部では、たとえば、学生は、ラーニング・ポートフォリオを書いています。このラーニング・ポートフォリオは、教員と学校長によって、アセスメントされます。ラーニング・ポートフォリオのすべての点は、アセスメント者の質問に答えることによってつけられます。「この学生は、教える準備ができているか？」、それが、将来を考えたアセスメントを導く完全な道筋です。

第2の特徴── 基準と標準　すべてのアセスメントは、何らかの性質を測る傾向があり、このため定義上、適切な、ものさしを必要とします。それゆえに、コースデザインをアセスメントする構成要素の非常に重要な面は、将来を考えたアセスメントや自己アセスメントに使うための、明瞭で適切な基準と標準をもつことです。ルーブリックという言葉は、最近では、1つのプロジェクトや1つの授業全部のための、基準と標準の組み合わせを書くことが一般的です。学生は、彼らが学ぼうとする行動は何であれ、高い質を構成することを知る必要がありますので、1つの授業にとって、明瞭で、適切なルーブリックをもつことは非常に重要です。

　明瞭な基準と標準の必要性は明らかですが、経験的な学習指標は、教員たちが、自分の授業のなかで、しばしば、見るものです。Flanigan（2000）は、大きな州立大学で、100人以上の新入生をサンプルにして、書き取りの課題を、長期的に続ける研究を実行しました。彼は、その大学で、4年間にわたり、すべての書き取りの課題と、返却された解答用紙を集めました。彼が発見した、最も大きな問題は、与えられた課題の過半数が、そして、学生に返却された評価が、書き取りを評価する基準と指標が明確でなかったことであり、それは、Flaniganにも明確でないことでした。もう1つの研究は、Richard Paulと彼の同僚による、140名の大学教員への批判的思考を促す努力に関する、インタビュー（1997）です。彼は、ほかのこととともに、ほんの少しの（8％の）教員しか、彼らの学生の思考の質を評価するための、重要な基準と指標を理解できていないことに気がつきました。

　どうすれば、教授たちは、彼らの学生を評価する基準と指標に関する、よい仕事ができるようになるのでしょうか。『効果的な評価（*Effective Grading*）』（1998）では、WalvoordとAndersonは、「学習とアセスメントのためのツール」として、評価を調査しています。この本で印象に残ったことの1つは、多くのコースデザインがフィードバックとアセスメントのトピックに焦点をあてて始まっていることを指摘していることです。

　この2人の著者の大きな貢献のうちの1つは、明瞭な基準と標準をもつことの重要性という、彼らの主張です。彼らの本の第5章では、主要な特徴の分析（Primary Trait Analysis：PTA）と呼ぶ、よく開発された方法について書かれています。これは、教員が、望むことを学生によく理解させることと、教員がより意味のあるフィードバックとアセスメントを生み出すのを助けるものです。

ＰＴＡを個人的な課題のものさしにするために、教員は、このようにするべきです。

- 課題へのあなたの目的を、明確にするようにしなさい
- 評価の際に、測るための基準や「特徴」をはっきりさせなさい
- それぞれの特徴について、この特徴の良いから良くないまで、2点～5点で示すことができる指標をつくりなさい（この特徴が、アセスメントの際の**標準を構成する**）
- 何人かの学生や同僚と一緒にやってみなさい。そして、必要ならやり直しなさい〔Walvoord and Anderson, 1998, p. 69〕

　これにより、完全な意味をもたせるために、著者たちは、2つの例を示しました。1つは、科学に見られるもので、もう1つは、人文学に関するものでした（pp. 81-82）。

科学からの例
- **基準と望ましい特徴 ── 仮説の構築**
- **標準**
  3 ＝付け足すことが無く、別の仮説が無い、正しい問題の記述
  2 ＝正しい問題の記述であるが、別の仮説を含まないか、高レベルのもの
  1 ＝問題の記述が、漠然としているか、無い。または、仮説が、正しくないもの

人文学からの例
- **基準と望ましい特徴 ── 議論の優雅さ**
- **標準**
  5 ＝オリジナルで、明瞭な主張の論文。説得力があり、よく構成されていて、資料を想像的に使っている
  4 ＝明瞭な主張のある論文。資料をうまく使っている。よく組織されている
  3 ＝事実を具体的に、よく考えられ、主題をわかりやすく説明している
  2 ＝主張の乏しい論文。使える資料の不十分な調査、乏しい組織
  1 ＝議論や複雑さを認識していない

すべての基準と標準の例　授業の大きい目標に関して、基準と標準を開発できる方法の例として、私が、物理学で一緒に仕事をした一人の教授の例を書いてみましょう。彼は、電子工学の実験室をもっていました。私たちは、授業の主要な学習目標を決めるために、若干の時間を使いました。そして、結局、適応学習に焦点を当てた、次のような文言をつくりました。

この授業の最後には、学生は、物理的特性を測るための電子装置をデザインし、製造し、そして、アセスメントできるようになるべきである。

　いったん、学生のパフォーマンスの3つの重要な範囲が決まれば、彼は、表3-6に示されるような、それぞれの目標について、重要な**基準**を組み立てることができるでしょう。
　そして、それぞれの基準に対し、彼は、4点法の指標をつくります。これらは、それぞれの基準に対して、違ったレベルの性質のパフォーマンスを示しました。表3-7には、彼の3つの基準のための、高い（＋＋）から低い（－－）までの指標が示されています。

表3-6　電子工学の実験授業のための基準

Ⅰ．デザイン　良い「デザイン」のためには、学生は、こうできるようにならなければならない……
　A．問題を概念化する
　B．デザインのためのコンピュータプログラムの使用
　　1．効果的に
　　2．能率的に
　C．実験で測ることができ、実現可能な正確さと精度を確認する
Ⅱ．電子計測装置の構成概念
　A．効果的に（正確さ、精度、かつ、意図しただけ測れること）
　B．能率的に
　　1．線は少なく
　　2．つくるのに要する時間は少なく
　C．強力である（耐久性がある）こと
　D．信頼性がある
　E．将来にわたって使い道が多い
Ⅲ．分析と評価
　A．その装置がどの程度よく動くかを評価する
　B．その装置がどのように改良できるかを評価する

表3-7　電子工学の実験授業における3つの基準のための標準

学習目標
Ⅰ．デザイン
　基準A　問題を概念化する
　　＋＋　失敗例、精度と正確さへの配慮。すぐに集中して考えるが、後から改善も考える
　　－－　いくつかのヒントを与えたとしても、始められないか、続かない。すべてを準備する必要がある

Ⅱ．構成概念
　基準C　強力である（耐久性がある）こと
　　＋＋　信頼性と耐久性の問題は、計画プロセスの一部と考え、それぞれの段階で取り入れられる
　　－－　信頼性と耐久性は、完全に考慮や理解の外である

Ⅲ．アセスメント
　基準A　その装置が、どの程度よく動くかを評価する
　　＋＋　与えられた測定の必要性を考え、可能であればすぐに正確な問題に対する答えを得ることができる
　　－－　この問題を理解せず、考慮しない

　彼の学習目標を立てるプロセスと、そして、それを支える基準と指標を明確にすることは、この教授に、力強い衝撃を与えました。それは、彼が、さまざまな評価を必要とした明快さとツールを与えました。これらのツールにより、学生は、自己アセスメントを、より多くの視点から明快にすることができるようになります。教員にとっても、学生のパフォーマンスを、より自信をもって、より多くの視点から、アセスメントすることができます。

　ここでの基礎的な理念は、かなり、直接的なものです。もし、私たちが、良いアセスメント手順をもちたいのなら、教員である私たちは、私たちが、測ろうとする学生のパフォーマンスの基準が、何で、それぞれの基準に対して、どのような指標をもっているかを、自分自身や学生たちに対して、明らかにしなければなりません。

　第3の特徴──自己アセスメント　　将来を考えたアセスメントの手順を開発し、自分の評価基準を設定するのに加えて、教育的アセスメントをつくるための、第3の変化は、学生が、自分のパフォーマンスを自己アセスメントする多様な機会をつくることです。

　何らかのポイントでは、自発的学習者と同様に、人生における偉大なパフォーマーになるように、学生は、彼ら自身の仕事の品質を、アセスメントする方法を

学ばなければなりません。これは、心理学的にも重要です。しかし、学生が、開発するべきものは技術です。それは、自動的には起こりません。教員は、学生が、自分のパフォーマンスをアセスメントする能力を開発するのに、何の援助ができるでしょうか？　私は、教員が、自己アセスメントを支援するのに使うことができる、3つの連関した行動を知っています。

適切な基準を明らかにする　　最初に、学生は、ある種の行動をアセスメントするための適切な評価基準を理解する必要があります。この範囲の中で、平凡なものと、高い質のものを区別することができるか？　教員にとっての1つのやり方は、評価基準が何かを率直に学生に言うことです。しかし、もっと良いやり方は、それができるときには、学生に、このような基準や標準を自分自身で、開発する機会を与えることです。このプロセスは、学生に、彼らが関連すると考えたり適切だと考えたりする基準のリストをたくさん考え出させるように、動機付けができます。そして、彼らは、このリストを改良することができ、まず、他の学生の仕事をアセスメントし、そして、自分自身の仕事をアセスメントする基準を使う能力を、開発することができます。

他の学生の仕事に、基準を使って実践する　　学生たちが、適切な基準の準備的なリストを得たり開発したりした後、これらの基準を適用する能力を開発するための、次のステップは、他の学生の仕事に、フィードバックを与えるプロセスを使って実践することです。たとえば、何人かの教員は、学生に、他の学生の下書きのコピーを読ませ、フィードバックを与えるようにさせています。こうすることにより、学生は、良い答案の構成についてのセンスをもち、新しい答案に、この場合は、他の学生の答案に、これらの基準を適用することとなります。

自分の仕事に、基準を適用し実践する　　このプロセスの3番目は、学生が、自分自身の仕事にパフォーマンス基準を適用し、そのアセスメントに基づいて改善を行うときです。このとき、学生は、いくつかの課題（たとえば、論文を書く、スピーチをする、1つの問題を批判的に考える）をやってみて、その後で、自分のパフォーマンスをアセスメントするのに、適切な基準を使って、アセスメントしてみる必要があります。学生が、これを効果的にできるとき、彼らは、どのようにすれば正直に、自己アセスメントできるかを学ぶことに成功したことになります。もし、すべての大学卒業生が、自分の研究分野の、すべて、または、ほとんど、すべてにおいて、これができるとしたら、彼らの大人としての生活行動に、大きな影響をもたらすことでしょう。

自己アセスメント行動の3つの例　学生に、互いに、フィードバックをさせる際の、面白い例として、「ポストイット」を使ったものがあります。

　ある経営学の授業で、何人かの学生のチームに分かれて、急成長したデイ・ケアセンターで、子供たちや、出席、支払い、その他を記録するための、時代遅れの紙ベースの記録システムを、新しいコンピュータシステムにする相談を受けました。それらのチームは、推薦するハードウェア、ソフトウェア、操作手順を、すべて組み立てました。何回かの授業で、問題に取り組んだあと、そのチームは、彼らの推薦するものを大きな紙に書き、壁に、その紙をテープで貼り付けました。推薦するものを貼り付けたあと、すべてのチームが、教室を回り、読んで、分析して、それぞれの推薦するものの質を評価しました。アセスメントの時間が、終わったあと、それぞれのチームは、自分たちが、一番良いと思ったものに、青いポストイットを貼って、黄色のポストイットを疑問に思ったものの上に貼ります。そして、黄色のポストイットの上には、彼らの疑問や関心を書きました。すべての反応が終わったあと、黄色のポストイットを受けた、それぞれのチームは、他のチームから寄せられた質問に答える機会を与えられました。ポストイットが付けられたとき、意識とエネルギーは、非常に高まりました。

　この課題で、学生のチームは、どのように、お互いの仕事をアセスメントするかを、非常に、しっかりと学びました。彼らは、違った人々が、同じ問題に対して、違った解決方法に行き着くことができることに気づき、自分たちで、「どの計画が一番うまくいくのだろうか？　なぜ、私は、いくつかのものを、他よりも良いと考えたのだろうか？」と問いかけます。これが、基準を無言で発展させることになり、それは、ポストイットに書かれたコメントで明らかになります。各々のチームが、他のチームによって、寄せられる懸念に答えることによって、このケースでは、いくつものハードウェアやソフトウェアの選択肢の間に、どのような違いがあるのかを、そして、その問題が、どのように、重要かを考え分析するようになります。

　2つ目は、私のワークショップの1つで、1人の教員から、学生たちに自分たちのアセスメントをさせる方法を例として出されました。彼女の授業では、その学期の授業の多くと同様に、学生が、本格的な学期末のレポートを書くことを求めました。それは標準的な課題でした。その課題ができたとき、学生は、そのレポートがアセスメントされる基準を与えられました。その基準は、ほとんど一般的なものではなく、前例のないものでした。しかし、教員は、そのとき、学生に、

これらの基準で、自分のレポートをアセスメントするように言いました。学生は、自分のレポートを提出するとき、彼らは、自分のレポートが、何点に相当するか、それは、なぜかを示しました。

　教員は、レポートを読み、まず、彼女自身の予備評価をします。もし、学生が、自己申告した点数が、教員が、与えた点数とプラスマイナス1点以内であれば、学生の点数は、そのまま採点表に付けられます。もし、違いが、1点以上であれば、学生は、教員のところに来るように約束をして、教員と自己申告の点数が、それより高いか低いかを話し合わなければなりません。このとき、教員は、レポートに対する見方を共有します。学生は、自宅に帰って、レポートを評価し直し、新しい点数を付け、正しくしました。これは、点数を高くしたことも、低くしたこともあります。

　これは、学生が、他の学生の仕事を自分自身の評価基準を適用して、アセスメントする上で良い例となります。これは、彼らが、大人になったときに、自己アセスメントできる人間になるのに必要なことです。

　3番目の例は、批評的考え方を開発するための自己アセスメントへの、とくに、独創的なアプローチです。

　批評的考え方の教育法の全国と地方のワークショップを依頼されたRichard Paul（1996）は、また、「批評的考え方」という科目名の授業を教えています。その授業の最後のプロジェクトで、彼は、学生に、この授業の最後までに、どのように批評的考え方に関することを学習したかを書かせました。彼は、正直な自己アセスメントを書かせるためのプレッシャーについて記しています。学生が、「私は、批評的な考え方を学ぶのは、まったく普通のことだと思います」という、よく考え抜かれたレポートには高い点数が与えられ、その結果、たぶん、その学生の授業の成績は、上位でしょう。一方、「私は、批評的な考え方を学ぶのは、偉大なことだと思います」と言おうとしたレポートは、説得力ある証拠を得ることができず、そのため低い点数しか得られず、その結果、たぶん、その学生の授業の成績は下位でしょう。Paulは、学生が厳しく、正直に自己アセスメントをした場合に、良いアセスメントが得られることを、明確にした状況をつくりました。

第4の特徴──「FIDeLity」フィードバック　　フィードバックは、教員、同僚学生、そして、授業外からの人々によっても、学生の行動を見て、学生に、その評価を与えるときには、いつでも起こります。アセスメントのように、フィードバックは、本来、評価的です。フィードバックは、その仕事について、何が良い

か、何が改善されたかといった情報だけでなく、学習者に、それを改善する方法を見つけ出す情報を提供します。こうした意味から、フィードバックは、コーチの役割をします。

とはいえ、フィードバックとアセスメントには、2つの大きな違いがあります。1つ目は、フィードバックは、授業の成績の一部になることはない、アセスメントだけが、成績の一部になることです。2つ目は、アセスメントが、学習者に与えられるものであるのに対して、フィードバックは、学習者との対話によってなされます。アセスメントの結果は、たとえば、「あなたは、75点です」（または、ABC評価を使うのなら'C'です）となるでしょう。フィードバックを与えるとき、教員は、学生の仕事に対する評価を共有し、学生が、その仕事で何を考えたか、学生が、どのような基準を使っているかを見つけ出し、教員の基準についての情報を共有し、どのように、それを彼らが適用するか、などといった情報を与える必要があります。この対話は、教員が、学生に基準と、どのようにそれを適用するかを理解させるために重要であり、この対話によって、学生が、自己アセスメントに結びついた学習をするのを助けるプロセスが始まります。

高品質のフィードバックの特色を見つけ出す1つの方法は、「FIDeLity」という頭文字で表されます。

- *F*requent…頻繁な
- *I*mmediate…迅速な
- *D*iscriminating（評価基準を基礎とした）…識別する
- Done *L*ovingly（または、支援的）…愛情をこめた

頻繁なフィードバックは、毎回の授業で、または、少なくとも、毎週起こります。学生は、通常、教員や同僚学生からフィードバックを得るために、何かを行います。フィードバックを得るためには、幅広く行われている中間と学期末の2回の形式だけでは、高品質の学習のためには、まったく十分な頻度ではありません。

迅速なフィードバックは、学習行動と時間的に、とても近接して、もし、可能なら、同じ授業時間中に起こります。フィードバックが、遅れることによる問題は、学生が自分の答えや行動が、なぜ、良いのか、悪いのかについて気にするのをやめてしまうことです。フィードバックが、1週間、またはそれ以上経ってか

ら返ってくると、彼らは、このように知りたがるでしょう。「私は、何をしたのだろうか？」

識別するフィードバックは、良い行動と貧弱な行動とを、学生に明確にわかる方法で識別することです。レポートやプロジェクトに、「OK」と書くのは、情報でも識別でもありません。適切に識別するためには、フィードバックは、明確な評価基準か、アセスメントで得られる評価基準と同種のものが、基礎にある必要があります。学生は、ある種の論文には、たとえば、明快な構造をもち、適切な証明と理論が使われるという基準を知ることが必要です。構造は良いが、証明や理論が貧弱だとわかることは、「OK」だとか、「B」と付けられるよりも、識別され、使いやすいフィードバックを与えます。

愛情をこめたフィードバックは、メッセージを伝えるのに不可欠です。これはなぜでしょう？　フィードバックが、愛情の文脈の中でなされず、関係を気にしないとき、学生は必要なメッセージを聞こうとしないでしょう。その代わり、そのメッセージの本当の事実に、フィルターをかけてしまい、「この教員は、私に、今、そして将来、この種の行動をするときに、私が能力を学び、改善することを望むならば、私が必要とする情報を与えてくれる」と考えるより、「私は、この教員が言うことをする必要がある。そうすれば、私は、ここで必要な成績をとって、終えることができる」と考えるでしょう。親しみがあり、個人的な理解や愛情があるとき、学生は、より開放的になり、さまざまなフィードバックを完全な意味で、内面化することができます。この原理は、フィードバックとアセスメントの心理学に基づいています。

フィードバックは、その本質としては、魅力的に聞こえますが、どうすればできるのでしょうか？　いくつかの可能な方法を、はじめに、フィードバックとアセスメントの心理学から学ぶことができることを見ることによって、そして、2つの特徴的な例を見ることによって、示すことにします。

フィードバックとアセスメントの心理学

教育的アセスメントの重要な理念の1つは、このプロセスが、多様な目標をもつということです。学生のパフォーマンスに関する有用な情報を、学生と教員に与える手順の必要性に加え、授業は、学生の能力と学習を続ける意欲を、支援する手順を必要としています。これは、教員が、フィードバックとアセスメントを与える、違った方法の心理学的効果を認識する必要があることを意味します。

スコアボードと拍手の必要性　スポーツのファンや、自分の息子がやるスポーツの臨時コーチのように、最高のチームであっても負けるときに感じる痛みや、よくある経験にもかかわらず、スポーツが人々に与える強い動機を書いたことがあります。何が、選手たちに、動機を向上させ続けるのでしょうか？　この現象と教育学習の状況とを見た後、スポーツであろうと、教育的な状況であろうと、私は、スコアボードと拍手が高いパフォーマンスへの最も必要で、強力な刺激となることを信じるようになりました。

スポーツでは、選手は、自分たちのパフォーマンスの質の信頼できるフィードバックとして、スコアボードを即座に見ることができます。バスケットボールの選手は、いまやってみたジャンプショットが、成功だったかどうかが、すぐにわかります。教育では、明快な基準と頻度と公平に基礎を置いたフィードバックの機能があります。学生が、批評的な考え方や小説の翻訳法を学ぶとしても、彼らは、それが、このときうまく行ったかどうかを知るための、迅速なフィードバックと明確な基準が必要です。

スポーツにおけるもう1つの重要な心理学的要因は、観客の拍手です。コーチはよく知っているように、成功したプレーに対する、好意的な観客の支援は、非常に動機付けを与えます。これがホームゲームの方が、それ以外のゲームよりも勝ちやすいという主な理由です。教育では、この機能は、他の学生か、または、外部のアセスメント者から満たされるものです。他の学生、教員や外部アセスメント者が、学習者の学習面での成功を褒めるとき、彼らは、継続的な学習や継続的な改善に対する強力なインセンティブを与えます。

スコアボードと拍手を上手く用いた例　スコアボードと拍手を上手く用いた例の1つは、オーケストラの指揮者になろうとしている学生を、教える音楽教育の教授です。彼は、私に、彼の教育の重要な観察点だと考えていることを話しました。彼は、授業の中で、何度も繰り返された、次のような学習過程をつくりました。

- それぞれの学生が、オーケストラ音楽の一部分を書く
- 教師役の学生は、1週間に1回、10分間ずつ、新しい音楽の一部分を他の学生と一緒に即興で演奏する
- それぞれの授業時間は、ビデオテープで録画される
- 教育場面に引き続き、すぐに、教師役の学生は、他の学生、T. A. や大学教

員から言葉で、または、書いたものでフィードバックを得る
- ビデオに続いて、また、教師役の学生は、その場面の自己分析、教えている間、ビデオを見た後に、授業が、どのように良い反応をしたかなどを報告書に書く
- 次の授業時間の前に、教師役の学生は、大学教員とコーチングの時間をもち、ビデオと自分自身の自己分析を使って、新しいリハーサルを導く方法やその他の可能な行動をやってみる

　この教授は、この過程で学生に起こる特徴的な変化のパターンを記しています。最初の数週間は、教師役の学生は、教授の指示に従って、従順に即興の演奏を教えようとしました。もし、教授が、彼らに自分の指示を演奏者に与える際に、より簡潔にするように言えば、彼らは、そうしました。しかし、彼らは、教員に対応して行動するだけです。
　教師役の学生は、いくつかの点を、習得し、難しいレベルの指揮に移りました。すべての部分――計画、話し合い、指揮、その他――がそろい、教師役の学生は、より成功した練習時間をもちました。その成功したという感覚は、プライドをもたらしました。他の学生は、このような反応を返しました、「今日は、とても良かったよ」。大学教員は、学生に、授業の質を知らせ、褒めました。明快な基準（スコアボードの得点のような）に加え、他の学生や教員からの肯定的なフィードバック（拍手のような）は、学生たちに、重要な変化をもたらしました。彼らは、彼らが学ぶ行動が何であれ（このケースでは、オーケストラの学生グループを指揮すること）、すべての行動に気をつけるようにし始めました。
　教授は、その時点から、教師役の学生が、リハーサルの時間をとても違ったものにしたと報告しています。彼らは、しっかりして、リラックスしています。彼らには、教師の役割が認められ、教師になる準備ができています。彼らは、自分でより良い方法を見つけ出すことのできる自律型学習者になり始めています。
　この教授は、また、この手順を使って、実際の学校教育の状況でやってみた学生に起こったことについて、興味深い情報を付け加えました。彼の観察では、新しい場所で新任教師たちは、新しい状況の中で多くの知らないことに対処している間に、自分たちのパフォーマンスを、1歩か2歩、後戻りさせてしまいます。しかし、通常、これは、ほんの少しの間で終わります。最初のこの適応するための期間の後で、新任教師たちは、進歩し、彼らの準備段階で見せたよりも高いく

らいのレベルにまで、すぐに届くようになります。

　スコアボードと拍手のもう1つの効果的な使用例は、やはり、音楽の分野で、今回は、トランペットの教授からのものです。何年間も、彼は、スタジオレッスンを個別の学生に普通のパターンで、つまり、学生の演奏を聞き、そして、より良くするために必要なことを言うというようにしてきました。ある時点で、彼は、彼の学生たちが、高校の教師（他の人と同じように）から、すでに多くのことを学んでおり、それを彼も、彼の学生も知る必要があることに気がつきました。それで彼は、単純だが強力な「感謝の手紙」を書くアイデアを開発しました。学生たちは、それぞれ貴重な技能、たとえば、上手い指使い、音程、良い練習習慣を学ぶのを助けてくれた人を決めます。そして、彼らは、大学教授から、自分の音楽を開発するのに貢献してくれた人に感謝するために、手紙を書くように求められます。

　この単純な工夫は、大学と社会全般の間の非常に良い関係をつくるのに加えて、学生と教員の両方に、非常に影響を与えます。教員にとっては、彼の視点が、「学生の演奏に、改善を必要とする良くないところは何か？」から、「褒めるべき良いところは何か？」にシフトします。これは、学生との関係を、より肯定的な視点に変える結果となります。学生にとっても、自分自身を、より肯定的に見るようになります。教授との対話が、肯定的になればなるほど、彼らは、物事をこのように考えるようになります。「私は、良い学習の基礎をもっている。だから私は、自分の演奏をさらに良いレベルにまで向上し続けることができる」。これは、また、彼らの学習に貢献した人々の、良い評価をつくります。その結果として、継続的な学習に、より肯定的な態度がつくられます。

　このすべてのより肯定的な対話のサイクルが、教授に、これが肯定的なフィードバックであり、批判的なフィードバックではない、「拍手」を与える方法を探させます。

フィードバックにおける共感の重要性　　Wiggins（1998）は、「教育的アセスメント」の議論の中で、真に教育的なアセスメントをする際の基礎となる、2つの重要な要素を定義しています。1つ目は、「真正な仕事」であり、これは、先述したように、私が前向きなアセスメントと名付けたものです。しかし、2つ目の重要な要素は、「行為者寄りのフィードバック」です（p.21）。彼は、教員が、実際に学生に難しい真正な仕事を学習するように与え、学生が、「ハードルが高すぎて」、通常は、最初上手くいかないとアセスメントされることについて書いて

います。このとき、彼らの学習の中では、彼らが、上手くできるように励まされていると受け取るかというと、批判的です。そして、時間とともに、教員は、「ハードルを高くして」、さらに期待を高くし始めるようになります。ですから、魅力的なフィードバックを続けるには、まず、励ましを強調することです。(それは、「行為者寄りのフィードバック」です。) そうすることによって、時がたつに伴って、アセスメントは、常に必要な「最優秀」の目標に向かうことができ、それは、スコアボードに高品質の行為と表示されることになります。

フィードバックとアセスメントのための提言の概要

コースデザインの初期段階の3つ目のステップにおける私たちの議論の結論は、フィードバックとアセスメントの良い手順を形作るものです。この節で、私は、教育的アセスメントの原理を使うことを提言しました。それは、学習プロセスの質を広げ、教員に、学生の点数をつけるための基礎を与えるだけでない、フィードバックとアセスメントの手順となります。

これをするには、教員は、4つの基礎的な教育的アセスメントの構成要素を行う必要があります。

- **前向きなアセスメント**の質問をつくること
- 学生の行為を評価するための、明快で、適切な**評価基準**を開発すること
- 学生に、**自己アセスメント**する機会を与えること
- 頻繁で、迅速で、識別され、愛情をこめた**FIDeLity フィードバック**であること

図3-7は、これらの構成要素とその関係を表したものです。

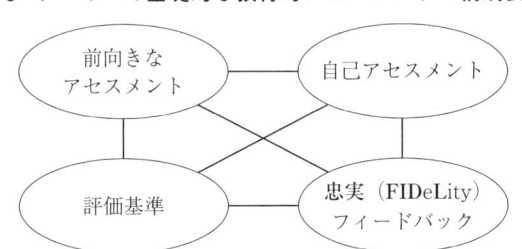

図3-7　4つの基礎的な教育的アセスメントの構成要素

これまでのコースデザイン・プロセスの概観

　この章では、私は、コースデザイン・プロセスの新しいモデルを紹介しました。それは、**統合的**コースデザインであり、学生に、より力強い学習経験を与えるように、教員が、デザインするのを手助けする方法を示すことから始めました。これは、教育現場の状況要因を分析する第1段階から始め、この分析の結果は、決めなければならない3つの重要な決定に影響するため、完全に、注意深く行わなければなりません。第2段階は、教員が、その授業で学生に習得させたいことの問題に、焦点を当てたものであり、これは、授業の学習目標です。私が、推奨するのは、この作業が、内容中心よりも、むしろ、学習中心の方法で行われることであり、意義ある学習の分類が、力強い学習目標の設定によって、形作られるようになることです。第3段階は、良いフィードバックとアセスメントの手順をつくることです。私が、ここで推奨するのは、**教育的アセスメント**について正しく知り、その手順を使うことです。これらの手順は、教員と学習者に、学生がどのように上手く学習しているかの情報を与えるだけでなく、学習プロセス自体を支援し促進することができます。

　コースデザイン・プロセスの次の段階は、実際の教育学習行動を開発し、それにより、学生の学習経験の性質を決めるものです。

第4章
意義ある学習経験をデザインする 2
―― 学習経験を形成する

　本章では、引き続き、学生たちにとって、意義ある学習経験をデザインするプロセスを論じます。あなたが、状況要因を注意深く分析し、意義ある学習の目標を明確化し、そして、教育的フィードバックおよびアセスメントの方法を計画したなら、あなたは、基本的な構成部分を適切に手に入れたことになるでしょう。しかし、まだ、あなたには、デザインプロセスの初期段階において、やり残した重要な仕事があります。つまり、あなたは、どのような教授・学習行動を用いるべきかを決定し、あなたの授業の主な構成部分が適切に統合されていることを確認する必要があります。

　本章の後半は、表3-1（p.81）に示されている、デザインプロセスの中間の段階と最終の段階を扱います。中間の段階は、区分化された授業の構成を発展させ、効果的な教授戦略を選択し、そして、これらを授業全体の学習行動の総合的なスキームへと統合していく課題を扱います。最終の段階は、成績評価システムをセットアップし、そのデザインの欠陥を取り除き、シラバスを作成し、そして、その採点システムを立案し、デザインプロセスを完成します。

初期段階（続き）

　初期段階において残っている取り組みがとくに重要です。広い範囲において、それらの取り組みは、学生の学習経験の性質と特質を形成します。だからその授業において先行する構成部分に対して払われたのと同程度の注意をそれらの取り組みにも払う必要があります。

ステップ4 ―― 授業・学習行動を生成する
　ステップ4は、決定的かつ難題でもあります。先行するステップがうまくいったとしても、あなたは、せいぜい、この難題に答えるための好位置についたに過

> 統合的コースデザインのステップ
> 初期段階——構成部分をつくる
> 1. 状況要因
> 2. 学習目標
> 3. フィードバックとアセスメント
> **4. 授業・学習行動**
> 5. 構成部分を統合する
> 中間段階——全体を見通す
> 6. 授業の構成
> 7. 教授戦略
> 8. 学習行動の全体像
> 最終段階——4つの残りの仕事
> 9. 成績評価システム
> 10. 起こりうる問題点
> 11. シラバスを書く
> 12. 授業と教育法の評価

ぎません。授業・学習の状況を注意深く分析し、学習目標を明確化し、フィードバックおよびアセスメントの方法を計画した後に、あなたは今、2つの問いに直面します。つまり、何らかの意義ある学習を生起させるために、学生たちは実際に何をするのか（学習行動）、そして、あなたは何をするのかです（授業行動）。

数十年、あるいは数世紀にわたって、教員たちは、1つの伝統に追従してきました。彼らの授業行動は、主として、次の2つから成ります。その主題に関する彼らの知識の体系化された要約を発表すること（つまり、講義）、また、時折、その主題についてのクラス全体での討論を主導することです（比喩的にソクラテス的対話法（助産術）と呼ばれる場合があります）。（討論の際には）学生の興味をそそり、その主題にたいする新しい見方を示すことを意図した発問を用います。この伝統は、学生たちにある種の学習経験を生成します。つまり、主として、講義においては聴講しノートを取り、自分の意見とごくたまにする質問をもって、クラス討議に参加する、こういう事柄から成る、学習経験です。

ここ十年ほど、この伝統は能動的学習という概念によって、痛烈な批判を受けました。大学の教授法に関する研究論文は、講義・討議の伝統がもつ効果と妥当性に重大な問題を提起しました。そして、もし、授業・学習法に能動的学習がもっと用いられれば、学生はもっと学習するだろうし、その学習を憶えているだろう、と示唆したのです（Bonwell and Eison, 1991; Bonwell, 1992-93; Meyers and Jones, 1993; Bean, 1996; Sutherland and Bonwell, 1996）。

能動的学習とは何を意味するのか。この概念を具体化した文献において、BonwellとEisonは、**能動的学習**を「行動する事柄と行動している事柄についての思考に、学生を引き込むこと」と、端的な定義を提示しました（1991, p.2）。この定義は、的を射ているように思えますが、私は、教員に、4つの重要な課題を与えるという方法で、その定義を少しばかり拡大し、概念的に、再構成をしてみたいのです。

- 授業についての伝統的な考えと今日的な考え、その両者において、価値ある事柄は何かを分析する
- 有能な教員たらしめる、キーとなる諸活動を明らかにする
- 与えられた主題に対して、能動的学習の原理と首尾一貫した適切な授業・学習行動を生成する
- 能動的学習の3つの構成部分間の相乗的な相互依存性を示す

　教員たちは、講義・討議の伝統を超えていく道を模索していますが、この努力を道案内するために、どんな考えがあるでしょうか。図4-1は、受動的学習と能動的学習の基本的モデルを示しています。この図はBonwellとEisonによる能動的学習の定義に、ある程度、基づいています。しかし、ある程度、その定義を拡大してもいます。彼らが、「行動する事柄」と呼ぶ事柄は、ここでは「経験」と呼んでいます。そして、私は端的に、2種類の基本的体験の認識が重要であると注目しています。つまり行動と観察です。学生たちに「彼らが行動している事柄について思考」させる、と述べている事柄は、ここでは「省察」と呼ばれています。

　構成部分の説明　　図4-1における3つの構成部分それぞれについて、手短に説明し、能動的学習の考えを拡張し理解するプロセスを開始しましょう。

　情報および考えを受け取る　　受動的学習は、講義を聴いたり本を読んだりしたときに、学生たちに何が起こるのか、と関連しています。つまり、学生たちは情報および考えを受け取るのです。これは学習の重要な一部分を占めます。しかし、情報や考えを受け取るということ自体では、非常に限定的であるし、学習を限定してしまいます。教員たちが、彼らの仕事は主に資料を取り扱うものだ、と

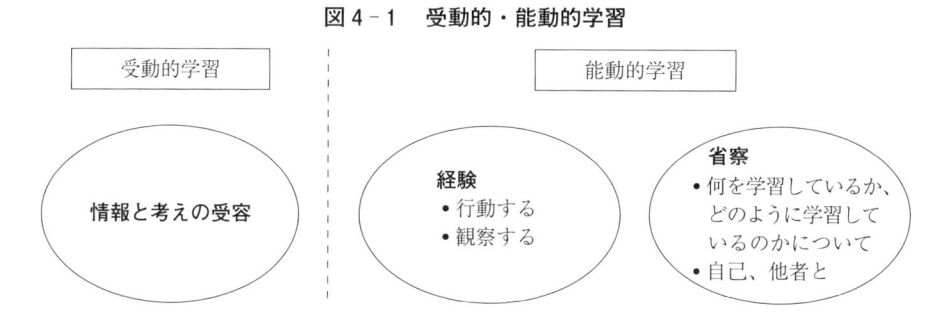

図4-1　受動的・能動的学習

受動的学習　｜　能動的学習

- 情報と考えの受容
- 経験
  - 行動する
  - 観察する
- 省察
  - 何を学習しているか、どのように学習しているのかについて
  - 自己、他者と

みなすとき、学生たちは授業の多くの時間を「教師の話」の聴講に費やす結果となります。知的に成熟している学生たちは、彼ら自身の省察や関連付けをできるし、するでしょう。それは、事実ですけれども、任意の行動であり、教員が学習経験に組み込んだものではありません。「教師の話」を超え、学習経験をもっと効果的にするために、私たちは、学習のより能動的な方法を授業経験のデザインに組み込んでいく必要があります。

　「行動する」経験　「行動する」は、どのように行うのかを学習者に学んでほしい、と私たちが思う事柄を学習者が実際に行う、あらゆる学習行動にあてはまります。つまり、貯水ダム（工学）をデザインする、高校生バンドを指揮する（音楽教育）、実験を計画し指揮する（自然科学と社会科学）、ある議論やある作品を批評する（人文学）、地方の歴史的遺産を調査する（歴史学）、口頭発表を行う（コミュニケーション）等です。あなたが、授業の諸目的について考えるとき、この授業が終了した後、学生たちにこの主題をどう扱ってほしいと望むのか、について考えてみましょう。つまり、論文を批判的に読み、その問題についての論文を執筆する、といった事柄をデザインしてください。あなたが、学生たちにどのように行うのかを学習してほしいと思う事柄が何であれ、それは、彼らが授業を通して行っている必要のある事柄なのです。

　「観察する」経験　「観察する」は、学習者が学んでいる事柄に関連する何事かを誰か他の人が行っているのを、見たり聴いたりするときにはいつでも起こります。教員が、何かを具体的に実演しているのを観察しているのかもしれないし（「これが、小説批評のやり方です」）、他のプロたちが演じているのを聴いているのかもしれないし（音楽家たち）、学習している現象を観察しているのかもしれません（自然的、社会的、あるいは文化的）。

　観察は、学習者に彼らが学んでいる現象の現実を経験する機会を与えます。こういった機会を提供するのは、時に、教員にとって骨の折れる仕事となりえます。しかし、創造的な教員は、常に、これを行うための効果的な方法を探しているのです。

　学生にとっての観察の機会について、ある教授の好例があります。彼女は、「アメリカ先住民の音楽」という授業を、音楽を専門としない学生たちに教えています。彼女は、学生たちに本物の祈禱儀式（Pow Wow）を鑑賞させるため、週末旅行に連れていきます。彼女は、他に楽な方法を取り得ただろうし、単に、レコードを聴かせたり、ビデオクリップを見せたりしてもよかったのです。しか

し、彼女は、学生たちを祈禱儀式に行かせ、それを直接経験させると、学生たちが一般的に2つの発見をするとわかっていました。第1に、彼らの学んでいる教科が現実的かつ意義のある事柄であると、彼らは発見します。第2に、その授業内容（分析の道具、情報等）は、学生たちが意味をもって、祈禱儀式において経験する事柄を解釈・理解するのを、つまりそこから意味を見いだすのを可能にする、と彼らは発見します。それゆえ、強く直接的な観察を含む経験は、学生たちにその教科の現実と、その教科について学んでいる事柄の価値の発見を可能にします。

省察と意味形成　能動的学習における第2の構成部分である省察は元々の定義にもありました。しかし、BonwellとEisonは、彼らの経験的な部分ほど十分にそれを発展させませんでした。省察という行動がその人間の意味形成へのニーズに結びつけられるとき、この行動の大きな意義が明らかとなります。

人間は、意味形成存在（meaning-making beings）です。私たちは、経験と私たちが出会う情報や諸々の考えに基づいて、意味を形成します。しかしながら、これは、潜在的問題が現れるところです。人が新しい経験をしたり、新しい考えに出会うときはいつでも、それらの出来事が、自動的に、最初の意味をもちます。しかし、この最初の意味は、無意識あるいは潜在意識レベルに埋め込まれたままでしょう。これが起こると、その意味は制限され、歪められ、あるいは破壊すらされるでしょう。人間として、私たちは自らの考えや経験の意味を変容する能力を有します。しかし、それは、私たちが最初の意味を意識レベルまで引き上げたり、私たちが、これらの考えあるいは経験にもたせたいと思う新しい意味が何かを省察するときだけです。そうした場合だけ、私たちは、単に、意味受容存在というよりも**意味形成存在**となります。教授における1つの目標は、学生を、もっと、意味形成に熟達するよう援助することであり、また、それは、学生たちが、彼らの獲得した経験や新しい考えについて省察するために時間を費やす必要のあることを意味します。

省察──1人で行うのか他者とともに行うのか　意味形成過程のある部分は、常に、1人で省察に時間を費やす個々人によってなされる必要があるでしょう。しかし、彼ら自身によって、ひたすら意味形成がなされるというのは、この課題達成にとって、最も効果的な方法であるのではない、とも多くの人はわかっています。私たちが、他者との対話に参加するとき、新しく、より豊かな意味を発見する可能性は劇的に高まります。加えて、経験や情報そして考えの意味を人々が

共同して探るとき、彼らは**共同体**の基盤をもつくり出します。共同体意識の生成とは、個別授業レベルおよび大学での経験全体レベルにおいて学習の質を大いに高めうる概念なのです。

　能動的学習のホリスティックな見方　　能動的学習のこれら3つの構成部分は、そのトピックの、拡大した、よりホリスティックな見方を構成するために連合します。つまり「情報と考えの獲得」だけでなく、「経験」や「省察」を含むのです。意義ある学習の達成を可能とする各種の学習行動を生成するために、私たちは、よりホリスティックな見方を必要とします。図4-2は、この能動的学習の新しい概念化を説明しています。それは、3つの学習様式すべてを、より完全な学習行動の総体へとしています。

　この能動的学習の新しい見方は、次の2つの原理が学習活動の選択をさせることを示しています。第1に、学習行動の効果的な組み合わせは、能動的学習の3つの構成部分である情報と考え・経験・省察といった諸行動を含みます。第2に、これら学習の3つの形態を提供する直接的方法が、いつでも可能となるのが望ましいのです。時折、間接的、あるいは代理的な形態が必要になるでしょう。しかし、能動的学習の提供への直接的方法を見いだせる教員たちは、学生の学習の質を高めるのです。

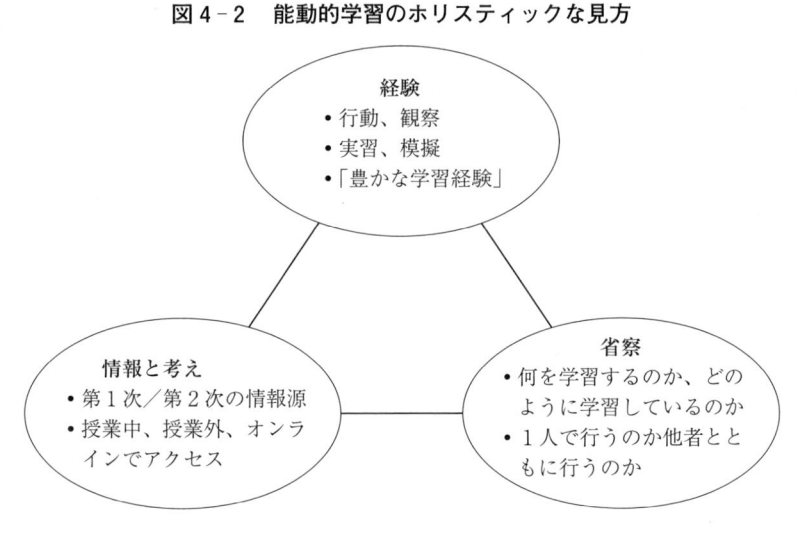

図4-2　能動的学習のホリスティックな見方

経験
- 行動、観察
- 実習、模擬
- 「豊かな学習経験」

情報と考え
- 第1次／第2次の情報源
- 授業中、授業外、オンラインでアクセス

省察
- 何を学習するのか、どのように学習しているのか
- 1人で行うのか他者とともに行うのか

能動的学習を促進する特定の諸活動　表 4-1 は、いくつかの特定の学習行動を明確化しており、それらがサポートする能動的学習の構成部分に置き換えて分類されています。表に示したように、ある活動は学生たちを学習の特定場面に直接的に引き入れ、他の行動は間接的に引き入れます。また、この表は、能動的学習がオンライン授業によって、どのように為し遂げられるのか、についての考えをも含んでいます。

表 4-1　能動的学習を促進する諸行動

	情報と考えを得る	経験		省察(何を学習しているのか、どのように学習しているのか)
		行動する	観察する	
直接的	・第1次データ ・第1次情報源	・本物の設定において実際に行動する	・現象を直接観察する	・授業での討論 ・タームペーパー ・学習過程に関する、徹底した省察的対話と記述
間接的、代理的	・第2次データと情報源 ・講義、教科書	・ケーススタディ ・シミュレーション ・ロールプレイング	・物語（映画、文学、オーラル・ヒストリーなどによるアクセスが可能）	
遠隔学習（オンライン授業、双方向ビデオ、通信教育）	・授業のウェブサイト ・インターネット ・ビデオ講義 ・プリント資料	・教員が……を「直接経験せよ」と課題を出すことが可能。 ・学生たちはサイトやオンラインにて、間接的な経験に参与することが可能	・学生たちは、省察を記録することが可能。そして、彼らが選ぶなら、その省察を、テレビやオンライン上で、他者とシェアすることが可能	

情報と考えを得る　最もよくわかっている構成部分から始めるのが最も容易です。教員が学生たちに本を読ませたり、一連の講義を聴講させたりするとき、学生たちには何が起こっているのでしょうか。彼らは、情報と考えを獲得しているし、これを間接的に行っています。つまり、情報と考えは媒介者、たとえば、教科書の著者や講師によって構成され説明されているのです。ある教員たちは、原典を読ませたり、オリジナル・データ、つまり、他者によって、未だ十分に分

析されたり説明されたりしていない考えやデータを検証させたりすることによって、学生たちの学習を情報と考えを獲得する直接的なやり方にまで動かします。

「行動する」経験　　前述したように、「行動する」経験と「観察する」経験とがあり、どちらにも価値があります。**直接的な**「**行動する**」**経験**は、実際の状況における現実的な行動へと学生たちが参加することから成立します。たとえば、もし教員が、音楽専攻の学生たちを、公立学校の楽団の教師にしたいのならば、その学生たちに現実の学校現場へと行かせ、そこで、楽団の生徒たちを指導する機会を提供することによって、短い時間ではあっても、その学生たちに直接的な「行動する」経験を提供することになるでしょう。あるいは、公共政策を立案するために、生物学の知識を用いるよう学生たちに教えたいと思う教員は、学生たちを共同体や地域における環境問題に関する議論に出席、参加させることができるでしょう。

　時には、教員たちは学生たちに直接的な「行動する」経験を提供することができません。それゆえ、**間接的、もしくは、代理的な**「**行動する**」**経験**を見つけたり創出したりする必要があります。ケーススタディ、ゲーム、シミュレーション、そしてロールプレー、これらすべてが学生たちに行動の代理的形態を提供する学習形態です。メディカルスクールやビジネススクールが学生たちにケーススタディをさせる場合、学生たちは問題解決や意志決定という言動の訓練をしているのです。化学の問題を解明するため、あるいは歴史の問題に答えるために、小グループが授業において作業している場合、彼らは、それらの学問分野における言動の訓練をしているのです。教育学部や人文学部の学生たちがロールプレーに参加している場合も、彼らは諸々の考えを人間の行動へと変換しており、その方法によって、それらの分野に関連する、別の言動の様式に参加しているのです。どのケースでも、これらの間接的あるいは代理的な行動様式は、次のような活動に実際に参加するという利益を学生たちにもたらします。つまり、その授業が学生たちに授業終了後にたずさわるよう準備している活動です。つまり、代理的な様式は、学生たちに、学びになる間違いを、現実場面において犯してしまうといったリスクや結果なしに行うのを可能にします。たとえば、シミュレーションしている間は、もし、ビジネスの授業であれば、会社の新製品の売り出し方について、悪い選択をした場合でも、その結果は、単なる学習の機会です。現実生活においては、その代償は高くつきます。

「観察する」経験　　「行動する」と同じように、学生たちはいくつかのケース

において、関連性のある現象を、直接的に観察できます。しかし、他のケースにおいて、学生たちは間接的な観察を得ようとする必要があるかもしれません。いくつかのよく知られている**直接的な観察**の事例は次のようなものでしょう。

- 美術クラスの学生たちが、画家のスタジオに行き、プロの（あるいは少なくとも優秀な）画家が絵を描くという仕事をどのように行っているのかを観察する
- 社会学クラスの学生が、人で込み合う公共の場所や家庭における人間の行動について観察しノートをつくる
- 天文学クラスの学生が、月や星の位置を観察した夜ごとあるいは週ごとのノートをつくる

　これらの状況において、学生たちは彼らが学ぼうとしている現象を直接的に観察しているのです。彼らの観察している事柄は、ある種の対象物（絵画、人間の行動、星）でしょう。あるいは、これらの対象物と相互行為をしている人間（画家、社会集団におけるリーダー志望者、天文学者）でしょう。それは、教員が学生に学ばせようと思っている事柄によって変わります。しかし、どちらのケースでも、学生たちは現象それ自体を直接的に観察するのです。

　他のケースでは、通常は学習しているトピックについての物語をえることによって、学生たちは何らかの現象を**間接的に観察する**でしょう。これは、間接的であるために不十分だったり、代理的であるという不利な点をもちます。しかし、学生たちがアクセスする現象の幅がかなり広がるという、重要な利点ももちます。たとえば、次の章において紹介するケーススタディの1つでは、看護クラスの学生が、妊娠と出産に関係した文化的諸問題について学ぼうとしています。教員は、様々な文化における妊産婦たち、たとえば、アメリカ先住民、アジア人等のフィルムを見せました。この学生たちは、そこまで異なった文化の妊産婦に、直接的に観察できたわけでもないし、彼女たちにインタビューできたわけでもありません。しかし、フィルムを見ることによって、学生たちは、間接的に――フィルム制作者とインタビューを受けた女性たちを経て――、異文化における妊娠と出産の意味について、広範囲かつ価値のある観察ができたのです。フィルムやビデオが、学生たちに間接的経験を提供できるのと同じように、その科目の主題に関する文学やオーラル・ヒストリーもまた、学生たちに、物語を提供しうるのです。

その物語が、彼らが決して直接的にアクセスしない時代や場所における、人々や出来事（現実的であれ想像であれ）を間接的に観察できるようにするのです。

省察　　学生たちが、新たな情報と考えに出会い、新たな「行動する」あるいは「観察する」経験をした後、これらが、他の学習行動に与える意味は何か、を判断するために、省察する時間を必要とします。この省察がないと、彼らが何かを学んでも、その学習を彼ら自身にとって、十分に意味のあるものにはできません。

教員たちは、学生たちがその授業の主題について省察するようにするため、通常、2つの活動を用います。つまり、教室での討議への参加と、タームペーパーの執筆です。学生たちが読んだ事柄について、教員たちが、クラス全体に討議をさせるとき、学生たちは身近なトピックについて、また、それの十分で適切な理解が何であるかについての、省察的対話に参加しているのです。同じ事柄は、あるクラスがシミュレーション、あるいは問題解決的活動を行った場合にも起こります。彼らは、まさに、経験的な形態の学習をしています。そして、今、彼らは、この学習が彼らに与えた、主題についての新しい知識は何であるか、について省察しているのです。

ごくまれではありますが、潜在的に、より重要な学習の形式は、教員たちが学生たちに**学習過程自体を省察する**よう求めるときに生じます。教員は、学生たちにその授業の日誌をつけておくように、また、ラーニング・ポートフォリオを作成するように求めることができます。どちらのケースにおいても、学生たちは、何を学んでいるのか、どのように学んでいるのか、この知識や学習は彼ら自身の生活において、どんな役割を果たすのか、そして、それはどのようにそう感じさせるか、について書きます。Brookfield（1995, chapter 6）は、教員たちは学生たちに、クラスにおける重大な出来事やこれらの出来事に対する彼らの反応について書かせよ、と提案しています。これは、学生たちに学習過程についての省察をさせよ、という提案です。

効果的な形態の能動的学習を実行するための3つの戦略　　能動的学習をあなたの授業に効果的な方法で組み込むために、あなたは、能動的学習の3つの構成部分すべてを含んだ学習行動を組み立てる必要があります。あなたは、また、3つの構成部分各々が、可能な限り効果的に実行されることを明らかにする必要があります。これを行うにはどんな方法があるのでしょうか。

戦略1 —— 豊かな学習経験を創出する　　ほとんどの教員が授業において成し

うる最も効果的な変革は、学生の学びの経験的な側面を拡大させることです。その主題を意義のある方法において経験できるようにする、どんなことを学生は行い、あるいは観察できるのでしょうか。最良の経験は、コースデザイン・プロセスのステップ2において確立された、多様な意義ある学習目標をサポートする経験です。結果として、私は、ここで有効となる、**豊かな学習経験**という概念を見いだすのです。豊かな学習経験とは、そこで、学生たちが、多様な意義ある学習を、同時に達成しうるような学習経験です。

表4-2には、豊かな学習経験のいくつかの例が挙っています。それらは、学生たちに多様な意義ある学習を、同時に獲得できるようにする可能性があります。たとえば、授業内容（基礎的な知識）を学習あるいは再考したり、どのようにその知識を応用、利用するのかを学んだり（応用的な知識）、その主題の個人的、社会的な意味を探求したり（人間的な側面）、ある種の知識を他の種の知識と結びつけたり（統合）、等、それらすべてを同時に、学生たちができるという意味です。

表4-2　豊かな学習経験

それは何か？
学生たちが、様々な種類の意義ある学習を、同時に達成できる学習経験である。

たとえばどのようなものか？
授業内：
- ディベート
- ロールプレイ
- シミュレーション
- ドラマ化

授業外：
- サービスラーニング
- 状況観察
- 実際のプロジェクト（Authentic projects）

私の大学には、豊かな学習経験の好例となる授業やプログラムが3つあります。これらは工学、ビジネス、そして地域・都市計画です。

スーナー・シティ（Sooner City 先駆け都市）——仮想工学プロジェクト　工学部における画期的なカリキュラム改革は、学生の設計技術に焦点をあてた複数年にわたるプロジェクトです（Kolar and others, 2000; http://www.ou.edu/idp/

newsletters/archive/recent-apr00.html)。工学部の学生たちは、特殊で、あらかじめ用意された問題をどのように計算するのかという「あてはめればできる」式の学習経験を超えて行く必要があるとの信念から、都市工学・環境科学科は、「スーナー・シティ」(の通称です)と呼ばれる計画を開始しました。1年生から始め、4年生まで継続して、学生たちは、スーナー・シティと呼ばれる場所に建て増しをし、最終的には、新しくつくり出す計画に取り組みます。たとえば、1年生の授業では、学生たちは、教授から与えられた基準に応じながら、消防署や主要な交通機関をデザインするでしょう。後に、彼らは発電所を設置し、オフィスビルを建て、道路システムをレイアウトするために、その都市を調査したり、等々。各々の追加された新たな構成部分は、既に設置されたものに統合されなければなりません。それゆえ、計画全体としては、着実に、より複雑に、より学際的になります。

　この計画を開始した第1期生はまだいますけれども、既に、カリキュラム改革が豊かな学習経験を学生たちに与えているのは明白です。各々の授業計画は、学生たちにデザインやさらなるコンピュータコンピテンシーの獲得を要求し、締切り期限のある主要な計画についてどのように取り組むのか、どのようにチームの中で一緒に取り組むのか、どのように彼らの計画立案について公開プレゼンテーションを行うのか、そして、多様な知識をどのように統合するのか、等々を学ぶように要求します。

　現実のビジネスの起業と経営　　経営学部の教授たちの小グループも、1995年にカリキュラム改革を始めました。それは、国からの補助金を獲得し、印象的な結果をあげています。(http://www.ou.edu/idp/newsletters/archive/recent-may.html)。「統合ビジネスコア」(IBC) と呼ばれる、このプログラムは、4つの授業が1セットになっています。学生たちにとって、経営学部における専門課程の最初のセメスターであり、通常、2年生の第2セメスターか3年生の第1セメスターに履修します。このプログラムは、3つの基礎的な授業（経営、商品取引、そして法律）を含みます。そして、実習があります。そこでは、35人の学生たちが実際に新会社を起業し、1セメスターの間、経営しなければなりません。16週間、学生企業は次の事柄をしなくてはなりません。

1. **組織化**　提供する製品やサービスを決め、資金調達を開始し、組織化する等々

2．**経営**　　実際に市場で商いを行い、製品を売る
3．**経営打ち切り**　　セメスター終了時に、会社は販売を止め、銀行口座を閉じて、収支決算を報告する等々

　加えて、どの会社も、仕事仲間とする地元のコミュニティサービス組織を選ばなくてはなりません。どの会社の雇用者も、指定されたコミュニティ組織に平均して10時間以上の奉仕をし、セメスター終了時には、すべての企業利益がこの組織に寄付されます。
　6年間で、24の企業、破綻した企業は未だありません。最初の2年間、ほとんどの企業が16週間で1,000ドルから2,000ドルの純利益を挙げました。最近2、3年の純利益の平均は、10,000ドルから20,000ドルの間にあることから、明らかに、後発の企業は先発企業の経験から学習しています。2001年の秋、2つの企業が、純利益35,000ドルから50,000ドルというIBCの新記録を樹立しました。
　学生たちのコメントは、参加者たちは多様な事柄を、この統合されたひとまとまりの授業から学んだ、と指摘しています。そのとき、彼らは、**なぜカリキュラムにおいてサブシークェント・コースが必要となるのかに気づきます**。企業人としての力量と限界という点において、彼らは、自分自身について多くを学びました。彼らは、企業組織と他のコミュニティ機関（銀行、奉仕活動組織）との間の関係について学びました。そして、組織化する際の実情や質の高い製品やサービス提供に重点をおき続けることの実情を学びました。
　近年の卒業生のデータでは、IBCプログラムを修了した50％以上の4年生が、このプログラムを、彼らが経営学部において費やした全期間の最も意義のある経験であると回答しています。学生たちは、考えを学んでいるのと同時に、その考えを使用しなければなりません。それゆえ、彼らは、理論と実践の関係を明確に理解するのです。彼らは、考えにも他の学生にも関わらなくてはなりません。また、彼らが、これまで全く行ったことはないけれども、将来行うと想定される活動に携わるよう要求されるのです。これは、うまくコーディネートされた、豊かな「行動する」経験がもたらす影響力の決定的な証拠です。それに携わる学生は企業経営の正式な教授を事前に受けていないにもかかわらず、年々うまくいっています。

　ロサンゼルス川の再設計　　進取の気象に富む造園学の教員は、1つの授業をもっています。そこでは、彼のクラス——数名の学部生と2、3人の大学院生——

に主要な国家事業において働く機会を提供しています（James Sipes, パーソナル・コミュニケーション）。

郡の他の地域からやってくる、その事業の違う部門で仕事をしている専門家チームと合同で、学生たちは、ロサンゼルス市街を流れる川を良くするための計画を立て、提案しなくてはなりません。その計画の第1段階において、学生たちはロサンゼルスに関する膨大な情報、つまりその川の今の形態や使用状況（あるいは、不使用）、といったような情報を獲得するために、インターネットや他のリソースの使用法を学びました。第2段階において、学生たちは企画を立案するためのチームで働きました。それを河川公園道路にするという本質において、その町は川の美しさ、用途、そして価値を高めるために、何ができるのでしょうか。これは、もし、その改修がなされたならば、その河川はどのようになるのかという、コンピュータ化され、しかし、現実的なフライオーバー・モデルの創作を含んでいます。第3段階では、これらの学生たちが、初めて、実際にロサンゼルスへ赴き、市議会に提案します。会議の前夜に、すべてのコンピュータプログラムがクラッシュしたとき、彼らの責任の度合いは、とても明白になります。彼らは、バックアップをとるために、また、朝の市議会におけるプレゼンに間に合うよう夜を徹して、午前4時まで働かねばなりません。

彼らは、プレゼンを成功させ、議会はその考えを受け入れました。1996年の秋に、ロサンゼルス市民は、そのクラスが提案した改善案に対し、3億1900万ドルの財源確保を承認したのです！

この学生たちは、そのプロジェクトが始まる前、コンピュータに熟達したグループではありませんでしたが、明らかに、都市計画についての膨大な量の実際的、概念的な情報を学んだのです。しかし、彼らは、多かれ少なかれ、すべて同時に他の非常に多くの事柄をも学んでいました。つまり、概念的な考えをどのようにして特殊な問題に適用するのか。情報を見つけたり、モデルをつくったりするために、どのようにコンピュータを利用するのか。どのようにして他者と真剣に仕事をするのか。そして、どのように、締め切りに間に合わせるのか、どのように彼ら自身が自信をもつのか、どのように大きなプロジェクトを（このケースでは成功した）完成まで見届けることのよろこびを経験するのか、また、どのように新しく、多様な人々（L. A. 市議会のような）と効果的に話し合うのか。私の見方では、これは、豊かな学習経験の古典的な事例です。

これら3つの事例を検討する際の主要なポイントは、良い教員は、豊かな学習

経験を創出する様々な方法を有効に使う、と示唆していることです。ある教員は、それを、現実の計画（IBC）をもって行い、他の教員は、シミュレーション計画（スーナー・シティ）をもって行います。ある教員は、キャンパス内にて行われる計画を用いて、他の教員は、どこか離れた場所と連携した計画（ロサンゼルス川計画）を用います。これら多様性のある事例における共通したテーマは次の事柄を認識することにあります。すなわち、学生たちに多様な学習を同時に生成する、複雑で、刺激的で、文脈豊富な「行動する」経験を提供する必要性の認識です。これがすべての教師に示す課題とは次のようです。私は、学生たちに、複雑で、刺激的で、文脈豊富な学習経験を提供するような、どんな事柄をさせられるのか、です。

戦略2——学生たちを情報と考えに導くための新しい方法を発見する　能動的学習の第2の構成部分は、学生が主題を理解するために必要とする情報と考えに関係します。これは、教員たちが伝統的に授業内容と呼ぶ事柄と、根本的には同じです。現在、その内容は、典型的には、講義や指定された教科書によって伝達されます。これは、伝達のための便利な方法ですが、学生の学習に関しては重大な限界と深刻な欠点があります。

限界とは、講義や教科書が、学生たちを、主として、第2次資料や第2次データにさらしてしまうところにあります。新しい学習者は、なぜ、特定の著者や主題が重要であるのか、を理解するための文脈を形成するために、常に、教員や本からの援助を必要とするでしょう。しかし、より頻繁に、学生たちが原典自体を経験し、その主題についての第1次データに出会えれば、より早く、学生たちは、彼ら自身の生活から、どのように意味を見いだし、彼ら自身の生活における第1次資料をどのように使うのかを学ぶでしょう。

内容を伝えるための方法としての講義の欠点は、希少で高価な資源、つまり授業時間を、法外に浪費することです。講義への依存は、大学には、部屋と教具の提供、また、内容に関する専門家の手配を要求し、そして、全学生には、数週間にわたって、同じ時間に同じ場所に来るように要求します。コストのかかる事業です。もし、教員たちが、授業において重要な情報と考えを学生たちに紹介するため、他に費用のかからない方法を見つければ、授業時間という高価な資源は、他の所では容易になされない、豊かな学習経験や活動のために使用されうるでしょう。これを実行するための代替案は何でしょうか。

学生に資料を読ませるという、伝統的な選択肢は、依然として効果的です。し

かし、私たちは、授業外でも授業前でもこれをなし遂げるための方法を発見する必要があります。多くの教員たちはすぐさま異議を唱えるでしょう。今、資料を渡したところで、学生たちは、読みはしない、と。これは本当です。しかし、私が、なぜ読まないのか、と学生たちに話したとき、多くの学生はこう言います。それを必要としないから、彼らの授業の多くに関わる教科書をわざわざ買わなくてよい。つまり、教員は授業において同じ資料を扱うのです。

　私たちが、ここでおちいってしまうのはフィードバックのダブルループです。教員たちは、学生たちがその本を読むとは思っていない、だから講義において資料をもって補うのです。学生たちは、教員が授業において資料で補ってくれるだろうと思っており、読むという行為をしないと判断します。このサイクルからえる事柄が、教員たちによる3つの応答を要求します。もし、あなたが読書課題を与えるなら、授業において同じ資料についての講義はしない。その代わりに、次のような事柄をしてください。つまり、あなたは学生たちに、その課題を課した責任がある――たとえば小テストをする――と学生たちに知らせてください。また、学生たちが読んだ情報と考えを使用しうる授業内の活動も用意してください。これは、学生たちに読書に固有の論拠を与えるでしょう。このような活動シーケンスの創出はこの章の後半部分、「教授戦略」を立てるというトピックにおいて、より詳しく述べられるでしょう。

　学生たちを授業外の情報と考えに導いていく第2の道は、コンピュータを媒介します。ウェブサイト上にある原典資料や特殊データの集積は、幾何級数的に増加しています。多くの教員たちは、ウェブサイトを学生にとって、情報と考えの重要なリソースになると見なしています。生理学を教えている動物学のある教授は、健康な肝臓、病んだ肝臓を様々な角度から撮影した、人間の肝臓写真を数多くのせているウェブサイトに、大きな価値を認めました。彼の見解では、学生たちが、あらゆる教科書よりも、さらには実験室において肝臓について勉強するよりも、このウェブサイトは、学生たちにこのトピックに関するよりよい視覚的な情報を提供する、というのです。同様に、現在、古典学部に所属する教員たちは、それぞれの原語（ラテン語、ギリシア語、フランス語、中国語）や、異なった版、異なった翻訳等を比較できる様々なバージョンのある文書をもつウェブサイトにアクセスします。これらは、学生たちが授業外にアクセスし読むことのできる文書資料とデータ両方にとって、価値のあるリソースであると示しています。

　豊かな学習経験を授業に導入するための方法の発見（戦略1）および学生たち

に重要な情報と考えを学習する能力を身につけさせる新しい方法の発見（戦略2）です。もし、あなたがこれらに成功したならば、学生たちは、学んだ事柄すべてを整理し、意味づけるための何らかの方法を必要とするでしょう。これは、第3の戦略の機能です。

戦略3──学習過程についての詳細な省察の記述　教授をより効果的にするための第3の戦略は、能動的学習の第3の構成部分、つまり省察と関係します。また、学習過程それ自体の記述がもつ特別な価値に焦点が当てられます。

これを推奨するのは2つの信念に基づいています。第1に、記述は、過程としてみなしたとき、また適正になされたとき、その書き手の精神的生活を発展させるという独特な能力を有します。第2の信念は、学生の注意を学習過程に集中させるという活動が、学生たちに自分たちは学習者なのであるとより強く意識させるでしょうし、それによって、彼らは、生活における意味を生成するための能力を発展させていく過程を始めるでしょう。表4-3は、省察的記述についての基本的考えのアウトラインを示しています。

ここで、私は、実質的記述と省察的記述を区別しておきます。**実質的記述**といった場合、1つのトピックに焦点があてられた記述、また、書き手がそのトピックについて有する情報と考えに関して、組織化された主張を発表しようと企図する記述を指します。学生たちに実質的記述をさせるために、タームペーパー

表4-3　さらなる学習に向けての詳細な記述

誰のためか
　自分自身（日誌、ラーニング・ポートフォリオ）
　他者（教員、他の学生、授業外の人）
何について
　実質的記述　授業の主題について
　　• この概念やトピックの正確で十分な知識とは何か
　省察的記述　学習過程について
　　• 私は何を学んでいるのか
　　• 学んでいることのもつ価値は何か
　　• どのようにして、この問題を最高に、最も快適に学ぶのか
　　• 私が学ぶためには何をしたらよいのか

省察的記述の形式とは何か
　ミニット・ペーパー
　週刊の記録の記述
　ラーニング・ポートフォリオ（授業の終了時、プログラムの終了時）

や評論を課すという、おなじみの実践が何世紀も用いられてきています。他方で、**省察的記述**といった場合、書き手の学習経験自体に焦点があてられ、主として、書き手にとって、与えられた学習経験の意義と意味を明確化しようと企図する記述を指します。それゆえ、次のようなより個人的な事柄を表明する類の記述という点では実に好ましいのです。たとえば、私は何を学んだのか、私にとって、この学習のもつ価値は何か、どのようにして、この問題を最高に、最も快適に学ぶのか、私は学ぶために何をしたらよいのか、といったような事柄です。

　両方の記述は、それぞれ違った理由において価値があります。実質的記述は書き手に、そのトピックについての考えを通して、徹底的に考えられるようにし、また、考えるよう促します。それゆえ、実質的記述それ自体は、しばしば、そのトピックに関する書き手の理解度に依存します。省察的記述は、違った価値を有します。つまり、書き手が学習について、もっと、自己意識を向けるようになるのを援助するという価値です。自分自身が学習者であると意識するようになることが、学生たちに自律的で意味形成的な学習者となりうる過程をスタートさせるのです。

　省察的記述の3つの形式は、省察的学習を奨励したいと思う教員たちによって、大いに用いられています。つまり、ミニット・ペーパー、定期的ジャーナルの記述、そして、ラーニング・ポートフォリオです。

　短い形式の省察的記述──ミニット・ペーパー　　数名の論者（Angelo and Cross, 1993; Bean, 1996）は、学生たちに彼らの学習について、迅速かつ容易に、省察させる方法として、また、容易に、教員とシェアする方法において、そのような省察をさせるための方法としてミニット・ペーパーの使用を提案しています。個々の授業の終了時、あるいは、1週間にわたる授業の最終日、教員は、学生たちに、紙を1枚とり、問いに答えるように指示します。問いは、多様にありますが、多くは、次のようです。

- 本日の講義において、わからない点は何か
- 今週、この授業において、あなたが出会った最も重要な考えは何か
- あなたの言葉で、トピックXとトピックYの関係性をどのように説明するか
- まだ、答えの出てない重要な問いは何か

　学生たちは、次のような問いに取り組むようなやり方でなくては、この課題に

答えられません。さて、主要点は何だったか。(あるいは、わからない点は、何か。) そして、それをするために、学生たちは、授業全体、つまり、効果的な学習活動を頭の中で巻き戻してみなくてはなりません。教員の考えている事柄は、明晰で率直な問いであるのに対して、最初に、学生たちは、しばしば広範囲の回答をします。その理由の1つは、学生たちが、この種の省察的思考をすることにも、彼らの意味形成への努力の的確さについてのフィードバックを受けることにも慣れていないからです。しかし、もし教授たちがミニット・ペーパーを指示し、応答を継続的に行ったならば、学生たちが、妥当な回答をするという点において、もっと上達すると、ほとんどの教授たちはわかっています。これは、練習と適切なフィードバックによって、学生たちが、学習経験の本質や意味について、自己自身との省察的な対話に従事することに有能になるということを示しています。

中間的な省察的記述——ジャーナル、日誌、そして学習日誌　　より拡張的な記述が、ジャーナル、日誌、そして、学習日誌(learning logs)となります。一般に、これらは、授業全体(あるいは、他の派生的な学習経験)を通して、学生たちにコメントをし続けるよう要求します。通常、教員は、これらを定期的に集め、これらを読み、コメントを付し、そして、返却します。また、この種の記述は、学生たちに、彼らの学習経験の意味を省察するよう刺激します。これとミニット・ペーパーとの主な差異は、授業全体にわたってのジャーナル記述が、学生たちに、学習経験全体の解釈と繋がる、またはそれに基づき進める、よりよい機会を与えるところにあります。

拡張的な省察的記述——ラーニング・ポートフォリオ　　学生たちにラーニング・ポートフォリオを作成させるという構想は、省察的記述という考えの、自然のつながりです。私の見解では、ラーニング・ポートフォリオは、近年、登場してきた、より有力な教育的な考えの1つです。とりわけ効果的であるのは、それが、授業計画の主要構成部分の3つすべてを、同時に統合し、促進する、という事実にあります。すなわち、構成部分——意義ある学習目標、能動的学習行動、そして、教育的フィードバックとアセスメント(図4-3を参照)です。

ラーニング・ポートフォリオの中心にある考えは、学生たちに、選り抜きの学習経験を省察させることです。それは、1つの授業かもしれないし、専攻分野における、すべての授業かもしれないし、あるいは、大学における経験全体であるかもしれません。そして、授業やプログラム終了時に、学生たちは、学習経験全体の意味を記述し図解した文書をまとめます。一般的に、ポートフォリオは、2

図4-3　ラーニング・ポートフォリオの教育的アセスメント

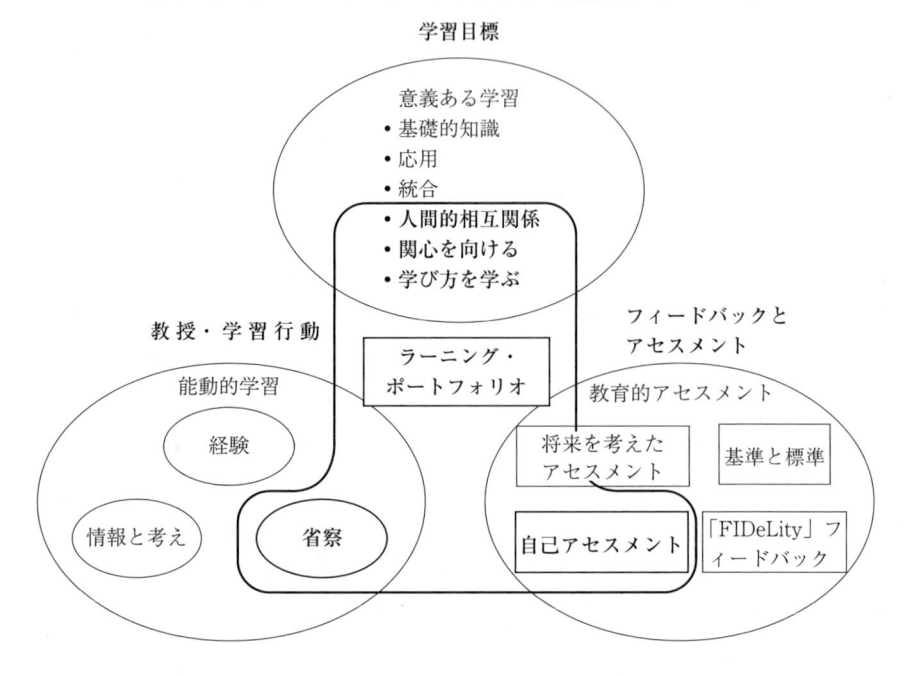

学習目標
- 意義ある学習
  - 基礎的知識
  - 応用
  - 統合
  - 人間的相互関係
  - 関心を向ける
  - 学び方を学ぶ

教授・学習行動
- 能動的学習
  - 経験
  - 情報と考え
  - 省察

ラーニング・ポートフォリオ

フィードバックとアセスメント
- 教育的アセスメント
  - 将来を考えたアセスメント
  - 基準と標準
  - 自己アセスメント
  - 「FIDeLity」フィードバック

つの部分から成ります。物語風の記述とそこで語られた内容を図解し裏付ける様々な巻末資料です。ズビザレタ（Zubizarreta, 2003）は、ポートフォリオとは何か、教員は、それらをどのように用いるのか、について詳細なガイドラインを示しています。

　ここで言及しておくべき主なポイントは、ラーニング・ポートフォリオが、授業における一連の学習活動において、効果的な追加課題となりうるという点です。それらは、単独で用いられますが、前述した省察的記述の形態に関連づけて用いられる場合、よりよく機能するでしょう。もし、学生たちが授業期間を通して、定期的に、ミニット・ペーパーや毎週のジャーナルを書くように促されるのであれば、彼らは、次第に、学習経験の質についてより満足するように——そして、省察し、記述するように——なるでしょう。もし、彼らが授業を通して、これを頻繁に行うならば、彼らは、その授業終了時に、ラーニング・ポートフォリオの形へと拡張され、組織化される考えの重要なコレクションになるでしょう。

　学生たちが、ラーニング・ポートフォリオを作成しているだろう、ということ

について知ることは、次の道筋にしたがって省察するのを促進します。つまり、学生たちは、ある個別の経験から、何を学びうるのか、学ぶべきなのか。どのようにして、彼らはその教育・研究機関や彼ら自身が設定した学習目標をよりよく達成するのか。そして、彼らは、何を学んでいる必要があるのか。最終的な成果もまた、学生たちが何を学んだかについて他者とコミュニケーションをとり、適切であれば、自己アセスメントと機関アセスメントに用いられうるツールとなりえます。

ラーニング・ポートフォリオを用いる異なった方法　1つの授業という文脈におけるラーニング・ポートフォリオの使用について、何人かの人たちが論じています。AnnisとJones（1995, p.185）は、Jonesが、コミュニケーション・コースの学生たちに対して、どのようにラーニング・ポートフォリオの中に、2種類の情報を含めるかを述べています。

1．あなたのコミュニケーション能力について、詳しく書かれた意見……これは、ダブルスペースで数ページを要するでしょう
2．コミュニケーションのサンプルの付録。これらは、ページ番号によって明確にされ、そして、導入部分において参照されるべきです

彼女が、受け取ったポートフォリオは、10ページから50ページにわたります。彼女は、こう報告しています。学生たちが、継続的に、彼らの将来的な仕事やポートフォリオに含めるための資料を探したことで、この課題は、他の諸々のコース課題に信用性を与えました。後に、彼女は、こう記しています。「彼らは、主題や、私とより相互作用を取るようになった……学生たちが、彼らのコースワークとキャリアの目的との間に関係性を見いだせば見いだすほど、彼らは、そのポートフォリオについて、より熱中した」（p.189）。

Brookfieldは、彼の使用する「参加者ラーニング・ポートフォリオ」について記しています（1995, pp.102-106）。彼は、これらを「学生の特定授業における学習者としての経験の累積記録」と見なしています。また、「学生たちが、毎週の彼らの学習について、省察を実践する機会を有した」とき、彼らは、最もよく作業する、と加えています。彼は、レポートされた経験の質を成績化せず、記録された関心事だけに目を向けました。彼は、また、学生たちがポートフォリオの記載内容を、小グループ内において、互いに、シェアするようにしました。だか

ら、学生たちは、彼らがそのコースの学習において、どのように経験したのかに関して、似ているところ、違っているところを発見できました。彼の学生たちに対する指導は、先に紹介した事例よりも拡大されました。しかし、彼は、基本的に、学生たちに、ほぼ毎週書かせた「批判的なできごと」を考察するよう求めました。そして、セメスター終了時に、学生の課題は、彼らが、何を学んだかと、どのように学んだか、その両方をまとめることでした。

Wlodkowski（1999, pp.260-263）は、彼の用いているものを「プロセス・フォリオ」と名付けました。彼は、モチベーションを高め、また、教員としての彼が、多様な学習者の興味・関心に応えられるようになるための、有効なツールとして、これを見なします。彼は、学生たちに、3つの主な事柄について、省察し記述するよう求めます。

1. **学習内容**　この主題について（つまり、学習経験の内容について）、あなたは、何を学んだか
2. **学習文脈**　あなたの学習は、あなたの個人的生活、社会的・組織的生活、もしくは、あなたの職業生活という、より大きな文脈に、どのように適合するのか
3. **学習過程**　あなたは、どのようにしてより効果的に学習するのか（あるいは、できただろうか）、について何を学んだか

これは、学生たちに、時を超えて生ずる、諸々の課題や知識について、記録し、省察することができるようにします。

構造化する手法としての意義ある学習の分類　授業やプログラムにおいて、何を学んだかについて、学生たちが、ラーニング・ポートフォリオに記述する際、意義ある学習の分類は、構造化する手法として役立ちます。それは、学生たちに、彼らの学習経験が、彼らに対してもつであろう、いくつかの考えうる意味を示す、一連の問いや概念を提示します。

本学のビジネス・コースのある教授は、この分類を、学期末ラーニング・ポートフォリオの作成について、学生たちを指導するために使用しました。これをするために、彼は、省察を導くための、次のような質問を学生たちに与えました。

1．あなたが、このコースの主題について学んだ、**鍵となる考え**、あるいは、**情報**は何か
2．このコースの内容を、**どのように使用、あるいは、応用するか**について何を学んだか
3．この学習経験にとって、内的、あるいは、外的に、あなたが、**統合**、あるいは、結合できた知識、思考、あるいは、行動の諸要素は、何か
4．この主題の**人間の特性**について、何を学んだか。つまり、いくつかの重要な過程において、あなたは、どのように変わったか。また、**他者**と相互に作用しあうための能力において、あなたは、どう変わったのか
5．この学習経験の結果として、興味、感情、あるいは価値（観）のいずれかが変化したか
6．**どのように学ぶか**について、あなたは学んだか

このフレームワークは、彼らが、何を学んでいたのか、どのように、それを学んでいたのかの両方について、学生に、高いレベルの意識を生成させます。

　大学レベルにおけるポートフォリオの効果的な使用　ウィスコンシン州ミルウォーキーにあるアルバーノ大学では、すべての学生に、学部生の全期間を通して、ポートフォリオに取り組ませています（Alverno College Faculty, 1994）。学生たちは、アルバーノのカリキュラムを主導する、次の8つの中心的な能力に関する学習について情報を収集します。

- コミュニケーション
- 分析
- 問題解決
- 意思決定の重要性
- 社会的相互作用
- グローバルな視点
- 有能な市民的行動
- 魅力的な応答

　卒業するために、学生たちは、8つのすべての能力について、他の必修科目の中で、真に熟達したレベルであることを証明できなくてはなりません。ポート

フォリオを作成する過程は、学生たちにとって、能力基盤型の学習経験を生成するための努力における、とても重要な部分であり、また、教育プログラムがどれほど成功しているかを検討するための、組織的な努力の中心であると、アルバーノの教員、理事そしてアセスメント担当者たちは感じています。

オンラインと遠隔学習——ライブの授業のように良いものであるか　能動的学習についての次の問いは、オンラインと遠隔学習に関するものです。アメリカと他の多くの国々の、高等教育において起こっているより重要な変化の１つは、IT利用の急速な進展です。遠隔教育——通信教育——の伝統的な方法は、双方向テレビと、とくに、コンピュータを媒介とした授業・学習によって進展してきました。授業に関連する情報源、授業に特化したウェブサイト、双方向電子メールと通常のメールによる授業に対するディスカッション等々、といったようなインターネットの利用です。

これら３つの遠隔教育どれもが、独特な性格を有しています。通信教育は、永きにわたる伝統を有しており、少なくとも、他の２つの方法に比して、提供は、安価ですみます。双方向テレビは、教員―学生関係に視覚的な次元を付加しました。しかし、それは、コンピュータを媒介とした遠隔教育の方法であり、同時的・非同時的相互作用を含む、オンライン学習の特別な形態と私はみなしています。とても、多くの注目を集めていますが、多くの疑問も挙がります。

もし、ある人が、能動的学習を、学生の学習経験を形成するための価値ある諸原理として受け取るなら、多くの人々は、次のような問いへと至るでしょう。オンライン学習は、ライブの教室における学習と同程度に良いものとなりうるのか。すべて、あるいは部分的であったとしても、授業が、オンラインで行われた場合、学生たちは学習する必要のある事柄を本当に学習できるのか。

不完全ながらも即答するならこうです。良いオンライン学習は、確実に、良くない教室での学習よりも勝っています。しかし、本当の問いは、質の高いオンライン学習は、質の高い教室での学習と同程度であるかどうかです。私の見解では、この章において紹介した、能動的学習のホリスティックモデルが、この問いに答えるために用いられうる概念的な枠組みを提供してくれます。

もし、私たちが、表4-1（p.125）に示された能動的学習の３つの構成部分に焦点を当て、これらのどれかが、オンライン学習について、十分な方法として実行されうるかどうかを問うならば、私たちは、この学習形態が質の高い学習形態となりうる潜在性を有しているかどうか、を判断する意義ある論拠を有するで

しょう。

情報と考えにアクセスする　学生たちに、情報と考えにアクセスさせるという点では、オンライン学習は、教室での授業・学習と少なくとも同等、ことによると、上回ります。教科書や講義にも盛り込まれうる事柄は、ウェブサイト（あるいは、CD-ROM）に掲載されえます。単に、情報源として、ウェブサイトは、いくつかの重要な利点を有しています。それらは、教科書よりも、より容易に、より迅速にアップデートされうるし、また、質の高いテクストと豊富な説明図——それは音声、また、静止画、動画をも含む——を、誰にでも、いつでも、どこでも提供しえます。

省察　オンライン学習では、学生たちに省察の機会をサポートするのも、比較的容易です。学生たちは、自分のコンピュータ上のファイルに、個人的な省察を記録することができ、電子メール、ディスカッション・グループ、BBS、チャット・ルームを通して、他の学生たちや教授と、電子的に情報交換をすることができます。現在のソフトウェアは、電子的な対話を生の対話よりも、若干遅く、そして、より難しくしますが、これは、コミュニケーションプログラムが、改善され続けていくにつれて、向上するでしょう。また、ある教員たちは、学生間の電子的対話における、諸々の重要な優位点に注目しています。つまり、生の議論では、積極的に参加しない傾向にある学生たちが、オンラインでの参加をより自由だと感じるようになります。そして、すべての学生が、オンラインディスカッションにおいて、自分たちの思考を形作るために、より時間を割くようになります。

経験　私の見解では、オンライン学習における最大の課題は、授業に関連する経験を、意義のある形式において、学生たちに提供することにあるでしょう。しかしながら、ほんの少し想像すれば、創造的な教員は、2種類の答えの1つ、あるいは、両方を見つけだすことができるでしょう。教員たちは、教室において現在行っているのと同じように、教室外において、学生たちに、**直接的**、つまり、実際の「行動する」、あるいは、「観察する」経験に携わるような課題を出すでしょう。また、彼らは、ケーススタディ、シミュレーション、物語へのアクセスをする等、といったような**間接的**な形式の経験によって、オンライン上で学生たちに、学習させる方法を見いだしうるでしょう。今日、ハードウェアとソフトウェアの現状レベルでは、それをするのは、可能ではあるものの、容易ではありません。しかしながら、コンピュータのハードウエアとソフトウエアが、より洗

練されていくにつれて、――そして、もし、冒険的な教員たちが、この構成部分を達成する創造的な方法を見いだしうるならば――意義のある進歩がなされそうです。

結論　端的に言えば、私のオンライン学習に関する全般的なアセスメントは、こうです。オンライン学習は、情報と考えを提供するには効果的であり、省察的対話をするのに適切です。意義ある形式の「行動する」、また、「観察する」経験を提供するためのオンライン学習の能力の限界は、現状のリンクの不十分さにあります。もし、教員たちが、これを効果的に行う方法を見いだしたなら、あるいは、見いだしたとき、良いオンライン学習が、良い教室授業における学習（意義のある教室授業も、また、能動的学習の3つの構成部分すべてを提供します）と、明確に、比較できるでしょう。

オンライン学習の相対的な有効性と限界のアセスメントは、現在、多くの総合的授業実践においてなされています。つまり、コースワークの重要な部分をオンラインで運営する一方で、ある週では、わずかな時間ですが、直に顔を会わせる授業を行います。これらの授業は、学生たちに、情報と考え（つまり、内容）にアクセスさせ、そして、オンラインのディスカッションのために、その授業におけるオンラインの構成部分を頻繁に用います。生の授業時間は、様々な種類の経験学習、たとえば、ケーススタディ、シミュレーション等を行うために、確保されています。

能動的学習の概要　授業のために効果的な授業・学習活動を創出するという議論は、一般に行われている一連の学習活動を拡張するという課題に焦点をあててきました。伝統的に、高等教育において採用されてきた学習活動は、講義、クラス全体での討議、そして、指定箇所の読書です。授業をより学習を中心とし、より効果的にするために、教員たちは、図4-2に示した、能動的学習のホリスティックな見方における3つの構成要素すべてを組み込む、学習活動を明確化し、使用する必要があるでしょう。

ほとんどの教員たちが、行うことのできる最大の改善は、その授業の主題に関連した「行動する」、そして、「観察する」経験をもっと学生にさせることです。直接経験が、最も有効なのです。しかし、これらが、実行不可能であった場合、間接的で、代理的な行動と観察の形式であっても、依然、非常に価値があります。多様な学習を、同時に、サポートするような経験を探し求める指針とするために、教員たちは、豊かな学習経験という概念を用いることができるのです。

第 4 章　意義ある学習経験をデザインする 2 ── 学習経験を形成する

　第 2 の主要な注意を向ける領域は、学生たちが、学習の過程について省察するための、意義のある機会を確保するところです。その主題についての思考と記述に加えて、学生たちは、その授業における、他の活動からステップバックする機会も頻繁に必要としますし、学習の過程、そのものについても、省察します。ミニット・ペーパー、毎週のジャーナル、そして、学期終了時のラーニング・ポートフォリオを課すことは、徹底した省察的記述のための、効果的な組み合わせとなるでしょう。

　学生たちは、常に、授業に関連する情報と考えを獲得する方法を必要とします。そして、与えられたトピックに関する学生の学習の基礎として、講義や 2 次的資料には、常に、価値があるのでしょう。しかし、もし、彼らが、能動的学習の構成部分について、2 つの変化を遂げることができれば、教員たちは、全体的なコースデザインの過程を容易にすることができます。もし、教員たちが、学生たちの最初の内容への接触を、**教室外**活動へと動かすことができたなら、それは、教室内の時間を豊かな学習経験のような事柄のために、使える状態にするでしょう。教員たちは、学生たちを原著者や第 1 次データへと導く方法を探し続ける必要があります。これは、私たちがその授業終了後、学生たちに、扱えるようになってもらいたいと思う、情報と考えへの、授業における直接的な接触を、提供するでしょう。

　もし、あなたがこれをすべて行うなら、あなたは、強力な一連の学習行動、つまり、能動的学習の原理を表した学習行動を創出することにより、コースデザイン・プロセスのステップ 4 を完了したこととなるでしょう。

統合的コースデザインのステップ
初期段階 ── 構成部分をつくる
 1．状況要因
 2．学習目標
 3．フィードバックとアセスメント
 4．授業・学習行動
 5．**構成部分を統合する**
中間段階 ── 全体を見通す
 6．授業の構成
 7．教授戦略
 8．学習行動の全体像
最終段階 ── 4 つの残りの仕事
 9．成績評価システム
 10．起こりうる問題点
 11．シラバスを書く
 12．授業と教育法の評価

ステップ 5 ── 主要な構成部分を統合する

　コースデザイン・プロセスの最初の段階における、最後のステップは、主たる構成部分が適正に統合されるのを明確にすることです。これは、あなたが、4 つの構成部分を、それらが互いにサポートし反映し合っているのが確実であると、チェックする必要のあることを意味します。これは、

本質的には、「必要に応じたチェックと変更」作業です。これをするために、あなたは、構成部分間にある各々の重要な関連性を検討するのです。

授業方針に関する状況要因についての情報を統合する　授業全体のデザインプロセスにおける最初のステップは、目立った（salient）状況要因についての情報を収集すること、そして、３つの主要な授業方針を決めるときに、その情報を使うことです。ここでの問いは、次の通りです。その方針と状況要因について収集した情報には、整合性がありますか。

統合段階において、発見され変更されうる問題のサンプルは、次のような事柄を含んでいます。

- 学生の知識、あるいは、態度に関する論拠なき推測はあるか
- 授業の構成は、教授法に関する教員の信念および価値観と整合しているか
- 学生の目標と教員の目標との間に、何らかの葛藤があるか

もし、ここに不整合という問題があるなら、何事かが変更される必要があります。

３つの構成部分を統合する　統合プロセスにおける他の部分は、３つの構成部分を必然的に含んでいます。学習の目標、授業・学習行動、そして、フィードバックとアセスメントの方法、すべてが、互いに、サポートし合う必要があります。

これら３つの構成部分の統合を確実にするための容易な方法は、表４-４に示された、ワークシートを使用することです。最初に、あなたの授業の主な学習目標をすべて書きます。もしできれば、意義ある学習のどれか１つを含むようにします。これが、どのようなものであるかを示すために、ワークシートの最初の欄に、私は、意義ある学習に関する６つの一般的なビジョンを列挙しました。あなたは、これらの一般的な言い方を、あなたの授業独自の言い方に言い換えるでしょう。第２に、どの目標に対しても、学生たちが、そういった類の学習を達成したかどうかをあなたに伝える、アセスメントの方法を明確化します。ある学習については、これらは、ありふれた筆記試験であるかもしれません。他の学習については、おそらく、新しく斬新的な形でのアセスメント法を見いだす必要があるでしょう。第３に、どの目標にとっても、学生たちが、その類の学習を達成するために必要となる、どんなことを（つまり、学習行動を）する必要があるのかを具体的に明確化します。学習行動とは、教室外での読書、省察的記述、あるいは、他の宿題であるかもしれません。教室内での行動は、ケーススタディ、ロー

表4-4　統合的構成要素作成のためのワークシート

授業の学習目標	学習のアセスメント方法	学習行動
1．鍵となる概念、用語、関係性等を理解し憶える	?	?
2．どのように内容を使うかを知る	?	?
3．この主題を他の主題と関連づけられる	?	?
4．この主題について知ることの個人的、社会的意味を理解する	?	?
5．その主題（またその主題にをさらに学習すること）についてケアする	?	?
6．この授業が終了した後にこの主題を学び続けるためにはどのようにするのかを知る	?	?

ルプレイング、クラス全体での討議、小グループでの問題解決、等々です（第5章を参照）。

　そのようなワークシートを使用する、大きな利点は、授業のデザイナーが、重要な学習目標についてリップ・サービスをするものの、現実には、それらの学習目標をサポートしないようなやり方で教授していく、といった安易な罠に陥るのを避けるようにするところにあります。

　教員たちが、授業のために、確固たる構成部分をデザインし、これらの構成部分が、確実に、それらが互いに影響、サポートし合っているのをチェックしたとき、彼らには、その諸活動が、互いに、基礎付け合いサポートするようなやり方で、これらの諸活動を結びつける準備が整ったのです。

初期段階におけるアセスメント

　統合的コースデザイン・モデルの主たる利点は、コースデザインの質を評価するための、一定の基準を提供するところにあります。図4-4において、強調される領域は、このアセスメントの主な構成部分を表しています。

　もし、次の要素をすべて含んでいるならば、コースデザインにおける最初の段階は良い、ということをこれらの基準は示しています。

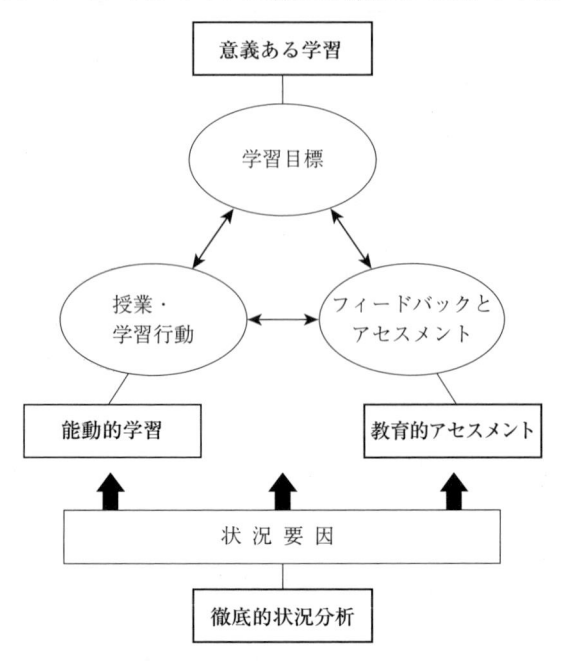

図4-4　コースデザインの最初の段階のアセスメント基準

- **状況要因についての詳細な分析**　その授業の主たる状況的な制約と機会を明確化した、体系的な調査に基づく。
- **意義ある学習目標**　複数種類の意義ある学習に焦点をあてた、学習目標を含む。ただし、単なる、理解―記憶の寄せ集めではない。
- **教育的フィードバックとアセスメント**　教育的アセスメントの構成部分を含んでいる。つまり、将来を考えた評価、学生たちが自己アセスメントをする機会、明確な基準や規格、そして、「誠実な（FIDeLity）」フィードバック。これらは、監査的アセスメントを超えた、フィードバックとアセスメントを可能にする。
- **能動的な授業・学習行動**　経験的で省察的な学習の効果的な形式、同様に、基本的な情報と考えを取得する方法を組み込むことによって、学生たちが、能動的学習に参加する学習行動を含む。
- **統合と整合**　授業の主要な構成部分のすべてが統合される。つまり、状況的要因、学習目標、フィードバックとアセスメント、そして、教授・学習行動のすべてが、相互に影響し支え合っているように（図4-4の矢印によって

示されているように）整合する。

　もし、コースデザインのこれら５つの基準の各々において、「高」レートを示していれば、すぐれたデザインの基本的構成部分は整っているのです。

中間段階——主要な構成部分を整合的な全体にまとめる

　あなたが、授業の効果的な主要構成部分を手に入れたら、それらの構成部分を効果的で、ダイナミックな全体へとまとめあげる必要があります。このプロセスにおける、２つのキーステップは、**授業構成**の構築と効果的な**教授戦略**の選択です。

　そして、これら２つの項目は、**学習行動の全体計画**に統合されなくてはなりません。あなたは、授業構成を最初に構築するか、教授戦略を最初に構築するか、という選択肢をもちます。どちらでもうまくいくでしょう。私は、多くの人たちが、よりやりやすいだろうという理由から、授業構成から始めることを提案します。

ステップ６——授業構成の構築

統合的コースデザインのステップ
初期段階——構成部分をつくる
1. 状況要因
2. 学習目標
3. フィードバックとアセスメント
4. 授業・学習行動
5. 構成部分を統合する
中間段階——全体を見通す
6. **授業の構成**
7. 教授戦略
8. 学習行動の全体像
最終段階——４つの残りの仕事
9. 成績評価システム
10. 起こりうる問題点
11. シラバスを書く
12. 授業と教育法の評価

　テーマのある授業構成を構築するために、あなたは、その授業の全体的な主題を考察し、その授業の主題を構成する、最も、重要なコンセプト、論点、トピック、あるいは、テーマ——通常は、少なくとも、４つ、そして、７つ以下——を明確にする必要があります。その際、これらのトピックは、ある理論的順序にしたがって、アレンジされる必要があります。トピックは、年代順にアレンジされるかもしれないし、単純から複雑へ、あるいは、原理的なトピックからわかってくる事柄へとアレンジされるかもしれないし、また、他のパターンもあるかもし

図4-5　仮説的授業のための授業構成

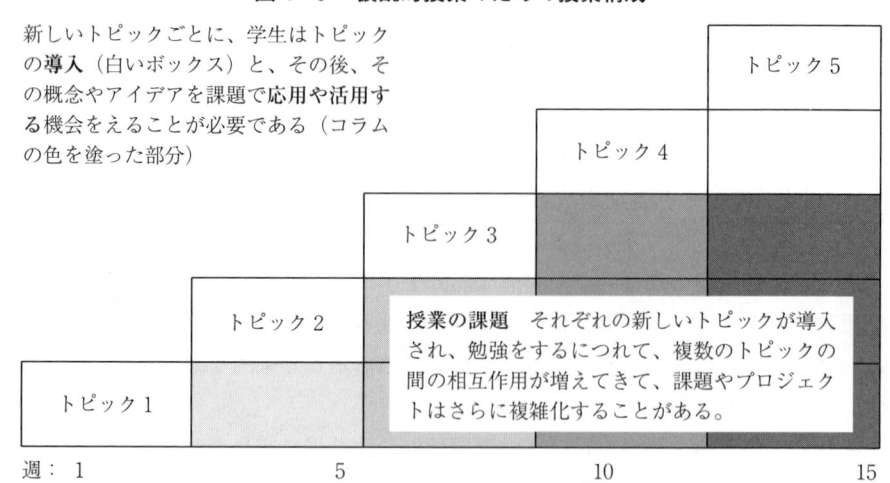

新しいトピックごとに、学生はトピックの**導入**（白いボックス）と、その後、その概念やアイデアを課題で**応用**や**活用**する機会をえることが必要である（コラムの色を塗った部分）

トピック5
トピック4
トピック3
トピック2
トピック1

授業の課題　それぞれの新しいトピックが導入され、勉強をするにつれて、複数のトピックの間の相互作用が増えてきて、課題やプロジェクトはさらに複雑化することがある。

週：1　　　　　5　　　　　10　　　　　15

れません。諸々のトピックが、次の方法で相互に基礎づけをするように、諸々のトピックを整理することが目標です。その方法は、授業の進行につれて、前述の事柄によって、新しい考え、トピック、あるいは、テーマを統合するのを、学生たちに可能とします。優れた構成を構築することは、教員が、学生の取り組むべき問題や課題を発見するのを容易にします。それは、次第に、より複雑かつ難しくなるものです（図4-5を参照）。

たとえば、「組織的行動」という授業を担当する教授は、その授業のために、次のようなトピックを選択するかもしれません。

- 組織的有効性
- 組織的デザイン
- 動機
- コミュニケーションと意思決定
- グループ、チーム、そして、リーダーシップ
- 組織的文化と変化

同様に、化学の教授は物理化学の授業のために、次のようなトピックを定めるかもしれません。

- 熱力学の第1法則
- 熱力学の第2法則
- 平衡
- 気体分子運動論
- 理想溶液

　各々のケースにおいて、教員は、本質としては、次のような趣旨を言います。もし、学生たちが、これらのコンセプトや考えについての優れた知識に焦点をあて、それを獲得しうるならば、彼らは、その主題の本質的な内容を良く把握するでしょうし、将来的な学習への確固たる基礎をもつでしょう。各々のトピックは、下位に重要なサブトピックをもつかもしれません。しかし、これらのトピックは、授業の主要な側面を包含しているのです。

　主なトピックが明確化されると、教員は、それらが、学習されるシーケンスと各々のトピックに何週を要するかを決定できます。すべてが同じ時間を要するかもしれないし、あるものは、他に比べてより多くの時間を要するかもしれません。図4-5は、5つのトピックをもった授業が、15週のセメスターにおいて、どのように図式化されるかを示しています。これを行うことが、今まで、学習されたすべてのトピックを含んだ問題や課題を設計していくための機会を明らかにします。学生が学習を進めていくにつれて、彼らは、トピック間の相互作用を必然的に含む、より複雑な問題や事柄に取り組んでいけるようになるはずです。

統合的コースデザインのステップ
初期段階——構成部分をつくる
1．状況要因
2．学習目標
3．フィードバックとアセスメント
4．授業・学習行動
5．構成部分を統合する
中間段階——全体を見通す
6．授業の構成
7．教授戦略
8．学習行動の全体像
最終段階——4つの残りの仕事
9．成績評価システム
10．起こりうる問題点
11．シラバスを書く
12．授業と教育法の評価

ステップ7——効果的な教授戦略の選択

　デザインプロセスにおける最初の段階において、教員は、特定の学習活動を設定します。それは、意義ある学習目標を達成するに十分効果的と思われる学習行動です。今、なされるべき必要のある事柄は、これら個別の学習行動を、効果的な教授戦略へとアレンジすることです。この極めて重要なステップでは、「教授技術」と「教授戦略」との明確な区別が

必要となります。

　教授技術は、特定の教授行動です。講義は技術です。クラス討議を導くのも技術です。実験・実習、小グループ制を用いる、論述課題を課す、ケーススタディを扱う、等々もそうです。これらは別個の、独立した活動です。**教授戦略**は、他方、**特定のシーケンスにおける学習行動の特定のコンビネーション**です。目標は、互いに共同して働き、学習の課題に応用されうる学習行動のコンビネーションとシーケンスを見いだすことです。つまり、学生のエネルギーをハイレベルまで増大する学習行動です。

　技術と戦略の違いを理解するため、そして、戦略の立て方を学習するための基礎づけのために、Barbara Walvoordによって開発された分析的エクササイズ（ワークショップにおける個人発表；Walvoord 1998, pp.53-55参照）を紹介してみましょう。彼女は、すべての教員が２つの共通する課題に直面すると前提します。教員は、学生に対して、次の事柄をしたいと思い、必要だと思います。

- 授業内容を身につける
- その授業内容を、いくつかの方法で使用するやり方を学ぶ

　一般的な意味では、最初の課題、つまり、学生たちを授業内容へと導いていくのは、第１に、より重要な目的、つまり、次の第２の課題のための手段として価値があります。第２の課題とは、その内容の使い方の学習とその価値あるいは意義の明確化です。

　これらの課題を達成するために、教員が有するツールは何でしょうか。彼らは、様々に異なる学習活動（それを、私は、教授技術と呼んでいます）を有しています。それは、図４-６に図示したように、教室内活動と教室外活動へと分類しえます。

　Walvoordが判断するに（私も、それに同意しますが）、問題は、私たちのほとんどが、第２の課題については、ほとんど、時間を費やさぬまま終わるところにあります。なぜでしょうか。私たちは、第１の課題（授業内容を扱うこと）を達成しようと、授業時間をたくさん費やします。そのため、第２の課題（学生たちが、その授業内容の用い方を学ぶよう、学生を援助すること）のためには、ほとんど、時間が残されていないからです。この問題の解決策は何でしょうか。最初の授業内容の学習を教室外活動へと移行するための、何らかの方法を見いだし、

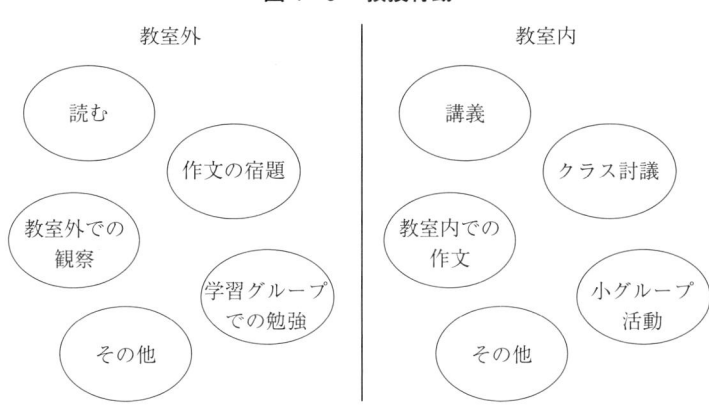

図4-6　教授行動

教室外
- 読む
- 作文の宿題
- 教室外での観察
- 学習グループでの勉強
- その他

教室内
- 講義
- クラス討議
- 教室内での作文
- 小グループ活動
- その他

出典： Walvoord, workshop handout.

図4-7　「キャッスルトップ」ダイアグラム
教授戦略を立案するための一般的テンプレート

教室内活動	クラスセッション（授業時間）		クラスセッション		
教室外活動		授業と授業の間		授業と授業の間	

内容の使い方の学習に、教室内活動の時間をもっと残すことです。

　この分析は、とても、参考になるのですが、もう一歩先へと踏み込む必要があります。これを行うために、Walvoord の図を90度反時計回りにして、図4-7に示す、テンプレートを作成してみましょう。

　この図では、教室内活動の各々の枠が、クラスセッションを表し、教室外活動の各々の枠が、学生たちが、クラス外活動を行える、クラスセッション間の時間を表しています。このテンプレートは、あなたの行いたいと思う、教室内・外活動のコンビネーションとシーケンスを明確化するための枠組みを提供します。また、そのテンプレートは、あなたに、次の事柄がわかるように企図されたシーケンスを強調します。つまり、そのシーケンスが展開するにつれて、共同して、エネルギーを増大させるかどうかです。

　3つの教授戦略の事例　　このテンプレートをより具体化するために、大学教

授法の研究から、3つの教授戦略を説明し、それぞれの戦略の場合に、このテンプレートがどう埋まるのかを示してみましょう。

　チーム基盤型学習　1990年代初頭より、多くの教員たちは、教授行動において小グループ制を用いはじめました。彼らは、これが、能動的学習を授業に組み込むための比較的容易な方法であり、学習経験の質に、劇的な変化を起こしうることを発見しました。しかしながら、多くの教員たちは、小グループを、1つの戦略というよりは、むしろ、教授技術として使用しました。このケースでは、小グループが独立した活動として用いられ、既存する授業構成のあちらこちらに組み込まれ、そして、授業構成を根本的には変化させませんでした。

　他方、チーム基盤型学習は、教授戦略レベルで機能する小グループ学習の洗練された改訂版でした（Michaelsen, Knight, and Fink, 2002; http://www.teambasedlearning.org/）。この教授戦略は、小グループを広範囲に用いますが、特定の活動シーケンスを設定します。その活動シーケンスとは、グループをチー

図4-8　チーム基盤型学習における活動シーケンス

・2〜3週をカバーする
・授業における1つの主要トピックをカバーする

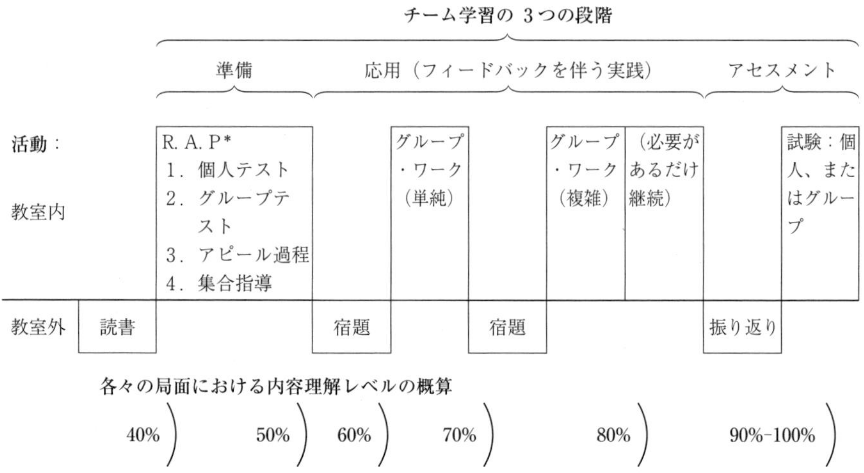

	チーム学習の3つの段階					
	準備	応用（フィードバックを伴う実践）				アセスメント
活動： 教室内	R. A. P* 1. 個人テスト 2. グループテスト 3. アピール過程 4. 集合指導	グループ・ワーク（単純）	グループ・ワーク（複雑）	（必要があるだけ継続）		試験：個人、またはグループ
教室外	読書	宿題	宿題		振り返り	

各々の局面における内容理解レベルの概算

40%　　50%　　60%　　70%　　80%　　90%-100%

＊R. A. P は "Readiness Assurance Process" の略；学生たちが、その内容の使用方法の学習に取りかかる準備があることを明確にするために必要なステップである。

出典：Michaelsen, Knight, and Fink, 2002. 許諾 .

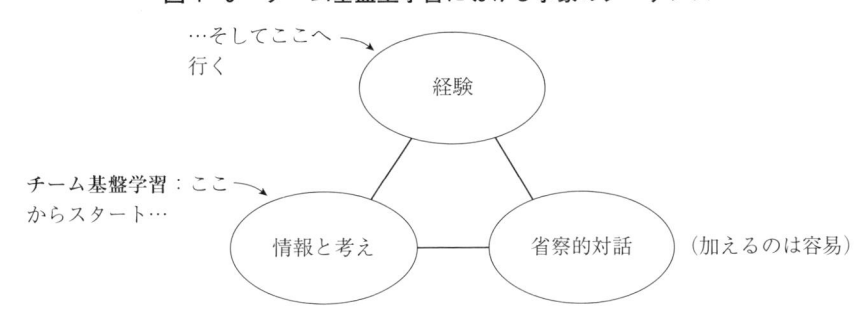

図4-9　チーム基盤型学習における事象のシーケンス

```
                    …そしてここへ ──→ ┌─────┐
                        行く          │ 経験 │
                                      └─────┘
                                       ╱   ╲
                                      ╱     ╲
    チーム基盤学習：ここ ──→ ┌──────────┐   ┌──────────┐
    からスタート…            │情報と考え│───│省察的対話│　（加えるのは容易）
                             └──────────┘   └──────────┘
```

ムへと変質させ、そして、内容および応用の学習を最大限に成し遂げるために、チームのとてつもない潜在能力を用いるのです（図4-8を参照）。

　この教授戦略において、学生たちは、自身で関連資料を読み、そして、授業にやってきて、個人としてもグループとしても、その資料についてのテストを受けます。「レディネス・アシュアランス・プロセス」（Readiness Assurance Process）と呼ばれる、このシーケンスは、ほぼ、全員の学生を、内容理解に関して、通常程度まで、迅速、かつ効率的に到達させます。そして、学生たちは、小グループにおいて授業の活動と、一連の実践応用課題を通して、その内容の応用方法の学習に相当の時間を費やします。最終的に、学生たちは、彼らの内容理解と内容の運用能力を測定するテストを受けます。そのサイクルを再び始める場合には、その授業の次なる主要なトピックに焦点をあてます。

　このシーケンスを通して活動し、彼らの作業に対して、頻繁で、迅速なフィードバックを得ることによって、小グループは次第に、徐々に、進化し、何かまったく違ったもの、すなわち、「学習チーム」となります。一度、これら新たに形成されたグループが固まり、結束力のあるチームになると、メンバーは、チームの活動にとても献身的になり、チームは、いくつかの非常に難しい学習課題を成し遂げる能力を有するようになります。

　図4-9に再掲された能動的学習のホリスティックモデルに置き換えると、チーム基盤型学習のサイクルは、レディネス・アシュアランス・プロセスにおける、学生の情報や考えの獲得から始まります。そして、そのプロセスが、通常は、ケース課題やシミュレーションの形式で、何らかの「行動する」経験を得る絶好の機会を学生たちに与えます。

　そもそも、チーム基盤型学習モデルには含まれていなかったけれども、省察的

対話は、付加するには、比較的容易な構成部分です。事実、この教授アプローチの考案者である、Larry Michaelsen は、定期的ジャーナルやラーニング・ポートフォリオを、彼のチーム基盤型学習を用いた授業に効果的に付加しました。

　問題基盤型学習　　問題基盤型学習（PBL）も、また、ここ30年間、教授戦略として流行しました（Duch, Groh, and Allen, 2001; Wilkerson and Gijselaers, 1996; Boud and Feletti, 1998; http://www.udel.edu/pbl/; http://www.samford.edu/pbl/; see also http://edweb.sdsu.edu/clrit/PBL_WebQuest.html）。1970年代、ニューメキシコ州のメディカルスクールやカナダのマックマスター大学の教授たちが、PBL の基本的な考えを発展させました。その結果は、非常に印象的でした。1980年代には、ハーバード大学やミシガン州立大学、そして、マーストリクト大学（オランダ）といった数々の有名大学を含む、他のメディカルスクールが、このアプローチを採用しました。マックマスター大学の化学工学の教授である、Donald Woods のように、何人かの者は、それを別の学習領域に適用しました（http://chemeng.mcmaster.ca/pbl）。それは様々な教科において、効果的に用いる可能性を有しているように思えます。ただし、とくに、専門職大学院に限ってです。

　PBL とは何でしょうか。この問いに対する最も短い答えは、PBL では問題が最初にある、ということです。実践上では、学生たちに与えられる最初の事柄は、その主題に関する多くの情報ではなく、ケーススタディ形式における現実的な問題であるという意味です。理念的には、学生たちが、後々に、個人的あるいは職業的に、実際に直面する問題であります。カリキュラムの最初の２年間すべて、学生に、内容の情報のみを学習させ、彼らが、臨床実践において直面するような類いの問題について、取り組み始める前の３年目まで待たせる、というメディカルスクールの長い伝統を、PBL がくつがえすのです。

　学生たちが、問題を受け取ると、次に示すようないくつかの鍵となる問いに答えるために、通常は、グループで作業を開始します。

- ここに、含まれているシステム、あるいは、トピックは何か
- これらのシステム、あるいは、トピックについて、すでに、私たちが知っている事柄は、何か
- 何を知らないか（これは、とても重要である。彼らが、作業する必要のある学習の課題を明確化するのを可能とするからである。）

図4-10　問題基盤型学習における活動シーケンス

教室内活動	グループはある問題を提示されるどんな情報や考えが必要とされるのかを決定する。		グループは新しい情報や考えを集めて、最初の問題に加える。		グループは解決法を教師と他の学生に発表する。	
教室外活動		学生個々人は新しい情報や考えを探す。		学生たちは解決法を振り返る。		

- システム、あるいは、サブ・システム（たとえば、心臓あるいは肝臓）を、私は、どのように学習しうるか
- 問題を分析し診断するために、一般的システムや特殊な状況の理解を、私は、どのように使用しうるか
- どんな解決、あるいは、治療が適切だと思えるのか

　いつもというわけではありませんが、学生が、これらの問いにどのように取り組むかという、学習を援助するために、しばしば、チューターが雇われます。正当なシーケンスにおける、正当な問いを通して、どのように取り組むかを学ぶことは、学習過程における、とても重要な部分です。そして、これらは、プロの実践者が、彼らの仕事において、絶えず、直面する問い、あるいは、スキルのすべてです。キャッスルトップ・ダイアグラムを用いるなら、活動の基本的シーケンスは、図4-10に示すとおりです。

　この記述は、いく分か単純化していますが、PBL、つまり、問題基盤型学習の基本的な考えは、学生たちに、現実的なケースの状況や問題を示すことによって、そのシーケンスを開始するということです。どのグループも、そのケースを分析せねばならず、何が学習課題なのか、どんな情報と考えが必要とされるのかを判断しなくてはなりません。学生たちは、個別的に、あるいは、サブグループで、情報を見つけるための手続きを行い、関連する学習課題の知識を整理統合します。これが生起した後、近い将来、その課題を適切に処理するかどうかを知るために、

図 4-11　問題基盤型学習の始まり

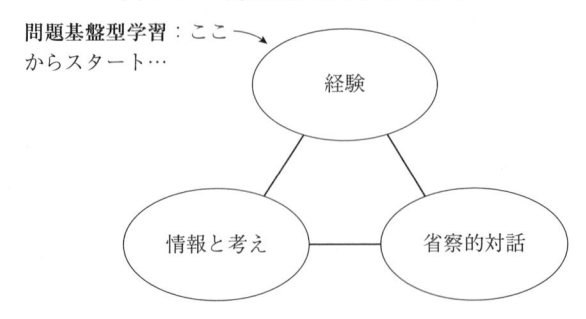

問題基盤型学習：ここからスタート… → 経験

情報と考え　　　省察的対話

新しい知識は検証されます。最後に、どのグループもその解決策を、教員や他の学生に発表するのです。

　能動的学習のホリスティックモデルの観点から見て、PBLにおいて、何が起こっているのか。図4-11に示したように、本質的には、シミュレートされた「行動する」経験である、現実的なケースの問題から、シーケンスは始まります。そして、学生たちは、他の2つの構成部分を、行ったり来たりしながら活動するのです。つまり、その主題や学習過程についての省察的な対話や、その主題についての、新しい情報や考えの発見です。最終的に、学生は、元々の状況へと立ち返り、その問題を分析し解決しようとします。もしその過程が、最後に学習過程の総括を含むならば、それは、能動的学習の主要な3つの構成部分のすべてを内容に含むことになるでしょう。

　促進的学習　　促進的学習は、比較的、新しい教授へのアプローチです。それにもかかわらず、教授戦略として、確かな、資格をえています（確かに、教授戦略として見なされています）。近年の脳科学や多重知能理論（MI理論）における知見を用いて、Colin Rose と Malcolm Nicholl（1997）は、次のような、促進的学習の6ステップ「マスター・プラン」を開発しました。

1. **動機**づけよ
   - ミスを恐れるな　　確固たる自信をもて
   - そのポイントをすべて発見せよ―あなたにとっての
2. 必要な情報を入手せよ
   - あなたに合った方法を用いよ　　視覚、聴覚、身体感覚
3. 意味を**探り**だせ

- 事実の発見あるいは記憶というよりも、これは、「意味形成」を意味する
- これは、学習を長期記憶とするために必要である
- あなたの8つの知能のうち、できるかぎり多くを用いよ*
  (*訳注　MI理論——言語的知能／論理的数学的能力／音楽的知能／身体運動的知能／空間知能／対人的知能（SQ）／内省的知能（EQ）／博物的知能）
4．記憶の引き金を引け
- 異なる記憶方法を用いよ　連合、カテゴリー化、物語化——あなたに効くものはなんでも
5．知っていることを展示せよ
- これは入念なリハーサルを用意する
- 誰かと共有せよ　社会的な次元を付与せよ
6．学習経験を省察せよ
- 何を学んだか
- どのように学んだか
- どうすれば、もっと、よく学べただろうか
- なぜこれがあなたにとって重要だったのか

　たぶんできるでしょうが、マスターリストの記述から、教室内と教室外活動を明確にし、キャッスルトップ・ダイアグラムへと変換するのは容易ではありません。図4-12に示したように、この教授戦略における活動シーケンスを能動的学習モデルに関連付けるほうが容易です。

　正しい内面的枠組みへと至るために、学生が、何らかの個人的省察を行うところから、シーケンスが始まります。そして、彼らは、各々に合った学習スタイルを用いて、必要な情報や考えの獲得に取り組みます。この取り組みは、様々な経験による意味形成を目指す諸活動によってフォローされます。また、その活動は、様々な多重知能（MI）のうちで、どれが使えて、どれが適切であるのかに応じています。さらに、学習を長期記憶として定着させるために、意味は、様々な記憶の方法とリンクします。これが、成し遂げられると、学生たちは、何を知っているのかを説明します。つまり、それは、他者との省察的対話の形式です。最後の推奨方法は、学生たちが、何を学んだかについて、個人的に省察することです。つまり、それは、本質的に、「省察的自己対話」です。

図 4-12　促進的学習における活動シーケンス

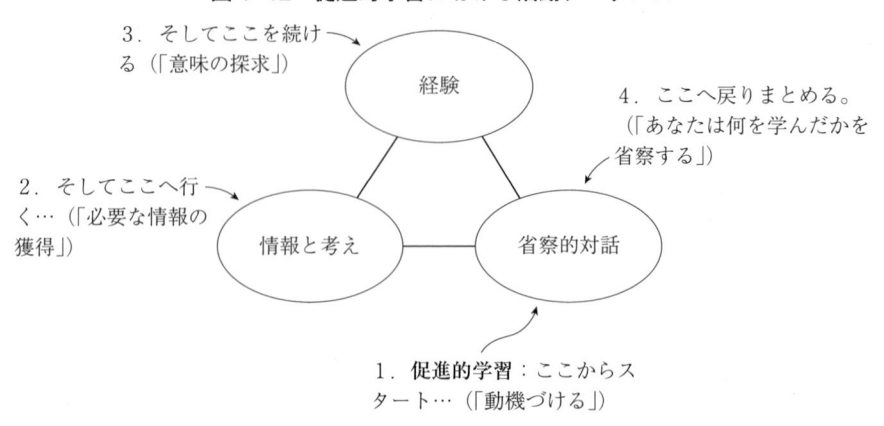

3. そしてここを続ける（「意味の探求」）　→　経験

4. ここへ戻りまとめる。（「あなたは何を学んだかを省察する」）

2. そしてここへ行く…（「必要な情報の獲得」）　情報と考え　　省察的対話

1. 促進的学習：ここからスタート…（「動機づける」）

　高等教育において、この戦略は、幅広く実績を挙げているわけではありません。しかし、これは、ずっと公立学校において用いられたり（Rose and Nicholl, 1997, chapters 16 and 17）、企業研修において用いられたりしており（chapter 19）、両者とも、大変な成功をおさめています。

　戦略対技術 ── 要約　これら3つの教授戦略事例は、教授戦略と教授技術の違いを強調し、また、なぜ、戦略が断然重要なのかを示します。とはいえ、教員たちは、彼らの用いるどんな技術においても有能であり、熟達する必要があります。しかし、それは、それらの技術と学習行動が結びつけられ、配列されるという、特殊な過程なのです。その過程は、ある授業が、その構成部分間の相乗効果を生み出すかどうかを決定するのです。つまり、それは、意義ある学習のために、必要となるエネルギーを生成する戦略なのであり、技術ではないのです。

　それゆえ、本当に効果的な授業を求める教員にたいしての助言はこうです。**技術を考えるな、戦略を考えよ。**

ステップ8 ── 全体的な学習行動の計画をたてる

　コースデザイン・プロセスにおける中間的段階の最終段階は、**授業構成**と**教授戦略**を、**全体的な学習行動の計画**へと統合することです。これを行うにあたって、図4-13に示したような、授業構造と教授戦略を結合するダイアグラムの作成が有効でしょう。

> **統合的コースデザインのステップ**
> 初期段階――構成部分をつくる
> 1．状況要因
> 2．学習目標
> 3．フィードバックとアセスメント
> 4．授業・学習行動
> 5．構成部分を統合する
> 中間段階――全体を見通す
> 6．授業の構成
> 7．教授戦略
> **8．学習行動の全体像**
> 最終段階――4つの残りの仕事
> 9．成績評価システム
> 10．起こりうる問題点
> 11．シラバスを書く
> 12．授業と教育法の評価

このダイアグラムは、次のような必要となる事柄を示しています。つまり、授業における主要トピックの明確化、授業期間の1～3週にわたる効果的な学習行動のシーケンス（つまり、教授戦略）の選択、そして、各々の主要トピックのための戦略の繰り返し、を必要とすることを示しています。もちろん、全体的な学習行動の計画は、与えられたいかなる教育条件であっても、時間の構造や環境に合うよう調整される必要があります。しかし、すべての授業が、選択された戦略を採用し、その授業を構成している各々の主要トピックに適用する、何らかの全体的計画を必要とします。

差異化と統合の必要性　図4-13のダイアグラムも、また、優れたコースデザインに関する他の重要な原理を明らかにします。つまり、諸々の学習行動を差異化し統合する必要性です。

差異化の必要性については、次に2つ示します。

図4-13　1つの授業のための全体的な学習活動の計画

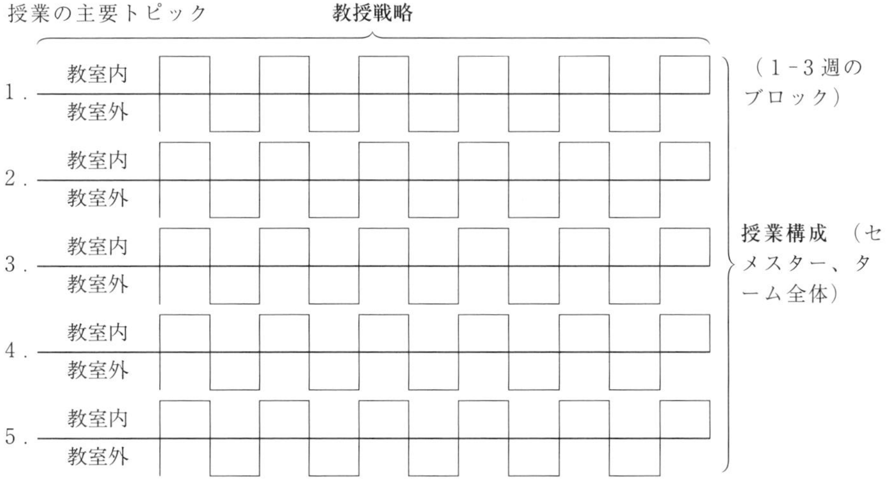

- 第1に、授業は、各トピック単位の時間内において、その日その日の学習行動のタイプにおいて、**多様性**を必要とします。多かれ少なかれ、すべてのクラスセッションにおいて、同じ事柄を行う授業では、差異化のレベルが低い
- 第2に、ユニット1からユニット5まで、学習の複雑性と課題性において、授業は、**発展**のパターンを必要とします。学生たちは、トピックを順番に進んでいくにつれて、だんだんと複雑になり、これまでに取り組んだトピック間の相互作用を反映する諸問題や学習課題に取り組む必要があります。

同様に、各トピック単位の時間内、各トピックのユニットを通しての進歩、その両者において授業は**統合**を必要とします。つまり、彼らが、各トピックのユニットの結論に向けて取り組んでいるものとして、個々の活動がつなげられる必要があります。また、シーケンスが、授業全体の結論へと向かって進むにつれて、新たなユニットのトピックが、先行するトピックとつなげられ、統合される必要があります。

行動スケジュールの作成　　あなたが、この授業全体のための学習行動の全般的な活動計画をたてたら、学期全体のための、より詳しい毎週のスケジュールをレイアウトすることができます。これをするために、表4-5にあるフォームが、有効となりえます。

私自身の経験や他者と一緒に仕事をした経験では、このフォームに記入する際に、次に挙げる質問について、この順に問い、答えることが、有効であるように思えます。

1. どんな行動を最初にもってくる必要があるか。つまり、**どのようにその授業を始めるべきなのか**。これが、最初の1週、あるいは、2週の学習行動を明確化してくれるだろう
2. どんな行動を、あなたは締めくくりとしたいのか。つまり、**どのようにその授業を終えるべきなのか**。これらの行動は、最終の週あるいは2週のために計画されるべきである
3. どんな行動が、授業の**中盤**を構成すべきなのか。今やあなたは、授業構成を形成するトピックのシーケンスを中心として選択した、**教授戦略**のための諸行動をレイアウトできる

表4-5　授業における学習行動のシーケンス

週あたりのセッション

週	クラスセッション	クラスとクラスの間	クラスセッション	クラスとクラスの間	クラスセッション	クラスとクラスの間
1						
2						
3						
4						
5						
6						
7						
8						
9						
10						
11						
12						
13						
14						
15						
期末試験						

　この授業活動のフォームをつくっていくために、あと2つの提案があります。第1に、明らかに、開講授業の時間割りに適合している必要があります。もし、その授業が15週にわたって、週2開講だったり、週末のみ4週連続であった場合、フォームはこの時間割に合った形で記入される必要があります。

　第2に、授業においていくつかのブランク・スペースや空き時間を残しておきます。このことは、次のようなときに、大いに調整しやすくするでしょう。いく

つかの活動やトピックに予想したよりも長い時間がかかってしまったとき、ある特定のクラスセッションが何らかの理由で休講となってしまったとき、あるいは、単に、その授業中、あなたが付け加えたいという気持になるであろう事柄にとって、クリエイティブな考えを提案するときです。

今、あなたが有しているのは、授業のための優れた基本計画、あるいは、基本設計です。あなたは、授業のための確固たる主要な構成部分を打ち立てたのであり（初期段階）、それから、あなたは、これらの構成部分を意義ある学習行動のシーケンスへと組織化したのです（中間段階）。設計プロセスの次の段階において、あなたは、いくつかの重要な追加の課題に取り組むでしょう。しかし、授業の基本設計は、機能しています。

最終段階 ── デザインを仕上げるための4つの課題

デザインプロセスにおける中間段階が終了した今、あなたは、その授業のデザインを完成し、さらに正確にするために、残存する4つの課題に取り組む必要があります。

ステップ9 ── 成績システムを組みたてる

```
統合的コースデザインのステップ
初期段階 ── 構成部分をつくる
 1．状況要因
 2．学習目標
 3．フィードバックとアセスメント
 4．授業・学習行動
 5．構成部分を統合する
中間段階 ── 全体を見通す
 6．授業の構成
 7．教授戦略
 8．学習行動の全体像
最終段階 ── 4つの残りの仕事
 9．成績評価システム
10．起こりうる問題点
11．シラバスを書く
12．授業と教育法の評価
```

先に、私は、単なる、成績を超えて、学習プロセスに貢献するフィードバックとアセスメントのシステムの開発について言及しましたけれども、ほぼすべての教育・研究機関にいる教員たちは、なお、成績についてよく考える必要があります。彼らは、それゆえ、公平かつ教育的に正当な成績システムを組み立てる必要があります。次の3つの単純なルールがきっと助けとなるでしょう。

第1に、評価項目表は多様であるべきです。学生たちは、違った方法で学習しますし、彼らの得た知識をどのようにして最大限に示すか、の方法も違います。

選択式や論述方式の、1回、もしくは、2回の試験だけを頼みとする成績システムは、他の方法をもって、彼らの能力をもっと上手に示すことのできる学生を、不利にします。

　第2に、評価表は、できるかぎり、学習目標と学習行動全般を、最大限に反映すべきです。もし、あなたが学生に、その内容をどう応用するか、また、その内容をどのように他の領域の知識に統合していくか、を学習させたいのなら、学生たちは、それをどのように学習したのかを示すことによって、その授業の成績点を得るべきです。すべての学習行動が評価される必要はありませんが、もしあなたが本当に、学生たちに、たとえば、週ごとのジャーナル執筆といった、特定の学習行動に従事してほしいのなら、それは、何らかの形で成績に反映させるべきでしょう。

　最後に、授業成績における評価項目の相対的な加重配点は、その活動の相対的な重要性を反映すべきでしょう。おそらく、すべての評価項目が重要でしょうが、いくつかの項目は、他の項目よりももっと重要です。たとえば、その授業における主要な領域をすべて含んだ最終の学習課題は、毎週行う小テストよりも重要です。もし、そうであるなら、これは授業成績システムにおいて、相対的な重点項目として反映されるべきです。

　これらの推奨した事柄を組み込む成績システムがどのように見えるのか、を示すために、表4-6は、私が世界地理の授業において用いた成績評価システムを示しています。これは、様々に異なった種類の評価対象活動を有します。それは、それぞれ主要な学習目標に関連する事柄を含んでいます。そして、個々の項目への加重配点は、それぞれの活動の相対的な重要性を反映しています。

ステップ10──何が失敗となるかを明確化する

　どんなコースデザインでも実行前に、1回の最終チェックや見直しをすることは、常に有効です。あなたが前もって明らかにし、修正できる実践上の諸問題はありますか。

　あらかじめ実践上の諸問題を見つけ出すのが、いつも容易なわけではありません。しかし、あなたにそれができるなら、それは、事後のトラブルを回避します。私が経験した、あるいは、私が観察したいくつかの授業には、優れた課題が設定されていても、学生たちに、それを成し遂げる十分な時間を与えていない、といった問題があります。あるいは、図書館における読書資料がほとんどなく、そ

表4-6　地理の授業のための成績評価システム

	配点
1．基本的な個人行動	
・テスト —— 世界の主要な場所	10
・テスト —— 地図を使う	10
・授業日誌をつける	10
・読書課題（2）	5
2．主要な個人活動	
・読書課題に対するテスト（個人、隔週）	20
・個人の小論（それぞれ N＝5、1-2pp.）	20
・期末試験	10
3．グループ活動	
・読書課題に対するテスト（グループ、隔週）	35
・地域別の報告（2）	10
・最終調査と発表	20
	合計：150

成績基準（点）
A＝139-150
B＝128-138
C＝116-127
D＝105-115
F＝104以下

れゆえ、全学生が、同時にアクセスしようとした場合、それができません。あらかじめ、これらのような諸問題を予期したり解決したりしようとすることは、授業を大いにスムーズに進行する助けとなります。

ステップ11 —— シラバスを書く

　授業をデザインし、実行する準備が整ったら、あなたは、その授業についての情報を、学生たちに知らせる必要があります。これは、授業シラバスを作成するという意味です。シラバスは、その授業が全体としてどのようなものか、その授業によって、どこへ行こうとしているのか、そして、どのように授業が運営されるのだろうか、といったことを理解するために、学生たちが、必要とする情報を含みます。

　シラバスにおいて何をすべきか、何をすべきではないかについては、様々な人たちが、様々な考えをもっています。私の見解はこうです。シラバスは、授業運営のための基本的ルールを設定するポリシーに従って、あなたが、学生たちにさ

せたいと思う事柄を、学生たちが実行できるように、十分な情報を含んでいる必要があります。これらのガイドラインを用いて、シラバスが次のような内容を含むよう推奨します。

- 一般的な運営情報——教員の氏名、オフィスアワー、電話番号、Eメールアドレス等
- 授業の目標
- クラス活動の構造とシーケンス。それは、主な課題、テスト、そして、プロジェクトの日程を含む
- 教科書や他の読み物教材
- 成績評価の方法
- 授業のポリシー——出席、課題提出の遅れ、試験の構成、不正行為に関するペナルティ等

あなたの教育・研究機関は、さらに、追加条項を要求するかもしれません。たとえば、私の大学は、教授全員に、身体的な障害や学習障害をもつ学生のための条項をシラバスに記載するよう求めています。

ステップ12——授業と教育法の評価法を立案する

あなたが、教育活動をしているときは、常に、教育活動および教員としてのあなた自身について学習する機会があります。この学習と成長の機会を利用するために、授業それ自体とあなた自身の教育活動への総合的な評価法を立案する必要があります。そして、これは、単に、授業終了時における学生の授業評価の平均値を考察するよりも、ずっと、よい結果を生みます。私は、自身の教育活動への評価（Fink, 1995）と教育活動一般の評価（Fink, 2001）について、至る所で徹底的に論じてきましたが、ここに、評価に関して鍵となる考えをまとめるのは有効です。

中間アセスメント　手始めに、あなたは、授業終了時と同じように、授業の中間にも、学生たちから情報を集めるべきです。学生たちにとって、必要とされるあらゆる変化からの恩恵を受ける時間がまだあるうちに、この形成的アセスメント（形成的評価）は、学生が有していると思われるいくつかの主要な関心をあなたに提示してくれるでしょう。あなたは、一連の単純なオープンエンドな質問

を構成したり、あるいは、中間用につくられた質問項目を使用したりすることもできます（TABS; Weimer, Parrott, and Keens, 1988）。

多様な情報源　あなたが、教育活動の質をアセスメントしようとしている際に、多様な情報源を考慮にいれることが重要です。学生たちからの質問を集めるというのは、最も容易で一般的な情報源です。しかし、教員、あるいは、他の者にとっては、クラス全体や代表的なサンプルとなる学生にインタビューすることも可能です。この目的のために特別にデザインされたのが、SGID（Small Group Instructional Diagnosis　小グループ教授診断）です（Diamond, 2002）。

学生からの情報収集以外に、そこで、**現実に**、何が起こっているのか——あなたが何をするのか、あなたがクラスを指導する際にどのように話すのか、を見極めるために、クラスセッションを録音したり録画したりすることもよいでしょう。加えて、テストにおける正答・誤答の入念なパターン分析は、時折、学生の達成にとって、必要な知識の既習得（あるいは、未習得）である特殊な領域を明らかにできます。最後に、同僚、あるいは、教授コンサルタントが、あなたの教育活動を参観しフィードバックをすることも、また、特別な自己洞察に貢献できます。こういった人々は、教員の活動、あるいは、学生の活動を実践するにあたっては、何の心配もする必要のない人々です。それゆえ、彼らは、その主題や教授一般に関する幅広い知識を、何がうまくいっているのか、改善のために、あなたは何ができたか、を明確化するという課題に、効果があがるようにもたらすことができるのです。

最後に、あなたが、学生たち、もしくは参観者に向けた、質問を構成したら、あなたの教員としての活動に関する、次の重要な4つの局面に注意を向けることは有効でしょう。

- あなたの授業の目標が、達成されたとする程度はどのようであるか
- 個別の学習活動やあなたの全体的な教授戦略は、どの程度効果的であるか
- フィードバックやアセスメントの方法は、有効かつ公正であるか
- どれほど、あなたが効果的に、学生たちに関わったか

これをもって、あなたは、コースデザインの3つすべての段階を終了しました。もし、すべてがうまくいけば、きっと、あなたは、実行可能で強力な教育・学習行動のプランをもったことでしょう。あなたにとっても、学生たちにとっても、

実行可能なものとなるでしょうし、意義ある学習を達成することになるでしょう。

2つの一般的ティップス

　教員たちが、より意義のある学習経験をデザインするという課題に着手するので、全体のプロセスを大いに促進する2つの実践について述べておきます。つまり、学生たちを巻き込むことと、その授業の中心的テーマのための単純な図を考案するということです。

学生を巻き込む
　教員は、意義ある学習を最大限にするために授業をデザインすべきです。このような本書の大前提は、授業において、教授するための新しい必要条件をつくりだします。授業の形成と実行に学生を巻き込むのは必須です。もし、唯一の目標が、基礎的知識なら、あるいは、場合によっては、応用的学習であったとしても、学生を、教員が、何事かを為す対象として扱い続けることは可能でしょう。しかし、あなたが、目標を、人間の特性、関心、そして自発的学習といった事柄を含むところまで引き上げるならば、学生を、そのプロセスにおける、最も重要なパートナーである主体として扱う必要があります。

　少なくとも、このことは、目標および授業における、あなたの学生に対する教育戦略を共有している、という意味です。しかし、その授業が現実的にうまくいくために、学生たちは、彼ら自身の目標を、あなたの授業における重要な目標リストに付け加える必要があるでしょう。彼らにとって、有用と思われるフィードバックとアセスメントのタイプや形式の選択を手伝う必要があるでしょうし、また、彼らにとって、最も効果的と思われる教育・学習行動の分析と再検討に参与する必要もあるでしょう。

　ここでのわかりやすいアナロジーは、コーチとスポーツチームの関係です。どんなスポーツでも、あらゆる得点は、選手によって記録されます。コーチによってではありません。コーチは、ゲームプランの立案に責任があります。しかしながら、ゲームプランは、実行されるために、なによりもまず、チーム全体に理解されなくてなりません。しかし、優れたゲームプランであっても、コーチとチームの継続的な対話に基づいて、時々、修正される必要があります。

　教員にとっての基本的なポイントは、コースデザインのあらゆる段階に関して、

授業参加者とオープンに対話をし続けることです。あなたのゲームプランが何であり、あなたがその授業を、その方法で行うようにデザインした理由を、学生たちが理解するよう明確にしなければなりません。しかし、その際、あなたが、その授業全体を通じて、その授業について、学生たちと相互に話し合うということを明らかにしなければなりません。時々、彼らは、その授業方法を変えるための、良い考えを提案するでしょう。そして、彼らは、彼らの提案に耳を傾けてもらったことと彼らの提案を受け入れてくれることに感謝するでしょう。これの実践は、その授業を、共有されたコラボ的な経験とするでしょう。

授業の重点を明確にするために、共通のテーマや図を用いる

　一般的な構造が出来上がったとしても、教員は、まだ、学生たちによくわかり、その授業全体の中心的な重点を理解させるための方法を見つける必要があります。これを行う最も単純な方法は、その授業全体の主要な重点を反映した、テーマ、問い、図を見つけることです。これが意味するところを、2、3例示してみましょう。

　　統合的な問いを用いる　　2人の工学の教授が、彼らの研究室の大学院生を対象とした、リーダーシップについてのゼミにおいて共同授業を行いました (Sabatini and Knox, 1999)。授業の最初に、彼らは、鍵となる次の問いを提示しました。「リーダーシップとは何か」。彼らは、学生たちに、この問いに対する個々人の考えを書かせ（自身による省察的対話）、それからクラス全体での討議（他者との省察的対話）を行いました。そこで、学生たちは、一般的に認知されている有能なリーダーの諸々の特徴リストに、彼らの個人的な答えをまとめようとしました。第2の活動は、エイブラハム・リンカーンの伝記の読書です（新しい情報と考えの獲得）。それから、その研究室の学生は、彼らの元々の主張について追加するか、削除するか、あるいは変更するかどうかをはっきりさせるために、リーダーの重要な諸特徴のリストに立ち返り、修正を加えます。ゼミの全体を通して、その授業は、リーダーシップについて、新しい資料の読書と彼ら自身の考えへの立ち返りを交互に行います。このケースでは、問い（「リーダーシップとは何か」）が、目標、学習行動、そして評価を統合するメカニズムとして役割を果たしました。

　　図を用いる　　私の世界地誌学の授業において、私の理解する「地域」とは何か、を反映したダイアグラムを作成しました（図4-14を参照）。本質的に、この

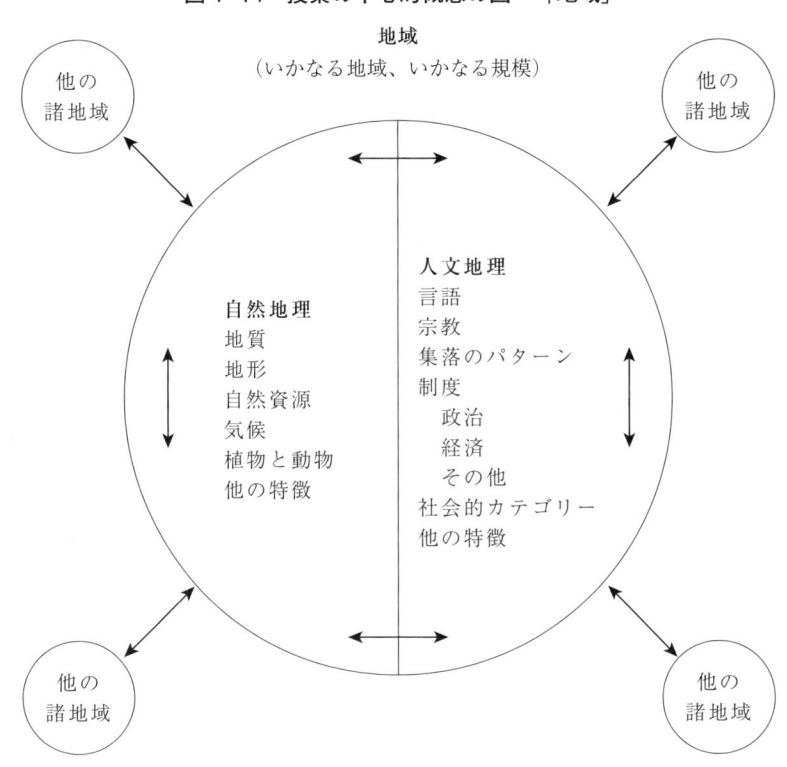

図4-14　授業の中心的概念の図―「地域」

地域
（いかなる地域、いかなる規模）

他の諸地域　　　他の諸地域

自然地理
地質
地形
自然資源
気候
植物と動物
他の特徴

人文地理
言語
宗教
集落のパターン
制度
　政治
　経済
　その他
社会的カテゴリー
他の特徴

他の諸地域　　　他の諸地域

　モデルは、いかなる地域も自然的要因、人文的要因、そして他地域との相互作用という要素から成り立つと表しています。**人文**地理の構成要素がそうであるように、**自然**地理の個別の構成要素も互いに影響し合っている（内側垂直方向の矢印）という点においてダイナミックです。人文的、自然的要因の間にも強い相互作用があります（水平方向矢印）。最後に、地域それ自体が、他の地域との相互作用をもちます（中心地域の外側にある斜め方向矢印）。

　このクラスは、様々な地域について学習し、様々な地域に関連する新聞記事について議論し、そして、特定地域の調査研究を行ったので、このモデルは、対象となる地域を理解するために必要とされる情報や問いを明確化する作業の手引きとなりました。

　Mary Beaudry（2000）は、授業の主題の構成と構造を伝達するために、優れ

たグラフィックイメージのもつ価値について記述しています。彼女は、教員たちは自分たちの注意を、「どれほどの内容があれば十分か」といった問いから、「授業内容がどう構成されるべきか」といった問いへとシフトさせるべきである、と言います。彼女は、優れたコースグラフィックは、潜在的に、その内容の構成を伝達する方法として、とても価値がある、とも言います。

　問いであれ、テーマであれ、図であれ、いくつかのメカニズムの発見もしくは発展が、目標、教育・学習行動、そして、フィードバックとアセスメント、それぞれの必要不可欠な連携をつくり出すことについて、あなたが学生を効果的にアシストするのを可能とするでしょう。

このコースデザイン・モデルの恩恵

　これまで、読者は、統合されたコースデザイン・プロセス全体をみてきました。そこで、私は、そのモデルから距離をおいて考え、特定の恩恵のいくつかについて議論することができます。その議論によって、教員たちは自らの授業を診断し、教授上の諸問題の原因を特定できます。また、その議論の中には、その授業を一般的に、魅力的にしている他の特徴がたくさんあります。

教育上の諸問題の原因を理解する

　ワークショップ、あるいは、個々のコンサルティングなどで、教員と一緒に仕事をすると、私たちは、しばしば、このコースデザイン・モデルをレイアウトした後に、「わかった」という瞬間に遭遇します。私たちは、彼らが、以前に行った事柄に目を向け、しばしば、なぜ、学生たちはもっとよく反応しないのか、の理由を明確化することができます。多くのケースにおいて、彼らは、授業を低レベルの学習目標（まさに「内容を学習する」）を目指すよう設定したり、監査的アセスメント方法を用いたり、あるいは、受動的な学習形式以上の何も要求しなかったりしています。結果として、授業は退屈で、さして重要でもないと思われてしまいます。しまいには、授業において、学生たちは動機付けもされず、やる気もなくなります。

　このコースデザイン・モデルの使用によって、教員たちは、動機付けの低い学生は問題の兆候なのであって、根本問題ではない、とわかります。根本問題は、まずいコースデザインなのです。どのように授業を適切にデザインするのかの学

習は、共通した教授上の諸問題を数多く消去したり、あるいは、少なくとも減少させるでしょう。

付加的な恩恵

同様に、このモデルは、他にも多数の恩恵を有します。あなたが、自身の教授法について学んでいる教員であろうと、他の教員にアドバイスをしようとしている教授コンサルタントであろうと、次のような、コースデザイン・プロセスのモデルを有している、というのは有利です。

- **単純**　統合的コースデザインの基本モデルは、比較的単純であり、容易に覚えられる。4つの基本的な構成部分から成り立っており、直接的に繋げられている
- **全体的**　基本モデルがシンプルであっても、質の高い教授における複雑さの大部分を組み込んだり、取り扱ったりするのを可能にする方法で展開する
- **統合的**　それは、授業における主要な要素間の関係を示し、それぞれがどのように影響し、相互作用をもつのかを表す
- **実践的**　それは、教員たちに、学生のために意義ある学習経験を創出するには何をする必要があるのかを示す
- **規範的**　それは、ある特定の設計が優れた設計であるかどうかを決定する測定の基準を設定する

統合的コースデザイン —— 要約

統合コースデザインのモデルに関する議論が終了しました。長い議論であったので、全体的なプロセスを簡潔に要約し、それに関する一般的なコメントをしておくのが有効でしょう。

全般的なコースデザイン・プロセス

おそらく、コースデザイン・プロセスを要約するにも、読者が構造を思い出すのを助けるにも、有用な方法は設問集です。表4-7に示したように、デザインプロセスは、3つの段階に分類された12の問いとして考えられます。

表4-7　コースをデザインする際に問うべき重要な質問

初期段階―強力な主要構成部分を構築する
1. あなたは、どこにいるか。状況要因を判断せよ
2. あなたは、どこにいきたいのか。その授業の学習目標は何か。理想的には、学生たちに、この授業から何を得てもらいたいと思うのか
3. そこにいけたかどうかを、あなたはどのようにして知るのか。つまり、彼らが目標を達成したかどうかを、あなたと学生はどのように知るのだろうか。これはフィードバックとアセスメントに関する問いである
4. どのようにしたらそこにいけるだろうか。あなたが、これらの目標を達成するために必要とする学習行動を選択し発展させよ
5. 誰が、何が助けてくれるのか。リソースを発見せよ

中間段階―構成部分をダイナミックで整合的な全体へと組み立てる
6. この授業における主なトピックは何か。授業にテーマをもった構造を創出せよ。授業のために、4つから7つの主要トピック、考え、あるいはテーマを明らかにせよ
7. 学生は、何をする必要があるのか。特定の学習行動を効果的な教授戦略へと組み立てよ
8. 総合的な学習活動のスキームは何か。授業全体のために、授業構造と教授戦略を、ダイナミックに統合せよ

最終段階
9. あなたは、どのように成績をつけるのか。成績システムを発展させよ
10. うまくいかない可能性のあるものは何か。デザインにおいて起こりうる諸問題を予想せよ
11. あなたが行おうと計画した事柄を、学生たちはどのように知るのか。シラバスを作成せよ
12. その授業が、どのように進んでいるかを、あなたはどのように知るのか。どのように進んだのか。コース自体とあなた自身の教授能力の向上に関して、計画せよ

　ここに示されたように、有効かつ効果的な授業をデザインする仕事は、3つの段階すべてを通る必要があります。初期段階では、教員は、説得力のある主要構成部分を構築する必要があります。これは、状況要因、一連の効果的な学習目標の創出、効果的な教育・学習行動の創出、そして、効果的なフィードバックとアセスメントの方法の考案を必然的に含んでいます。この段階の最終部分では、4つの構成部分が相互に影響し、サポートするよう明確にすべきでしょう。
　中間段階において、構成部分における活動がダイナミックで整合的な全体へと組み立てられます。そのために、意味のある授業構成を構築し、強力な教授戦略を選択あるいは創出し、そして、これらを授業のための全体的な学習スキームへと統合する必要があります。これがなされたとき、教員は、授業のための学習行動の全シーケンスをレイアウトする位置にいるのです。

最終段階は、4つの重要な課題の完了を要求します。教員は、成績評価システムをつくり上げ、起こりうる問題を取り除き、シラバスを作成し、そして、授業のアセスメントプランを立てる必要があります。

もし、これら3つの段階の各々が効果的な形で完了したならば、結果は、真に意義のある学習経験へと学生を導く授業となったことでしょう。

どのような変化が推奨されているのか

ここで述べた方法において、授業をデザインし教育することは、ほとんどの教員が、伝統的に実践する方法からの大きな変革を意味する、と私は確信しています。どのように、そういった変革を起こすのかについて、さらなる事柄が、次章において述べられますが、推奨されている、鍵となる変革とは何でしょうか。これらを次の7つの重要な変革としてまとめてみます。

- **より高い学習目標を設定せよ**。単に、学生たちに、身につけてもらいたいと思っている授業内容を含み、さらには、それを越え出ていく目標をイメージしたり、設定したりするために、意義ある学習の分類を使用せよ
- **あなたの使用する学習行動の種類を増やせ**。表4-1に示された行動を使用し、間接的な情報や考えの源泉を越え出ていくよう努力せよ。そして、学生たちに、省察の経験や機会を提供する活動を含めるようにせよ
- **豊かな学習経験を創出せよ**。学生たちが、多様な意義ある学習を、すべて同時にできるようにする、効果的な行動と観察の経験を創出し探求せよ
- **学習プロセスにおける、深い省察のための多様な機会を提供せよ**。ミニットペーパー、定期的なジャーナル執筆、そして、ラーニング・ポートフォリオの使用について真剣な考察をせよ。彼らは、何を学んだのか、今、最大限に学ぶには、今後、もっと、効果的に学ぶにはどうするか、そして、学習経験全体の意味は何かについて、学生たちは自身で、また、他者とともに、何度も省察する必要がある
- **学生たちを授業の内容へと導くための、代替的な方法を発見せよ**。学生たちは、常に、新しい情報と考え、つまり、授業内容を獲得する必要がある。しかし、教室外にもできる獲得の方法を探求せよ。それによって、経験的で省察的な類いの学習行動のために、貴重な授業時間を使える状態にする
- **整合的、かつ、意義深い授業構成を創出せよ**。授業における、4つから7つ

の最も重要なコンセプト、問題、あるいは、トピックを明確にしなさい。このことは、その中で、教育戦略と学習行動が協働する、総合的な授業構成を提供する。可能であれば、授業にまとまりや整合性を与える、問い、あるいは、図を案出せよ
- **ダイナミックな教授戦略を選択、あるいは、創出せよ**。戦略を探求あるいは創出せよ。特定の学習行動を、授業のそれぞれの段階で、エネルギーを増進しうる個別のシーケンスに置き換える戦略である

ここで取り上げられている基本原則は、**意義ある学習、能動的学習**、そして**教育的アセスメント**が、できる限り最大限に協働するということです。そして、このすべてを、意味のある整合的な**授業構成**において、実践する効果的で有効な**教授戦略**へと変換するということなのです。

優れたコースデザインと「フロー」経験

ここ10年ほどの間に、知的分野において、Csikszentmihalyi（1990, 1996, 1997）が、彼の「フロー」という概念に関して、大きな注目の的となりました。よくデザインされた学習経験が、学習者のQOL（クオリティ・オブ・ライフ）を高めるための努力と、どのようにつながりうるのか、フローという概念は、それを示すために有効な考え方です。学習経験が、自己生成であろうと教員生成であろうと、これは真実です。

Csikszentmihalyiは、私たちのQOLは、私たちが何をするか、また、それをどのように経験するかに依存する、という視点から始めます。時に、人々は日常の生活行動（仕事、自分自身のケア、ゲーム、あるいは、余暇の利用）を行いますが、それら諸々の活動をとても特別なやり方において経験します。これらの、私たちが、感じる事柄（感情）、私たちが望む事柄（目標や意図）、そして、私たちが、考える事柄（認知心理的行動）にハーモニーが存在するとき、これらの特別な瞬間がやってきます。すべての要因が連合するとき、これらの特別な瞬間は、「フロー経験」と呼ばれます（1997, 1章、2章）。人々が、フロー経験をすると、彼らは、彼らがしている事柄にすっかり没頭します。彼らの全心理的なエネルギーは、1つの望ましい方向へとフローします。そして、彼らは、すべての自意識と時間感覚を失います。これは、様々な暮らしをしている人々においても、

様々な状況にいる人々においても起こりえます。しかし、それが起こった場合の、彼らの記述は、とても似通っています。

　しかしながら、フロー経験は、意志によって作られるのではありません。それらは、1人の個人に起こる経験です。しかし、よりフローが起こりそうな活動がいくつかあります。これらは、「フロー活動」と呼ばれます。フロー活動の特徴は、何でしょうか。

　第1に、フロー活動は、人が、明確で両立する諸目標に注目できるようにする活動です。第2に、それらは、あなたのしている事柄が、どれほどうまくいっているかを明確にする、迅速なフィードバックがあります。第3に、フローは、高度な課題と高度なスキルとのバランスが、まさに、適切であるときに起こる傾向があります。（図4-15を参照.）

　これら3つの状態が出会ったとき、人の注意は、手元にある課題に、非常に焦点化し、秩序づけられ、そして、熱中します。自意識と時間は消滅します。人は、「フロー」と「心、意志、そして精神が同じページにあるときにやってくる穏や

図4-15　課題とスキルとの関係における「フロー」経験

最適経験、あるいは、フローは課題とスキルが共に高い場合に起こる。

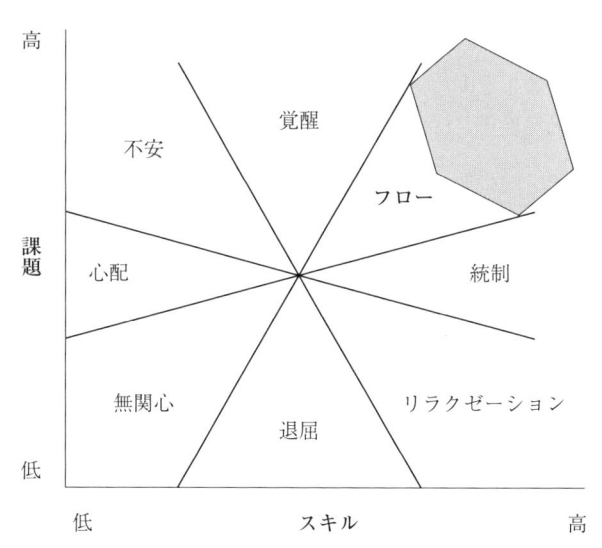

（縦軸：課題　低〜高／横軸：スキル　低〜高）
覚醒／不安／フロー／心配／統制／無関心／退屈／リラクゼーション

出典：Csikszentmihalyi, 1997, p. 31. Copyright ©1997, Mihaly Csikszentmihalyi. Reprinted by permission of Basic Books, a member of Perseus Books, LLC.

かさ」を経験します（Csikszentmihalyi, 1997, p. 28）。

　さて、こういった事柄すべてが、優れた教授デザインの問題にどのように繋げられるのでしょうか。Csikszentmihalyi は、教育についてではなく、心理学について書いたのですが、興味深いことに、フローと学習の関係にコメントせざるをえないと感じていました。フローは、必然的に、人格的成長へと至り、学習への興味を引きつける役割を演ずる、と彼は確信しています（Csikszentmihalyi, 1997, pp. 32-33）。なぜでしょうか。それは、課題とスキルとのバランスの問題へと行き着きます。

　フローを達成するために必要な高度な課題に直面したとき、人は新しく、よりよいスキルを学習しなくてはなりません。より高度なスキルが発達したら新しい課題への準備が整います。それが、特別な、あるいは、より高度のスキルの学習を要求するのです。そのサイクルが、継続していきます。

　私たちが、フローと学習の繋がりを理解すると、優れたコースデザインの役割を明確化できます。学生の学習においてフロー体験をする見込みを増進する教授法を、もし、教員が設計できれば、エキサイティングな事柄が起こりえます。教員は、これをどのようにして行えるのでしょうか。もし、Csikszentmihalyi が、フロー活動に重要なものとして明確化した特徴に目を向けるなら、この章において前述したコースデザインに関する考えが、少なくとも、どれくらい示唆を与えるのかがわかります。

　第1に、課題の適正なレベルと必要とされる適切なサポートを見いだすために、学生たちや他の**状況要因**についての正確な情報の獲得が必要です。教授シーケンスを開始するにあたって、学生たちは何ができて、何ができないかを、正確に知ることが非常に重要です。だから、教員は、学生たちが、背伸びしすぎず、少しだけ背伸びしなければならない、といったレベルの課題を設定できるのです。同様に、必要とされるスキル発展のために、適正な学習活動が提供されうるように、ある特定の学生たちがどのように学ぶかを教員は見いだす必要があります。

　第2に、私たちは、適切な**目標**を提供する必要があります。意義ある学習の分類は、そういった目標を明確にする、潜在的に価値のある1つの方法を要求します。つまり、次に示す事柄への目標をどのように具体化するかです。どのように学習するかの学習、新しい価値や興味の発展、人間関係に関する能力の獲得、等々です。これらを学んでいる教員は、学習者を意味のある方法において高めうる「明確で、両立可能」な目標を提案するための好位置にいます。

第3に、適切な**フィードバックとアセスメント**は学習者に、彼らの行動がどのくらいうまくいっているか、について即時的で意味のある情報を提供します。明確な基準と規範を持つこと ―― そして、これらの基準を作業へと展開、応用する活動に学生たちを巻き込むこと ―― は彼らにフロー活動の3番目の重要な要因を与えます。

　第4に、適切な**授業・学習行動**は、学習者に適切なレベルの課題を与え、それとともに、これらの課題に見合ったスキルを発展させるための適切なサポートを提供するでしょう。教員たちは、学生に能力を試すような学習行動を生成する必要があります。しかし、その際、次のような他の諸活動をもって補完する必要もあります。それらは、学生がこれらの難題に必要な技術の上達を促進する諸活動です。

　これが意味するところは、もし、教員が、教育法を適正にデザインしたのなら、彼らは、フロー活動が生成しそうな状況を創出しえた、ということです。もし、学生が、学習においてフローを経験し始めたのなら、この経験は、さらなる課題とさらなる学習へのニーズを実感するところへと至るでしょう。そして、それは、まさに今、ようやく、教師たちが自分たちにドリームを見させるような相乗的でポジティブな出来事のサイクルが動き始めるのです。

　エキサイティングな可能性をイメージし、考えてみましょう！

第5章
教え方を変える

　本書の最初の章で、私は、読者の皆さんに教育についての考え方を変えるようにと勧めました。その後の3つの章で、私は、意義ある学習についてのいくつかの考え方を示して、この新しい考え方に関する内容と方向を提供するためにまとまった授業デザインを示しました。しかし、この勧めに応じる準備ができている教員であっても、彼らが教え方をかなり変えなければならないというプロセスに関連するいくつかの直面しなければならない重要な問題が残されています。

　問題1　　意義ある学習の分類に記述されている学習の種類を達成して、良いコースデザインの原則を例証するような一連の授業科目を組み立てる方向で私の教育を変えることは本当に可能ですか？　それは、単に絵空事のドリームであるかもしれないと感じられます。

　予備的な答え　　はい、この種のような学生による学びは成し遂げることができます。あなたは、意義ある学習のいろいろな断片がすでに革新的で思いやりのある教員によって成し遂げられているので、それが、可能であると確信することができます。この章では、これらの教員が様々な種類の意義ある学習を成し遂げることを可能にするためにコースデザインでしていることの具体例を示します。

　問題2　　しかし、私がそれをすることができるでしょうか？　これまでの数年間行ってきた教え方を変える──**私自身を変える**──という課題は非常に難しく思えます。

　予備的な答え　　はい、確かに長年にわたってつくられ、展開され、染みついた行動パターンを変えることは難しいことです。しかし、第1に、それがすべてを変えることの問題ではなく、若干のものだけを変えることであると思い出すことが役に立ちます。第2に、それは難しいことですが、誰でも生涯でいろいろな変化を経験します。そして、その変化のいくらかは意図的なものです。これは、変化が可能であることを示しています──それが十分に望ましいようであるならば、教育の方法に関する変化をも含むことを意味していることになります。故意に教え方を変えるという課題を達成するためには、最初に、自己変革に対して

人々がしばしば遭遇する障害のいくつかを、まず精査することが必要です。この章では、自己変革に対する2つの具体的な課題に関する説明を行い、それらに対応するための方法を提案します。

問題3　人々が教え方を変えるとき、それは、どのようになるのですか？私に、モデルを示してください。

予備的な答え　はい。この章では、1人の教授が熟考の後、彼が長年教えていた方法を意図的に変えていった詳細を述べます。彼と私との間で交わされた鍵となる会話や、私たちが徐々に到達した洞察、私たちが遭遇した出口のない状況、彼が行った変化、そして、それらの変化が彼の学生に対して及ぼした影響などを含んでいます。また、コメントには、私たちが変化のこのプロセスをより簡単でより効果的に行う方法について学んだ教訓の概要も含んでいます。

問題4　もし、私がここで提案されているような変更を授業で実行に移せば、それは本当に意義深い変化をもたらすことになるのでしょうか？　もしくは、すべてのことが終わってみれば、それは単なる空騒ぎであったということになるのではないでしょうか？

予備的な答え　最終的には、あなた自身でこの質問に対する答を出さなければなりません。しかし、私はそれが違いを生じることを確信しています。とても重要な変化になります。この章の最後の部分で、相当な差が生じることになると私が納得するにいたった証拠を提示することにします。

本当に実現可能か

私が最初に取り上げたい問題は、第2章で記述された刺激的な種類の学習を成し遂げることが本当に可能かどうかということです。大部分の読者には、そのような学習を常に起こさせることはドリームのように聞こえるでしょうし、おそらく話がうますぎると感じられることでしょう。この質問に答えるために、私は、教員がかなりの種類の学習をすでに達成していると考えられる22のコースについて、公表されている説明資料を使って、なぜ、彼らが成功しているのか、これらの教員がしていることに関する私の分析を紹介します。これらのコースの概要は、表5-1に提供されています。（注：各々のコースのより詳しい説明——その授業で促進されている学習の種類に関する分析、使われる能動学習の構成要素、そして、すでに公表されている記述など——は、次のアドレス http://www.designlearning.

org からアクセスできます。興味をもっている読者がより深くこのことに関して調べることができるようになっています。)

それぞれのコースを今回の紹介リストに含めるかどうかの主要な基準は、教員が基礎的知識を越えて、能動的学習の重要な面を含んだ学習を進めることに成功したようであったということでした。残念なことに、公表されたこれらのコースに関する説明のごく少数しかコースのフィードバックやアセスメント面について詳細なコメントを含んでいませんでしたので、私は、それらの側面に関する分析は行いませんでした。

今回例として紹介する教員が意義ある学習に対する処方や本書に示されている統合的コースデザインについて明らかに知らなかったという点に注意することは重要です。おそらく、彼らは彼ら自身の本能、または、教育に関する他のいくつかのモデルに従っており、彼らが意義ある学習目標と効果的学習行動をつくるのを手伝うことを学んでいました。それにもかかわらず、あとに続くコメントにおいて見られるように、彼らの目標や活動と結果は、意義ある学習の言語と本書に示される統合コースデザインのモデルと非常に一致しています。

この理由から、彼らの例は、彼らの学生のために、より意義ある学習経験をつくりたい教員にとって価値あるレッスンとなります。これらのレッスンを確認するため、私は、各々の種類の意義ある学習の例として、教員がそういう学習を進めるためにこれらのコースでしていることを調べます。

表5-1 意義ある学習を促進する選ばれたコース

1. **自然科学**
   - **科学リテラシーのための生物学** 学生は、小グループになって、1学期間、科学的な概念、推理とそれ自身の価値を用いて社会的に重要な科学的な問題の分析を含む調査を行う。
   - **複合領域的地質学** このチーム指導されたコースでは、学生はフィールドトリップに出かけ、標本となる材料とデータを集め、それから、地質学、物理学と化学の領域で知識を構築する方法を学ぶ。
   - **4年生のための化学セミナー** 3学期間にわたって、学生は、分野の主要な文献に基づいてだんだんと個人研究を行い、その後、正式なプレゼンテーションを行う。
   - **技術革新に関する優秀学生のためのコース** 学生は、島に足止めされるシミュレーションに関与する。彼らは、どのようにして生き延びるか、彼らの社会をどう組織するか、どうやって飛行機をつくり島から脱出するか、その方法を考え出す。
   - **看護——出産における文化的な問題** 学生は、女性として、家族として、同時に看護師として、出産の倫理的、文化的な問題を探究するためにフィルムや書籍を用いる

- 医学──問題基盤型学習カリキュラム　学生は、現実にありそうな患者問題に小さなグループで取り組み、新しい医療問題を解決する方法を学ぶ。
- 地質学──応用水文学　学生は、実際の河川の流域を調査するために、フィールドワークと他のデータを使う。そして、最終的には州の水文学学会で研究発表を行う。

2．社会科学
- 環境への多様な見方　人々と彼らの環境の関係に関するしばしば矛盾する様々な見解を読む一方で、学生は自然と接した彼らの個人的な経験に関してジャーナルをつける。
- ビジネス──統合ビジネスの中核　実習コース（コア4科目中の1つ）では、ビジネスを専攻し始めたばかりの学生が実際の現金を用いて本物の企業を立ち上げ、経営する。
- ビジネス──人文科学に現されたビジネス文化　学生は、一般のビジネスに関連した問題の人間的な意味について新しい見解を発展させるために、フィルムや、文学、歴史、心理学を用いる。
- 教育──教授法入門　将来、教員になろうとしている学生は、次の3つの基本的な質問を調査するために、多様な活動に関わる─教えるとはどういうことなのか？　なぜ、学校が存在するのか？　教員は、何を知っている必要があるのか？
- エアロビックスで人格や霊性を築く　学生は、彼ら自身でゴールを設定したり、他者を援助したりすることによって、身体的で精神的なフィットネスに取り組む。
- 税法　学生は、国税収入局の規約や規定を彼ら自身の言葉に翻訳し、それらを特定の状況にあてはめて、国税局員がどのように働くのかフローチャートを作成することによって学ぶ。
- ロースクールと女性問題　上級生は、彼ら自身のこれまでのカリキュラムの経験を分析し、フェミニストの考え方がまじめにとられたなら、何があっただろうかと尋ねる。

3．人文科学
- 英語──シェイクスピアのもつ意味の追求　学生は、シェイクスピアによる脚本の情緒的、および、認知的な理解を追求するために、心理劇と多重知能論の考えを利用する。
- 英語──世界の問題と文学を結び付ける　学生は、外国の地域（ユーゴスラビア）について学ぶ。それから、現代作家の名詩選集を編集し、それを販売することによって、その地域での救済事業の資金集めを行う。
- 英語──フィクションと架空の町　学生は、地域社会での、彼ら自身の経験から題材を引き出し、想像上の架空の町について書く。
- 英語──不寛容さとサービスラーニング　学生は、偏見のもとを研究し、地域奉仕活動に関わり、地域の公立学校で催す「寛容性のための慈善バザー」を企画する。
- 文化の多様性と哲学　学生は、自分自身や、お互いの関わりの中での人間、および、人間外の世界との関わりの中での人間について、多様な文化から集めた1次資料を勉強する。
- ドイツ文化と歌　学生は、新聞や、雑誌の記事、ポピュラー音楽を通して、大衆文化を探求することによって、現代ドイツの文化に関する真正の問題を調べる。
- スペイン語──文学上の登場人物のロールプレイ　このコースの重要な時点で、学生は、スペイン語によるロールプレイを行う。その中で、中心人物（虐待的な騎士長）の性格を模擬裁判で演じる。
- 美術史──神話、宗教と芸術　学生は、異なる世界の文化や歴史上の時期から資料を集め、宗教的な信仰と芸術作品の間の関係を調査する課題に、毎週取り組む。

学び方を学ぶ

第2章で述べたように、「学び方を学ぶ」というフレーズは、3つの異なった意味をもっています。より良い学生になる方法、特定の領域、または、分野で探究を行い知識を構築する方法、そして、自律型学習者になる方法です。今回の事例で取り上げたセットの21のコースを教えている何人もの教員は、これらの各々の解釈を促進する方法を考案しました。

より良い学生になること 今回の事例で取り上げた教員のうち数人が、人々がより良い学生になるのを援助するために計画的なアプローチをしました。彼らは、カリキュラム内の最初のコースで学習過程に対してはっきりとわかるような注意を払いました。その結果、カリキュラム内のその後のコースで学生はよい結果を残しました。この現象に関する優れた例は、ビジネスを専攻し始めた学生のための統合ビジネスの中核（IBC）コースで起こりました。このチーム指導をされたプログラムの教員は、はっきりと「良い学生になる方法」という問題についてかなりの時間を授業で費やした訳ではありませんが、学生が自分たちだけで多くの題材を学ばなければならないような立場に追い込みます。そして、学生は、これまで以上によくなります。その結果、後のコースを教える教授は、IBCコースを受講している学生が、IBCを経験したことがない学生より非常に速く効果的な学習のために準備することができる点に気づきます。

同様に、フェミニストの視点から、彼らがこれまでに受講したことがあるコースを回顧するロースクールの学生は、次のような質問をします。何を、私は学んでいるのか？ そして、他に何を学ぶことができるのか？ 何を学んでいるべきなのか？ 教員によって出版された論文の中で述べられてはいませんが、学生がよりよい学生になる方法を実際学ぶかどうかが、課程の途中でこれらの質問に対する答えを学生が探し求め、その答えの示唆する事柄を深く考えることで、彼らのそれ以降の学習をより高いものにしているようです。

どのように探求し、知識を構築するかを学ぶこと 「学び方を学ぶ」ということの第2の意味は、人間がこれまでに様々な努力を重ねてきた特定領域において、探求と知識の構築に従事する方法を学生が学ぶことです。いくつかのコースは、故意にこの種の学習を支援しました。たとえば、生物学や、地質学、化学のコースのすべての学生は、問を立てて、それから、その問に答えるように求められます。この課題の後半では、関連した情報を探し確認する方法を学んで、それから、その問に答えるか、問題を解決するために、その情報を分析することが学生に要

求されます。そして、芸術史コースの学生には、宗教と芸術、建築の関係に関して研究するために多くの問題が与えられます。

これらすべての例において、教員は、探求（能動学習のモデルにおける「する」経験の1つの形）を実行する練習を学生にさせ、それから、彼らにどれくらいよく探求のプロセスに関われているかについて建設的なフィードバックをします。

これらのコースの中の2、3のコースでは、知識が特定の学問領域で構築される方法について特別な注意が払われます。たとえば、複合領域的地質学のコースでは、学生にフィールドトリップで標本となる料材を集めさせ、それから、別の教員と、その標本を地質学や物理学、化学の観点から彼らが学べるように分析させます。それぞれの場合、学生は、各々の分野に特有の分析法を学習していきます。各ユニットの終わりに、学生は、何を学んだか、そして、それをどのように学んだか話し合います。

自律型学習者になること　事例として取り上げたコースのどれもはっきりと学生が自律型学習者になるのを援助するということに焦点を当てていませんが、いくつかは、直接学習過程に注意を払っています。たとえば、教育コースの主題は、明らかに「教育と学習」です。しかし、このコースも、学生に彼ら自身の学習を振り返るように求め、彼らが将来教えなければならない方法に彼ら自身の学習プロセスが与える影響について詳しく調べさせます。

他のいくつかのコース、たとえば、優秀学生のためのテクノロジーや法律の学習課程とフェミニズムのコース、複合領域的地質学のコースのすべては、学生に、彼らが何を学んでいるか、彼らが何を学ぶことができたか、学んでいなければならないか、そして、彼らがどのように学んでいるかの学習記録をつけさせます。この手順は、学生がもつ学習者としての自己認識を確かに増大することができます。

学生が自律型学習者になるのを助ける次のステップは、彼らに将来に向けて考えさせ、彼らが他に何を学ぶことが必要なのか、もしくは、学びたいのかはっきりさせることです。つまり、学習計画を作成することです。学生は、彼らの学習計画にある項目を学ぶために行う具体的な行動をはっきりさせます。つまり、行動計画を作成します。たとえば、具体的な行動とは、その話題に関する本を読むことであったり、情報をインターネットで見つけることであったり、専門家、または、経験豊かな人と話すことであったり、自分で何かを観察したり、何かをし

ようとしたりすることです。

　自律型学習者になる過程で学生を助ける1例として、私が数年前使用した方法があります。私は、複数のキャンパスから10名あまりの大学院生が出席した大学教育に関するコースを教えていました。彼ら全員は、大学教員になりたい学生でした。コースの期間中、私は、彼らに大学教育に関するいくつかの本を読ませ、そして、この主題に関して勉強することができる様々な話題に注意を払わせました。それから、私は、彼らに最も重要だと思われた3つの話題を選んで、これらの3つの話題を彼らが学ぶことが、なぜ重要だと思えたのか、その理由について簡潔なエッセイを書くように頼みました。後で、各々の学生は、コースの最終プロジェクトとしてティーチング・ポートフォリオをつくりました。ポートフォリオの最後の部分で、彼らが大学教員としてより良くなるために将来何をしようと思っているかについて書くことになっていました。これを行うために、彼らは、何を学びたいか、または、学ぶ必要があるか（つまり、彼らの学習計画）とそれを学ぶために何をすることが出来るか（つまり、学習戦略または行動計画）をはっきりさせなければなりませんでした。

　ほぼ全員の学生は、全体として、このポートフォリオをつくることが、とくに、その最終的なセクションをすることが、コース全体の中で最も価値ある課題のうちの1つであったと後になってコメントしました。その課題は、よい自律型学習者になる方向に学生たちを動かしました。そして、彼らの多くは、そのコース受講終結の後、1、2年以内に彼らの学習計画を実行したと後で私に話しました。

関心を示す

　今回の事例で取り上げたサンプルの教員たちは、たびたび学生を興奮させる方法で教えました。つまり、教員、学生が学んでいた事柄に対する関心の程度を増大させる方法を見つけていたということです。彼らは、どのようにしたのでしょうか？

　使用された特定の技術には、はっきりした違いがありましたが、2つのステップで連続する一般的なパターンがあります。学習経験が強い動機づけとなって影響している各々のケースでは、教員は、最初に手元の話題とそれについての学生自身の印象と結びつけるための活動をし、それから、最初のステップによって気づいた、もしくは影響を受けた行動を起こさせます。

　能動的学習のモデルに関して、最初のステップは通常、しばしば、映画や小説、

または、ロールプレーイングの形で、間接的に学生に物語を提示することで若干の現象を観察させることによって達成されます。1つのケース（「英語とサービスラーニング」）では、地域奉仕活動を実行している間、学生はコミュニティ内で異なるソーシャルグループ間の相互作用の観察に間接的であるよりはむしろ直接的に関わります。この一般的なシーケンスの第2のステップは「している」経験を構成しています。そこにおいて、学生は、何かをつくるか、ある行動を提案するか、コースで扱う話題について若干の考えを再構築します。

このあとに続くリストは、より具体的な言葉で学生が異なる種類のコースで学んでいる事柄に関心をもつようにこの一般的なパターンがどのように、援助するために役だっているかを示す事例のリストです。

- 「世界問題と文学を結びつける」という英語のクラスでは、学生は、最近そこから帰った訪問客からユーゴスラビアで起きている混乱と悲劇についての話を聞きます。（これらの物語を聞くことは、話題について彼らがもつ印象と学生とを結びつけます。）クラスは、それから、アメリカに対する認識を高めて、そのうえ、訪問客を援助するためにいろいろなプロジェクトに携わります。彼らは、名詩選集を編集して、いろいろなアウトレットにその名詩選集を売って、その利益をユーゴスラビアで活動している救済組織に寄付します

- テクノロジーを学んでいる優秀学生の授業では、学生は、無人島に座礁し、そこから脱出する方法を必要とする状況がどのようなものか想像しなければなりません。（他のシミュレーションと同様に、このシミュレーションは、学生をある程度彼らの感情と結びつけるように計画されています。）彼らは、利用可能な限られた材料だけを用いてどのように生きのびるか、社会をどのように組織するか、島から脱出するための飛行機をどのように設計するか、それらの方法を見つけ出すよう要求されます（「する」経験）。（注：このシミュレーションでは、プロジェクトのための制限時間を緩くしています。彼らに十分な時間があるなら、学生は、エンジンを組み立てるために、たとえば、燃料や金属を製造するために何がなされなければならないのか学ぶ必要があるだけです。期末テストでは、実際に飛び立つことは必要ではありません。）

- 異なる文化における出産に焦点を当てた看護クラスでは、学生は、そのこと

187

に関する映画を見て、異なった文化に生活する女性によって書かれた話を読みます。学生は、それから女性にとって出産がもつ複数の意味を確認し、これらの意味がどのように看護師としての彼らの将来の専門的な仕事に影響を及ぼすかについて判断しなければなりません
- 「アメリカにおける不寛容さ」と呼ばれる英語の最終学年のキャップストーンコースで、学生は、不寛容さが人々に対してどのような影響を与えるのかを見ることができるいろいろな地域奉仕活動に関わります。そして、その最終プロジェクトとして、学生は、その話題に関する情報を様々な方法で展示することができる「寛容さフェア」を創設します。このフェアは、地域の公立学校で行われます。

人間の特性

　人と人の間のインタラクションに関する学生の能力を高めたいとき、教員は、学生が勉強している学科に関して、自己認識、および他者認識することができるようになるのを援助する方法を見つけなければなりません。時々、そのために使われる活動は、とくに、学生が彼ら自身について、または、他者について学ぶのを助けることに効果的です。しかし、よりしばしば、学生は、そのどちらかについて学ぶことが両方について学ぶことを助けることがわかります。

　自己認識を高めるために、教員は、学生を想像上の状況、または、シミュレーションされた役割（間接的に「している」、もしくは、「観察している」経験）に入れて、それから、しばしば、これらの状況や役割について、彼らがどのように感じるか、学習記録を用いることにより彼らに振り返りをさせます。つまり、学生は、「自分自身との対話に関わります」。通常、これらの新しい状況、または、役割は新しい視点をつくることになるので、学生は、これらの新しい視点と彼らのこれまでの考えや、感情、または、信念と比較するように促されます。

　同様に、学生の他者に対する認識を高めるために、教員は、間接的に「観察する」経験、たとえば、映画、または、文学を通して、他者についての話を授業に持ち込む方法を見つけて、それから、学生に特定のイベントが他者にとっての意味を見いだすための努力として、彼らの同級生（「他者との対話」）と話をさせます。自分自身について、そして、他者について学ぶことを狙いとする活動が一緒に合わされるとき、その影響は、とくに、強いものとなります。

　いくつかの例を使って、これらの考え方が実際にどのようにうまく機能するか

示しましょう。

- 環境学のコースでは、学生は、自然について、また、社会が環境に対してどのようなポリシーをもたなければならないかについての異なった、時には、矛盾する見解を擁護している文献を読みました。学生は、また、彼ら自身のもつ見解と異なる見解に共鳴する（他者との共鳴、つまり、他者についての認識を増大させる）のに役立つようになっている構造化された議論に関わります。同時に、学生は、自然と接した彼ら自身の経験を考えて、彼らが、彼ら自身の経験の意味を考えるために学習日誌をつけるように促されます。彼ら自身の考えと授業で出会った新しい考えとを比較して、様々なすべての視点に対する彼ら自身の反応を細かく調査することによって、彼ら自身で自分たち自身について振り返ります。
- 哲学と文化的な多様性に関するコースでは、学生は、伝統的なヨーロッパの哲学者（たとえば、デカルトや、ロック、カミュなど）のうちの何人かについて読むが、また、同じように、他の文化的な視点の代表者によって述べられた哲学的な声明文を読みます。Black Elk（アメリカ先住民）、Malcolm X（アフリカ系アメリカ人）、Anzaldua（ラテン系アメリカ人）、Majaj（アラブ系アメリカ人）。1つの面白いねじれは、これらの読本が他の人間と同様に、人間ではない他のものとの関係についての声明文を含むように、計画的に選ばれているということです。この場合、読書資料は、他の人々との関わりや人間ではない他のものと関係を扱っており、個人的なアイデンティティについて新しい見方を紹介するものとなります。学習記録やクラス内での討論は、学生が彼ら自身の自己認識の感覚を高め、および、彼らの自己がどのように成長、変化し、どのようになりたいかについて熟考するために、他者の視点をより完全に理解するのに役立つように用いられます。
- エアロビクスクラスの教員は、自分について学ぶことと、他者について学ぶことをコースの直接的な一部としています。彼女は、学生に彼らの身体的な自己に関連した長期、そして、短期の若干の目標を決めさせ、また同時に、彼らの生活の他の側面、たとえば、彼らの精神的な自己に関するものも決めさせました。そうすることによって、彼女は、本質的に、彼らの自己がなりたいと望む事柄に対して学生に注意を払わせます。コースが実施されている間、学生は、彼らの目標への進歩を話し合う（他者との対話）ために教員に

会います。第2の課題では、各々の学生は、もう1人の学生と協力して、クラス全体で使用する新しいエアロビックのルーチンをつくらなければなりません。クラスの残りの人たちを助けるような何か新しいことをもう1人と協力する（行うこと）ことは、ポジティブな建設的方向で他の人と関わる方法を学ぶという問題に注意を払うことを学生に要求します。

- ドイツ語の中級コースでは、教員は、大衆文化を学習するというより大きな文脈の中で、とくに、音楽を通して言語能力に対する普段通りの注意を払います。各々の単元は、人文主義的なテーマ、または、話題（たとえば、ドイツ人の外国人に対する認識）をもっています。そして、各々の単元は、3つのステージにまたがっています。最初に、学生は、彼ら自身の経験とテーマについてもっている彼らの知識を確認するために内側を見ます（つまり、自己を探究します）。最後の2つのステージは、ドイツの新聞と雑誌の記事に繋がりがある特別な歌を使い、そして、テーマに関するドイツ語の表現を調査します。他者に対する気づきを高める活動と自己への気づきを高める活動を結合することによって、学生は、ドイツ文化における、人間のインタラクションについての非常に大きな知識と理解と、同様に、聞き、読み、書き、話す技術を高めます。

- フィクションを書くコースでは、フィクションをつくっている間、教員は、地域社会とそこで生活している市民であることの意味について、学生が新しい見方を見出すことを望みます。それで、彼は、学生に、彼らが想像上の町をつくる文章を書かせます。学生が、彼らのつくった町と、家々に人物を配置するときに成功した著者ではなく、インスピレーションを得るために、もっと詳しく彼ら自身の家族や地域社会を見る必要があるとわかります。学生は、また、彼らの話に出てくる多くのイベントにまとまりがあり、現実味があるかフィードバックを得るために同級生に頼ります。それゆえ、学生は、イメージやコミュニティがどのようであるかの物語、そして、個人がその中でどのような役割を果たせるか、また、果たしているかについて創作するために、彼ら自身（彼ら自身の生活について彼らの心の中で振り返り）と、そして、他者（コミュニティ内で、そして、同級生とも同様に）とも交わらなければなりません。

統　合

　事例研究で記述されたコースのいくつかは、統合という種類の学習を生み出します。しかし、個々のコースで何が統合されているかが異なります。通常、統合は2部のシーケンスで行われます。最初に、学生は、統合される各題材について学ばなければなりません。第2に、学生は、それらを結びつけることに集中した注意をしなければなりません。場合によっては、これは、ちょうど2つ以上の題材を比較することを意味します。つまり、類似点や違いを確認することです。他には、2つ、もしくは、それ以上の題材間でのインタラクションに注意を集中させます。

　異なる題材について学ぶとき、このシーケンスの最初の部分において、学生は、情報やアイデアを受け取ることである、読むか、講義を聞くという、いつもの活動に関わります。そして、時々、特別な形の「する」経験に携わります。現場に基づく活動、ラボでの勉強、複雑なプロジェクトなどです。第2の部分では、学生は、考え、書いて、振り返る（自己との対話）ことに従事します。そして、小グループ、または、クラス全体での討論（他者との対話）に関わらなければなりません。時々、特別な「する」プロジェクトも使われます。学生が最初の部分からの材料を統合させるのは、この第2段階です。

　統合による学習について事例研究からいくつか例をここに示します。

- 複合領域的地質学コースでは、非専攻の学生が地質学、物理学、そして、化学の順に学びます。コースの焦点は、地域の地質学に関してです。しかし、3人の教員チームは、各々の専門領域を提示するために、フィールドワークや、教室での説明、ラボでの勉強、クラスの討議を順番に使います。クラスでは、異なる専門領域を通して学ぶので、議論の多くは3つの領域が、それぞれどのように知識を構成、構築するか方法の比較に集中します。それゆえに、この場合、統合は、主に3領域の異なった知る方法を比較することです。
- 「科学的能力のための生物学」というタイトルのコースでは、学生は、一連の概念活動、調査の活動と問題を指向する活動を通して学びます。これらの活動を通して、教員は、学生が彼ら自身の価値と一致している科学に関する問題について、非公式で思慮深い決定をする方法を学ぶように助けます。この場合、学生は、科学的な知識と、方針に関する問題、学生自身の個人的な価値の繋がりや、または、相互作用によって調査しています。

- 「神話と、宗教、芸術」とタイトルがついた芸術史のコースでは、学生は、宗教的な信条が芸術作品の作成に影響を及ぼす多くの方法を調べます。伝統的な講義とスライドプレゼンテーションに出席することに加えて、学生は、芸術と宗教的な信念の関係について様々な質問を調査することを目的とする毎週与えられる一連の課題を通して学びます。この場合、学生は、異なった宗教的信条や、様々な形の芸術、世界中の異なる文化の中での宗教と芸術、現在と過去など幅広い理解を統合していきます。

応用

　大学教育について発表された文献に記述されている多くのコースは、ある程度何らかの応用に関連する学習を促進するために特別な方法を考案したので選ばれました。選ばれたコースのうち、80％は、応用学習に関係するものに取り組んでいました。それは、ここでは、1つ、もしくは、それ以上の種類の思考（創造的で、批判的、実用的な）に関わる方法を学び、重要な技術を習得し、複雑なプロジェクトを管理することであると定義できます。

　これが成し遂げられたパターンは、全く一貫していて明白でした。学生は、どんな種類であれ、応用学習がゴールとされる実践を繰り返し行ういくつかの種類の「する」活動に関わります。それから、学生は、なるべく迅速でなんらかの基準に基づくフィードバックを受けます。

　思考能力　　例示したコースのいくつかは、学生が第2章で記述された思考能力の3つの種類のうちの1つを開発するのに役立つことを目的とする活動を考え出します。

- **批判的思考**　　化学の4年生のセミナーの学生は、様々な話題について出版された論文を評価する機会が繰り返し与えられます。
- **創造的思考**　　ビジネスと人文科学を結んだコースのビジネス専攻の学生は、複数の視点から営業活動を調べた後に、虚構であるが、現実的な企業をつくらなければなりません。フィクションを書くコースの学生には、彼らが想像上の町のまわりで生じる出来事について個々に記事を書く大きなプロジェクトがあります。
- **実用的思考**　　問題基盤型学習（PBL）カリキュラムをもつ医学部の学生は、慎重に設定された患者に関する問題を与えられます。彼らは、彼らに与えら

れる情報を調べなければならなくて、さらに、どんな情報が役に立つかについて決め、医学教科書を参照し、診断や治療を提案し、すべて、患者の問題を解決することを目指しました。

技術　他のコースでは、学生にいくつかの（しばしば、コミュニケーションに関連した）技術を習得する機会を提供します。

- **データ収集**　複合領域的地質学コースの学生は、いくつかのフィールド調査や実験室課題があります。これらの活動では、彼らのフィールド調査を記録する能力を高めたり、地形図を読んだり、実験室の機器を動かす際の学生の能力を高めたりします。
- **外国語**　ドイツ文化に関するコースでは、学生は、広範囲に、以下の完全なコミュニケーション能力のセットを育成することに取り組みます。つまり、読み、書き、聞きとりや話す能力です。

複雑なプロジェクトを管理する　いくつかのコースでは、決まった解答のない大きな複雑なプロジェクトを管理する方法を学ぶという難題を学生に課します。

- ユーゴスラビアに関する創造的な文書作成のコースでは、クラスは、現代のアメリカの著者の名詩選集を編集して、売り出すことに決めました。これは、原稿を集めて、選集のデザインとレイアウトを準備して、販売促進戦略を立て、収益を受けるために慈善団体を選ぶことを学生に要求するものでした。
- ビジネスを専攻し始めたばかりの学生が、総合ビジネスのコア科目において、彼らが本物の製品またはサービスを市場に出すために、本当の会社をつくるという1学期間の長いプロジェクトがあります。第4章で記述したように、各々の会社の学生は、何を売るべきかについて決めなければならず、会社を組織して、地方銀行から実際に運営資金を得て、製品、または、サービスをつくり、市場に出して、16週以内にビジネスのすべてを処分します。（彼らも慈善団体を選んで、その慈善団体のためにボランティア作業をします。そして、それは、プロジェクトの複雑さを増しています。）
- テクノロジーの優秀コースの学生は、大きなシミュレーションに関わります。そのシミュレーションでは、学生は、さびれた島に不時着した政府プロジェ

クトのメンバーであるとします。彼らは、どのようにして生き延びるか、その方法を考え出し、彼らの社会を組織して、島から出て行くために利用できる資源から飛行機をつくり上げます。学期末までには、各々のグループは、飛行機の製作計画、彼らが学期の間に完了した研究、飛行機のモデルと学習ログを含む最終的なポートフォリオを提出しなければなりません。

基礎的知識

　すべてのコースが善きにつけ悪しきにつけ、定められた教科内容をカバーすることに何らかの備えをしていると、私は仮定しています。それにもかかわらず、基礎的知識を学ぶことについて、まだ重要な疑問が残っています。

　いくつかのコースでは、彼らのすべての時間とエネルギーを1種類の学習（基礎的知識）だけを支援することに費やすという事実があるので、私たちがここで記述されるコースが基礎的知識を進展させるというゴールをなんとかして捨てることなく、他の種類の意義ある学習のための時間をどのようにつくり出すことができるか知る必要があります。おそらく、それらの科目では学生が基礎的知識を得ることに彼らのすべての時間を費やすことなく、学習のさらに意義ある種類の学習に移る他の方法をいくつか考え出さなければなりません。したがって、私はこの質問について心にとめながらケースをよく調べ、いくつかの興味深い教訓を見出しました。

　授業時間外の時間をより良く利用する　前の章では、私は、高等教育でよく見られる問題に対するWalvoordの分析をいろいろな角度から論じました。教員たちは、彼らの授業時間のすべてをその内容を伝えることに注ぎ込んでいるので、その内容を使う方法を学生に教える時間があまりないような状況にあるようです。

　この問題を解決するのを助けるために事例研究で取り上げた教員の多くは、授業内容を最初に提示するのをクラスの時間外に移動させています。そして、彼らは、この状況に応ずるように学生を説得することに完全に成功しています。たとえば、「ワークショップ生物学」の授業では、学生に、学習内容を知らせるために、講義をしません。その代わりに、学生には、授業外の時間に読むように課題読書が割り当てられ、授業中は、いろいろな質問と問題からなる一連の練習課題に取り組むことに専念します。

　「税法」のクラスでは、学生は、前もって法律を学び、それから、その学んだ事柄を事例問題に適用して、フローチャートを使っていくつかの手順を統合する

ことに大多数のクラス時間を費やします。シェイクスピア学科の学生は、クラスが始まる前に、その脚本を読んで、それから、授業中にテキストの中の選ばれた部分の劇化に取り組みます。

　授業が始まる前に学生に必要な仕事をさせ、課題書を読ませるために重要なことは、正しい種類のクラス内活動を考案することにあるようです。学生は、予習として前もってする読書が授業中の作業をするために不可欠であり、そして、その授業中の作業が重要で価値ある種類の仕事であるということを知っている必要があります。もし、教員がこの種の活動を考案することができるならば、クラス前の予習としての作業、または、授業の後の復習作業として、大部分の学生が授業外の必修課題を行うでしょう。

　学習内容は、様々な方式で示すことができる　サンプルの教員の多くは、学習の対象となっている現象に関する重要な情報や概念との接触を学生が得るのを助けるための手段として、読本や講義を提供する従来の手段を使用しました。しかし、いく人かは、創造的であり、他の方法を見つけました。

　たとえば、ドイツ語のコースでは、大衆ドイツ文化において重要な問題について、ドイツ語で書かれている本物の現代文の例を学生に与えるために、最新の雑誌や、ジャーナル、新聞を使います。いくつかのコースでは、ドキュメンタリー、または、ドラマなどの映画を使います。映画は、直接、現象（たとえば、出産女性の経験についてのインタビュー記録）に関する情報を提供することができます。あるいは、関連した現象について、架空ではあるが、現実的な描写を通して、間接的にそれを提供することができます。たとえば、「人文科学に示されたビジネス」という授業では、映画「**華麗なるギャツビー**」を個人と組織の経済行動に影響を及ぼす複雑な相互作用に関する洞察を提供する映画として使いました。他のコースでは、学生が、自身のデータや教科に関する情報を集めることができる「実際の」状況に置くために、フィールド経験や実験室で行うよく知っている活動を使います。

　内容と他の学習活動との関連づけ　大多数のこれらのコースでは、学生が基礎的知識を得る活動は、他の種類の意義ある学習を進めることを目的とする活動を扱う方法と体系的に配置され、繋がっています。この繋がりがあることによって、複数の種類の学習に係わるために必要な教育的なエネルギーが増加します。

- 総合ビジネスのコアを受講している学生は、経営、マーケティングと法律学

195

の3つの中心的なコースで、重要な基本概念を学びます。そして、これらの基本概念が実習コースですぐ使われます。そこで、学生は、本物の企業を運営します。また、3つの中心的なコースの中で、教員は、チームに基づく学習法を使います。そこでは、学生に対する初期の読書課題のすぐ後にいくつかの応用のためのエクササイズが続きます。この学習法では、本質的に、講義は行われません。ただ、時折、学生自身では理解することが難しかった概念についての説明が10～15分間あるだけです。

- スペイン文学の講座で、学生は、スペイン語で書かれた脚本を最初に読みます。この後、他のいくつかの鍵となる活動が続きます。その劇の映画版を見て、その劇に関する批評エッセイを読んで、1人の登場人物の立場から、その劇の中のいくつかのイベントを解釈するエッセイを書いて、それから、90分間のロールプレイを行います。この演習において、主役のうちの1人は、裁判にかけられ、いろいろな人物から、それぞれの視点に立って、賛否両論が述べられ、そして、議論の後に有罪か無罪かの判決が下されます。これらは、すべてスペイン語でなされます。

- 将来教員になる見込みのある学生に対する教員養成の導入コースでは、教育内容とフィールド経験の役割は、教員としての専門的活動と職業的発展に対して、学生がより熟考する態度を促進するために、劇的に変わっています。このコースでは、学生が個人的な振り返りや、クラス内の議論、事例研究、教室指導のビデオテープを用いて、教育と学習について、彼ら自身がもっている信条と思い込みを注意深く考えさせることから始めます。学生たちが、鍵となる質問と話題について、個々の学生、および、グループによるリストをつくった後で初めて、教員は、教育文献から題材を持ち出し、そして、教室の関与的観察者となるように、学生を割り当てます。学生が、彼らが知る必要があるものが何で、なぜ、それを知る必要があるのかについて強い感覚ができるまで、基礎的知識を得るための努力は、この場合、遅らされることになります。

- 芸術史コースの学生は、週に一度、3時間会います。1回の授業のこの大きな時間のブロックは、毎週、同じ活動が特定の順番に並んでいます。最初の時間、小グループの学生は、前の週の問題に対する彼らの応えを議論します。新しい基礎的知識は、第2の時間枠で持ち出されます。教員は、通常、スライドを使って新しい話題に関する情報を提示します。それから、第3の最後

の時間枠では、宗教的な考えと宗教的な建築の関係を探究する新しい話題に関連した新しい問題にグループとして取り組み始めます。このケースでは、新しい基礎的知識が、まず、教員によって提示され、その後、すぐに学生が小グループに分かれて、応用タイプの問題に対し、その知識を使う方法を学ぶことが続きます

- 化学の4年生のセミナーコースの学生は、3クォーター（10週間）の期間にわたって、1週間に1時間会います。彼らは、一般的な話題に関して、長いリストから討論する話題を個々の学生が選ぶ過程から始めます。教員は、話題に関する1つの鍵となる論文を課題として課します。そして、学生は、最終的には、その論文と話題に関する討論を行います。クラス内の討論の後で、学生は、同じ話題に関する短い研究レポート（4〜6ページ）を提出します。学生は、同じことを3クォーター繰り返しますが、どの課題を選択するかに関する学生の責任は、段々大きくなります。このコースでは、学生は、彼ら自身の探究と、そして、他の学生によって導かれるクラス討論に参加することによって彼らの基礎的知識を得ます。彼らが個々に行う研究は、クラス討論につながり、最後にそのまとめの論文を書くことになります。

ここで紹介した教員が、特定の種類の意義ある学習を促進するためにしたことの概要を示し、教訓をまとめた資料が表5-2です。この分析から、そのような野心的ゴールが可能であるという望みをすべての教員に生じさせ、自分自身の授業でもそれらの目標をどのように達成するかについてはっきりと理解することになるでしょう。これらの教員は、彼ら自身の直観力、そして、良いコースデザインについてのアイデア（とくに、経験と能動的学習を行う際の振り返りの対話に関する要素）は創造的であり、彼らの教科内容にとって適切で意義ある学習を進める観点から効果的でした。もし、他の誰かがそれをすることができるとしたら、あなたにも、本書で示されたアイデアにアクセスできているという点で同じことができるアドバンテージがあります。

表 5-2　特定の意義ある学習を促進する方法

1．学び方を学ぶ
　a．より良い学生になること。これらの特定のコースは、直接的には、この目標を促進することがなかった。少ないが、他の少数のコースは、カリキュラムの最初の時期に、とくに、学習問題に対処したカリキュラムをつくることによって、間接的に達成した。彼らがカリキュラムの後半にこの授業をとったときに、このことが、おそらく学生の助けになったと考えられる。
　b．特定の科目内容に関して、知識の問いかけと構築を行う。学生にフィードバックを与え、問いかけに関わることを練習させて、そのうえで、知識がどのようにこの科目内容に関してつくられ、構築されるか分析させる。
　c．自律型学習者になること。また、これらの特定のコースは、しばしばこの種の学習を進める明確な努力をしなかった。他のもう少しでできそうになったコースでは、学生自身に振り返る機会を与えた——つまり、学習者として、より自己認識できるように——そのプロセスについてフィードバックを受けながら、学習予定表と方策を設定する機会を与えた。

2．関心を向ける
　a．学生と彼ら自身の話題についての感情とを結びつける
　b．最初のステップでわかったことから、何らかの行動を学生にとらせる

3．人間の特性
　a．想像、もしくは、シミュレーションされた状況に学生自身を置くことで、つまり、間接的に行うか、または、観察することによって、彼らに他者の話を聞く機会を与え、新しい結びつきを学生に築かせる
　b．学生に、これらの状況または話を振り返らせる。これらの状況、または、話は、学生自身に影響を与えるか。彼らは、新しい考え、感情、行動や信念をつくり出すか？

4．統合
　a．結びつきがあるいろいろな科目について学ぶ
　b．振り返り、結びつきについて考える。類似点と相違点は、何か？　どのような相互作用が生じているのか？

5．応用
　a．学生に、何度も練習機会を与える
　b．学生が実行したことに対して、フィードバックを与える

6．基礎的知識
　a．授業外の時間をより良く利用する
　b．内容をいろいろな形式で示す
　c．授業内容を他のコースの活動と結びつける

これまでの議論で、意義ある学習を教える方法を確認しました。そして、次に、この種の学習をどのように評価するかという問題に移ります。ここに例示したコースについて公表された説明には、この質問に関する詳細な情報が含まれていませんでした。したがって、私は、次の質問にしぼって、25人のファカルティ・ディベロッパーから考えを求めました。教員は、特定の種類の意義ある学習が起こったかどうか判断するために、何をすることができますか？　新しい種類の学習のフィードバックとアセスメント手続きを開発するというこの初期の努力の結果を表5-3に示します。

表5-3　意義ある学習のアセスメント手順

学び方を学ぶ
- 個人的な振り返り。通常、ある学習活動、または、全コースの後に集められる。書面であったり、クラス内議論、オンラインによる交換、ラーニング・ポートフォリオ、または、SGIDs（小グループによる教授診断）によっても生成できる
- ラーニング・ポートフォリオ
- 問題基盤型学習におけるパフォーマンス
- 学習についての事例問題：何か新しいことを学ぶ、使用された手順に関する記録文書とその結果

関心を向ける
- 個人的な振り返り
- 標準化されたアンケート、たとえば、興味、態度、または価値について
- ラーニング・ポートフォリオ

人間の特性
- これには、2つの側面がある。個人的様相（自己）と社会的様相（他者）
- **個人的様相**での変化に関する情報は、2つの基本的な方法で引き出すことができる
  　個人的な振り返り
  　たとえば自信のような要因についての標準化されたアンケートを使うと、活動の前後で記入することができ、どんな変化でも測定するために実施できる
- **社会的様相**での学生の学習に関する情報は、学生自身から、または、他の者から、たとえば、チームプロジェクトの他のメンバーからも集められる
- ラーニング・ポートフォリオは、人間の特性に関する学習の両方の様相について述べることができる

統　合
- 学生に「X」と「Y」の間の相互作用、あるいは、関係の存在を確認させる。そして、彼らがまとめたものの明快さとその度合いを評価する。このことは、以下のような活動を行うことで可能である

振り返りの文書
　　　不完全であるが、段階的に進めるケース
　　　コンセプトマップ
　　　問題基盤型学習の若干の部分は、ここにあてはまる
　　　学際的なケース（もし、可能ならば本当の問題を使う）
　　　キャップストーン・プロジェクト
　　　現実例の問題に取り組む

応　用
- 学生に学習の結果出来るようになってもらいたいと思っているものを何でもしてもらう
- それから、はっきりした基準と標準に照らして、彼らが行うことを評価する
　　このことは、以下のような行為を行うことで可能である
　　　シミュレーション
　　　デモンストレーション
　　　チームプロジェクト
　　　事例研究
　　　説明活動（たとえば、文学作品）
　　　ライティング
　　　いくつかのクラスルーム評価技法（CAT）と呼ばれる方法

基礎的知識
- 伝統的な紙と鉛筆によるテスト
- 練習問題と口頭による質問
- いくつかのクラスルーム評価技法（CAT）と呼ばれる方法

　私たちが行った議論から、２つの重要な点が出てきました。最初のポイントは、基礎的知識と応用を越えた学習目標になると、妥当であるが、私たちが望んでいるほど一貫して信頼できるというものではないようなアセスメント手順があるということです。たとえば、多項選択式テストは、基礎的知識の信頼できる指標でありえます。ところが、振り返りを記録したものは妥当ではあるが、学生がその話題について、より関心を示すようになって来たかどうかについての必ずしも信頼できる指標ではありません。第２の点は、これらの手順のすべてではないが、いくつかの手順がコースの評価システムとして適切であるということです。ほとんどの場合、学生が話題についてもっと興奮するようになることを望んだり（関心を向ける）、その話題について個人的で社会的な意味を発見する（人間の特性）ことは、非常に望ましい学習目標です。それにもかかわらず、授業の成績を決めるための基礎としてそれらを利用したいとは思わないでしょう。

どのようにして、変化のチャレンジを克服することができるか

　多くの人々にとって、教育のこの新しい方法は、彼らの現在の実践方法からの大きな離脱を意味するかもしれません。そして、それは、大きく変化することを意味します。私は、ここに2つの鍵となるチャレンジがあると見ます。何か新しいことをする危険を受け入れること、そして、変化プロセスを通して前向きな自己像を維持することです。これらの両方について、前もって若干慎重に考えておくことは役に立ちます。

危険要素に対処する

　本書に示された提案に従うことによって、多くの不安と不確実な状態になることがあります。本当にこれを実施する方法を知っているのだろうか？　それを試したらうまくいくだろうか？　もし、それがみじめにも失敗したらどうなるのだろうか？　そのような不確実な状態は、大変不安なものです。すべての革新は、本質的に危険をともなっており、危険を冒すことは怖いことです。他方、どんな革新であってもそれを避ければ、停滞を強いられ、そして、それは、教員として職業的に発展、成長することができないことになります。よくなるためには、教える新しい方法をためすことが必要です。つまり、それが革新的であるということです。そして、革新的であることは、必然的にあるレベルの危険や、潜在的に動揺させるプロセスを伴うことになります。

　このジレンマの解決には、革新のタイプについて、そして、受け入れるリスクのレベルについて、慎重に考える必要があります。あなたが置かれた状況（終身在職権をもっているか、いないか？）と、あなた自身の精神的な能力（どれくらいの危険を気持ちよく冒すことができるか？）、そして、これらのことから、最初に、あなたがどれくらいの危険に立ち向かえる余裕をもつことができそうか、について判断してください。ついで、その情報に基づいて、どの程度の、そして、どんな種類の革新があなたの許容できるリスクのレベルを上回ることなく、あなたの学生の学習の量と質をかなり改善する見込みを提供するのか判断してください。

　図5-1では、ここに含まれることを概説しています。どんな瞬間であっても、

誰でも、いつもこの図表の一番左端にいます。しかし、私たちは、常に、成長し発展するために、どれほど多く変わるか、そして、どれくらいの危険に立ち向かう気持ちがあるのかという問にも直面しているのです。

能動的学習について1991年に書いたBonwellとEisonは、おそらく「リスク」が、能動的学習をもっと使いたいと思っている教員が直面するすべてのバリアの中で最も大きいものであろうと述べました（pp. 62-64）。彼らは、学生が、新しい学習の方法にどのように反応するか。そして、教職員が教育の新しい方法についてどのように思うかの2種類のリスクがある点に言及しました。学生とのリスクは、彼らが喜んで参加しないかもしれない、多く学ばないかもしれない（つまり、多くの内容を授業でカバーできない）、また、よく学ばないかもしれないというものです。併せて、教員は、管理ができていない、必要な技術をもっていない、または、他者によって、教員としての役割を正しく果たせていないと見られるかもしれないというリスクを冒すことになります。

これらすべてのリスクは、うまく対処し、解決することができるものです。Bonwellは、後の出版物（1992-93）において、教育の新しい方法をためすときのリスクを低減するための3つの方策を提供しました。

- 低いリスクの学習活動を選んでください。たとえば、講義の間に、学生がペアになって若干のことをするために、周期的に休止をとることは学生にロールプレイをさせることより危険でありません。
- より短い時間にできるような活動を選んでください。より短い活動は、より長い時間が必要な活動より危険でありません。
- 慎重に活動を組み立ててください。もし、活動がどの方向に進む可能性があるか前もって考え、予想することができれば、それに合わせて、パラメータ

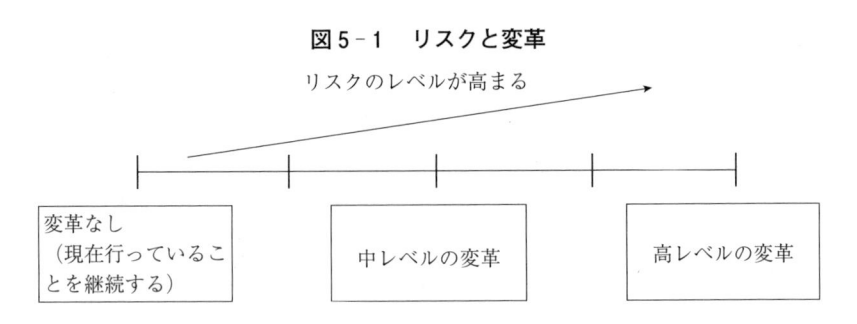

図5-1　リスクと変革

リスクのレベルが高まる →

| 変革なし（現在行っていることを継続する） | 中レベルの変革 | 高レベルの変革 |

や制限を設けたりすることで、おそらく、活動は、教員が望んだ方向に進むことになり、リスクはより少なくなります。

継続的な変化の必要性を受け入れる

　自分が行っている教育を改善しようとしている人々に対する第2の必要条件は、彼らが本当に必要なことは、ただ一度の変化だけでよいのではなくて、絶えず**継続的に変化**しなければならないということを認識することです。こうすることは、あなたが教育について考えていることや、教員としてのあなた自身についての考え方を大きく変更しなければならないことと関係します。

　Kegan（1994）は、このことに関連した多段階の意識に関する刺激的なアイデアをいくつか提示しています。彼は、5段階の意識を仮定しています。その中の第3段階までは、それぞれに程度の差があるが成人になるまでに到達されています。第3段階で、人々は、彼らがしなければならないことに関する推論に基づいて、人生の様々な経験を解釈し、創造します。その「しなければならない」という感覚は、たとえば、両親や、法律、社会的アイデンティティなどのいろいろな権威から来るものです。（Keganによると、大多数の成人でないが）第4の意識レベルに達した人々は、彼ら自身の自己感覚に応じて、人生の意味を創造する「自己創造」に関わります。しかし、もう1つ、第5段階の意識のレベル、つまり、人々が自分自身の中に（他者にも同様に）多様性をもった自己感覚を発見するというレベルがまだ存在します。この段階の人々は、彼らの自己を生み出す、つまり、創造するだけでなく、その中で**変化する**存在です。つまり、彼らは意識的に、そして、故意に、連続的な自己変化に関わるのです。

　教える方法を決定するというチャレンジにこれらの考えを適用することは、面白いことです。たとえば、私自身の研究（Fink, 1984）は、他の研究者によって確かめられたことですが、（Boice, 1992, p.76））大部分の新しい大学教員は、彼らが学生のときに習った教員の先導に従う形で、教員としての経歴を始めるということを示しています。彼らは、学生のときに賞賛した教員の真似をし、彼らが嫌った教員の正反対のことをします。私は、このような行いを、第3段階の意識を例証することとして解釈しています。これらの教員は、彼らの前任教員の権威に従うことによって自分たちの教育の意味を納得します。つまり、新しい教員は、しばしば、彼らの教員が教えた方法で教えているということです。

　このような教員は、通常、2、3年後に、彼ら自身の経験と、彼ら自身どんな

教員でありたいかという、よりはっきりした感覚に基づいて彼ら自身の教育スタイルを見つけます。これは、自分自身の教育スタイル、そして、教員としての自己感覚の創始者となるという意味で、Keganの第4段階の意識に近いものです。

　しかし、第5段階の意識への準備ができている人々は、彼らが絶えず教育の新しい方法を学ぶ必要があることを認めます。そして、それは絶えず小さな変化を重ね、周期的に大きな変化をすることを意味します。これは、可能なことなのでしょうか？　教員は、本当にこんなことをしていますか？

　その答えは、本当に良い教員はするということです。このことについてとても劇的な例は、チームに基づく学習に関する新しい本（Michaelsen, Knight, and Fink, 2002）に出ています。その本の2、3の章で、たとえ、その教員たちには以前すばらしくて円熟した教育の個人的スタイルがあったとしても、なぜ、彼らが教え方を変えたのかについて述べました。これらの教員は、通常、講師として、彼らの優秀さに基づいて教育賞を得たことがある人々でした。これは、彼ら自身が快適だと感じ、そして、学生がその教授らに高い評価を与えたことから、明らかに、学生が賞賛したといえる教育の方法でした。しかし、最終的にこれらの教員は、学生の学びの質が低いと感じられ心配になりました。たとえ、彼らの**教育**がよいと言われたとしても、学生の**学び**はそれほどよくありませんでした。その結果、彼らができる、何か異なった方法に関するアイデアがあるのではないのかと探し始めました。

　これらの特定の教員たちが、教育（この事例の場合は、チームに基づく学習戦略）についての強力な新しい考えであるとみなせるものに遭遇したとき、彼らはそれをためしてみることに決めました。彼らは、ある意味では、まだよく機能している教育に関するおなじみの方法を断念することに関係している大きな危険をよく知っていました。最初、彼らは、学生がどのように新しい戦略に反応するかについてよくわかりませんでしたし、彼ら自身、それがどのようなものであるとわかっているのかについても確信がありませんでした。それでも、彼らには、より高品質の学生の学びという、より大きな利益を達成する希望をもちながらその危険を冒す勇気がありました。これらの特定のケースでは、革新は、よくその効果を発揮し、すぐに彼らの教育の新しい、好ましい方法になりました。そのとき、新しい教育戦略であったものが、今では、彼らの教育の好ましい方法として受け入れられました。それは、彼ら自身が快適さを感じるレベルにあるからでなく、学生の学びの質という基準が、彼らの良い教育の基準であるという思いを強化し

たからです。

　よりすばらしくなれるよう努める教員たちにとって、このことすべてが意味していることは、彼らが決して「そこに到達する」ことはないという事実を受け入れる必要があるということです。教育は、よく古い格言を使って、目的地でなく行程であるといわれています。たとえ、非常に良い経験が途中にあったとしても、人は、常に自分自身を見なければならず、本質的には、次のように言わなければなりません。「これはよいことであったが、それがありえたほどには、よくはありませんでした。次のより優れたレベルに到達するためのいくつかの方法を見つけるために、私は働き続ける必要があります」。

私は、どのように変わるのか──事例研究

　一旦、新しい教育方法を試みようと決心した人が、実際にどのように進めていけばよいかという問題に若干の光を投じるために、私は、そのような変更を行った1人の教授に関する詳細な観察を皆さんと共有します。このレビューでは、彼が変わろうとした際のプロセス、彼が教えているコースで実施した特定の変更点の性質、そして、学生の学習に対するそれらの変化の影響を吟味します。

　この教員（物理学教授 John Furneaux）は、2学期間にわたるコースを教えることになる前の春に、私と連絡をとりました。彼は、私がコースデザインに関する本を書いているということを知っていて、私の考えをテストする機会として、彼のコースを提供しました。したがって、私たちは、共同の努力を春に始め、彼のコースが終わるまで続けました。

予備的な議論

　私たちは、コースデザインに関する主要な各々の構成要素とそれらがどのようにお互いに適合しているのかに焦点を合わせることから始めました。ジョンは、これらの議論に、彼自身が確かに変えたいと望んだ、彼の教育領域についていくつかのアイデアをもちこみました。しかし、彼は、さらに新しい提案も柔軟に受け入れました。

　　状況要因　彼が、再設計したかったコースは、通常は、一度に20－30人の学生が登録する物理学専攻の2年生レベルの学生のための「エレクトロニクス実験」という2学期間のコースでした。全般的なカリキュラムに関して、このコー

スは、主専攻の学生のために重要な役割を果たしていました。学生は、このコースで、理解する方法を学ぶことになると考えられていました。それから、彼らが物理学の高学年のコースで研究する際に使う電子測定装置のいくつかを実際につくります。

ジョンは、以前にその授業を教えたことがあったので、彼には、その授業を受講する学生について、どのような知識をもって授業に参加するのか、後々どのような状況でその知識を使う機会があるのかなど、かなり詳細な知識がありました。

学習目標　ジョンは、まわりの人々から、とくにミネソタ大学の物理学教育者によって提案された「豊富な文脈のある問題解決」についてのアイデアについて聞き、強い興味をもちました。（参照　URL：http://groups.physics.umn.edu/physed/index.html.）彼は、彼の学生に章末の典型的な問題の解き方よりも、むしろ、真正で有意義な種類の問題を解決する方法を学んでほしいと思っていました。また、彼は、私が意義ある学習の分類を紹介したとき、それに興味をもち、引きつけられました。

ジョンは、彼の鍵となる目標のうちの1つが応用学習に関係があるということを知っていました。また、学生に物事を実際に行う方法を学んでほしいと思っていました。彼は、学生たちが、本当の、有意義な物理学プロジェクトのために、電子機器をつくるためのコンピュータの使い方を知るように望んでいました。私にとってはいくぶん驚きだったのですが、彼は、人間の特性に関する学習目標であっても、物理学のような本格的な科学コースに適用できることを知りました。ジョンは、科学が人間の行為であり、したがって、それには、人間の顔があることを学生に理解してもらいたいと思いました。言い換えると、科学者には、立派で崇高な側面と、ささいで取るに足りない性格の両面があるということです。彼は、学生に、彼ら自身がまじめに科学に取り組む姿をイメージすることができるようにと望みました。彼も、それが今日の主要な科学研究の多くが実際に行われている方法であるので、学生たちが知的な事項に関して他の人と交流する方法を学ぶ必要があったと思っていました。

第3に、私たちは、学生に学ぶ方法を学ばせるという目標について探求したのですが、これは、ジョンにとっては、学生が知識を創造するために電子機器をどのように使うかを学ばせるという目標に置き換えられました。しかし、私たちが物事を進めることができる前に、私たち自身に「物理学者は、**知識**をどのように捉えているのか？」と尋ねることに時間を費やさなければならないことがわかり

ました。これは、きわめて重要な問題でした。なぜなら、学生が知識を生み出す方法を学ぶのを援助することが、このコースのためにジョンが掲げた2つの基本的な目標の第2番目であったからです。

授業・学習行動　ジョンは、彼が使いたいと考えている教育・学習行動の種類に関する私たちの最初の議論に2つのアイデアを提起しました。明らかに、彼は、これまで使っていた決まりきった練習問題に不満を抱いていたので、学生たちにとって、よりやりがいがあり、真正で意義深いプロジェクトと入れ替えたいと思っていました。

第2に、今では、電子機器を設計するためにコンピュータプログラムが利用できます。ジョンは、測定装置を設計する目的でデータを集め、操作することで、これらのプログラムを使う方法を学生たちに学んでほしいと思いました。そして、彼は、的を絞った本物のプロジェクトを行う状況でこうしたいと思いました。これは、物理学者が彼らの研究室でするような活動です。そして、これは、学生が学部のカリキュラムの後半部にすることです。それゆえに、彼は、このコースができるだけ厳密に、学生が彼らの今後の物理学実験の授業ですることになることを模倣する機会になるように望みました。

彼は、小グループを使って行う教育についても、いくぶん知っていました。しかし、彼は、より効果的にこの授業でそれを使うために、この学習形態に関する理解を深め洗練したものにしたいと思っていました。

フィードバックとアセスメントの手順　ジョンは、フィードバックとアセスメントに関して、彼がしたかったことについては多くの強い考えをもってきませんでした。しかし、彼は、教育的アセスメントの概念に盛り込まれた考えのいくつかに大変引きつけられました。学生に自己アセスメントを行う機会を与えること、はっきりした基準と標準をもつこと、頻繁に即時のフィードバックを行うことなどの考えです。

コースデザインの下書きを作成すること　1ヵ月後の私たちの2回目の会合で、私たちは、意義ある学習目標に関して、より詳細なセットを作製するために、私の4列ワークシート（付録Aの表A-1を参照）を使って全体の目標を決め、それぞれの目標に関連したフィードバックとアセスメント活動を確認し、それぞれに適切な教育と学習活動を設定する作業を行いました。その結果として出来上がった概略（表5-4を参照）を見ると、その授業が彼にとってわくわくするようなものになると思われました。それは、確かに、学生による学習に関して、こ

207

れまでなされてきた授業より野心的なものでした。しかし、各列の間には、まとまりがありました。つまり、第2番目と第3番目の列は、この野心的な授業をうまくやるために必要な特定の活動、または、必要な道具を特定しており、そして、すべての活動は実行可能であると思われるものでした。

コースの構造と教授戦略を開発すること　　以前に、このコースを教えていたので、ジョンは、この科目に関する重要な話題について全体のリストを知っていました。しかし、コースの構造についての考え方に関する示唆を受けて、副題を組み入れ、彼が主要な話題であると考えたものをはっきりさせて、2学期全体のために主題の構造を計画配置しました。

表5-4　「エレクトロニクス実験」のための最初のコースデザイン

目標	フィードバックとアセスメント	教授―学習行動
1．電子技術に精通する 　A．専門用語を知る 　B．技術を操作する 　C．テクノロジーがどのように機能するかを知って、記述する	A．紙と鉛筆テスト B．実験―実施する C．紙と鉛筆　記述する	A．読本、講義 B．実験室演習 C．口頭、または、書面で、テクノロジーを他者に説明する
2．知識を生み出すために、テクノロジーを使用する 　A．質問に答えるために、テクノロジーを使用する 　B．現実のプロジェクトのためにテクノロジーをデザインする 　C．データ技術と情報と答えの有効性をアセスメントする 　D．自身の仮説を確認し、アセスメントする	A．教員が質問をする―学生は、質問に答えるためにテクノロジーを使用する B．教員は、質問をする―学生は、必要なテクノロジーをデザインする C．教員は手順、あるいは、結果の例を挙げる―学生はデータや、情報、技術、答をアセスメントする D．教員は、上と同様―学生は、彼らの仮定を確認して、アセスメントする	これらのすべてのために • フィードバックを受けながら練習実行する • 他の学生を観察する • 自分自身や他者の「行動」をアセスメントする • データや、情報、技術、答と仮定をアセスメントする

3．知識が何であるかについて理解する 　A．学生は、知識のモデルを作製する 　B．複雑な質問を使って検証する	議論において、学生がそうすることができるかどうか見る 　A．知識モデルを創造する 　B．彼らのモデルを使って知識についての質問に答える	これらのすべてのために ●振り返りを行う ●知識モデルを作成する ●彼らのモデルを用いて質問に答える
4．科学の個人的、および、社会的な特質 　A．科学の個人的な性質を理解する 　B．社会力学が、どのように科学的研究で働くかについて理解する	A．「科学的研究の人間的特性」と題するエッセイを書く B．クラス外の時間に、非公式の議論を小グループで行う	これらのすべてのために ●日誌を書く ●彼ら自身の小グループの個人的・社会的性質に関して振り返る ●科学者の仕事に関する記事を読む ●小グループにおいて、自身の活動や読書課題を議論する
5．学び方を学ぶ 　A．何を学びたいか？ 　B．特定の状況で 　・何を学ぶか？ 　・それをどのようにして学ぶか？	A．日誌、エッセイ B．教員は、仮定的状況を設定し――学生は言及する ・その状況で、何を学ぶ必要があるか？ ・人はどのようにしてそれを学ぶか？	これらすべてのために ●豊富な文脈がある問題を使う ●科学的手法の手順を使う

注：このコースのテクノロジーは、コンピュータ技術と電子測定技術に関連しています。

　その後、彼は、いくつかの促進させたいと思っていた種類の学習を心に留めながら、各々の主題、または、話題のためにいくらかの修正を行い、彼が繰り返し利用した一連の活動をつくりあげました。彼の計画には、4つの段階がありました。彼の用いた方法をおおまかにまとめると、**抵抗**に関する話題を使って、すべての例を統一するようにしたことと言うことができます。

1．関係がある概念と特定の電子装置を見る
　●例　抵抗器とダイオードを調べる
2．その装置の特性を測る
3．物理的特性を測るために、その装置を使う

- 例　温度を測るために、変換器として抵抗器を使う
4. もう1つの物理的特性についての知識を得るために、1つの物理的特性に関する測定値を利用する
    - 例　選ばれた材料の熱容量を計算するために温度を測るあなたの能力を利用する
    - 例　材料がどういう金属からできているかを特定するために、熱容量に関する情報を利用する

要するに、ジョンは、物理学で知識を得ることに関係している複数の層からなる質問を通じて学生に学ばせていたということです。それが、そのコースのはっきりとした主題であったので、学生は、基本的な測定装置について最初に学ばなければなりませんでした。それから、彼らは、測定値を得るための知識を利用して、物理的な現象の特性についてデータを収集するためにこの知識を使う方法を学びました。また、彼らは、物理的なプロセスに関する原則とパターンについて、より大きな推論を行うために、そのデータを使いました。

この作業を終えて、ジョンには、彼のコースのための基本的な計画がありました。彼は、その結果、その計画を実行し始める準備ができていました。

第1学期

一旦、学期が始まると、ジョンは、さらに多くの学習行動や、いくつかの活動をひとまとめにする新しい方法を考え続けている自分自身に気づきました。彼は、また、彼の最初のデザインが抱えている問題をいくつか見つけました。たとえば、彼がコンピュータを用いて電子装置をデザインする（それは、重要なコース目標のうちの1つでした）というアイデアを学生に伝え始めたとき、彼は、授業開始時に学生たちがどれくらいの知識のレベルで入ってくるかを過大評価していたことを発見しました。彼は、私に次のように話しました。「最初に、このコースを始めたとき、私は、学生たちに『この部屋の室温を測るために、電子機器とコンピュータをどのように使って行うかを示してください』と頼みました。その段階での彼らの反応は、壁に掛かっている温度計に走り寄り、温度表示を読み、それから、それをコンピュータに入力し、私にそれをメールで送るというものでした」。

私は、ジョンに、そのような質問に応えることによって、学生が何をすること

를望んでいたのかを尋ねました。この質問に対する答えは、おそらく、コースの終わりに、彼が学生に何ができるようになることを望んでいたのかの良い説明であると、私には思われました。彼は、学生がコンピュータのところへ行って、プログラムを使って、温度を測るための電子装置をデザインし、その設計をもとに、実際に器材の部分をつくり、その器材を使って気温を測定し、それから、彼らが意図していたことをその器具がどれくらいよく行ったかについて判断することを望んでいたと言いました。この究極の学習目標をはっきりさせたことは、後でこのコースを改良する際にとても役立ちました。

　一方、いくつかの彼の考えがうまくいきました。能動的な学習と豊かな学習経験の創造という考えに沿って、ジョンは、各々の学生グループに一連の測定装置の設計と組立てをしてもらいました。この課題は、挑戦的であり、学生がこれまでにしてきたような決まりきった解き方が存在する練習問題とは全く異なり、何をすることが期待されているのかという意味で、決まった解答があるとはいえないものでした。しかし、同時に、ほんの少しの遊び心と現実味を加えるために、彼は、学生グループが勤務することができる模擬雇用主（「ニールセンブラザーズ持株会社」）を設立しました（「ニールセン」は、物理学部の建物の名前です）。この会社は、特定の測定作業を行うことができる器材を使うプロジェクトを定期的に学生に要請します。学生グループは、これらの要請にどのように応じるかの答を出す、つまり、特定の特性を測る器具をデザインし、組み立て、その性能をアセスメントしなければならないことになっていました。

　ジョンが彼の学生に課したもう1つの非常にうまくいったプロジェクトは、2年生の学生に対して、「ちょうど彼らの後の学生」である1年生の物理学コースの学生のために、学習ユニットを設計する課題でした。この課題は、強力で教育的な意味をもった重要なプロジェクトであることがわかりました。とくに、このコースで、ジョンは、学習の様々なレベルに対する学生の認識を高めようとしていました。しかし、彼は、学生に電子測定装置について学んでもらいたいと思っていただけでなくて、彼らがこれらの装置と物理学の領域で知識を生み出すプロセスとの関係についても学んでほしいと思っていました。さらに、彼は、学生が知識を生み出す能力（つまり、彼らの学ぶ能力）とコースでの学習経験の構造との関係について、もう1つ上の高いレベルで気づくようにと望んでいました。

　この目標を達成するために、ジョンは、受講した学生に、新しい物理学の学生のための教育と学習単元をデザインさせました。この学習単元をつくることで、

2年生レベルの学生は、1年生レベルの学生が**何を**学ばなければならないか（目標）、彼らが**どのように**学ぶか（教授と学習行動）、そして、彼らがどんな**フィードバック**を受けることになるか（フィードバックとアセスメント）について、十分に考えるように求められました。他の学習者のためにこれらの問題を考え抜いた結果、「エレクトロニクス実験」の学生は、彼ら自身の学習においても同時に、これらの同じ問題やプロセスについてより深く考え意識できるようになりました。

　ジョンは、学生たちがこの活動を完了するのを援助するために、良いコースデザインの方法について、私から受け取ったアイデアを彼の2年生の学生たちと共有しました。このガイダンスを受けて、彼らは、小グループで作業を行い、非常に創造的な単元をつくりました。このプロジェクトに取り組むことで、学生は、入門講座で提示される物理学概念についての彼らの知識を概括し、深めることになりました。同時に、彼らが何か本当に他の学生の助けになるものをつくる間に、彼らがエレクトロニクスについての彼ら自身の知識を固め、学習のプロセスに関する彼らの理解を増すのを助けました。

　振り返りの対話　　以前に実施していたこのコースの改善法からのもう1つの重要な変化は、振り返りの対話を頻繁に用いることでした。たとえば、学生は、定期的にコースとそのとき行った特定の行動を振り返り、短い文章を書くよう頼まれました。それを書いた後、彼らは、個々の感想をクラスの他のメンバーと共有しました。コースの最後の課題は、コースを全体として振り返り、ラーニング・ポートフォリオの形で長いエッセイを書くことになっていました。

　フィードバックとアセスメントの手順　　ジョンは、学生の進歩をアセスメントし、彼らにフィードバックをするために使用する手順に広範囲の変更を加えました。最も重要な変更は、教育的アセスメントの手続きを取り入れることでした。彼は、学生に高水準のフィードバックを提供して、彼ら自身の作業を自己アセスメントする機会が複数あるようにしました。

　自己アセスメントをする最初の機会は、学生が最初の計測器（インターフェースボックス）を作製したときにありました。つくり終わったとき、すべてのグループは、部屋の中央のテーブルの上に彼らが作製した箱を置きました。クラスは、それから、評価基準のリストを作成するため、クラス全体で議論し、彼らが作製した箱をアセスメントすることができるように1組の手順をつくりました。それから、すべてのグループは、クラス全体で開発した基準と手順とを使って各々の箱をアセスメントしました。この実習課題のための成績は、グループアセ

スメントと器具について、インストラクターが行ったアセスメントに基づくものでした。

　学生は、各々の箱をアセスメントすることで、後でさらに強化されることになるフィードバックとアセスメントプロセスの重要な特徴となっている、何が電子装置の品質を構成するかという彼ら自身の基準を開発するプロセスを始めていました。このプロジェクト全体のもう1つの重要な側面は、学生がつくった箱が、コースのそれ以降のすべての実習においてずっと使われる器具であったということでした。ゆえに、この製作作業が重要だったことは、学生に明らかでした。きちんと動くインターフェースボックスをもっていなければならないということを知っていることは、学生にとって、この実習で行った組立てと評価の両側面が非常に関連しており、重要であると思われました。

　コースの中間アセスメント　彼自身と学生の間で行われている対話を高水準に保つ彼の努力の一部として、ジョンは、コースの中間アセスメントを行いました。彼は、学生に対して、彼らの反応に非常に誠実であるように特別な依頼をしました。学生は、何が効果的であると思ったか、そして、何がそうではなかったか率直に彼に話すことによって協力しました。

　ジョンが、彼の学生に対して、コースについてどう思い、どう感じたかということを尋ねた事実は——彼らは、実際、それをよく聞き、応えたのですが——学生自身が実験の不可欠な部分であったことを理解させることになりました。その結果、彼らは、存在した問題を解決する彼の努力に対して非常に協力的でした。

第2学期

　ジョンは、第1学期の経験から、そして、彼が学生から得たフィードバックからたいへん多くのことを学びました。それで、彼と私は、後期の間もそのコースを改良することに取り組み続けました。

　その改良過程で、私たちは、学習目標に関する問題に再び戻りました。ジョンが彼の学生が本当にすることができるようになることを望んだことについて話すように私が聞いたことで、そのコースに対する彼の主要な目標が応用学習に焦点を当てたものであることがより明らかになりました。同時に、私たちは、以下の主要な学習目標をまとめました。

　　このコースが終るまでに、学生は、物理的な特性を測るための電子装置をデザ

イン、製造し、アセスメントできなければならない。

　この学習目標の作成は、ジョンにとっては、「本当に要点をつくこと」のように思えました。「主となる目標をよりはっきりと公式化したことで、私たちは、この目標の重要な3つの部分の基準と標準を構築するそれぞれの作業を始めることができました。その3つとは、デザイン、製造、そして、アセスメントです。

　基準と標準を洗練したものにする　応用に関連した目標の基準と標準に関する言述が明確になればなるほど、ジョンは、学生のパフォーマンスを測定する作業をよりよく行うことができました。新しい標準と基準を構成するために、私たちは、WalvoordとAndersonの薦め（1998.chapter 5）に従いました。始めるに際し、私は、ジョンにデザイン、製造とアセスメントについてよい仕事をどのようにすればいいのかわからないような典型的な学生——つまり、そのコースが始まった頃の学生、または、その間中ずっとうたた寝していたような学生——がどのようにふるまうかを述べるように依頼しました。その後、その課題を前にして、どのようにすれば良い仕事をすることが出来るのか、その方法を知っている学生が何をするかを記述するように求めました。これらの2つの質問に対する彼の記述的な応答は、私たちが、学生の応用に関する学習をアセスメントするための基準をつくるための材料を私たちにもたらしました。つまり、デザイン、製造、アセスメントへの彼らの能力に関するものです。そして、これら各々のために、彼は、1組の標準をつくり上げました。これらは、0から3の段階でできた評定尺度の短い言述であり、各々の基準で、良質なパフォーマンスの異なるレベルを記述したものでした。3つの一般的な応用に関する目標の各々に対する基本的な**基準**を次に示します。

　Ⅰ　デザイン
　　A．問題を概念化する。
　　B．解決策をデザインするために、コンピュータプログラムを使用する。
　　　1．効果的に
　　　2．能率的に
　　C．測定のために必要とされており、また、実験から得られる正確さや精度をはっきりさせる。
　Ⅱ　製造：学生によってつくられる器材は、次のようでなければならない

第5章 教え方を変える

　　A．効果的な
　　　1．適切に、そして、正確に測定する。
　　　2．意図した特性だけを測定する。
　　B．効率的な
　　　1．ほとんどワイヤーを使わない。
　　　2．あまり時間がかからない。
　　C．頑健な（耐久性のある）
　　D．信頼できる
　　E．将来役に立つ
Ⅲ．分析およびアセスメント
　　A．装置がどれくらいよく動くか判定する。
　　B．それがどのように改善できるか決める。

そして、各々の基準について、ジョンは、具体的な**標準**を開発しました。次に、各々の基準に呼応した異なるレベルのパフォーマンスを記しました。ここでは、3つの基準それぞれの最も高いもの（＋＋）、そして、低い端の（－－）標準を示しています。

- Ⅰ．A．デザイン問題を概念化する。
  - ＋＋　最初にエラーや、正確さ、精度について検討する。なお、当面の問題に集中しているが、あとから思いついたことを改善とみなす。
  - －－　始めることができないか、2、3のヒントを与えても続けることができない。すべての段取りが示されることが必要である。
- Ⅱ．C．頑健な（耐久性がある）器具を組み立てる。
  - ＋＋　信頼性と耐久性に関する問題は、計画のプロセスの一部として考慮され、各々のステップで取り入れられる。
  - －－　信頼性と耐久性に関する問題は、思考や理解の範囲を全く越えている。
- Ⅲ．A．装置がどのくらいよく動くか判定する。
  - ＋＋　ある測定のために何が必要であるか考え、得られたデータが、手元の問題に対する答えを確実にもたらすようにする。
  - －－　この問題を理解せず、考えることもしない。

応用に関連する再公式化した目標を開発することと、関連がある基準と標準を作成することは、ジョンにとって強力な影響がありました。それは、いろいろなアセスメント作業のために必要である明快さを彼に与え、これらのツールで学生は、よりはっきりと焦点を当てて、明快さをもって、自己アセスメントに関わることができました。今回のコースの教員として、ジョンは、より大きな自信をもって、より集中して学生のパフォーマンスをアセスメントすることができました。さらに、1歩進めて、ジョンはキャンパス内で教育学的研究に関心があった他学部からの同僚グループを集めました。彼が、彼の同僚のために行った仕事は、そのコースのより完全で、より深いアセスメント法をもたらすことで援助することでした。そのアセスメントの結果は、以下のセクションで記述されます。

実施された変化の影響

後期の終わりに、ジョンは、彼が教えたコースと実施した変化について、徹底的にアセスメントを行いました。教育アセスメントとデータ分析が専門の同僚から援助を得ながら、彼は、学生のパフォーマンスに関するデータ、彼ら自身のパフォーマンスに対する学生自身の認識、そして、このコースに対するアセスメントを集めました。その結果、総じて、次の3点が非常に強く現れました。このコースは、意義ある学習を生み出すことに成功したこと。学生は、コースが他のコースと異なることに明らかに気づいていたこと。そして、初めての試みとしては、結果が良く、アセスメントに対する努力を行うことから得たフィードバックの品質が良いため、このコースは、将来さらによりよくなる可能性があることです。

成し遂げられた意義ある学習　ジョン自身も、学生がどれくらいよくいろいろな意義ある学習を成し遂げたかという評価をしました。学生の製作物と授業中の彼の全般的な観察に基づいて、彼は、コースに関して設定した目標、とくに、電子測定装置を設計して、つくって、アセスメントする方法を学ぶという目標を達成したことに満足しました。

彼は、また、学生に対して、彼らがいろいろな種類の意義ある学習を成し遂げたと思ったかどうか尋ねるアンケートをしました。このコースに関して、1から6（6＝高い評価）のスケールで、意義ある学習に関する9種類の各々の質問項目について、大部分の学生が4または5の高い評価を与えました（図5-2を参照）。

コメントには、学生が、なぜ各々の種類の学習を高く評価したかが示されています。彼らのコメントの２、３を意義ある学習のそれぞれの領域ごとにまとめて紹介します。

基礎的知識
　「私は、もはや、日常的な電子アイテムにまったくまごつきません……そして、リモコンや、トースターの内部の働きの基本的な機能や私の古いビュイックの時代遅れの配線をはっきり識別することができます」。

応　用
　「コースに入ったとき、私は、エレクトロニクスについてほとんど何も知りませんでした。現在、私は、演算増幅器や、発光ダイオード、フォトダイオードを使って、実用的できれいで単純な回路をデザインして、つくることができます」。

統　合
　「私は、今は、このコースから学んだ知識を使って、たとえば、自宅でラジオをつくるというような個人の関心の領域に適用し始めました」。
　「理論と現実の関係が、ついに、この学期にピンときました。現実のシステムを分析する能力は、電気が本当にどのように働いているのかを理解することにつながります」。

関心を向ける
　「私は、決して電気科学が得意ではありませんでしたが、それがわかるようになってきました」。
　「研究を更新することによって、私は、エレクトロニクスについてわくわくするようになりました」。

人間の特性（自身について）
　「私は、私自身のコンピュータプログラミング技術がどのようなものかを把握しています。と同時に、他者を教えることを楽しんでいるということを知りました」。

「私は、私がグループ内でどのように反応するか、そして、私がグループの圧力の下で、何をすることができ、することができないか（または、しようとするか、しようとしないか）を学びました」。

人間の特性（他者に対して）

「私は、他のグループメンバーをどのように動機づけるべきかについてわからなければなりませんでした。そして、私たちは、活を入れるためにもっと頑張らなければなりませんでした」。

「私は、私自身の知識が不足しているとき、他の人に相談することが有益なときがあることを学びました」。

学び方を学ぶ（人は、どのように学びますか）

「私は、本を読むことだけでは、望みどおりのことをする回路を作製する能力を養成することはないということを知りました」。

「このコースでは、文書を読む際に、通常用いる戦略、何が重要でない変数なのかを考慮し組織的に除いていく方法や、経験に基づく推測を行うなどは、かなり役に立ちました」。

学び方を学ぶ（知識の創造）

「1年生用の実験科目を改善する際、時間手順とラボビュー（Labview）を結びつけることによって、電子装置から得られたデータがどのように知識をつくり出すために用いられるのかを理解することが簡単になりました」。

「変換器を使うことによって、物理学者がデータを得るために使う方法について、よくわかりました」。

学び方を学ぶ（自発的学習者になる）

「私は、一人で電流増幅器をつくろうとしました。このことは、エレクトロニクスを学び続けるために参考図書を使ったり、アドバイスを得るために、より経験がある教授に尋ねたりする必要があることを私にわからせてくれました」。

「私は、デジタルに関するものを学び続ける必要があると思いますが、しかし、それは、アナログについてもっと多く勉強する必要があることだと思いま

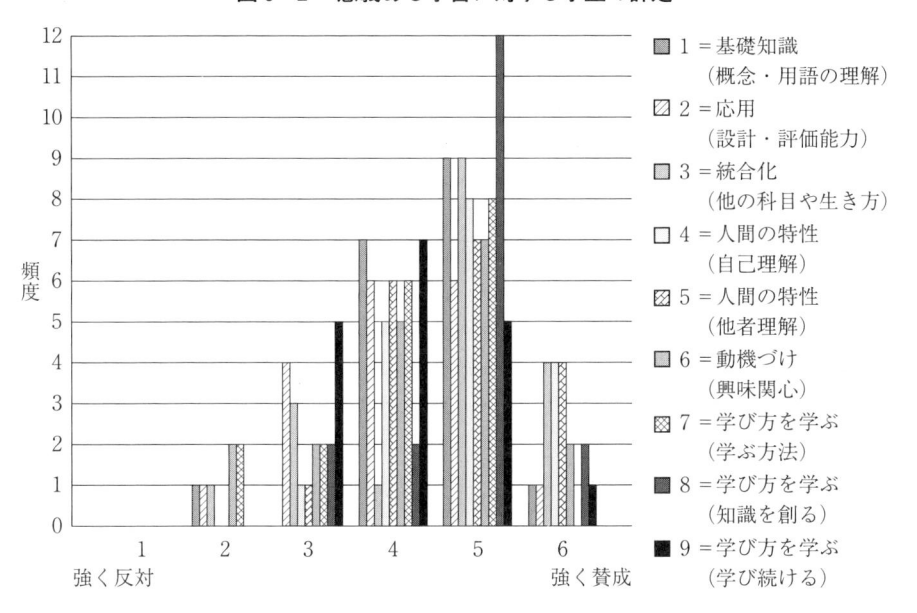

図5-2　意義ある学習に対する学生の評定

凡例：
- 1 ＝基礎知識（概念・用語の理解）
- 2 ＝応用（設計・評価能力）
- 3 ＝統合化（他の科目や生き方）
- 4 ＝人間の特性（自己理解）
- 5 ＝人間の特性（他者理解）
- 6 ＝動機づけ（興味関心）
- 7 ＝学び方を学ぶ（学ぶ方法）
- 8 ＝学び方を学ぶ（知識を創る）
- 9 ＝学び方を学ぶ（学び続ける）

横軸：1 強く反対 ～ 6 強く賛成
縦軸：頻度

す」。

図5-2と学生のコメントに示されたデータから得られた私の結論は、このコースが意義ある学習を促進することに、かなり成功したということです。

このコースは異なっていました　学生は、このコースが、彼らがこれまでに受けた他のコースと全く異なっていると認識していたことが、彼らの学期末のラーニング・ポートフォリオに明白に示されていました。一人の学生は、この考え方を次のように表しました。「［将来の］学生に、このコースが普通のコースに全く似ていないということを知らせてください。……すべての学生は、コースのフォーマットについて、なんらかの期待があります。私は、これらの期待に対処する最良の方法は、できるだけ早くその考えを払いのけさせることであると思います。このコースの構造は、学習過程についての彼らの考えと全く異なっているということを彼らに知らせてください」。

コースは、他のコースとは異なった、より意味がある目標、広範囲なグループワーク、高水準の体験型プロジェクト、そして、継続中のアセスメントに学生が頻繁に参加し応えるという特徴をもっていました。それから、これらの相違点は、

学生に、このコースが本当に伝統的なコースから（伝統的な実験科目からさえ）異なっていることを明らかに示していました。

現在と将来　ジョンは、一巡目に、このコースに関して、非常に多くの重要な変更点を加えることができました。しかし、たとえ、彼が、教育に関して、彼の学部が提供するセミナーから、いろいろな良い考えの利益を受け、統合的コースデザインが意味するものをはっきりと理解しているコーチと接触することができたとしても、彼は、まだ、特定のコースにおいて、ここで得た情報を特定の活動に変換しなければなりませんでした。

たとえば、ジョンは、意義ある学習目標を明確に述べて、首尾一貫して、意味がある能動的学習プロジェクトを生み出し、教育的アセスメントに学生を参加させる方法を見つけることができました。結果は、私たちが望んでいた意義ある学習を高水準で達成するという状態に近いものでした。大部分の学生は、意義ある学習を評定するための、それぞれの項目（6ポイントのスケール）で、このコースを4または5点と評価しました。

そのうえ、授業を実施しながらジョン自身も学んでいました。コース終了前にさえ、彼は、将来のバージョンで変えたいと望むものをよく知っていました。特定のプロジェクトを修正したり、グループワークをいくぶん違って管理したりするなどです。これらの第2次的な改善で、彼がそれを次回に教えるとき、その結果がさらに印象的であると予想できます。

ジョンは、現在、彼がどこへ行きたいか、そこに着くためにどんな道具を必要とするか、そして、彼がコースを改善し続けるために必要な情報をどのように得るべきかはっきり知っています。一言で言えば、彼は、堅固な根拠の十分な学習曲線上にいるということです。

変わる方法に関して、学んだこと

この事例研究（まだ進行中であり、そして、すべての良い変革においては、決してこれで終わりということはありませんが）に基づいて、人が教える方法に関して相当な変化をもたらすプロセスについて、事例が何を教えるかを尋ねることが重要です。それは、どんなレッスンを他の人たちに提供するでしょうか。

対話の価値　重要な変化プロジェクトに取り組むとき、最初に誰か他の人と話すことができることは、非常に効果的です。今回の場合、私たちには、内容の専門家（ジョン）とコースデザインのスペシャリスト（私）がいました。そのよ

うなプロジェクトについてお互いに話し合うことの価値は、1つには、その様々な人がもち込む様々な専門性であり、そして、もう1つには、その授業と直接関わりがない誰か、つまり、受講している学生でなく一緒に教えている教員でもない誰かと対話をする機会にあります。この外側の人間は、私がしようとしたように、用語の意味（たとえば、「知識」とは、あなたにとってどういう意味なのか？）や、アイデア、授業・学習行動計画、起こりそうな問題などについて徹底的に尋ねることができます。私たちの状況では、同じキャンパス内にいる教授法のコンサルタントとして、2、3年の経験をもつ者がいたことが役に立ちました。そのような人がいないキャンパスでは、教育に対して創造的で革新的なアプローチに興味がある仲間の教員にお願いするといいでしょう。

コースデザインの主要な構成部分に焦点を当てることの価値　状況に影響を受ける要因や、学習目標、授業・学習行動、フィードバックとアセスメントといった統合したコースデザインの主要な構成部分について慎重に考えることによって、関わった教員に適切なレベルでこの変化のプロセスを始めることはよいことです。ジョンのように教えた経験がかなりあり、教育について広範囲に考えている教員は、彼らが達成したいゴールの種類や彼らが実験してみたい革新の種類に関してより高度なレベルのものから始めることができます。そのような経験がまだあまりない教員は、たとえそれが伝統的な目標であるとしても、その目標が本当に何であるか、はっきりと理解できているように努めなければなりません。教育現場の状況、目標、教育過程がどのように順調に機能しているかに関するフィードバック、そして、教え方についてどんな修正をする必要があるかなどのすべての構成部分間の関係について慎重に考えなければなりません。

完全に出来上がったデザインがなくても始めるという意欲　私たちは、最初のコースデザインではすべてに渡って、詳細に出来上がっていない状態で始めることを受け入れなければなりませんでした。しかし、私たちにはコースデザインの3つの構成部分について見出した最高のアイデアがありました。それは、学習目標、フィードバックとアセスメント、そして授業・学習行動です。私たちは、これらの構成部分は、初期の段階での草案であるということを知っていましたが、開始するのに十分であると判断しました。しかし、私たちは、教えようとしているコースが、まだ、いくぶんはっきりしない状態にあるという思いで始めなければならないという不確実な状況に耐えなければなりませんでした。

持続努力と探究心の必要性　教員（前述のジョン）は、継続的に自分が教えて

いるコースをモニターしなければなりませんでした。このモニターすることから得られた情報を基にして、私たち2人は、目標に関する私たちの理解をより洗練し、強化する方法を追究しました。私たちは、また、能動的学習と教育的アセスメントのより効果的な方式を作成する方法を探しました。今回の例では、私たちがコースの基本的な応用目的に関してよりはっきりした認識をもつようになり、さらに、はっきりとした具体的な基準と標準を設定することができたとき、大きな進展がありました。良いコースデザインの基本的な構成部分がすでに適切に用いられているという事実があれば、この構成部分の1つに重要な改善が行われることによって他の構成部分にも改善の相乗効果が生じました。

◆ ◆ ◆

ジョンの経験を記述する主な点は、教える方法に関して相当な変化をもたらすことが可能であると読者が理解するのを助けることです。変化のプロセスがどのように進行していくのかについて、十分な知識をもつことも重要です。今回の例では、意義ある学習と統合的コースデザインについての考え方を使うことによって、この教員がこれまでとは異なる新しい教育方法を見つけるのを援助することに成功しました。コースデザインと意義ある学習の統合は、学生の学びをよりよいものにし、コースがこれまでとは異なっており、より良いものであったとはっきり学生に認識させ、学生が非常に活発に関わることができる環境をつくりだすことに成功しました。

何か違いが生じるか

意義ある学習を促進するために必要なすべての変更点を実行するようにというチャレンジを受けて、読者は、次のように尋ねるかもしれません。「それを実行すると、最終的に本当に意味のある差が生じますか？ 私のクラスは、かなり異なってきて、本当によりよいものになりますか？ もしくは、結果は、通常起こることとほとんど変わらないように見えますか、つまり、それはまだ普段通りですか？」

これらは、言及される必要があるもっともな質問です。私の確信は、これらのコースデザインの手順に従うことで、もし、教員がコースデザインの手順における各々のステップを慎重に、そして、組織的に取り組むなら、何か特別なものに

対する教員のドリームが実現し、確かに違いを生じさせるというものです。この信念と期待の基礎にあるものは何でしょうか？

　事例研究で示した教員の経験とすぐ上で述べた物理学教員の経験は、これまでとは本当に異なった方法で実施することによって、すべて様々な事柄を学生のために教育的に重要な差異を生じさせることができることを示しています。しかし、この質問にさらに光を投じるために、この信念を支持する2つの教育例を、さらに、分かち合わせてください。1つは音楽の世界から、そして、もう1つは社会学の世界からの例です。

バンドとオーケストラディレクターのためのカリキュラム

　オクラホマ大学の音楽教育プログラムは、公立学校のバンドとオーケストラディレクターになりたい学生のために、2年間（4学期）のカリキュラムを開発しました。学生は、通常、彼らの2年生と3年生の間にこのカリキュラムに登録します。最初の年は、2つの2単位の授業です。そして、2年目は2つの3単位の授業から成り立っています。

　目標　このコースは、応用に関するゴールに主な焦点を当てています。学生は、「公立学校の器楽教室（バンドまたはオーケストラ）で成功するために必要とされる指揮者としての技術、楽器の教授法と組織能力」を伸ばすことが必要です（M. Raiber、個人的なコミュニケーション）。しかし、これらの応用に関するゴールを達成するために、学生は、明らかに他のすべての意義ある学習の形を必要とします。

　彼らが必要とするものは、

- **基礎的知識**　いろいろな楽器、指揮に関する技術などについての知識。
- **統合**　個々の楽器と演奏者をバンド、またはオーケストラ全体に、また、音楽を学校全体のカリキュラムに調和統合させる能力。
- **人間の特性**　演奏者、教師、指揮者としての自分自身に関するはっきりした理解、加えて、他の生徒や両親、管理者、その他と互いに交流する能力。
- **関心を向ける**　音楽と若者についての関心と興奮、そして、彼らの責任に対する専門家としての態度。
- **学び方を学ぶ**　初心者教員として、彼らは、明らかにこの職業のために必要ないろいろな能力を向上させる方法を引き続き学ぶ方法を知っている必要が

あります。

授業・学習行動　このカリキュラムには、高水準の「する」経験があります。今回の改訂バージョンのカリキュラムを設計した人々は、以前のバージョンより、実際にもっと多く指揮をする経験を学生が必要としていると信じていました。したがって、小さなグループや大きなグループにおいて、学生は、他の学生と1対1で働くことに多くの時間を費やします。プログラム内での学習が進むに従って、この実践練習の時間は、徐々に複雑さが増していきます。そして、指揮することに対する全責任を引き受けることまでが要求されます。

このプログラムでは、情報とアイデアを提示するために教科書に書かれているような情報に重きを置いていませんが、学生は、授業でいろいろな楽器演奏や、いろいろな状況下で指揮を行うことなどの方法についてたくさんの情報を得ます。彼らは、記録をとり、それらをタイプして、彼らが学んでいる多くのテーマ毎に分け、複数のタブを使ってノートにまとめておくことが期待されています。

学生は、また、彼らが学んでいることに関して広範囲にわたって振り返り、話し合いの機会をもちます。彼らは、各クラスが終わるごとに、「教育振り返り日誌」に書き込むことが期待されています。学生に求められていることは、「各学期の初めに、教育に関するどんなことでも考える――望み、恐れ、自己アセスメント、彼らが目撃した面白い教育技術、学生、または、教員に接した面白い経験と彼ら自身の成果と勝利。ジャーナルは、彼らの大学生を教えている経歴を通した熟考するツールとして用いられ続け、専門の発展の記録として用いられる」(M. Raiber、個人のコミュニケーション)。

各々の学生は、他に何でも適当なものや日誌から題材を後で選び出して、ラーニング・ポートフォリオにまとめることが求められます。

フィードバックとアセスメント　このプログラムは、真正のアセスメントでいっぱいです。受講学生は、しばしば、実際に学生たちと本物の音楽を指揮する様々な機会があります。定期的に、彼らは正式な演奏会で指揮をします。

学生は、また、広範囲にわたるフィードバックを受けます。彼らが指揮をする演奏会は、録音されるかビデオ録画されます。そして、彼らの仲間から口頭のフィードバックを受けたり、教員からも、頻繁に口頭または書面でのフィードバックを受け取ったりします。学生は、定期的に自己アセスメントに関わるよう求められます。彼らは、演奏会の記録を聞いたり見たりした後に、彼ら自身の演

奏を分析記録し評価します。これらのいろいろな形の評価に関して、はっきりとした具体的な基準と標準が開発され用意されます。

　成果？　よく発達したこの一連の学習行動によっていくつかのポジティブな結果が生まれます。第1に、学生が高いレベルの自信をもってプログラムを終えるということです。すでに彼らは、それを何回も行ったことがあるので、上手に指揮をすることができるということを知っています。

　とくに今回のカリキュラムでは、プログラム（S. Paul and others, 2001）の長期にわたる影響に関する研究が行われました。国内で有名な4つの音楽教育プログラムで学んでいる学生が、卒業の後の最初の年に公立学校で実際の音楽教師として4種類の特別な学習行動（経験と関わりがある2種類と振り返りのフィードバックと関わりがある2種類）と学生の演奏との関係についての研究に参加しました。彼らのパフォーマンスに関するデータのために、教師はビデオに録画されて、それから、全国音楽教育協会のメンバーによって前もって開発され検証済みの測定尺度である「教育効果調査票」を使って評定されました。

　データは、2つのレベルで分析されました。各々4つの学習行動は、1年目の質の高い演奏と正の相関関係がありました。しかし、4つの学習要因が結合されたときだけ、学生の学習に対するプログラムの影響が大きいことが示されました。すべての参加者は、彼らが4つの学習活動に関わった回数によって、3つのグループ（「高」群、「中」群、「低」群）に分けられました。10（低い）から50（高い）まで変動している尺度上で、「低」群および「中」群の平均は、25から28にわたっていました。「高」群の平均は40でした。この節で記述されるプログラムから卒業した学生は、主にこの後者のグループに分類されました。意義ある学習に関する目標や能動的学習法、広範囲にわたる教育的フィードバックとアセスメントを組み合わせて設定することで、公立学校でこれらの学生が重要な役割を成し遂げるための準備状況に大きな差が出てきました。

社会学でのサービスラーニング

　サービスラーニングのよく知られた実践家の1人は、カリフォルニア州クレアモントのピッツァー・カレッジ准教授で、社会学とメキシコ系アメリカ人研究が専門領域であるJosé Calderonです。彼は、彼自身の人生でCesar Chavezと農場労働者組合でともに働く経験がありました。そして、その経験は彼の人生を変え、彼が教員としてしたかったことを変えました（Calderon, 1999; また、Enos,

1999にも記述されている)。

　カルデロンには、いろいろ異なった社会的背景から来ているが、彼ら自身と異なった種類の人々とあまり接触したことがない学生がいます。彼の一般的な目標のうちの1つは、その学生たちの社会的な経験を広げることです。彼は、サービスラーニングを彼の専門授業科目の1つである「地方および都市部の民族運動」に取り込むことによってこの目標を達成しました。

　目標　意義ある学習目標の中で、Calderonは、学生が多文化的な現代社会の人間の特性について学ぶことを助け、明らかにそれを強調しています。彼は、学生たちがよりよく彼ら自身について、また、特定の社会的なプロセスから生じた彼ら自身の経験がもっている価値とその限界を理解して、彼ら自身のものと非常に異なる社会的状況で生きる人々に対する、より深い理解を得ることができるようにと望んでいます。しかし、彼は、この目標を達成するために他の種類の意義ある学習目標も同様に支援する必要があることを理解しています。学生は、社会的格差と多文化主義についての**基礎的知識**が必要です。彼らは、批評的で創造的な思考や複雑なプロジェクト（**応用目標**）を管理するための能力を高める必要があります。もう1つの非常に重要な目標は、学生が労働組合活動や地域開発と大学がもっている資源をまとめる方法を学ぶという**統合**です。学生は、しばしば、彼らの価値体系（**関心を向ける目標**）を変える必要性を意識するようになります。そして、彼らは、新しい社会的な経験の役割や彼ら自身の考えに対する批評的な分析などに関して、彼ら自身の知識と将来の教育においてより意識できるようになることによって**学ぶ方法を学ぶ**ことになります。

　授業・学習行動　このコースは、能動学習のすべての構成要素を含んでいます。数週間農場労働者と一緒に働き暮らすことによるサービスラーニングという経験によって、学生が「行い」「観察する」という両方の豊かな、強力な形の経験を得ることができます。彼らは、学生に新情報とアイデアをもたらすことになる社会的理論、そして、農場労働者の社会学について多くの読書をします。最後に、彼らは、彼ら自身や他の人々と、広範囲にわたって振り返りの対話をします。彼らは、日誌をつけて、いくつかの振り返りをエッセイにまとめ、学びの対象となっている主題について、そして、彼ら自身の学習過程について考えることができるように頻繁に議論を行います。「なぜ、あるグループの人々が別のグループをある方法で扱うのか？　私が、これまで、『良い』公共学校システムに通っていたのに、農場労働者に対する、ひどすぎる待遇についてこれまでに学んだこと

がないのはなぜか？」

　学生が組合から温かい対応を受け、いろいろな知識を共有できたことのお返しに、彼らが学んだことが何なのかを振り返り、それを演じるという方法で提示するとき、もう1つの豊かな学習経験が生じます。学生は、他の人々と一緒に働くための方法や、彼らが学んだことを批判的に考える方法を学ばなければならず、また彼らの感情やアイデアを伝えるために劇にして、演じる方法を開発するために創造的でなければなりません。

　フィードバックとアセスメント　　学生は、自然に、また、頻繁に彼らのパフォーマンスについて意味のあるフィードバックを供給する現実の場面で働いています。彼らも農場労働者のコミュニティ内で、彼らの学習やパフォーマンスの質の良さに関して、彼らの仲間とインストラクターからフィードバックを得ます。これに基づいて、彼らは、振り返り日誌を使って自己アセスメントを行うことができます。

　成果？　　Calderonは、このコースでの経験から生じた学生の大きな変化を多く描写しました。第1に、記されているように、一部の学生（とくに、より豊かな社会的背景出身の学生）は、彼ら自身のこれまでの学校教育と社会的なプロセスが彼ら自身の教育に目隠しをしてきたのではないかという重要な問について尋ね始めます。農場労働者と似た背景をもつ他の学生は、彼らの長年の社会問題への解決策を見つけるのを大学が助けることができるとわかります。第2に、学生は、彼らの政治的な可能性を悟り始めます。彼らが、組織されるならば、彼らは、いろいろなコミュニティで本当に政治的な影響をもつことができます。最後に、学生は、しばしば人生の価値について新しくて強力なセットを形成します。このことを例証するために、最初にCalderonは、非常に保守的で、組合の合法性にさえ質問したような1人の学生の話を披露しました。この授業に登録中、彼は、春休み期間中のサービスラーニングを選択し参加しました。しばらく経って彼は、Calderonに手紙を書き、このコースとそれに付随する経験がどのように彼の全人生を変えたかについて述べました。彼は、キャリアプランを変えて、人々を力づけるために社会福祉系の仕事を目指すことに決めたと言いました。それまでの彼の目的は、アメリカ企業で働き、たくさんお金を稼ぐことでした（Calderon, 1999, p. 9）。

これらの2つの事例研究についてのコメント

　私の望みは、これらの2つの事例研究によって、指導計画がきちんとなされている場合、何か特別なことが起き得ることを読者に納得させることです。両方のケースでは、教員は、意義ある学習目標の野心的な形や、能動学習の強力な形、そして、教育的アセスメントの意味ある方式を使用しました。とくに、両方の事例とも第4章で推奨された、2つの一般的な戦略である豊かな学習体験と広範囲にわたる振り返りの対話の機会を使いました。その結果、学生は、明らかに、各々のケースで明瞭で強力な意義ある学習を確かに経験しました。

結びのコメント

　私は、読者がこの章で示された例と分析から3つの重要なレッスンを引き出すことを期待します。

　意義ある学習を支援する方法でコースをデザインすることは、本当に可能です。ここで記述したいくつかの事例研究の中の教員は、複数の種類の意義ある学習を生み出すことに成功しました。もし、彼らが異なる状況で教え、様々な科目でもすることができるならば、他の教員もそうすることができます。

　このより野心的な学習課題を進めるために、教員が何をするかが重要です。この章で紹介した教員たちは、手始めに、とくに、豊かな創造的な学習経験と振り返りによる対話をより使用する能動的学習に依存する方法を採用しました。それに加えて、私自身のキャンパスの教員は、教育的なアセスメント法を使ったことを知っています。そして、私は、他の報告された教員も同様のことを行ったと思います。このことは、統合的コースデザインのモデルが本当により質の高い学習を促進するために行う必要があることを示すことに効果的であることを示唆します。またそれは、その人の授業を改善するために必要なロードマップを提供することができます。

　人が、意義ある学習目標を決めてそれを達成するために、能動的学習と教育的評価を構成部分として使うならば、それは、違いを生じることができ、確かに、違いを生じさせます。それは、あなたの学生の学習体験の質を大きく異なったものにします。これらのコースで学んだ学生は、彼らが通常とは異なった種類の学習体験をしたということを知っており理解していました。そして、彼らはこのようにして学んだものに特別な価値を見いだしました。

この章を終えるにあたって、本書を書くことになった主な理由である私自身が他の教員たちと共に働いた経験から学んだことを皆さんと共有したいと思います。私は、教員らがそれぞれの教える方法を相当変化させることに成功するのを見ました。それは、見ていてすばらしい出来事です。私は、教員の側の専念する姿勢と、新しいアイデアに対する正しい種類のニーズを見ました。しかし、より重要なことは、私は、そのような変化をもたらすことが教員と学生の両者に与える影響を見たことです。彼らの学生は、より深くコースに関わり、より多くを学びます。教員は、学習成果を見るときに、教える喜びを再発見します。このような成果は、解決したい問題を抱えていた教員や、すでに良い教員であったがさらによりよくなろうと邁進している教員によっても成し遂げられました。

　私が望んでいることは、ここで提示された話によって、教える方法を変えるようにとの誘いを勇気をもって受け入れるように読者を説得することであり、ここで示したアイデアや例が、彼らの学生のために熱望している種類の学習を生み出す方法を見つけるために役立つことです。

第6章
より良い組織的な教員サポートとは

　ここに説明した新しい教授法は、学生の学びも教員の満足度も大きく変えていきます。しかしながら、そういった変化を、実際の教育現場の組織的変革へ結びつけていくためには、教員は、自分たちの教育環境を形作る様々な高等教育に関係する組織から、より良いサポートを受ける必要があります。

　この章の内容は、組織の中でのリーダーシップや、重要な事項の採否の決定、組織変革に関わる職務等が、近い将来には期待される、あるいは、現在、期待されつつある中堅の大学教員と、高等教育に関わる機関において、すでに組織上の決定事項に関わる地位にいる人々を念頭に置いて書かれています。本書がターゲットとしている機関の中では、大学や教員組織が、実際に教育を行う組織として、中心に置かれる機関です。しかし、認可団体や財団、様々な学術組織、大学教育の教材出版を行う出版社、学術誌等も、高等教育に関わる組織として、ここに関わってきます。大学の教員が、そういった組織の人々と協力関係をもつことができるなら、教員自身が、高等教育のいたるところで行う教育活動の場を広げていけるような、意味のある変革をもたらすことが出来るでしょう。

　上記のような組織が、教員の変革をサポートする自分たちの役割を重く捉えるべき理由は明白です。それは、教員が、教育プログラムの中核をなす教育コース、カリキュラムに対して、責任をもつからです。大学における教育プログラムの質の改善に関して言えば、**教員が変わらなければ**、あるいは、**教員が変わるまでは、注目すべき、大きな変化が起きることはあり得ない**のです。

　それで、大学教員も大学経営者も、現在、教員たちが抱える問題点、教員たちが必要とするサポートについて、よりはっきりしたアイデアをもたなければなりません。より明確なアイデアをもつことにより、初めて、現在の教員サポート体制を改善するために、高等教育に関わっている組織が、どのような協力関係をもつことができるかを考えることができます。

現在教員が直面する問題

　教員には、誰でも知っていたほうがいい大きな問題点があります。第1に、教員たちも、他のどんな人もそうであるように、自分たちの習性で動いてしまうような存在であるということです。学生たちが、何をすべきかについて、あまり考えないうちに、取っている授業が終わってしまうことが時々あるのと同じように、教員たちも、担当コースの様々な点に、熟慮を加えることをせずに、そのコースを教えてしまうことがあります。つまり、教員たちも、自分たちの授業の質を考慮したり、もっと良い教授法について、勉強する時間をもったりせずに、あるいは、持てずに、自分が常時とっている方法で、何でもやってしまうことも出来るということです。

　教員が、授業について自分がもつ仮定を見直す努力をしたりしても、他のメンバーから、激励や賛同を受けたりできることは滅多にありません。教員たちは、同僚と自分たちの学生についての不平を言うことはあっても、教え方について意見を取り交わすことに、時間は使いません。また、自分たちが行っている新しい取り組みについての基本的な考え方を、お互いに比較してみるときや、他の教員が新しい取り組みで成功を収めたときにも、その同僚の成功を祝ったりすることにも、時間は使わないのです。

　しかし、良く教えたいと思っている教員でも、次の2つ目の問題に直面することになります。つまり、教授法の勉強や、授業の準備に十分な時間を割かねばならないが、その準備に割く時間が見つけられないという問題です。一般的に、どこの機関でも、教員たちに期待される職務は、教育、研究、そして、管理業務であり、教育そのものの質を上げることは、勤務時間内に果たすべき仕事とは考えられていないのです。

　しかし、勤務時間以外の時間を使っても、教授法の研究を進めていこうという動機付けの強い教員たちは、大学教育改善についての本、雑誌などが、驚くほど数多有ることに気がつきます。そして、いったい、どこから始めればよいか、どこから始めればよいかを誰に問えばよいか、また、このように数多く、しかも、なお、その数を増しつつある大学教育についての参考資料の中に盛り込まれたアイデアの、どれが主要なアイデアで、どれがその証拠となる考えなのかを見定めるために使える、教育についての大局的な理論的な枠組みを、いったい、どこか

ら得ればよいのか、教員たちは、困ってしまうことになります。

　教員が、革新的なアイデアに気付き、それを応用してみようとしたとき、今度は、非協力的な学生との衝突という事態になってしまうことも時折はあります。学生が、自分たちが、大学で学ぶことそれ自体や、どんな授業が、学生の理解の質を高めてくれるかについて考えたことがなければ、新しい教室活動や、新しいルールや期待値を盛り込んだ新しい教室がつくられようとしたとき、それに反対することもできてしまうのです。

　そして、最後に、新しいタイプの試みに成功しているような教員でさえも直面するような問題を指摘しておきます。新しい試みに成功しても、それが同僚に評価されなかったり、むしろ、やっかみの対象になったり、学生に迎合しているから、あるいは、研究もせず、授業の準備にばかり時間を使っているといった、大学教員にはあるまじき考えの持ち主だから成功したのだ、などと曲解されるような風土が、大学にはあるという問題です。

　もちろん、すべての大学が、このすべての問題をもっていると言っているわけではありません。しかし、多くのキャンパスを訪れ、様々な事例を見た結果、私は、どの高等教育機関の教員も、少なくともこの内のいくつか、まれには、すべての問題に直面しているということを確信するに至りました。

教員には何が必要か

　現在の状況を変えるのに必要な条件として、次の6つの必須条件について言及する必要があるでしょう。その条件から考えて、教員には、何が必要か、ここで考えます。

- **変化の必要性の認識**　教員は、まず、自ら学んで、自らを変化させる必要性を認識しなければならない。また、自分自身の職務環境に影響を与える、組織の変化を支えていく必要を認識しなければならない。
- **励み**　教員は、教員としての成長や、効果的に教える能力に対して、評価を受けていることを知らなければならない。
- **時間**　教員は、授業について学んだり、受け持っているコースやそのカリキュラムを改訂したりするために、必要な時間が確保できるよう、関係者に働きかける必要がある。

- **情報や知識の資源**　教員は、自分を変えていくために、不可欠な専門的な助言を得ることができるような相手、資料、ワークショップ、学会等が利用できる状況にあり、それを知的な側面のみならず、情緒的な側面の助けにできることが望まれる。
- **自身が行う授業について理解している学生**　教員には、質の良い学習、質の良い授業が、どんな要素からできているかをよく理解し、その重要性をいつも頭に留めているような学生が必要である。
- **認められること、報いられること**　効果的な教授が行えるように努力し、それに成功した教員には、公的に、その努力や成功が認められ、それに見合った処遇が与えられなければならない。

　この6つの条件の間には、相互的に、別の条件を強化するような関係があります。つまり、教員自身が、自分の自己変革能力を刺激したいと思ったら、この6つの条件全部のすべてが改善される必要があるということです。これを可能にするためには、高等教育に関わる、すべての組織が意思統一して、努力していくことが求められるというのが、アイデアです。

　個々の教員が、自己変革を可能にするために、より良いサポートを与えていけるようにするためには、組織は、どのように自分たちを変えていく必要があるのでしょうか。この章のこれ以降の部分は、この質問に答えるためのいくつかの考え方について述べます。ここでは、とくに、大学という組織の変化について述べますが、それは、とくに、次の2つの理由によります。1つは、大学の教員が、大学の組織的変革から、直接の影響を受けるからです。第2に、大学教員自身が、大学の組織的変革に直接関与できると考えられるからです。しかし、大学以外の組織が、大学自身がなし得ない重要な役割を果たすこともあり得ます。それゆえ、大学以外の組織が出来ることについても、これ以降多少触れていきます。

　この章の最後には、学生に、より新鮮ですばらしい学習経験を与えられるようにするための教育課題を、教員たちが準備しやすくなるよう、それぞれの組織が、どのように協力関係をもつことができるかについて述べていきます。

大学からのサポート

　大学が、どのように組織され運営されているかは、教員が、担当している授業

をどの程度良いものに変えていけるかを決める最も重要な要素であると考えてよいでしょう。大学は、当然ながら、教員が、働く環境をつくり上げています。ここから言えることははっきりしています。教員が、より良い教育プログラムをつくり提供する方法を学ぶためには、大学自身が、教員の自己改革をサポートしているのか、それとも、その障害になっているのかを自問し、必要があれば、関連業務を適切なものに変えていく努力をしなければならないということです。つまり、**効果的な教育の発展は、効果的な組織の発展に依存する、あるいは、強く関連している**という真実を認めればいいということです。

　教育行政組織の長、教員組織の長、教育コンサルタント等、公的教育組織において、意思決定を担う人たちは、教員と学生が、教育の場でより意味のある経験がつくり上げられるように、個人として、また、組織として何ができるか、繰り返し、問うていかなければなりません。

　そして、公的機関の長が、この問いを真剣に捉えるなら、様々な異なった次元からの対応策を考慮し、とくに、教員がもつ良質な教育プログラムをつくる潜在的な、あるいは、実際もっている能力を高めていけるような方策を実施していくべきです。

多角的な組織的対応

　高等教育の変化が、既定のものであるとすると、高等教育機関の経営者は、何十年も先までにもわたって、自分たちの組織を、どのように運営していくかを検討し続けていくことが義務と考えなければならなくなります。ビジネスの側面を考えるだけでは十分ではありません。将来、さらに大きなチャレンジに対応していくためには、経営者が、どのように組織の問題に対する多角的な対応をさせていくか、ということを学んでいくことが期待されます。組織をあげて対応していくことの価値、重要性は、どんなに強調してもしすぎることはありません。組織運営の一部分だけを変革し、それ以外は、元のままであるなら、変えた部分が、そのまま長続きすることはなく、組織そのものも、すぐに、単なる、営利団体の状態に戻ってしまうでしょう。

　組織の有効性に関する様々な研究（Kotter, 1996; Creech, 1994; Heifitz, 1994）をまず、再検討し、その知見の高等教育機関への応用可能性を検討することを通じ、私は図6-1に表したような、制度上の有効性についてのモデルを考えました。

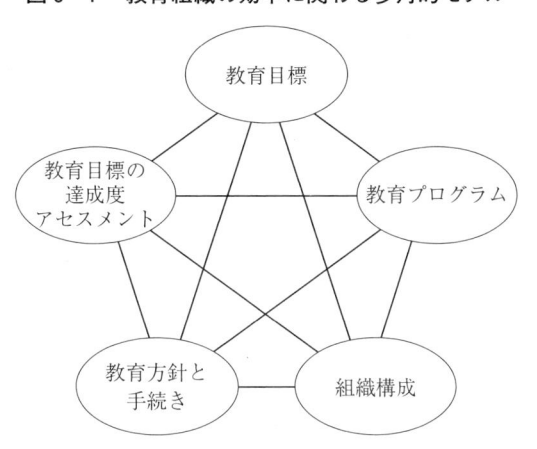

図6-1　教育組織の効率に関わる多角的モデル

```
              教育目標
      教育目標の          教育プログラム
      達成度
      アセスメント
         教育方針と    組織構成
         手続き
```

　このモデルは、大学が、もし、高等教育に貢献するものとしてありたいと考えているなら、大学は、公的教育機関として、良質な**教育目標**がどのような構成要素によって構成されているかについて、まず、明確で、測定可能なビジョンをもっていなければならないということを表しています。そして、その次に言っていることは、大学は、その教育目標が実現できるような**教育プログラム**、**組織構成**、**政策**等をつくり出していかなければならない、そして、自らの教育目標がどの程度達成されているかの**アセスメント**を真剣に行っていかなければならない、ということです。

　もし、教員のリーダー、行政機関の管理者たちが、高等教育を取り巻く環境の変化に、多角的に対応していくことに価値を置いた場合、どんな結果が考えられるのでしょうか。ウィスコンシン州のアルバーノ・カレッジ、カリフォルニアのピッツアー・カレッジ、ニューヨークのシラキューズ大学、そして、私自身の大学の例を見ることで、検討に値するいくつかのアイデアを得ることができます。

　個人と社会が要求する学習ニーズを中心に据えた教育目標の創造　公的教育機関が、今よりも、もっと競争の激しい環境の中で活動していく方法を学ぼうとするなら、まず、今の構成要因等を変えることによって、競争に勝っていこうというような考えをもつのではなく、個人と社会全体がもつ教育のニーズを今まで以上に考慮し、そのニーズを満たすことを考えなければなりません。

　現在、公的教育機関ではっきりとした教育目標をもっているところは少ないです。もし、教員や学生に、自分の機関の教育目標は何であるか尋ねてみても、多

くはそれが何であるかわからないでしょう。小さいカレッジに所属する人たちの一部は、「良い教養教育を施すこと」だと答えるかもしれないし、大規模大学の構成員なら、「より広い分野にわたって、質の良い教育機会を与えること」だと答えるかもしれません（実際に、ある大規模大学のHPには、このように書かれています）。また、学部やプログラムレベルでは、目標が、はっきりと明確に述べられているところも時折見受けられます。しかし、大学全体の目標を明確に書いているところはまれです。たとえ、学部やプログラムが、自分たちの教育目標を明確にしていても、大学全体がそうでなければ、学生たちにとっての問題が残ります。なぜなら、学生は、大学で、自分の学部やプログラムから出されている科目の勉強をするだけではないし、また、すべての学生を対象にした、一般教養科目の内容を決めたり、実際に教えたりするのは、個々の学部ではなく、大学そのものだからです。大学全体のレベルでつくる教育の目的が、統一的な見解をもたない場合、学生は、自分たちが受けている教育が内部の統一性や関連性を欠いた、バラバラなものであるといった印象をもちかねません。これは、数年前に、アメリカ・カレッジ協会（AAC）が提出したアメリカの高等教育への批判の中で、アメリカの高等教育がもつ最も根本的な問題点とされているものです（AAC, 1985）。

　成員間に見られる考え方の相違点、考え方の変化、度々起きる、大学が単なる「職業」学校へ変わってきている、といった批判の様々な問題をもつ中、大学がきちんとした教育目標をもとうとするなら、学生と社会の双方が、教育機関に求めている下記の3つの基本的な教育目標を忘れるわけにはいきません。

- 個人の生活の質を高めること
- すべての個人が、自分が関係する複数のコミュニティに何らかの形で貢献できるようになること
- 学生が、職業の世界に入っていけるようにすること

　全米州立大学・土地付与大学協会（NASULGC）は、教育機関に、価値ある教育目標の確定の仕方についてガイダンスを行ってきた団体の1つです。この団体が行ってきた委託研究の成果の、「価値の教育」を行うために大学がすべきことを記述した箇所に、上記のものと同じ3つの教育目標が書かれています（NASULGC, 1997）。「この大学は、卒業生に、彼らが将来期待できるような生活が送れることができ、良き共同社会の一員になれることができ、そして、職業や

さらに上の教育で成功できるような技術、姿勢、価値観をもてるような教育を行っていきます」(p. viii)。私自身は、実は、この目標がもう少し広い意味をもつように書き換えたい。「期待できるような生活が送れること」は、私の言葉では、「個人の生活の質を高めること」であり、「共同社会の一員になる」は、「関係する複数のコミュニティに対して、何らかの貢献をすること」であり、「仕事上の成功」は、私の言う「個人が職業の世界に入っていける」と同じです。

　私がここで主張したいことは、AAC や NASULGC が、レポートで述べているように、大学は、先に述べた3つの基本を満たし、大学全体に関わる教育目標をもつ必要があるということです。この目標は、学習者中心で、幅広い教育ニーズに応えるものであり、それでいて抽象論に陥らず、成否を判断するための測定可能な具体的データが得られるような目標でなければなりません。ところで、「良い教育」の意味を教育機関が理解しなければ、教育機関は、良い教育を行えるようなプログラムを開設することはできないでしょう。では、「良い教育」を行うための教育目標とは具体的にどんなものなのでしょうか？

　この問題に答えるために、これから3つの大学の例を挙げ、この3つの大学における大学レベルでの教育目標がどのようなものか、また、大学レベルの教育目標達成のために、これらの大学が自分たちの組織をどのように変えて来たかについて述べてみたいと思います。

　最初の例は、ウィスコンシン州ミルウォーキー市にあるアルバーノ・カレッジです。このカレッジは、大学組織を、新しく、今までとは異なった、効率の高い形態に再形成した例として、最も知られている例の1つです（Mentkowski, 1999）。この大学のリーダーたちは、1970年代に、学生が、卒業時に必ず身につけるべきであると考えていた8つの能力をもとに、大学全体としての教育目標をつくりました。この8つの能力は、今まで多少のつくり替えが行われましたが、基本的な部分には、変更を加えられていません。現行の8つの能力は、コミュニケーション力、分析力、問題解決力、意思決定について評価する力、社会とのインターアクション能力、世界的視野からものを見る力、共同体の成員として生きる力、魅力的な応答です。現在、この大学を卒業するために、学生はこの8つの能力すべてにわたって、平均的な力があることを、そして、うち4つの能力については、高いレベルを示していることが要求されます。

　2番目の例は、カリフォルニア州クレアモントにあるピッツアー・カレッジの例です。この大学は、1963年に創設されて以来、学際的なものの見方、多文化的

観点からのものの見方、そして、知識と行動の間に存在する倫理的な意味と、実際の社会に於ける現実への関心、この3つを関連付けて身につけることのできる学部教育を目指してきました（Enos, 1999, p. 60）。

　3番目の例は、シラキューズ大学です（Wright, 2001）。シラキューズは、研究中心の大学として長い歴史を誇り、アメリカ大学協会（AAU）のメンバーでもありますが、1990年代初期に、学生数の減少と、それに伴う収入の減少に見舞われた経験をもちます。この窮地に対処するために、教員、管理者側双方が協力し、綿密に自己分析を行った結果、大学は、この授業料が高い私立大学に授業料を喜んで払って子弟を送ってくる両親とその子弟について研究しなければならないと結論づけ、そのための研究費拠出を決めました。そして、研究の結果、そのような家庭の子弟には、良い教育を受けるに値する学生が多かったということがわかりました。そして、最終的に、シラキューズを、「学生中心の研究大学」にするために、必要かつバランスの取れた教育目標を追い求めていくことを、教員、管理者側の双方の了解のもとに決定しました。この新しい教育目標の例は、前の2つの大学の教育目標に比べると、具体性に欠けるものであることは否めません。しかし、これも、実体の伴った組織的変革を生み出す要素を、私たちに提供してくれる例とできることは疑いのないことでしょう。

　もし、大学の教員、事務方が、学習者中心、重要な教育的ニーズへの指向、測定可能性といった基準を満たす、大学全体レベルでの教育目標へのビジョンをつくり出せるなら、大学の経営者サイドも、経営者側が責任をもつ側面について検討し、その大学全体レベルの教育目標が実現できるような変革へ舵を切ることができます。

　教育目標を実現できるような教育プログラムをつくる　本書を書いている途中、私は、たまたま、自分の娘の進学先の大学を探す手伝いをする機会を得ました。娘は、大学選択に当たって、特定の地域にある大学（中西部の北側の州）で、特定の専門（インテリアデザイン）を専攻できる大学を望んでいました。娘も私も、それに加えて、優れた教養教育を行っている大学が良いと考えていました。それで、いろいろな大学の大学要覧やホームページを見てみましたが、多くの大学で、教養教育プログラムについて魅力あふれる記述をしているにもかかわらず、プログラムの中身を見ると、どのプログラムも似たような内容で、書かれている教育目標を達成できるようなものとは思えませんでした。多くの大学プログラムは、いくつかのトラックからの科目が選択必修として提供され、それが終わったら専

門を選ぶという一般的なカリキュラム構成のものでした。

　問題は、どのようなプログラムを用意すれば、学生の批判的思考力、コミュニケーション能力、書く能力、コンピュータリテラシー、グローバルなものの見方、多文化的視点等の能力養成が可能なのかが見えないことです。私たちは、こういった能力のうちの１つの養成を目標としたコースを１つ取る以上の何かを考えていました。もし、複数のカリキュラムにまたがるレポート執筆法クラス（もしくは、批判的思考法、グローバルな視点を養成するクラス）があるなら、どの大学が、目的としている学習のゴールに到達ができるような様々な経験が可能にし、そのような経験を統合し、つなぎ合わせられるようなカリキュラムをもっているのかがわかったのです。また、私たちは、そのようなカリキュラムを求めているだけでなく、強力なＦＤプログラムをもっていて、それで、教員たちがカリキュラムを実行できる術をもっているような大学を求めていました。（事実を言えば、私たちのそのような要求に応えられるプログラムは、オハイオ州のマイアミ大学にあるウエスタン・カレッジ・プログラムのみでした。娘は、このプログラムに出願し、首尾よく合格し、現在、同校に在学中です。）

　良い大学が行っており、そうではない大学がしなければならないことは、自分たちの卒業生に求める学習について注意深く考察すること、そして、自分たちの学生が学習目標を達成するために、必要な学習経験とは何か、自分たちのカリキュラムのどこが、学生が求めているスキル、知識、態度などを身につけるのに役に立っているか、カリキュラムを通じて行う学習を、カリキュラム外の活動、寮での生活、学生団体での活動とどのように結びつければよいか等について、自問自答してみることです。

　大学によっては、１年生のカリキュラム、場合によっては、４年生のカリキュラムでさえも、学生たちが学ぶ者として自分自身を振り返り、自分が今何を学んでいるかをよく知り、これから何を学ぶべきかを知り、そして、その学ぶべき内容をどのようにすれば効果的に学習できるかについて知ること、こういったことを奨励し進めていくように設計しています。私たちは、大学１年次から４年次全体を通じ、在学生たちが自分たちの学習経験１つひとつをよく考え、つなぎ合わせていけるようになるような、新しいタイプのコースを必要としているのです。

　先ほどの３大学の例に戻ってみると、アルバーノ・カレッジの教員は、大学のすべてのコースで、養成すべき８つの能力を学生が身につけられるように、多くの努力をはらってきました。大学要覧には、どの能力を、それぞれのコースを通

じて伸ばすことができるかの記述があります。それで、学生たちは、要覧の記述を読み、どの授業を取るか決めたときには、コースで扱われるテーマが何であるかと同時に、8つの能力をさらに発展させるために、それぞれのコースがどんな機会を与えてくれるかを調べます。また、学生たちは、4年間を通じて、自分がコースを取って何を学んだかを考え、そして、8つの能力それぞれの達成度を記録したラーニング・ポートフォリオを組み合わせて、達成度について考えるような特別なコースを取ります。

　ピッツアーでは、教員たちは、ピッツアーの教育目標の中心を成す、学際性、多文化性、あるいは、特定な知識がもつ倫理的社会的意味への関心をもたせられるようなコースの開設を目指し、様々な活動に参加するよう努力しています。

　シラキューズ大学では、学生中心のプログラム実施を目指した学部の改革を助けるために必要な予算を措置しようと努力しています。各学部は、その予算措置に様々な方法で応えています。たとえば、入門コースの役割を、コンピュータリテラシーと批判的思考能力の養成を中心に組み替える、大人数のクラスには小さいディスカッション・セッションを加える、初年度セミナーの内容を改良する等の試みを通じて、各学部は自分たちの教育使命を学生中心の教育の実施という教育目標に合うように書き換えています。

　必要とされるプログラムをサポートするような組織構造をつくる　もし、大学が明確な教育目標を掲げたカリキュラム、プログラムをつくろうと決めたら、大学は、そのようなプログラムをサポートできる新しい組織を必要とします。多くの大学では、プログラムの実施は、学部が単独で行っているのが普通です。そして、学部は、教員に対し大きな影響力を行使できる組織です。学部は、新しい教員の募集採用、教員へのサポート、教員の評価、そして、教員の昇任人事や、テニュアの獲得に対し責任をもっています。また、学部は授業等の実施をコントロールし、学内全体で実施する教育活動について討議するような学内の委員会に、教員を送り込む。教員は、そこで、ボランティアベースで働きます。その結果、学部実施のプログラムは比較的強力なものになり、大学全体レベルで運営されているプログラムは、その間に弱いつながりしかできないことになります。

　では、大学は、どのような組織的変革を考え、この問題に対処すればよいのでしょうか。それには2つの考え方があると思われます。1つは、授業実施の形態に関わるものです。2つ目は、教員の専門性養成に対するサポートに関することです。この件について、私は、次の章の大学に勧める4つのことの部分で述べた

いと思います。

　ピッツアーの創設者たちは、ピッツアーには伝統的な学部の区分は採用しないことを決めました。むしろ、大学の教育目標を、学際的なカリキュラムを提供することとし、伝統的な学部区分ではなく、分野そのものは違っていても研究、教育に関心を共有している教員たちによるグループを組織しました。それは、彼らには、伝統的な学部組織は学問分野の固定化を進め、自分たちが掲げる大学の教育目標とは対極をなすものだ、という信念があったからです。

　アルバーノ・カレッジでは、伝統的な学部組織をなくすということはしませんでしたが、別の組織を並立させ、お互いが補完関係になるようにしました。大学は、今までの伝統的な学部組織を存続させましたが、ほぼ全員の教員は、別の学部の成員にもなりました。これにより、教員は、2つの学部に所属するということになったわけです。その結果、それぞれの教員が所属する2つ目の学部では、その教員の担当は、自分の専門領域そのものではないので、必然的に、学際的な要素をもつことになり、それゆえ、伝統的な学問分野の内容を固定化してしまうという弊害を避けることができました。

　シラキューズ大学では、大きな組織的変更は加えられませんでした。しかし、学内にあった教育学習サポートセンターの規模を拡大し、教員、学生に対するサポート機能を拡大しました。現在、このセンターは、20人の専任スタッフを擁し、この種のセンターとしては、国内最大の規模を誇っています。

　この3大学の例は、特定の教育目標を実現するために、効果的な大学組織を模索できるように大学が行っている組織改編の実験例です。このような組織改編が実現したら、大学は、次に、政策と実現のための管理手続きをどのように行っていくべきかという、次の疑問に応えていく必要があります。

　大学教員が効果的に仕事をすることを可能にする大学の方針とその事務手続き　ほとんどどの大学で、それぞれが掲げる目標を実現するための大学の方針、その実現のための事務手続きがあります。しかし、現在の状態は、それが目標を達成させるための方針、事務手続きであるのにもかかわらず、それがあることが、教員が、教育プログラムを望ましい方向に変えていくために行う仕事の妨げになっています。方針、その実行のための事務手続きには、いろいろな点において変更を加えなければならないところがかなりあります。しかし、とくに、教員の仕事と授業評価に関する大学の方針、その実行のための事務手続きは、意義のある学習の場の提供に関わる教員の教育能力に大きなインパクトを与えます。これは、非

常に大切な点なので、この章で、改めてもう一度ふれたいと考えます。

大学の教育目標に関する大学レベルでのアセスメントの実施　現在、学生が、大学が期待したような学習を実際に行っていたかどうかを判定する目的で、卒業生に対するアセスメントプログラムを行っている大学はほとんどありません。むしろ、大学は、学部が学部修了のレベルを満たしているかどうかを判定するために、最上級生に行う評価をもって、大学卒業に値する学習を行ってきたかどうかを判定しています。しかし、学生が大学卒業レベルに達しているかどうかの評価を、学部ではなく、大学そのものがアセスメントするシステムは必要なのではないのでしょうか。

米国教育委員会（以下、ECS）の「学部教育の質の保証について」(1994)というレポートは、この問いにはっきりと肯定的な回答を出しています。このレポートは、ECSがジョンソン財団、全米州知事会、そして、全米州議会議員連盟との共催で行った会議の報告であり、会議のメンバーは、州政府、連邦政府の政策立案者、民間企業の代表、非営利団体の代表、高等教育分野の代表、学位認定機構の代表によって成り立っています。

会議に出席したメンバーの意見は、「学部教育は、高等教育機関が果たしている職務のうち最も重要なものの1つである。しかし、一方、最も改善の余地があるものでもある」(p.2)というものです。大学が必要な改善を行うには、公的なサポートが必要です。ここで、公的なサポートというのは、税負担者、立法府の議員、学生とその両親等からのサポートということですが、大学は、サポートを得る代わりに、自分たちが、大学が果たすべき高いレベルの教育を行っていることを保証しなければなりません。これが、質の保証の外的側面です。しかしながら、保証は外的なものだけでなく、大学としての内的な質の保証も必要なのです。もし、大学自身が大学全体として学部教育の教育目標を立てているならば、大学自身が、自分の定めた教育目標を達成する義務を負い、また、そのために、目標が達成されているか否かを知る必要があります。このような理由で、大学は、大学の内外に存在する関係者のために、卒業生が卒業の基準を満たしている、つまりは、大学が定めた質を保証している証拠になるデータを集め、分析し、報告する義務をもちます。

ECSはレポートの中で、大学教育の質の保証に関して、大学が何をすべきかについて提言しています（pp.2-3）。その第1は、大学自身がすべての学生を対象とした教育目標を策定することです。レポートは、その教育目標がどんなもの

であるべきかについても述べていますが、まず、社会一般に理解されるようなものでなければならないと言っています。この提言では、大学の卒業生は、高いコミュニケーション能力をもち、コンピュータやテクノロジーの操作能力をもち、必要な新しい知識や技能を得たり応用したりするために必要な情報操作能力、グローバルな情報にアクセスして、それを適切に処理できる能力、現在の複雑な社会が抱える問題に対処していこうとする態度、実際に問題に対処するために必要な知識能力が獲得されていることが求められています。このような目標を含め、大学が策定した教育目標は、どんなものであれ、それを達成すれば、大学がいう「質を保証した教育」になるものです。ECSレポートの提言のその第2は、大学が、目標を果たすことができる能力をもつかどうかの評価は、それぞれの学部が責任を負うのでなく、大学そのものが負うべきであることです。第3は、現在、行われている「質の保証」の評価を超えるアセスメント手続きの開発が必要であるということです。

　上記のアセスメントシステム、あるいは、それによる質の保証は、大学自身が実際に行うことができるものなのでしょうか。ECSレポートには、この点は述べられていません。しかし、たまたま、私がよく知っている例の中では、アルバーノ・カレッジが、この点を考えるのにいい事例を提供してくれます。1970年代の機構改革後、この大学は、研究・評価オフィスを設立しました。このオフィスには、いくつかの仕事が期待されていましたが、最も重要な仕事は、卒業生の様々な能力についての情報を継続的に収集し、大学関係者によるモニターを経て、プログラムの改善に利用できるような形で報告書にまとめることです。オフィスは、アルバーノの卒業生から、とくに、大学の教育目標に関わる8つの能力に関するデータを卒業後5年にわたって、継続的に収集しています。ここで得られたデータは、多くの大学が、卒業生から得ているデータと比べて、この8つの能力に関わるデータに関して、量的にも質的にも遥かに優れたものです。アルバーノ・カレッジは、卒業生から、彼らが問題解決に優れている証拠になるデータを求めるとともに、それを多面的に解釈することができる状況的なデータも併せて求めています。同時に、アルバーノ・カレッジは、卒業生が効果的なコミュニケーションを行ったり、美しい言葉遣いをしたりすることができる証拠になるデータ等いろいろなデータを求めています。また、自分の優れている点が、アルバーノで受けた教育のどの部分によって養成されたかについての自己評価を得るために、「能力の養成に、大学教育のどの部分が役立ったか、また、反対にどの部分は能

力養成の観点からは改善を要するか」といった質問をして回答を集めています。

　こういったデータに基づいたアセスメントは、優れた教員や卒業生や、大学がもっている教育設備、学生が、真剣に学習に取り組んでいる写真、有名な理事のリスト、大学要覧からの様々な引用、大学の財務状態の向上、入学生の標準試験の成績等のデータに比べ、大学の質の保証を理解してもらうためのデータとして優れています。また、このアルバーノの卒業生から得たデータは、他の大学に移らずアルバーノで勉強を続けている学生の比率（以下、残存率）、卒業率、マイノリティの学生の残存率、公的機関からの認可等のデータに比べても、大学の質をよく表しているデータです。これは、ECSのアセスメントを準用すると、「この大学は、学生の能力開発を進め、学習結果を残すことに力を注いでいる。そして、そこから、卒業生が在学時にどのくらい学習したかが、卒業後発揮できる能力に結びついていることがわかる。それがつまり、そのプログラムで学んだことによって、卒業後発揮している能力を身につけたということになるのだ」からです。

　このような、卒業生から得たデータを基にしたアセスメントは、外部に対しても内部に対しても役に立つデータを提供すると、ECSは述べています。大学の経営者は、自分たちがしなければならないアセスメントに役立つフィードバックを得ることができ、それをプログラムの改善に役立てることができます。また、出資者、大学が属する地域のリーダーたち、入学を検討している学生やその両親のような外部の人たちは、このデータを利用して、大学から得られる学習の質についてアセスメントすることができます。

　また、教育効果の向上に必要な教育活動という観点からみると、これにより教育目標とプログラムがしっかりと関連されています。場合によっては、このことによって、大学の組織構造や、大学の運営方針やその実現のための事務手続き上の効率性にも光を当てることが可能です。このようなことから、このアセスメントが、組織の効率を上げる努力の中で最も重要な部分であることがよく理解できます。

　提言をまとめる　　このセクションの結論として、大学が、意義ある学習の場の提供をより効率的に行えるようにするために大学がとる多元的な対応について5つの提言をしたいと思います。この一連の改革をスタートさせるための鍵は、大学にとって重要で、その大学の方針に適合していて、なおかつ、達成度の測定が可能なような教育目標をつくり上げていくことから始めることです。

　ところで、大学組織の有効性についての5つの提言を1つひとつ説明していく

ことは、大学組織にとって意味のあることなのだろうか。答えは、「Yes」である。この5つの提言は、組織の行動の5つの側面を表していますが、その5つの側面が整合性をもって機能していることが、組織の有効性を保証することになるからです。多くの組織が、組織上の変革を試みてきました。そして、成功例では、多次元にわたる問題解決を試みていることが観察されています。シラキューズの前副学長である Robert Diamond は、シラキューズは、大学の将来ビジョン、役割、組織の構成、報酬システム、予算、大学が下した決定それぞれが、全体的にうまく働くように機能しており、それゆえ、徹底的に組織を変える能力を備えているという信念をもっています（Wright, 2001, p. 41）。

　ある見方からすると、組織というのは自動車のようなものです。自動車は、エンジン、点火システム、冷却システム、変速システム、電装システム、ブレーキ等で成り立っていますが、それぞれの部分は、いつも完全な状態になっていなければならないし、また、適切に動きが組み合わさって、システム全体が自動車としての動きをしなければなりません。高等教育機関についても、まったく同じことが言えます。その意味で、高等教育機関も次にあげるような特性を備えていなければなりません。

- その組織にとって、重要で結果の測定が可能な**教育目標**
- そのような目標を実現できるような**教育プログラム**
- そのようなプログラムを適切にサポートできるような**組織構造**
- そのようなプログラムを運営しサポートする教職員の努力をサポートしていけるような**方針とその実行のための事務手続き**
- 大学の内外どちらに対しても意味のある、大学が提供している学習の質に関する情報を提供可能にする、**大学が実施するアセスメントプログラム**

　上記の1つでも欠けてしまったら、また、大学から質の高いプログラムを提供する力をとってしまったら、大学の権威は、地に落ちてしまうでしょう。その反対に、どんな大学であっても、この5つの特性をもちすべてが整合性をもって働いていれば、必ず、すばらしいプログラムをもつことができるのです。

4つの提言

　しかしながら、様々な領域にわたる多次元の対応の中で、とくに、4つの対応については注目する必要があるでしょう。なぜなら、この4つは、教員がもつ教育効果の高いプログラムを実行する能力に強いインパクトを与えるものだからです。したがって、この4つを教育組織への提言としますが、これは、教員の職務一般、教員評価、学内共同利用施設としての教育学習センターの設立、学生の成長に結び付く教授法の改善、この4点に関わる手続きに関するものです。

教員の職務と教員評価に関わる管理上の手続きの改善
　大学が教育法の質を上げるために取ることができる最も意味のある方法は、教員の仕事に影響があるような職員の職務に関する管理手続きに、いくつか変更を加えてやることだと私は考えています。管理手続きの改善の必要性は、教員たちからのコメントなどからもはっきりしています。
　私は、全国のいろいろな大学で、教育法に関するワークショップを行ってきましたが、その場で、参加者たちは、しばしば、次のような反応をしました。それは、「おっしゃることは間違いなくすばらしいが、自分の所属大学では、自分が教育法の改善を行っても、周囲に知られることもないだろうし、ましてや、それに対して評価を受けることはありえない。大学が教員を評価するのは、教員が研究成果の発表を行ったとき、そして、定められた時間数の授業を教えたときしかない」というようなものでした。ここでは、教員は、大学の評価システムは、教育の質を上げることを望んでいないと感じてしまっています。外部から大学を評価する立場の人から見れば、もちろん、教育法の改善を教員がすることは、非常に望ましいことであるにもかかわらず、であります。
　毎年の教員評価の時期に、多くの教員と大学の経営者双方がもつ感情の中にも変革の必要性が見て取れます。多くの大学で、この教員評価には多くの時間とエネルギーが注ぎ込まれ、そして、評価する側、される側の両方が悪感情を抱く結果ももたらされたりしています。にもかかわらず、教員評価の結果は、改革のための資料として使われることはなく、規定通りの昇給を行う根拠以外の何物にも使われることはありません。
　このような状況から、教員の仕事に対する期待がどのように形成されるか、ま

た、教員の仕事がどのように評価されるか、その双方が関わる問題点が多数あることがわかります。また、そのような問題は複雑に絡み合っており、もし、効果的に解決する方法を探したいなら、絡み合っている問題を単純な複数の問題に解きほぐしてやらなければなりません。教員の職務に関わる問題の多くは、大学の教員が、自身がこなすことができる仕事以上に多くの仕事を抱えていることから来ています。そして、大学は、これは明らかに間違っている考え方なのですが、大学の幹部にとっては都合のいい、教員の労働時間はいかようにでも融通をきかせられるものなのだという仮定に基づいて、教員たちに片付ける必要のあることは何でもやらせようとします。そして、教員評価の時期になると、評価担当者は、「どうも御苦労さまでした。ところで、今年度論文を何本出版し、学生からの教員評価のスコアはどうだったか教えてほしいのですが？」といった反応をするのです（このスコアとは、主に1つ2つの大きな質問での平均得点をさします）。このような対応をされた教員たちは、当然のことながら、憤慨し、これからは、狭い自分の領域の仕事以外何もしないという気持ちになってしまうのです。

　大学は、このような状況をどのように変えていけばいいのでしょうか。そのためには、大学の経営者と教員のリーダーたちが、次にあげるような教員の職務に係る2つの根本的な疑問について改めて考えてみることが必要なのではないかと、私には思えます。

- 大学は、教員に何をしてもらう必要があるのか
- 大学は、大学が組織として教員に期待する職務と、教員が果たしたいと考えている職務があるが、その両方をどのように満たせばよいのか

　この疑問に答え、教員の職務に関わる大学の管理手続きについて再考する手助けとなるようなアイデアは存在します。

　・大学は教員に何をしてもらうべきなのか　現在、ほとんどの高等教育機関で教員の職務とされ、私たちも当然期待する仕事として、教育、研究、管理業務の3つがあります。この3つの職務の組み合わせ自体には実は全く問題がないのですが、問題なのは、教員がその3つの職務をよりよくこなせるように勉強するシステムが用意されていないことです。これは、Stephen Covey が『優秀な人の七つの習慣（*The Seven Habits of Highly Effective People*）』(1990) の中で、強い口調で述べた「誰でも定期的に自分の基本の仕事をする時間を割いて『刃を研ぐ』、

図6-2　教員の職務の質の経年変化

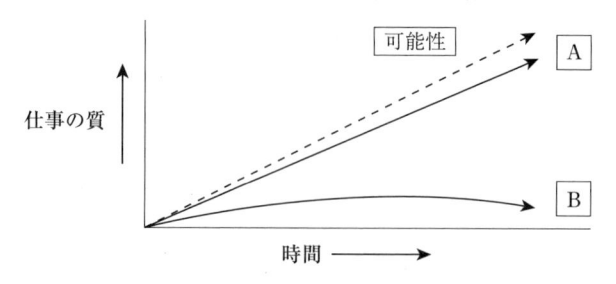

つまり、仕事の能力を向上させられるよう、新しいアイデアや技術の勉強をする必要がある」といった考えを無視している状況だと言えます。大学の教員も、定期的に教育、研究、管理業務に使う時間を割いて、「刃を研ぐ」、つまり、仕事の能力を向上させられるような新しいアイデアや技術について勉強をする必要があるのです。

　教員の職務を長いスパンで眺めてみれば、この考えの正当性がわかりやすくなるでしょう。ここでは、図表6-2の点線のように、時間を経るに従い、教員は職務の質を向上させられるような可能性があると仮定します。

　しかし、実際は仮定された可能性と同じように、時間を経ると仕事の質が上がっていく教員（グループA）だけでなく、上がらない教員（グループB）もいるのです。グループBの教員は、仕事に就いて最初の数年には仕事の質が上がっています。しかし、その後、伸びが無くなり、最終的には質を落としていきます。実は、教員の仕事の質は、ある意見に見られるように「上がりもしないし、落ちもしない状態はありえない。教員の仕事の質は、上がるか下がるかどちらかなのです」。私の経験でも、良くなっていくべき人は、しかるべき仕事をするので、やはり良くなっていくのです。そんな人たちは、自分の仕事の良し悪しを、常に、モニターし、教育、研究、そして、管理業務に関する新しい知識や考え方を導入し、それを具体化する作業を続けています。5年、10年とそのような努力を続けることで、仕事の能力が上がり質の高い仕事ができるようになります。では、大学が、もっと多くの教員が、専門の職務能力を「上昇カーブ」に乗せることができるようにするためにはどうすればよいのでしょうか。

　私は、教員が、毎年必ず時間を費やすことが期待される主な活動に、「専門家としての自己開発」を加えることを推奨したいと思います。私の提案は、教員の基本的な3つの仕事（教育、研究、管理運営）を、「職務の四角形」（教育、研究、

管理運営、専門能力の開発）にするということです。教員の専門能力は、高等教育機関における他のすべてのものの基礎となるものですから、教員が継続的に、自分の職務のうちのいくつかの領域の能力を伸ばしていくことは、非常に大切なのです。では、教員に、継続的に専門家としての自己開発に積極的に取り組んでもらうために、大学は何ができるのでしょうか。

　教員の主な仕事を記入したワークシートを用意し、そこに、専門家としての自己開発を加えるのは１つの方法であるといえます。表６-１に、ワークシートの１例を載せました。このような様式（あるいは同種のもの）は、教員が何を行いたいのか、また何をすることが期待されているのかについて話し合うために使うことも可能であるし、年度末にそれぞれの仕事についてどのような結果が出たのかをチェックするために使うこともできます。

　このような手順で常時仕事が管理されていれば、教員も管理側も、教員の仕事の質を有意に上げるのに、どんな分野の自己開発を考えればいいのか、という次の段階の質問に行きつくでしょう。実は、この質問を継続的に自問していくことが、教員が、するべき仕事を選び、仕事の質を上向きカーブにのせる可能性を飛躍的に増加させるのです。

　次の疑問は、教員の４つの主な活動で、教員はそれぞれの何についての専門家としての能力を伸ばす必要があるのでしょうか、というものです。大学の管理者も、教員のリーダーも、上の疑問に出てくる「それぞれの何について」の部分のリストをつくりたいと考えるでしょう。私の本務大学の学部長レベルの会議では、すでに、この質問に取り組み、次のようなリストを作成しています。

　　教員が、下記の４つの基礎的職務分野での職務能力を向上させることができれば、本学の教育の有効性は向上するでしょう。

1. 教育
    - 基本的なスキル（教えること、討論をリードすること、試験を実施すること）
    - コースデザイン
    - カリキュラムデザイン
    - 学生との対話、接触
    - 本学でおきる変化への対処、大学一般の変化への対処

表6-1　教員の行動の主要分野

　　　　　　　　　　　　　　　　　　　　　　　　　　　　　使用時間の割合

1．**教育行動**
　下記の行動を含む
　・所属学部での教育行動
　・大学全体レベルでの教育行動（所属学部外での教育）
　・カリキュラム開発
　・学生助手やインターンの指導
　・ゼミでの学部生の指導
　・ゼミでの大学院生の指導　　　　　　　　　　　　　　　_____

2．**研究等の創造的活動**
　下記の活動を含む
　・外部資金を探す
　・研究
　・執筆、学会発表、出版
　・芸術的創造活動
　・展覧会、演奏会などの活動　　　　　　　　　　　　　　_____

3．**管理運営業務**
　下記の活動を含む
　・大学での管理運営業務
　・学会等の運営業務
　・地域貢献のための活動
　・大学としての地域貢献活動　　　　　　　　　　　　　　_____

4．**専門能力の開発**
　下記の分野での専門的な能力開発を含む
　・教育行動
　・研究（や創作活動）
　・管理運営業務
　・専門家としての自己管理　　　　　　　　　　　　　　　_____

　　　　　　　　　　　　　　　　　　　　　　　　　　　　合計：100％

　　2．研究
　　　　・外部資金の獲得
　　　　・書く技術（外部資金を申請する、成果を出版する）
　　　　・出版戦略の向上
　　　　・研究者の養成

- 新しい分野の研究のための勉強

3．管理運営業務
- リーダーシップ
- 組織変革に参与する方法
- プレゼンテーションの技術
- 会議

4．専門家としての自己啓発
- 時間管理とストレス管理
- 仕事と私生活の間のバランス
- 交渉技術と争議議決技術の開発
- 仕事の優先順位

　専門家としての自己開発の一部として、常に、このようなトピックについて学んでいる教員は、専門能力が伸ばせることになり、そのことから、その教員の所属大学は計りしれない利益を得るだろうと考えます。また、これはどのような種類の機関のどんな専門家にも当てはまることですが、とくに、教育を主な事業とする機関には欠くべからざるものです。

　•大学は、組織が必要とするところを満たしながら、どのように教員の仕事をサポートしていけばいいか　　大学の経営者が、自己開発を教員の仕事に加えることを認めると、最初に来る問題は、教員が自分の仕事が増えているという苦痛を感じることです。では、これをいかに解消することができるか。まず、すべきことは、教員の職務それぞれについて現実的にどの程度時間を使うべき仕事なのかを考えるための方針とその手続きを考えることであり、そして、教員に期待すべき仕事をリストアップすることと教員の評価を、個々の教員と学部組織（もしくは、それに準ずるもの）の共同の作業とすることです。

　現実的に使える労働時間の算定　　教員に現在、進めたいと思っている仕事がたくさんあり、大学側が教員に期待する仕事も多量にあった場合、教員がすべき仕事の量が、実際に使える時間でこなせないようになってしまいがちです。従って、教員の個々の仕事にいったいどのくらいの時間が費やされなければならないのか

ということと、たくさんある仕事の中で、どの仕事が一番大切で優先すべき仕事なのかをどうしても考えなければなりません。

大学が表6-1にあるような、教員が果たすことが望ましい職務の表を用いるなら、教員が、それぞれの仕事に概ねどのくらいの時間を費やさねばならないのか、そして、現実的にどのくらいの時間を費やすことができるかを算出する方法を探す必要があります。この検算出方法の検討にあたって、私は、授業と専門能力の開発という2つの分野に必要な時間算出から始めるのが妥当だと考えます。なぜなら、教育というのは基本的に固定された授業時間を基本に成り立っているからであり、また、私たち教員自身、専門能力を伸ばすための勉強にはどの程度の時間を割くべきかについて関心をもっているからです。では、この必要かつ教員の職務として妥当なそれぞれに割く時間はどのように算出すればいいのでしょうか。

授業に関する20%ルール　　授業のコマをいくつかもつと、必ず、それに必要な時間を伴うことになります。しかし、そうは言っても、それはどのくらいの時間なのか？　これを計算するのに、私は、「20%ルール」の適用を提言したいと考えます。私は、自分の例を含め、多くの教員が授業をするために必要としている時間の量について研究を進めてきました。その研究の結果、ごく普通の3単位のクラスを教え、そこで、いい仕事をしようと考えた場合、だいたい、学期中に費やす総時間の20%を必要としているということがわかりました。この数字は、優れた教員が週3時間の授業を教えるとき、授業時間以外に平均毎週6時間を授業の準備や学生評価などに費やしているという結果に基づいて導きだしました。そうすると、1科目に週9時間を費やすことになり、それは、週当たりの総労働時間45時間の20%に当たります。週45時間というのは、私が、専任教員の1週間に従事する仕事時間としては適切な数字として算出したものです。もし、教えているコースが、受講者数が多いコースだったり、論術式の宿題を多く出すような授業である、といった時間を使わなければならないタイプの授業だったりすれば、費やす時間はもちろん20%を超えることになります。また、大学院生のTAがいたり、それが2単位の授業であったりして、費やす時間が少なくなる性質のものであるなら、費やすべき時間は必然的に減ります。まず、このような基準で、授業のために費やす時間を計算した後、TAの管理や学部生や大学院生の論文指導などに費やす時間を同じように計算します。

この必要時間の計算の課程で気をつけなければならないことは、授業を教える

ために、新たに準備しなければならないものがある場合のことです。もし、教員が初めての科目を教える場合、教員は、その授業の準備をゼロから始めなければなりません。その場合、準備に要する時間は通常の場合の2倍にもなります。このことは、とくに、その機関に雇われたばかりの新任教員には重要です。新任の教員の場合、教える科目のほとんどが初めて教える科目である場合があります。もし、1学期に2科目新しく教える科目があったら、新しい科目に要する時間は総時間の40％なので、2科目なら80％になってしまいます。しかも、それは、教えるための時間だけであり、その教員には他に学生の論文指導や管理運営業務、そして、研究も期待されているのです。その結果、多くの新任教員は仕事が重荷になりストレスを感じるようになってしまいます。そして、もし、こうなってしまったら、教員は創造的な教育をしていこうと努力することを諦めてしまうでしょうし、学生に受け身の学習をさせてしまったり、学生の学習のレベルを落としてしまったり、いい加減な評価をするようになってしまったりといった望ましくない状態に陥ってしまうかもしれません（Fink, 1984 第3章にある、新任教員が新しい科目を教える際に受ける影響についての、全国的な事例研究のデータを参照）。

　職務に必要な時間計算が終わったら、次は、能力開発に必要な時間の計算です。私は、ここに使う時間が全体の10％を下ることはないだろうと考えています。また、教員は教員生活の間に何回かは仕事の対象を大きく変えることがありますが、そんなときは、新しい対象についての勉強の必要を生じ、そのため、能力開発に必要な時間は増加し、10％から15％、20％、そして、時には25％になることもあると考えられます。

　この2つの領域に使わなければならない時間を計算した後には、残っている時間がどのくらいであるかを見て、それに合わせて、研究と管理運営業務に要する時間の割合を決めていきます。この2つの仕事は、どちらかというと状況が許す最大限の時間を費やすべきタイプの仕事です。表6-1のようなワークシートを使う利点は、教員が、自分が使える時間を現実的に考え、他の2つの仕事にどのくらい自分の時間を費やすことができるか冷静に見られるようになるのと同時に、その教員が所属する学部が、その教員に管理業務や研究にどのくらいの時間を期待することができるかを、冷静に見ることができる点です。また、ある教員が学会の役職に選出されたというような特殊な状況になった場合にも、このワークシートのデータによって、適切に数字を訂正することができます。そして、もし、

その教員がその職に就くことを受け入れたら、そのために要する時間はどのくらいになるか、そして、その仕事をすることになったら、その教員の職務領域にどんな変更を加える必要があるのか、といった当然出てくる疑問にも、このワークシートのデータから、その教員の職務に適切で、しかも、現実的に可能な変更を加えるための根拠となるアイデアを得ることができるのです。

職務内容の決定と教員評価を共同作業にする　教員と教育機関双方のニーズをどのように満たせばよいかという疑問への2つ目の答えは、個々の教員と学部組織が、各教員に期待する職務の設定と教員評価を共同して行うということです。教員の職務について述べている Braskamp and Ory（1994）は、**アセスメント**するという言葉の語源は、「一緒に座る」ということであると書いています。つまり、彼らも、教員の職務内容の決定と教員アセスメントを共同作業として行い、お互いに、その過程がはっきりわかることが大切であることを強調しているのです。

　一般的に、大学などの機関は、すべての教員は自分たちがしなければならないことを熟知しており、それゆえ、それを決定するために時間を使って教員たちとの調整を行う時間をもつことはあまりありません。このように大学が調整を行わないことで問題となることは、教員たちが、適切な時間内に行うことができる仕事量より多い仕事を抱えてしまうことです。大学が、教員がすべき職務を適切に決めてくれないため、教員は、結局何かを犠牲にする方向で問題を解決してしまうのです。この事態を避ける最も良い方法は、年度初めに、教員全員と学部の責任者が集まり、教員が何をすれば学部にとって最も良いかについて、一緒に席について話し合うことです。そのことにより、その年度の評価をする段階ではそれぞれの教員に何が期待されているかは理解されているわけですから、その評価基準も順当に理解されるでしょう。これをきちんと実現するには、学部の責任者と教員が教員の個々の職務に期待されることと、それがどのように評価されなければならないかという点について、定期的に話し合われることが必要です。

　私は、すべての教員が、学部長もしくは学部を代表する委員会のメンバーと定期的に話し合いをもち、教員の主要な職務の内容を決めておくことを推奨します。このような話し合いは、その仕事自体を、あるいはその職務に対する評価を開始する年度の年度始めに開始し、まず、個々の教員が、授業、学生指導、研究、管理業務等で、その年度に行いたいと考えている職務のリストをつくるところから開始します。そして、学部長や学部代表の委員会メンバーと、学部のミッション

をどの程度満たすかという観点から個々の職務を吟味します。もし、何らかの調整が必要な場合、年度開始にはどんな調整が必要かを関係者間で協議し、それを年度終了時のアセスメント基準とします。

　このやり方にはいくつもの利点がある。個々の教員は、年度を通して、自分がどのように時間を使うべきかについて、よりはっきりしたアイデアをもつことができます。学部組織は、自分たちがその年度に優先的に行う仕事が書かれているかどうか、また、学部が行うプロジェクトは学部成員のだれが責任をもつかをはっきりさせることができる効果的な方法をもつことができます。そして、これにより、教員も学部も、本当に自分たちが何を優先的に行わなければならないかについてはっきりさせたいと思えるような、いい刺激を得ることができます。最後に、最も大きな利点として、定期的な話し合いによって教員評価にかかわる3点、つまり、1）教員の仕事への評価の再点検、2）専門家としての自己啓発を、教員の重要な職務に位置付けること、3）教員が行う様々な職務を果たすための時間に関し、学部成員全員で、現実的な時間配分をはっきりと理解すること、について、教員の立場から、学部の立場から、自分たちの立場をお互いに説明することができる機会を得られることです。

　教員の職務に係る新しい手続きをもつインパクト　上記のような提案が、教員の自分の仕事に取り組む態度や職務上の意思決定をいい方向に変えていくのに、どの程度役立つのでしょう。私の本校の一学部（健康・スポーツ科学）は、現在、この提案を元にしたパイロットプロジェクトに参加しています。そして、参加後2年が経過した頃には、この提案の価値を認めていました。このプロジェクトに参加した健康・スポーツ科学学部の幹部は、この提案が与える利点は、とくに、教員評価にかかわる議論の内容に関係しているものだと述べています。つまり、教員評価の内容が、「この教員の評価は、3.5ではなく3.6だ」といったものから、「翌年、その教員が何に従事すれば最もいい結果があげられるか」、「それの成功のためには、どんなリソースが必要であるか」といった議論に変わってくるということです。最も重要な副次的な効果は、学部が、自分たちが優先的にしなければならないことを意識するようになるということです。そして、最終的な効果は、個々の教員が、専門職として、あくまで過重にならず適切な量の仕事に従事できるようになる過程で何が学べて、そしてそれ以上何を学ぶ必要があるかについて、はっきりしたアイデアを得られることです。

　もしも、高等教育機関で、このような方針と手続きで教員評価が行われていれ

ば、教員が専門能力をつけるための勉強に使うことができる時間はずっと長くなるでしょう。そして、その結果、新しく得られたアイデアや方法を、自分たちの本務大学のコースやカリキュラムの改良のために使うことができるようになるのです。より良いコースやカリキュラム、そして、エネルギーに満ち溢れる教師から学生が得られる利益は、計りしれません。

授業評価手続きの改善手続

　教育機関が行う職務への２つ目の提言は、教育評価に関わる方針や手続きに関わるものです。

　20世紀後半の数十年にわたり、アメリカのほとんどの大学では、学生によるコースや教員に対する評価を吸い上げるシステムをもっていました。そして、このところ急速に、この評価データが、大学が実施する個々の教員の授業評価の基礎資料として取り扱われるようになってきました。しかし、だんだん教員も大学の運営の立場にいる人たちも、学生による評価を取り上げるシステム自体は改良された新しいものであることを認めつつも、学生の評価システムそれ自身に問題を感じるようになってきました。学生による授業評価に信頼を置いたシステムには、実は、大学がそれ以外の授業評価システムをもっていないという大きな問題が潜んでいるのです。それは、大学が、学生による評価以外の授業評価システムをもっていないことです。

　基本的な問題点は、大学も教員も「質の良い授業」や「質の良い学習」の構成概念について、共通した見解も、それを説明する用語も共通にもっていないにもかかわらず、授業評価を行わなければならないところに起因しています。その結果、「学生が、他のコースやその担当教員に比べ、どのくらいそのコースや担当教員が好きか」といった中途半端な基準を使用してしまうことになります。そして、学生からのデータ収集に用いた質問のうち、たとえば、「総合的にみて、今まで登録したコース（もしくは、「その担当教員」）の中で、このコース（もしくは、「コース担当教員」）は、どの程度良かったと考えますか？」といった、コースあるいは担当教員についての全般的な印象を尋ねる、１つか２つの質問の回答の中間値をとり、それをある教員が教えている授業全体の評価を決める数字として使ってしまったりするのです。これでは、大学の授業のような複雑で様々な側面をもつ活動を評価するには、あまりにも、狭い範囲しか見られない基準と言わざるを得ません。それに、もっと重大なことは、こんな方法で教員評価が行われ

ては、教員たちは、学生をどのように学習させるかという最も大切なことから目をそらして、不適切にも「学生に認められること」に力を注いでしまうかもしれません。では、このような事態はどのように避ければよいのでしょうか。

学習の質を基本に据えた授業評価　大学での授業評価でより良い手続きをつくり上げる最初のステップは、学習の質を基本に据えたアプローチをとることです。それは、授業評価の最も基本的な評価基準は、「多数の学生が、意義ある学習経験をすることができたか」のような質問で表されるような基準であるはずだからです。これは、つまり、評価の基本として、教員の専門や教授能力、学生との関係のつくり方の巧みさなどではなく、学生が経験した学習の質を考えるということです。

　もし、授業評価に、学習の質をもとに進めるなら、教育機関は、まず、学生の学習についてのデータを収集する方法を考え、それをもとに、授業評価を行わなければなりません。そのためには、評価手続きの模索のための効果的かつ効率的な実験を行う必要がありますが、私は、この研究のために役立てられる2つの提言をしたい。まず、1つ目は、教員と学生双方が必要な情報を提供する必要があるということです。教員は、学生が行った学習がどのような領域のどんなタイプのものかを示すサンプルを収集することができます。学生は、学期の最後に行われる質問紙調査で、自分がどの程度意味のある学習を経験することができたかについての自己所見を述べることができます。また、それだけでなく、教員からの要求があれば、その学期に経験できた学習を示すポートフォリオを作成して提出することもできます。ポートフォリオとは、実際に、学生がどのような学習を経験したかを見るための資料を提供するものです。

　2つ目は、質の高い学習の分類により、様々なタイプの意味ある学習を解釈し評価を与えるための言語を手に入れられるということです。教員が、基礎的な概念の学習を超えてどこまで、学生に学習をさせることができたのでしょうか。学生が授業で行った仕事から、学んだ知識を応用する力、学んだ知識を統合する力、学習の人格への影響、学習への関心や責任、学習する方法等を学習したという証拠が得られるでしょうか。もし、得られれば、意義ある学習があったと言えます。

　授業評価に学習の質を基本に据えたアプローチをとると、教育機関は自校で行っている評価手続きを利用して、教員の注意を、授業が生み出す学習を質的にも量的にも向上させていこうという望ましい方角に向けていくことができます。そして、授業評価の結果によって、教員は、自分の学生に、より良質の学習経験

をさせられる可能性を高めるためにどんな自己啓発活動をすべきかについて、アイデアを得ることができます。

学習プロセスや学習環境についての情報も考慮すること　学生が経験した学習の質の良し悪しが、授業評価の最も基本的な基準になることは、今まで書いたとおり言うまでもないことです。しかし、質の高い評価システムには、学習プロセスや学習環境情報が必要とされます。私たちは、授業の評価をするわけですから、学生が経験した学習の質と、教員が行った学習活動や学生の教育環境との相関について知る必要があります。

教授プロセスの評価、すなわち教員が行った学習活動の評価には、次の2つの情報が必須です。

- そのコースは上手に計画されているかどうか
- 学生と教員の間に良好なやりとりが行われているか

1番目の質問に答えるために、評価責任者は、コース担当教員から、コースシラバス、クラスでの学習活動例、試験等の資料を集め、検討を加えなければなりません。コースデザインのモデルから得られる評価基準を使って、次のような点についての質的評価を行うことができます。

- 教員が、学習環境について、詳細に分析を行っていたか
- 学習目標は、意義ある学習をさせることを考慮していたか
- 教員が、学生に対しフィードバックを行ったりアセスメントをしたりするとき、教育的配慮を行っていたか
- 能動的な学習理論にのっとった教育学習活動を行っていたか
- 教員は、効果的な教育戦略をとっていたか

評価責任者は、教員と学生の間の相互作用がどんな性格をもっているかという質問に答えるために、実際の教室場面の観察をしたいと考えるでしょう。しかし、同時に、評価責任者は、学生を対象に行う調査用質問紙を用いて、学生から直接情報を収集することも可能です。しかし、ここでの質問は、「教員が、知的に刺激のある質問やアイデアを投げかけてくれるか」「自分が、その内容を勉強したことがあるかどうかについて注意を払ってくれるかどうか」「自分が、そのクラ

スの中の一員であると感じさせてくれるか、また、そのクラスの中で心理的にリラックスできるような状態にしてくれるか」といった、良い授業、良質の学習についてのしっかりした理論的枠組みから出てくるような質問がいいでしょう。

そして、最後に、評価責任者は、教員が実際にどんな環境の下で授業を行っているかについて、情報を集めなければなりません。通常、教える環境というのは、授業に最も大きな影響を与えるファクターです。クラスサイズ、教室の物理的形状、クラスがいつ、どの程度長く行われているかといった時間的な制約等によって、教員が期待していた学習目標の達成がやさしくなったり難しくなったりします。このような環境ファクターが与える影響を測る最も単純な方法は、教師と学生の双方に、様々な環境ファクターの中で、授業改善の手助けになるものと妨げになるもの、また、具体的にどのように手助けとなったり妨げになったりするかを単純に聞いてしまうことかもしれません。

学習を中心としたアプローチによって行う授業評価、学習プロセスの評価、教育環境の評価の採用により、多くの大学では、授業評価の手続き自体の質が間違いなく向上しました。このアプローチを採用した主な利点の1つに、教育機関が行う事業全体を、学習の質を最も大切なものと考える考え方に、より沿っているものに変えられることです。

もし、学生対象の質問自体に、意味のある学習とはどんなものであるかが示されていたら、そして、もし、授業評価が、意義ある学習をつくることができるものかどうかという疑問から来ているものだとしたら、教員も学生も、自分たちが個人として、そして、クラスの構成員として、意義ある学習をするという教育自体の目標に照らし合わせて、現在、何をしているか考え始めるようになるでしょう。コースデザインをする際、教員は、「このデザインの仕方で、このコースを受講する学生の需要を満たせるような、また、大学からの評価が得られるような、意味のある学習を受講者たちにさせることができるだろうか」といった観点からものを考えることが評価されるようになります。コースの開講中に、教員と学生はお互い影響しあうようになりますが、そのときは、実際に行っている教室活動が、意義ある学習を生むものであるかどうかについて考えます。教員が、学期終了時に学生個々人の評価をする際には、たとえば、「このコースが、どの程度学生に意味ある学習を生むことに成功したのか」「どうして成功したか、どうして成功しなかったか」というような質問が主になります。評価責任者が、教員から提供された情報を検討するときにもつ疑問は、「この教員は、担当授業を通じて、

学生に意義ある学習をさせることができたかどうか」です。

　こういった疑問を発し、現在もその答えを真摯に探そうとしているような教育の場は、教える側から見ても、勉強する側から見ても、刺激的で興奮を覚えるような上質な場所であると言っていいでしょう。

「授業・学習センター」の設立

　教育機関がとるべき方針について、3つ目に提言したいと考えていることは、教員が授業やカリキュラムについて、新しくてより良いアイデアを得られるような全学的なプログラムを創設することです。

　この提言は、教員の専門能力の開発を直接サポートするためのものです。もし、教員がより効果的な授業を行えるような方法論を、今までより時間をかけて学んでもらおうと考えるのなら、そして、そのために時間をより効率的かつ効果的に使ってほしいなら、教員が、そのような学習を効果的に援助できるような個人に、自由に接触が可能であるようにすべきです。大学教育研究に精通し、教員がもつ疑問に答えられ、かつ、教員のために働くことができるような専門家を擁したオフィスをキャンパス内に設置することができれば、教員が、自分が学ぶ必要があると考えたことを、素早く学ぶ機会を楽に得ることができます。このような領域に直接関わる組織のリーダー的存在であるPODネットワーク（Professional and Organizational Development (POD) Network in Higher Education）は、現在、学士の称号を出すことが認められている正規の大学全体のうち30～40％は、何らかのFaculty Development Program（以下、FDプログラム）をもっていると推定しています。また、良いことに、この割合は、安定した上昇傾向を示しているとのことです。

　現在、多くの教育機関では、教員という、最も大切な人的資源にもかかわらず、最もその養成にコストがかかる人々の能力を、その機関が望むレベルまで引き上げるための方策として、いわば、財務上の観点からFDプログラムを導入しています。大多数の新任教員は、赴任時に、大学内での教育上の役割を果たせるようになることを目標とした公的な準備教育を受けていません。従って、大学教員には、大学で効果的に授業を行えるだけの理論的、実際的、そして、その研究のための知識をもつことができるよう、高いレベルの現職研修が必要になってきます。

　ところで、効果的な教授能力養成プログラムでは、どんなことを行っているのでしょうか。Cross（2001）は、TIAA/CREFがスポンサーになっている、あの

権威のあるHesburgh Awardの最終選考に残った210人の応募者が提出したプロポーザルの検討を行っています。ここで、Crossはこの賞の選考に残った活動の表題を分類すると、次の3種類に分けられると言っています。

授業の改善について
- 認知や学習についての知識の応用による。
- 特定の学生グループを対象にすることによる。
- 特定の教員たちを対象にすることによる。
- 授業に対する「個々人の見方」の開発による。

コースデザイン変更は
- 新しい教授テクノロジーを導入するためである。
- 新しいカリキュラム、もしくは、教育的な「ねらい」の開発のためである。

学習環境を変えるのに、
- 質の高い学習を中心に据えた大学にすることによる。
- 他の機関とは差別化された教育目標の開発による。
- 学生が学習によって得た結果に焦点を置くことによる。
- いい授業をしたいという動機づけと、いい授業に対しての報償を機関全体で行うことによる。

　この章で紹介をした3つの大学は、すでに大学が全学的に行うFDプログラムを設置しています。アルバーノは、「授業のない金曜日」を含めた時間割設計をしています。これによって、教員は1年を通じて、毎週、授業がないこの金曜日を使って、教員の活動ができるようにしています。そして、この時間の多くは、主にアルバーノの教員が主催するFDワークショップなどの活動に費やされています。ピッツアーでは、教員向けの集中セミナーを行い、教員が多文化学習を意味のある形で学生たちの経験の一部として取り入れることを目的とした授業改善を行う手助けをしています。また、ピッツアーでは、習ったことを形にしていけるような方法を、教員学生の双方が学べるようにするために、定期的なミーティングや、学習サークルを開いています。シラキューズ大学では、すでに述べたように、全米でも最も規模が大きい、教授、学習のためのセンターが設けられてい

ます。

学生の能力開発と教授法開発との間の整合性の確保

　最終的に必要とされる変革の1つは、教員よりも学生に焦点が置かれます。学生が、自分にあまりなじみのない教え方の授業に神経質になったり不安を抱いたりすることがあるという記述が、教員からのレポートに、しばしば現れます。学生は、誰かがゲームのルールを変えようとしていると思うと不安を感じるようです。多くの人間は、何かに挑戦するなら、実態がわからない方法でよりも、実態がわかる方法の方を好むようです。そして、たとえ、その実態がわからない新しい方法の方が、従来の方法より興味深いもので有益な結果も期待できるとしても、やはり、なじみのある方法が好まれるのです。それで、普通、学生は自分の考えに固執して、新しい方法を試してみようとは考えません。学生が、このように反応しているとき、教員は新しい教授法を導入しようとなかなか思えないものです。

　教員も学生も良い授業がどういうものであるか知っていて、その良さを理解しているような状況をつくるためには、大学自体が、教員の教育と同様に、学生を教育するより良い方法を探していく必要があります。大学、教員のどちらかの努力が欠けてしまっても、必要なものの半分しか得られないことになります。これが、大学自身が、教員とともに、学生の能力開発や、教授法の開発に参画する必要性がある理由です。

　では、これは、どのように実現されるのでしょうか。現在は、今までとは異なったタイプの授業に対する学生の受け止め方や態度を変えていこうと、責任をもって取り組んでいるのは、より良い変化を求めている教員のみです。この状態は、新しいタイプの授業を定着させるのに効果的で望ましいとは言えません。なぜなら、教員たちから「これは、いい授業だ」と聞かされるだけで、多くの学生たちが新しいタイプの授業に肯定的になっていくとは考えにくいからです。学生の受け止め方に大きなインパクトを与えるためには、大学が大学全体で、学生を教育するための方法を探し、つくり上げていかなければなりません。

　このような教育は、初年次教育か、2年時以降に続く「大学での勉強の仕方」を教えるような授業を通じ、卒業まで絶え間なく行っていくのが良いでしょう。そして、この教育は、多くの大学に設置されている Office of Student Affairs の支持協力を受けて行うのが良いでしょう。ここでは、学生の能力開発のための様々な活動を組織していますが、教員の能力開発と連携した試みが行われることはあ

りませんでした。

　もし、こういった単独、あるいは、いくつかの一連のプログラムを通して、学生たちに、どのように勉強するかについて考える機会が、定期的に且つ継続的に与えられるのなら、それは、満足すべき状態です。これは、つまり、学生たちが、「自分たちに意味のある学習経験をもたらしてくれるような学習状況を先生たちがつくれるようにするために、どのように先生を助けていけばよいのか」という疑問が問われるということです。そして、これは、つまるところ、「学生の目から見て、『意義ある学習経験』とは、何によって成り立っているのか」、という疑問であり、「そのような学習はどのような学習活動によって促進されるのか」という疑問であります。

　もし、学生たちが、意義ある学習や良い授業についての新しい考え方に見識ある見方をすることができるようになれば、教員は、授業中の学生との協同作業を通じ、もっと、容易に意義ある学習経験を引き出すことができるでしょう。そして、学生がコース評価と担当教員の評価をする際に、意義ある学習をゴールに設定し、そこに向かって、積極的な授業を展開し、教育的アセスメントを行った教員を高く評価することになるでしょう（反対にいえば、新しくより良い方法をとらなかった教員に対しては、評価が低くなるということを意味しています）。

◆ ◆ ◆

　大学は、この４つの提言を、単独ではなく、組み合わせて行うことにより、教員が自分の教育環境に合っている強力なカリキュラムを備えたコースをつくり上げられるように、サポートすることができます。そして、専門能力の開発をその目的の１つとした教員評価システムが、教員が効果的な授業や教育プログラムについて学ぶ動機づけを与え、積極的にそのための時間をつくるようになることに貢献することになります。学習の質を中核に据え、教授プロセスや学習環境も含む授業評価手続きがなされるようになれば、誰でも、どうすればもっと意義ある学習が可能になるか、という中心課題に目を向けざるを得なくなります。大学がFDであるとか、教授法開発センターのような全学に解放されているリソースをもつことになれば、新しい良質な教育プログラムの創設のために働くときも、新鮮な、自分一人では考え付かないようなアイデアにアクセスできる可能性を与えてくれます。そして、もし、教員が、良い授業というものがどういうものであるかを知り、教室作業に協力的で、良い授業をすることに積極的で熱心な教員に高

い評価を与えることができるような学生を教えられるなら、それは、教員にとって非常にやりがいのある仕事です。

このような変化は起こり得るか

今まで述べたようなことは、実は、大学には、本来、義務とも呼べる仕事です。教育プログラムをつくり維持していく方法を、包括的に、また、いろいろな次元から変えていくこと、教員の仕事や授業評価に関わる手続きを従来型から新しいものに変えていくこと、新しい学内機関として、教授法開発センターのような部署を設立すること、学生の能力開発と教員の教授能力開発を並行して関連させて考えていくこと、これらのことは、すべて時間もエネルギーも労力も必要とする仕事です。それならば、私たちは、このような、必要であるが、時間もエネルギーもかかる仕事が将来実際行われていくと期待してよいのでしょうか。

歴史を振り返ってみると、大学は、どちらかというと保守的な性格をもつ組織でした。つまり、別の言葉で言うと、変化はあってもゆっくりとしか変わらなかったという意味です。しかしながら、多くの識者が、この最近、高等教育をめぐる状況、とくに、アメリカにおける高等教育は、大きく変化してきていると指摘しています（例：Dolence and Norris, 1995, Duderstadt, 1999, Farrington, 1999）。本書の第1章にも書いたように、Frank Newman は、大学を襲っている急激な変化を起こした原因が4つあると主張しています。この Newman 等の観察が正しいのなら、高等教育機関は、変化に対し、もっと、オープンにならなければならないという、今までにない圧力を感じなければならなくなります。そして、もし、実際そんな圧力が出てくれば、教員のリーダーたちや大学の経営責任者たちは、教員が組織から受けるべきサポートを組織が実際に行えるような組織変革を主導していくいい機会を得ることになります。

大学が行う「良い授業」への定義付けへの手助け

大学のリーダーたち（教員、経営陣双方を含む）は、自分たちの機関が施す教育の魅力を高めるための仕事に従事していますが、国レベルの機関が強力な援助をすることができるようなある種の分野があります。

本書でもすでに述べたように、教育機関が抱える問題点の1つに、全学レベルで納得を得ることができるような「良い授業」の定義付けが非常に難しいことが

あげられます。もし、教育機関が、その機関レベルで共通した定義をもとうとした場合、その仕事は、学内委員会にゆだねられることになります。そのため、アメリカの高等教育は伝統的に内容中心主義が支配的な考え方なので、様々な教育訓練に適用可能な、しかも、学習中心のアプローチによって行われる「良い授業」の定義を与えることは、大変困難な作業になってしまいます。ですから、「良い授業」の定義は、国レベルの機関に任せてしまい、個々の教育機関は、必要な部分を自分たちで選び使用できれば、それは、個々の教育機関が、それぞれに必要な定義付けを探すより、ずっといい方法であると考えられます。

　これは、この10年程度の間、初等教育、中等教育の世界で成功を収めたやり方です。いくつかの連邦政府レベルの機関の助力を受けて、全米教職専門職基準委員会（NBPTS）は、本当に秀逸な教員を特定できるような、かつ、科目や教える生徒の年齢等にかかわらず高い信頼性をもつ基準を開発しました（このプロジェクトの歴史、考案されたスタンダード、そのスタンダードが与えたインパクトについての研究は、NBPTSのホームページ、http://www.nbpts.org. を参照のこと）。このスタンダードが、1989年に公表されて以来、多くの学校区全体あるいは個々の学校が、このプロジェクトにより、このスタンダードを満たすような仕事ができるようになるだけでなく、スタンダードを満たしていると認められる資格を得、そこから、利益を得ることができるような教員が可能な限り増えるように、多大な予算を投下しました。そして、アメリカ教員養成カレッジ協会（AACTE）によるリサーチによれば、このNBPTSの資格を得た教員による授業は、資格に挑戦したが資格を得られなかった教員の授業に比べ、「深い理解と首尾一貫した理解」を示したとしています（AACTE, 2000）。

優れた授業による、国家レベルで与えられる名声

　もしも、高等教育の分野にも同じような努力がはらわれていたら、どの程度の割合の教員が、秀でた教員の国家レベルでの基準を満たしているかという、教育機関同士の質を比較することができる強力な物差しができたことでしょう。これは、どうすれば実現できるのでしょうか。

　高等教育機関と関わりをもつ国レベルの機関のいくつかが、現在、高等教育レベルで教育の秀逸性確保のプロジェクトを推進しています。その中でも、卓越した活動をしているのは、アメリカ高等教育協会（AAHE）、高等教育研究協会（ASHE）、アメリカ・カレッジ大学協会（AAC&U）、アメリカ教育協議会

(ACE)、専門的組織的開発（POD）高等教育ネットワークといった団体です。これらの団体や類似の団体は、協力して、「良い授業」の定義について、洗練されているが、必要以上に複雑な難しいものでないような文言の検討と、秀逸な教員を選ぶことができるような基準の作成を目指しています。そのような基準の信頼性を、いくつかの名声と信望の高い団体が担保してくれるとなれば、個々の大学では、教員たちに、こういった基準を採用し、これを満たすように働くことを奨励することができます。

このために、全国レベルあるいはその地域レベルの外部団体が、認定を希望する教員のポートフォリオを集め、それが、スタンダードを満たしているかの判断を行うことになります。ただし、もしこの方式が採用されたら、教育機関の授業の質は、その機関に所属する教員の何％が国家レベルのスタンダードを満たしているかという1つの物差しで測られることとなります。

大学も国民も、このような物差しの重要性を早く認めなければなりません。このような物差しの採用は、実は、一部ではあるが、別の国家レベルのプロジェクトによって採用されつつあります。PEW財団（The Pew Charitable Trust）とAAHEの鍵となるメンバーである全米公政策高等教育センター（National Center for Public Policy and Higher Education）とインディアナ大学の調査研究センターは、共同で学生契約の全米調査報告を出しました（Kuh, 2001）。この文書は、高い信頼性をもつ文書で、主に大学が、大学での様々な活動への学生参加をどう改善するかを検討するためのもので、あくまで、大学内部で使用することを意図してつくられたものです。しかしながら、この文書で高い評定を与えられた機関は、そのことを外部公表する意義をすぐに見出しましたし、一般の人々も、与えられた数字を見て、それをもって、大学の質を判断する基準として使えることをすぐに理解しました。

もし、類似のプロジェクトが実施され、大学教員が行っている授業の質が数値化されたら、大学が真剣になって、質の高い教育を実現しようとしていくだろうことは疑いの余地のないことです。

その他の全国レベルの機関からのサポート

より良い授業を奨励するような努力が行われていますが、それにいくつもの全国レベルの組織が重要な役割を担っています。その中で、とくに、大学認定団体、

財団、学術団体、大学教育に関わる学術雑誌の4種類のグループが、深いかかわりをもつ位置にいます。実際に、一部の団体は既にサポートを始めており、このような団体からのサポートを得ることにより、本書で述べたアイデアはより実現しやすくなり、また、サポート自体の質も上がることになります。

認可団体

　認可団体は、高等教育に変化をもたらすことができる最も大きな潜在力をもった組織です。大学は、大学として認可されることが必要であり、社会も認可された大学が質の高い教育プログラムを提供していると考えることができる根拠は、認可団体の判断に拠っています。だから、この種の団体は、大変重要ではあるが、日々困難な仕事に直面しています。質というものは、どのように定義されるものでしょうか。また大学全体が、そして、プログラム全体が、高い質のものを供給していると、どのように説明できるのでしょうか。現在、認可団体が受けている異議申し立てを見てみると、団体が大きな影響力をもつ可能性も示唆していますが、同時に、大学を変化させる影響力を行使することの複雑さも示唆しています。

　最近のある高等教育改革に関わる論評では、1980年代から90年代にかけて、大学が様々な評価を導入していきましたが、認可団体は、その導入を外部から奨励する団体として最も主要なものであると考えられています（Lazerson, Wagener, and Shumanis, 2000）。Lazerson等によると、この影響力の結果、公立か私立かにかかわらず、ほとんどの大学は何らかのアセスメントシステムをもつことになりましたが、もつことになったアセスメントシステムは、学生の進歩を学年進級システムからだけ見て、教育の結果出てきた進歩であると考えないという欠点をもっています。というのも、データは、卒業できる学生の比率はどうか、大学教育を受けるための最低限の能力をもっているかどうか、学生の大学に対する満足度はどうであるか等のデータからの評価であり、学生の高い知的な能力や情緒面の発達、専門的なスキル等のデータに基づいた評価ではないのです（前掲書pp.14-15）。

　最近のインターネットを用いた学習や、仮想大学（バーチャル・ユニバーシティ：ネット上で運営されている大学教育）の登場は、認可団体にも高等教育機関にも、教育の質の問題を解決しなければならないというプレッシャーを与えています。ネット環境で学んでいる学生たちは、実際のキャンパスで学んでいるわけではなく、授業に必要な回数出席して、その教育を修了したというタイプの教

育を受けているわけではありません。従って、このようなネット上の仮想空間での学習環境では、認可団体は、いったい何を基準にして教育の質を測ればいいのでしょうか。この疑問は、ノース・セントラル基準認定協会が、1999年に、仮想大学として、初めてジョーンズ・インターナショナル大学に認可を与えたときに出されたものです（"Virtual Institution...", 1999）。この大学が、認可されたことは、これから頻発することになるだろう既成概念への挑戦となる最初のものであるが、仮想大学に対する支持者の側も、批判者の側も、再度、教育の質についての基本的な疑問に戻らざるを得ない状況をつくりました。それは、「学生は、大学教育の何を必要としているのか。学生が、それを得ることができたかどうかをどうやって知ればいいのか」という疑問であります。

　認可団体は、この極めて本質的な課題です。現在、評価をしている教育機関が求められる「質」を果たしてもっているかどうかを確定するという課題と格闘しなければなりませんが、それには、3つの方法があるようです。1つ目は、その機関の施設や、たとえば、教員のPh. D.保有者の割合、図書館の所蔵図書の数、受けている寄付の額等の数値処理できる特質に着目する方法です。この方法の問題点は、ある機関が、数値的には満足できる状態にあることはわかっても、その数値に表れているものが実際に効果的に使われているかどうかを測るという視点が欠落しているため、その点が不明であることです。2つ目は、その教育機関が書いている教育目標をもとに、その機関が目標を達成しているかどうかを判断することです。この方法を実施すること自体はたやすいですが、この方法では該当する機関が本当に意味のある教育目標を掲げ、それに基づいて、教育を行っているかどうかに確信を得られるかどうかは保障できません。3つ目は、認可団体自体が、自分たちの手で、「質の高い学習」とは何であるかという概念設定をして、それに従って、学生が質の高い学習を行ったかどうか、また、その機関が提供するプログラムが質の高い学習を可能にし得るようなものかを判断することです。この3番目の方法には、惹かれる利点があります。しかし、この方法は、望ましくかつ実施可能な方法なのでしょうか。

　第1章で述べた、認可団体の代表、州、連邦政府の政策立案者、法人組織、慈善団体、高等教育機関の長で構成されるウィング・スプレッド協議会では、これを望ましいこととし、はっきりイエスと答えています（ECS, 1994）。社会は、高等教育に、妥当な基準（スタンダード）の設定を求めています。基準が求められているということは、大学にとっては、存続の運命が問われるような状況でもあ

りますが、求められているものをしっかり用意できれば、大学がいい方向に変わ
れる絶好の機会でもあります。会議は、そのような状況を見据えて、「質の確信
という目的には、それぞれの大学の卒業生が出来ることを見ることが一番適して
いる」と報告しています (p. 3)。レポートは、これに続けて、「できること」の
例として、ある専門分野での技術的な能力に関わること、新しい知識の習得能力
にかかわること、思考の柔軟性や順応性に関わること、複雑な、実社会の中にあ
る問題を具体的に記述する能力に関わること等を挙げています。換言すれば、こ
のグループは、認可団体は望ましい学習がどういうものであるかを、一般性を
もった形に記述し、それを基準として用いて、該当の教育機関が質的に満足でき
る教育プログラムをもっているかどうかを判断することが望ましいと主張してい
るのです。

　さて、次の疑問は、この考え方は、認可団体にとって実行可能な考え方なのか、
ということです。これは、今までの議論でわかった通り、多くの認可団体が正に
既に実施を始めています。たとえば、工学のプログラムの認可団体である
ABETは、ABET 2000基準と呼ばれるガイドラインを既に出しています。この
ガイドラインでは、12の異なった種類の学習を認めています。そして、その多様
な学習が、高品質の学習を構成し、しかも、電気工学、土木工学、機械工学など、
工学のどの分野にも使える工学一般に共通する学習である、とABETは考えて
います。2000年から、すべての分野の工学関係プログラムは、審査を受ける際、
学生がこの12の異なった学習を実際行ったという証明を提出し、その機関が、こ
の必要な12種類の学習を学生が経験することを可能にするようなコースとカリ
キュラムをもっているかどうか示さなければ、認可が受けられないことになりま
した。

　2001年の12月に、サウザン・カレッジ学校協会は、新しい「認可の原則」を採
択しウェブサイトに公表しました (http://www.sacscoc.org/accrrevproj.asp/2002
年2月にアクセス済み)。この原則は、とくに、学生の学習活動と教員の専門家
としての能力開発についての証拠収集の方向性の面で、大きな進歩を与えたもの
になりました。

- 教育機関は、自分たちの教育プログラムの期待される成果をはっきりと認識
  する。……そして、そのような期待された成果を実際に生み出すかどうかの
  査定を行う。(Outcome#16の「組織の有効性」)

- それぞれの教育プログラムでは、プログラムを作成し、そのプログラムとそこから出た成果の評価を行う。（#1「すべての教育プログラムの基準」）
- 教育機関は、一般教育のコア科目がもつ教育力を知り、それにより卒業生が大卒レベルの能力を習得しているという証拠を提出する。（#15「学部教育プログラムの基準」）
- 教員に必要な資格を決めるにあたり、教育機関は、授業担当その他により、教育効果の高い授業をつくった優秀な教員、学生が成果をあげられるように指導した優秀な教員に、その優秀性を証明する文書を出すことを検討する。（#20「教員」）
- 教育機関は、教員として、学者として、そして、実務家としてもつべき教員の能力開発を行っている証明を出す。（#22「教員」）

（本書が出版される時期に、ノースセントラル協会も、地域の大学認可のための、これと類似した基準の検討を行っていました。http://www.ncahigherlearningcommission.org/restructuring/ を参照）

　もし、他の認可団体も、これと同様に学習中心、改善指向を基本とした質の保証をしていくことを考えるのなら、広い範囲をカバーし、また、柔軟にいろいろなケースに対処でき、様々なケースに対して直感的に正しいと考えられるような説得力のある理論的枠組みを必要とします。また、意義ある学習の分類は、これと同じ性格をもちます。そして、その分類は、ABET 2000基準の能力のリスト作成にも応用されました。それは、実際そのリストには含まれていませんが、本来含まれる可能性があるような能力をカバーできるくらい一般性をもち、そういった能力をエンジニアにはわかりやすい言葉に翻訳ができるくらいに柔軟性をもった分類です。また、ここに使われている、基礎的な知識の獲得、学習する方法の学習方法といった分類された項目は、「質の高い学習」を構成する要素でもあり、多くの人に理解しやすいものになっています。
　もしも、認可団体が、認可の手続きのために、個々の学生が意義のある学習をしたことを証明する資料を要求し始めたら、これにより、教育目標、組織構成、教育プログラム、そして、組織の方針手続きなどを、大学が、今まで以上に真剣にとらえて行けるよう変わるための大きな影響力になり得ます。それは、このような資料の要求を続けることが、教育機関にとっては、自分たちの学生に本当に

意義のある学習の機会を与えるためにやれるすべてのことに、多元的に反応できるようになる良い刺激となるからです。

財　団

　もう1つの変革をもたらすことができる力として、連邦政府の財団、法人財団、私的財団からの影響力があげられます。財団からは、教育に関連したプロジェクトに財政的支援が行われていますが、それに関連して、財政支援ができるプロジェクトを選び出すための基準を明示しています。もし、財団がその基準に、応募する際に提出する計画書に、応募の教育プロジェクトにより意義ある学習経験が可能になる証拠を求めた場合、それは、教員たちが意義ある学習について学ぶ意欲に対しての強い刺激となり、また、教員は、そのプロジェクトがもたらす学習の成果について注意深く検討することになるでしょう。

　財団による影響力の行使の最近の一例として、数年前、全米科学財団（NSF）が出したすべてのプロポーザルに、結果アセスメントについての計画を盛り込むことを求めた件があります。その後、NSFは団体のウェブサイトに、良い評価プランの例を掲載し、教員が、良い評価がどのように構成されているかを学べるようにしています。私自身も、私の大学でこの要求による影響を確認しています。NSFからの研究費に応募しようとしている学部教員が、私のオフィスを訪れ、たとえば、**形成的評価**と**総括的**評価の意味の違いについて質問したり、あるいは、自分たちのプロジェクトの評価プランの立ち上げについての協力を求めたりするようになりました。一度、このような概念を身につければ、外部資金を求めるときだけでなく、自分たちの教育プログラムにこれらの概念知識を利用することができるようになります。

　もし、財団が自分たちの影響力を行使して、教授デザインの改善を奨励していこうと考えるなら、財団は、資金援助の応募に際して求めるガイドラインを、企画されるプロジェクトのコースデザインと、このコースから期待される学習成果の双方に含まれる、鍵となる重要なコンセプトを具体化できるような形にしていくことができます。また、財団は、応募計画には、いろいろな意義ある学習のうち、とくに、どのような学習の向上を図るかを明記し、異なった、様々な「意義ある学習」の種類の異なりを理解する枠組みとして、意義ある学習の分類を共有し、それが用いられる必要があることを示すことができます。また、財団は、応募された教育活動が、効果的な教授デザインの原理を具体化できるものでなけれ

271

ばならないこと、そして、それは、その教育活動がどのような状況下で行われるか徹底した分析を行い、明確で、意義ある教育目標、積極的な学習、そして教育成果のアセスメントを含むものでなければならないことを示すことができます。

　このような条件を含めることで、良い教授デザインの原理について学び、資金を受けた教育プロジェクト（もちろん、資金を受けないものの場合も）で、その原理をどのように実現していくかについて、教員は、学ぶ動機づけを得ることになります。

学術団体

　学術団体は、高等教育に重要な役割を持つ3つ目のタイプの組織です。大学の教員は、学術団体の専門的社会的規範に基づいた、教員としての専門性を認められるように、日々、精力的に働いています。そして、学術団体が供給する情報やサービスを自分自身の仕事に役立てています。その結果、学術団体は、大学教員の仕事の姿勢であるとか、専門家としての仕事に、大きな影響をもっています。

　学術団体は、何らかの形で教育にかかわっている側面に関心をもっているのは共通していますが、団体自体には、1つひとつずいぶん種類が異なります。たとえば、教育にかかわる姿勢や、どのような便宜を供与するか、初等中等教育機関と異なり、高等教育でどの程度教えることに焦点を置くか、といった側面において、機関間の違いは大きい。このような違いがあるにもかかわらず、学術団体が大学教員に与える影響は、どの団体も大きく多岐にわたっていることは同じで、それゆえ、「その影響に影響力を行使している」と考えられています。1990年代に、最初の2つの団体が、正にそのような目標をもって事業を開始しました。

　イギリスでは、高等教育基金協議会と教育雇用省が、特定の学問分野に限定せず、資金援助を開始しました。(Jenkins, 1996, Healey, 1998)。こういった団体の事業が生んだ果実の1つは、様々な学問分野内に分野内部のネットワークをつくり上げたことです。そして、そのネットワークが学会を催し、学術報告書の展開をサポートし、たとえば、*Journal of Geography in Higher Education* のような専門領域の教育に焦点を置いた学術雑誌の出版元になっていくのです。

　アメリカでは、カーネギー教育振興財団が似てはいるが、ちょっと異なった部分のある事業を推進しています。1998年にカーネギー財団はCASTLプロジェクト（カーネギー教授・学習スカラーシップアカデミー）を設立しました。このプロジェクトの大切な部分に、「教育の専門家たちと学者たちが協力して、学問と

しての教授学の進歩のために働く」ということがあります（Carnegie Web site: http://www.carnegiefoundation.org/CASTL/index.htm; 2000年10月14日）。

もし、このような学術団体が、自分たちの扱う学問分野や専門領域の中で、授業や学生の学習の質の向上を本当に進められるような努力をしていきたいと考えるなら、どのようなことができるのでしょうか。様々な団体が、現在、行っている活動をもとに考えると、この種の団体には、次のような活動が含まれると言えるのではないでしょうか。

- 「効果的な授業」研究のスポンサーになり、研究を組織すること（例：アメリカ物理学教師協会）
- 研究会、学会誌、ニュースレター等の学問上の議論の場を、公共の場にまで広げ、授業の理論的側面や今までの学問的な発見や革新的な試み等の分析をすること（例：これは、多くの団体が、程度の差はあれ行っている）
- 大学教員に対し、これからの展望を紹介したり、重要な教授スキルの進歩を計ったりする、地域レベル、地方レベル、国レベル、国際レベル等での様々なレベルのワークショップを実施すること（例：技術士教育学会）
- 良質な授業についての考え方を手短に解説したり、まとめ上げたりしている本、論文、ビデオ、CD等の教材を提供すること（例：アメリカ経済学会）
- 個々の教員の仕事に最も影響力の大きい、個々の教育機関内でもちあがった新しい方針を広く知らしめること（例：教育機関は、どのように授業を評価するか、教員評価の中で、授業評価をどのように位置づけるか、教員の仕事や教員評価に、教員の専門能力開発をどう位置づけるか等の方針）

学術団体が、このような試みをしようとするならば、この試みと、この何十年間かに現れた大学教育に関わる基本的な考え方や文献の内容とは、どう関連付けられるでしょうか。私は、学問分野の指導者たちが、大学教育に関わる文献の内容について知っているべきであり、それが、どのように自分の分野の教育と学生の学習に関わるかについて判断できるべきであると考えます。基本的な考え方や、この分野の文献の内容について無視してしまうと、単に、どの学問分野にも根強く残る、考え方を精緻なものにしたり、組み換えを行ったり、具体的なものにするといった昔からの教授法に自分たちの仕事を限定してしまうというリスクを負っています。

文献内容と教育学習の関連付けの例として、1998年にアメリカ歴史協会教育部門によって出版された『アメリカ歴史協会報告——優れた歴史教育の授業』が挙げられます。しかし、この「優秀な教室での歴史の授業」についての出版物には、それが重要なのは言うまでもない教育の4つの論点、つまり、コースの内容、歴史的思考法、教室の学習環境、学生の成績評価が述べられていますが、ここには、現在は、高い質の学習を確保するための重要な要素であるとわかっている、積極的な学習、学習したことを書く、小グループでの作業、教室学習のアセスメント技術、真正なアセスメント、ラーニング・ポートフォリオや授業評価の必要性等の考え方にどのくらい価値があるかについて、また、その必要性がどのくらいあるかについては全く述べられていません。

　それに比べ、もっと良質でかついろいろな要素を含んでいるアプローチが、工学教育の指導者の1人であるRichard Felderによって具体化されています。既に退職していますが、現在も、精力的に仕事をしている、ノースカロライナ州立大学の化学工学の名誉教授であるFelderは、工学部教員がよい教員になるための助力をその目的としたワークショップを10年以上にわたって、単独あるいは他教員との共催で催してきました。Felderのワークショップは、授業内の小グループでの作業、能動的学習、真正なアセスメント、学生によって異なる学習スタイル等について、多くの参加者の理解を助けてきました。Felderは、FD専門家である妻と、とくに、ここ数年は、年平均50回以上のワークショップを共催し、年間延べ600名以上の教員がこのワークショップに参加しました（2000年10月2日の個人的通信による。 追加情報については、http://www2.ncsu.edu/unity/lockers/users/f/felder/public/RMF.html を参照）。この例は、分野内で適切なリーダーシップが働くと、大学教育一般からアイデアを得て、それを該当分野の教員に必要な形に翻訳し、利用できるようになることを示しています。

　本書に述べられたアイデアは、ではどのようにここに役立てることができるのでしょうか。私は、特定の学問分野での教育問題についてリーダーシップを取ろうとした教員が、他の分野で考えられている良い授業のアイデアについて習熟し、それを、単に、記憶にとどめておくだけでなく、実際に使ってもらえることを希望しています。もし、教員らが自分たちの理解を深めるために努力をしようとするなら、本書に述べられているアイデアは、非常に役に立つものです。どんな分野でも、教員は、まず、学生に何を学んでもらいたいか決めなければなりません。どんな分野の教員でも、意義ある学習を細かく分類していくことで、学習の質が

引き上げられるようなコース目標を決めるために使う言語を手に入れることができます。また、統合コースデザインのモデルにより、仕事を強力に推し進め、担当コースがもつ意義をさらに高めることができるような理論的枠組が与えられます。

　もし、すべての分野における Rich Felder のようなリーダーが、本書で説明したようなアイデアを学び、それが、自分たちにとって価値があるようなものなら何でも同僚教師たちのわかる平易な言葉で説明をして共有していけるようになるなら、それは、高等教育における授業と学習の質の向上に大きな貢献をしたと言っていいでしょう。

大学での授業を扱う学術雑誌

　大学教員が授業について学ぶためのもう1つのリソースとして、1900年代に創刊された大学教育に関する学術雑誌があります。アメリカのみに限っても200を超える雑誌が刊行されており、他の国にも、類似の雑誌が多数刊行されています（学術雑誌のリストについては、Cashin and Clegg, 1994, Deliberations Web Site〔イングランドのウェブサイトであるが、北米の学術雑誌情報も含む〕http://www.lgu.ac.uk/deliberations/journals/index.html〔2002年10月14日付けでのアクセス情報〕等を参照）。このような学術雑誌は、Ernest Boyer（1990）等に触発され、急速に目が向けられてきた「スカラーシップ　オブ　ティーチング」分野の基本的な発信手段となっています。

　Weimer（1993）の洞察力ある分析によると、教育学の学術雑誌に掲載された論文の大半は、**教授技術**、つまり、学生に課す課題や学習のための活動の作成方法に焦点を置いたものです。そういった論文は、教育的に優れた練習によって得られた知識や見識に尊敬の念をもっているという面で優れています。しかし、同時に、Weimer はいくつかの点で欠陥があることを指摘しています（pp. 45-46）。欠陥とは、論文の書き手が、自分の紹介した教授技術が他の所でも書かれていたかどうかについて明らかにしていないこと、それらの教授技術が、他の分野にも使えるかどうか明らかにしていないこと、また、それらの教授技術を他の教員が利用しようとしたとき、その利用可能性の制限要件となる、それぞれの教授技術に固有の原理や、その技術を活用するのに適した文脈などについて多くを述べていないことなどがあります。また同時に、私がこの本について勉強した際に、私自身も、多くの論文には、Weimer が「技術」と呼ぶ授業活動そのものばかりに

焦点を当てており、そのせいで、論文では、授業がどんな状況で行われているかについての情報は少なく、そのコースがどのような目標をもって行われているかについては、ほんの少し触れられているに過ぎないことを発見しました。それに加え、ほとんどの論文では、コースにおけるフィードバックや評価に関わる重要な情報はほとんど書かれていません。

　では、これらの学術雑誌に掲載された論文には、他の教員に利用しやすくするという観点から、どのような改良を加えればいいのでしょうか。私の基本的な考えは、論文の書き手が、自分の授業を広い視野から見直し、その授業でコース全体の教授戦略、コースデザインの一部として、どんなことをしようとしていたかについて考えて見ることを薦めたいということです。第4章に示されているように、「教授戦略」はお互いに関連した学習行動の連続体であり、コースやプログラム全体を結びつけている連続体である点、「教授技術」とは、全くの別物です。

　コースデザインや教授戦略についての論考を行ったり、論文を書いたりする必要があるにしても、書き手が、ある特別な教授技術について書くことはもちろん可能です。しかし、その「特別な技術」は、その技術がコースのその他の構成要素とどんな関連をもっているかについて理解できるように書かれていなければなりません。このようなアプローチをとれば、コースのすべての鍵になる構成部分に触れることができることになります。つまり、①教えることが難しいような**状況**にどのように対処していけばいいか、②重要な**学習目標**（の達成を可能にするような戦略をどのように使用するか、③個々の**教授戦略**と価値や信念との結びつきをどのように特定するか、④**フィードバックやアセスメント**をどのように改良したり、新しい方法を導入していったりするか、といった鍵となる構成部分についても述べることができるということです。この Weimer の本で述べられている価値のある学習、積極的な学習、教育評価等についてのアイデアは、上記の、論文を改良するのに大いに役に立つものの1つであると、私は、確信しています。

　一方、このような教育環境や理論的解釈について述べようとする書き手のために、学術雑誌の編集者（多くは大学教員）は論文の書き手、査読者双方を対象とした、新しくもっと幅広いガイドラインをつくるべきです。このガイドラインは、複雑なものである必要はなく、単に、ある特定のコースについての論考には、①重要な状況要因の情報、②そのコースで期待される学習のタイプについての情報、③そのコースで行われる授業活動と学習活動、④それがどのように効果的な戦略に組み込まれるかについての情報、用いられるフィードバックと評価についての

情報、の4種類の情報を含まなければならないということです。また、同時に、学習の質を測るためにどんな**基準**が用いられるかについて知っておけば、大きな助けとなります。

　もし、上に述べたガイドラインに従って、大学教育に関する学術雑誌の中で行われる議論の視野を広くし、質を高めていくために、論文の書き手、査読者、雑誌の編集者が共に協力することができれば、読み手は、雑誌の中に展開されるアイデアや新しいものについてのもっと深い理解が得られることになります。また、それにより、読み手は、雑誌で展開しているアイデアを、自分の教育現場に実際に利用することができるような方法を身につけることができることになります。

より良い教員サポートのために、すべてを1つに

　この章の冒頭に、学習者に意義ある学習を経験させることができるようになるためには、教員に、「変わらなければならないという認識」「励み」「時間」「知的、情意的サポート」「自分たちの教育を理解している学生」「認められる、報いられる」という6種類の条件が必要であることを指摘しました。この6種類の条件をすべて満たしていくためには、この章で述べたすべてのグループによる協同的、組織的な努力が必要になってきます。そして、どのグループも、自分たちの努力だけで、この6種類の条件すべてを必要な形に変えることは不可能です。高等教育機関や、高等教育に属している組織が、協力し、この複数の条件を満たすために、ここでどのような行動をとることが必要であると示唆されていたか、もう一度振り返ってみましょう。

変わらなければならないという認識

　教員が、自分たちには変化が必要だと認識することは、それが、最初に必要なステップであるという意味もあり、6条件の中では、おそらく最も難しいことです。学部教員が、一度自分たちには変化が必要だという認識をもてば、自分たちに変化を起こすための、その後のステップを実行することはずっとたやすくなりかつ効率的になります。しかし、変化が必要であることを認識し始める前に、教員は、教員が授業や学習について良く知る必要があり、自分たちのコースとカリキュラムの統一をとり、全体を以前よりも高い水準まで持ち上げることが期待されているというメッセージを、いろいろな方面から何回にもわたって受け取る必

要があります。

　いろいろな方面からのメッセージの中で最初に必要なものは、自分たちの所属機関からのメッセージです。大学は、教員に対して、大学が質の高い教育、学習を真剣に求めていることを知らせなければなりません。しかも、これは世間話のような軽い話ではなく、大切な話として、きちんと理解されるべきものです。大学は、より効果的な教育ができる機関になるために、自分たちの教育目標、教育プログラム、組織構造、組織の評価、政策と実行手続き等についての展望がはたして適切であるかをきちんと吟味し、必要ならば変更を加えていかなければなりません。成功例として、アルバーノ・カレッジの例が挙げられます。

　財団や認可団体も、外的資金やプログラムの認可への応募者に対し、資金獲得や認可を得るためには、プログラムの責任者である教育機関や教員が、効果的な授業と意味のある学習についてきちんと理解していなければならないことを明らかにすることにより、現在の状態から変化していかなければならないことの認識を奨励することができます。成功例には、全米科学財団の教育部門、工学分野でのABET 2000基準、最近認められたSouthern Association of Colleges and Schoolsによる認可の原則等が挙げられます。

　学術団体は、メンバーが専門領域の学会の、授業や学習に関連したセッションの運営や、そこへの参加を、あるいは特定の分野の授業に関する学問的な研究を学会誌に投稿したり、本を出版したりすることを奨励し、それにより、常に、変化していく必要性があることへの気づきをサポートすることができます。成功例には、アメリカにおけるカーネギー財団のCASTLプログラムや、イギリスでの学習・教育サポートネットワークが学術団体と共に行っている努力などがこれに当たります。

励み

　教員たちは、自分たちが授業について学び、効果的に教えることができる教員であろうと努力していることを、他から評価されていなければなりません。これは、つまり、大学等の高等教育機関において、よい授業、よい学習に価値を置くような文化を共有するような教員コミュニティをつくっていくべきであるということです。こういった文化の中にいることで、効果的に教えることのできる教員に期待される役割を自分も担っていくこと、自分が抱えている問題や、現在、試そうと考えているアイデア、そして、必要な助力に対し率直で正直になること、

他のことが許され、そして、それがむしろいいこととして捉えられるようになります。この文化には、教員として成功した人に対し拍手を送ることができるような側面も含まれています。

　大学等の教育機関は、たとえば、よい教員になるために、あるいはよりよいプログラムを運営するためにどんなことを学ぶべきなのか、といった種類の疑問について考えやすくなるよう勉強会を開いたりすることにより、上に書いたような望ましい文化が定着するよう努めることが可能です。授業について意見交換をする定期的に開かれる学部レベルの勉強会、あるいは大学全体のコミュニティを対象にした集まり等で、教員同士が「教える」という1つの大きな役割について意見を交わすことができます。質の高い授業は、教員にとって奨励されるべき挑戦であると、同僚たちが認知しているということは、高い動機づけをもつことができる要因としてふさわしいものです。

時　間

　教員が、良い授業について学び、効果的な授業を行う、その両方に必要な時間を確保する責任は、基本的に、教育機関の側にあります。大学は、全学的、あるいは学部や部局レベルでの努力で、教員に従来から期待されている教育、研究、管理業務のほかに、専門家としての自己啓発もできるようにするための方法を提供しなければなりません。また、同時に、教員は学部長や学部の運営委員会等と、上記の4つの教員の責任分野にどのように時間を配分していくかについて、現実的に、可能な線を探すための話し合いをする必要があります。その成功事例としては、私は、私自身の本務校で行われている、専門家としての能力開発への努力を評価項目に取り込んだ新しい教員評価システムを挙げたい。

サポート

　教員が授業について、もっと学ぶことができる用意があるとき、必要なサポートをすることができるグループは、学内学外の様々なところに存在します。現在、教員へのコンサルティング・サービスを行ったり、ワークショップを開いたり、授業観察やグループディスカッションを実施したり、専門の文献の提供などを行ったりする、学内のセンターの立ち上げやFDプログラムの実施に取り組む大学が増えてきました。このようなセンターやプログラムにより、教員は、自分自身がどのような分野に強く、そして、何については改善が可能かについて知るこ

とができ、また、「良い授業」についての一般的なアイデアも得ることができます。学術団体は、上記と同様のサービスの一部が可能です。また、それだけでなく、学術団体は、新しいアイデアを特定分野の教育に応用するために必要な「専門用語」と「事例」を供給できるという強みをもっています。大学教育に関わる学術雑誌は、大学教育に関する一般的なアイデアと共に、それをどのように特定の文脈に応用していくかについて、新しく進化したアイデアを安定的に供給する能力をもっています。

協力的な学生

良い授業の究極の目的は、優れた学習を支えていくことです。しかしながら、学習は、教員がするものではなく学生がするものです。それゆえ、効果的な授業を成り立たせるためには、自分がどういう役割をもつかよくわきまえていて、その役割を適切にこなせるような能力をもった学生が不可欠になります。多くの教育機関は、国の団体や民間からのサポートを受けて、1年次、時には、4年次の学生を対象にして、質の高い学習経験を成り立たせるためには何を考えなければならないか、どんな行動をとらなければならないかについて理解している学生を育成するプログラムを運営しています。学生が、大学が良い授業や学習が何によって成り立っているかを学び、さらに、学んだことを実行に移してみる機会を増やしていけば、学生が、教員や他の学生と一緒に授業をつくっていけるようになる意味は、より大きくなっていくでしょう。そのため、良い授業や学習について学ぶ機会は、入学時や卒業前だけでなく、学生が在学している全期間を通じてつくっていくことが望ましいのがわかります。成功例には、アルバーノ・カレッジが在学生に義務として課しているラーニング・ポートフォリオの作成の件を挙げることができるでしょう。

認められること、報いられること

教員が授業の改善する努力を長期間続けていくためには、やはり、その努力が認められ、報いられなければならないでしょう。教員の努力を認め報奨を与えるのは公的な仕事であり、それは、大学の責任に属するものです。しかし、学術団体も、大学の次ではあるが重要な役割を担うことができる立場にいます。しかしながら、役割を担うことができるといっても、報奨を与える形で教員へのインパクトを図るこのタイプの努力に関して言えば、現在ある多くの優秀教員賞のよう

な、しっかりした基準をもたない無定見なものであってはいけません。

　教育の質を認識し、質の高い教育やそれを担当した教員に、より効果的に報奨を与えていくために、教育機関は、次の2つのことをしていかなければなりません。1つは、優れた教育の「優れた」を定義するための基準を明確にすること、もう1つは、優れた授業を行った教員が報奨を受けることが出来る機会を増やすことです。

　教育機関は、「優れた授業」を判定するに当たり、学習中心の基準を用いて判定を行わなければいけません。つまり、考えなければならない最も大切なことは、本当に、「その該当する教員」（あるいは授業）の効果により、学生が意義ある学習をすることができたのか、ということです。もしそうならば、その授業は良い授業であり、もしそうでなければ、その授業は、改良が必要だということです。この判定のために、教育機関とその成員である教員は、良い授業の構成要素が、何であるかという疑問に共通の理解をもつ必要があります。意義ある学習の分類は、共通理解を得る1つの適切な方法です。次に、教員は何らかの分類を用いて、自分の授業を受講している学生たちが、どの程度意義ある学習をしているかについて記録する方法を考えなければなりません。学習中心という要素の他に、この判定基準には、コースデザインと教員と学生の間のインターアクションという、2つの、学習に至るまでに必要なプロセス的要素が盛り込まれている必要があります。そして、次に、それを踏まえ、教員と優秀賞選別委員会のメンバーが一緒になって、考えなければならないことは、良いコースデザインの構成要素、教員学生間のインターアクションの構成要素が何であるか、どんな情報を使うと、その授業が良いと判断できるか、ということです。この3つの基準を用い、授業の質の高さを決めることにより、教員が教育の質によって認められるにはどうしたらいいか、認められたなら、それは何によって認められたのか、がはっきりするでしょう。

　教育機関の2番目の仕事は、教員が認められ、それによって、賞を受けることができる道を広くすることです。たとえば、外部から見ても目立つように優秀な教員に優秀賞受賞の式を行うことは、その教育機関、少なくとも、その教育機関の長が、優秀な授業には価値があると考えていることを十分示すことができます。しかし、問題はこの種の方法では、ほんの少数の人たちにしか報いることはできないことです。本来、大学は、質の高い授業を追求し、最終的に、目標を達成したすべての教員の努力を認め、達成者には何らかの報奨をしなければならないの

です。それは、つまり、私たちは、質が高く、基準から判断して良い授業をするようになったと認められる教員すべてを掘り起こし、全員に対し、その努力を認め、公的な賞を与えていくことが求められているということです。こうするためには、教育機関には、教育環境や分野を超えて適用できるような、「良い授業」判定のために基準を開発することが期待されます。これが開発されれば、大学の行政サイドも、教員サイドも、この基準を満たすように働くことを奨励できます。そして、そのような基準を満たした教員は全員が優秀な教員であると認知され、しかるべく名前の、できれば賞金を含むような賞を受け取ることができるようにするべきです。そして、このような賞の授与を通じ、学部の優秀さが、現在は、教員が学部にもたらす外部資金の額や出版物の記録が秀でている教員の割合等の研究という側面の判断基準のみから判定されているのに対し、効果的に教えることができる教員の数も同じように判定基準として認知されていくといった、学内のダイナミズムも生むことになります。

　いくつかの学術団体も、これと同じようなタイプの賞をもっています。学術団体も大学と同じように、賞の受賞基準に、もっと、学習中心主義の思想を入れる可能性を考慮することもできるし、コースが良くデザインされている証拠、あるいはそのコースでは学生と教員が良い学びの場をつくれるような良い関係をもっている証拠を求めることもできます。このような新しい基準は、模範的な授業が、何によって構成されているかを理解し、適切に評価するという新しい学問的文化の創造に貢献し、多くの大学教員は、ここから大きな影響力を受けることになるでしょう。

◆ ◆ ◆

　ここに書いたことがすべて現実になることがあり得るでしょうか。現実的には、なかなか実現しない夢物語だと考えるのが普通でしょう。しかし、いい情報もあります。それは、ここで説明した、実現に必要な行動のほとんどすべては、多くの機関ですでに始まっているということです。だから、現在、必要なことは、いろいろなところでバラバラに行われている活動を、リーダーシップと将来への展望をもって繋ぎ合わせること、そして、それを多くの機関が授業と学習の質の改善のために取り組んでいる努力の一部に組み込むことです。

　最初のステップは、すでに始まっています。私たちは、自分たちの教育にどんなニーズがあるか、そして、それを何がサポートしてくれそうかについて、今は

考えることができます。しかし、それは、あたかも強大なジグソーパズルの上で仕事をしているようなものです。私たちは、最終目標がどうなっているかを知っています。そして、パズルのピースはすべて揃っています。では、教員と大学が協力して成し遂げなければならないことは、そのすべてのピースを決められた場所に置き、全体を組み合わせるのに必要な時間と労力を費やすことです。高等教育機関の長が、教員のサポートをすればするほど、教員は、それにより応えるようになります。そして、今度は、逆に、教員が、教育機関の中で、全体のプロセスのサポートにリーダーシップを発揮し、自分たちをサポートしてくれた組織のために、喜んで働いてくれるようになります。

　不可能な夢でしょうか。そうかもしれない。しかし、過去「不可能」と言われたことが現実になったことも実際あるのです。

第7章
良い授業と学習に関する人間的な意義

　良い授業は、より良い学習を育むものです。高等教育機関で働く人たちは、より良い授業と学習が、なぜ、重要なのかを知る必要があります。それを知ることによって、私たちの職業に対する、要求や要望にいかに応えるかが決まるからです。私の考えでは、授業と学習が人生の質に関わる、という見解を私たちは認識する必要があるのです。

　Parker Palmerは、彼の著書『教えることの勇気（*The Courage to Teach*)』(1998) の中で、授業において、どのようなことを試そうとしているのかを説明するために、すばらしいメタファーを用いています。つまり、「私に与えられた、教員としての天分は、私たちが、ともに、教え、教えられという関係において、学生と一緒にダンスを踊り、ともに、創造する能力にある、と学んだ」と彼は述べています (p. 72)。

授業、学習、そして、人生を踊る

　このメタファーを用い、学習が、人生において果たす、基本的な役割を明らかにしましょう。

　すべての人間は、人生というダンスを踊っています。私たちは、みな、この人生と呼べるダンスで、いくつかのステップを学んでいますが、常に、新しい、さらに一歩進んだステップを学ぶ必要があります。

　学ばねばならないステップのいくつかは、誰にとっても同じで、新しい世代にとっても同じである、という意味で循環的です。各世代の人たちは、人生の様々な段階を経て、育ち、発達していくにつれ、過去の世代が、学んだことやステップと同様のものを学ばねばなりません。幼少の頃は、どのように歩くか、どのように話すか、両親の異なる発言にどのように対応するかを学ばねばなりません。青年期には、家族や家族以外の人たちとの関係をいかに築くか、どのように責任を取るか、また、人生の目標をいかに設定し、それに向けて働くのか、学ばねば

なりません。成人すると、恋愛関係にどう対処するか、生計をどのように立てるのか、また、良き配偶者になるには、そして、良き親となるには、ということを学ばねばなりません。壮年期には、私たちの人生に、与えられている意味とは何か、また私たちが属するコミュニティでリーダーシップを発揮して、いかに、貢献するか学ばねばなりません。さらに、子供たちが、自らの人生を成長させるのを手助けする方法も学ばねばなりません。晩年期に入ると、ますます進む肉体的な限界に、どのように対処するかを学ばねばなりませんし、多くなった余暇の時間を、どう有意義に過ごすか、そして、最後には、徐々に、近づく死の予兆に、どのように向き合うかを学ばねばなりません。学びは、決して、終わらないのです。両親や祖父母が、経験し、子供や孫の世代が、将来、経験することと同様に、私たちは、このような学習の挑戦に、直面し続けるのです。このように、繰り返し現れる人生の問題に対して、うまく向き合い、学ぶことが、人生の質や他人との相互関係に影響するのです。

「人生のダンス」には、過去から未来へと、一定に受け継がれるものもありますが、今後、時とともに、変わりゆくステップもあります。社会や世界が変わるにつれ、各世代の人々は、以前の世代が経験しなかったような、新しく異なった状況に直面することになります。たとえば、両親や祖父母が、直面しなかった多くの学習の必要性に現代人は直面しています。これは、個々にとって、特定の内容を学習するという意味ではありません。以下の事例が、このことをよく表しています。

- **テクノロジー**　今日、人々は、人生のあらゆる場面で、多種多様なテクノロジーをいかに用いるかを学ぶ必要があります。たとえば、自動車、家庭用機器、テレビ、ビデオ機器、ビデオカメラ、コンピュータなどに習熟する必要があります。
- **ヘルスケア**　私たちは、健康状態（摂取カロリー量、コレステロール値、心臓麻痺など）に応じて、特定の症例について、新たに学ぶ機会があり、また、学ぶ必要性もあります。しかし、全く違う医学的処置のうち、どのような方法を選択するかも学ばねばなりません。つまり、伝統的な医療、鍼灸、予防医療、また、薬や手術を用いない医療やカイロプラクティスなど多くの選択肢を学ぶ必要があります。
- **青年期の生活**　両親、教員、子供たちは、一昔前とは、まったく異なる、

青年期の麻薬、暴力、性行為に関する、多くの課題と影響に今日直面しており、それらの対処法について、学ばねばなりません。
- **環境の質**　個人や公的機関は、私たちの活動が、環境に及ぼす影響や、私たちが廃棄する特定の製品が環境に与える影響を学ばねばなりません。
- **組織の影響**　企業や社会的・政治的組織がより大きく、複雑になるにつれ、私たちは、以前より、組織の影響やリーダーシップに関して多くのことを学ばねばなりません。
- **引退後**　引退した人たちは、投資戦略、低所得者向け医療扶助制度（メディケイド）や高齢者向け医療保険制度（メディケア）のような、高齢者を対象とした公的支援のプログラムに関して、より複雑な決断を要する状況に直面しています。

このような変化の結果、私たちが、直面する新しい学習の挑戦は、祖先が経験した挑戦とは全く異なりますし、今後、子孫が、直面する課題とも全く異なるでしょう。このことは、ある種の学習に関して、祖先が、何を知り、学んだかを吟味するということを、単に意味するのではなく、全く新しい学習に取り組まねばならないということを意味するのです。

したがって、私たちが経験する、あらゆる局面において、学習し続けるか、学習する必要が生じるのです。実際、ある著者は、現代社会に関する著書に『生きる方法としての学習（*Learning as a Way of Being*)』（Vaill, 1996）というタイトルを用いています。十分に、有意義で、しかも、有益な人生を送りたいと思うのであれば、誰であっても、何処であろうと、生涯を通じて、常に学び続ける必要があるということは明らかでしょう。学習をやめるということは、生きることをやめるに等しいのです。

良い学習の意味と意義

この普遍的で、継続的な学習の必要性に、私たちはどのように対応すべきでしょうか。人は、それぞれの方法で対応しますが、その方法においては、類似点とともに違いも見いだすことができます。ほとんどの人は、非公式に、そして公式に、常に学び続けるという点で同じです。しかし、ある人が学ぶ必要があることが、他人にはそうではないという点においては、異なるのです。そして、成功

する学習者に、重要な点は、学習者であるという強い認識を自らの力で発達させることにある、と考えられるのです。

人々は、いかに学ぶのか
　では、私たちが、学ぶ方法には、どのようなものが一般にあるのでしょうか。
　個人的、非公式的学習　　私たちが学ぶことのいくつかは、毎日の生活体験に応じて、非公式に、偶発的に現れます。私たちが、自分自身や、他人について学ぶことのほとんどは、人生の特定の出来事に対する私たち自身の解釈や、時には、誤解によって生まれるものです。「人々は、いかに行動するのか」「私たちを好きなのは誰か、嫌いなのは誰か」「自分のことを賢く、能力があると考えるのか、それとも、頭が悪く、不器用と考えるのか」といったことが、私たちが、日常の経験から、非公式に学ぶ様々な事例なのです。
　個人的、意図的学習　　もう1つの学習形態に、もっと意図的ですが、依然として、個人的にコントロールされているものがあります。Allen Tough（1979）は、成人学習プロジェクトと呼ばれる、広範に見られる現象について書いています。彼は、その著書で、大多数の成人は、学びたいと思う特定の事項を日常的に認識しているし、それらを学ぶ特定の方法を見つけようとしている、と述べています。
　息子のサッカーチームの監督をしていた数年前に、私も、この種の学習の事例に直面しました。私の世代の多くの父兄と同様に、私はプレイしたことのないスポーツの監督をしていました。最初は、練習を組み、子供たちを励ますといった、簡単な作業で十分でした。しかし、時が経つにつれ、（私が監督する）息子のチームは、他の多くのチームとは異なり、上手くいかなくなりました。そうなると、私は、より良い監督になるか、それとも監督を辞めるか、決断しなければならなくなります。そこで、どのような学習教材が入手可能か探し求め、ユースサッカーの監督に関する本やビデオテープ、そして地域に基盤をおいたコーチング・クリニックを見つけたのでした。私は、自ら、このような学習機会を得て、私のコーチ能力に、大きな違いをもたらしたのです。タフの言葉通り、私は、ある特定の成人学習プロジェクトに取り組んだ、ということになります。私は、個人的な学習目標をつくり、目標の達成に役立つ様々な機会を見つけたのでした。
　公的学習プログラム　　一般的な学習の第3の形態は、他者がデザインした公的な学習機会です。個人、組織内のグループ、あるいは、組織全体が、コース、学位プログラム、ワークショップ、セミナー、訓練プログラムなど、あらかじめ

デザインされた、様々な学習プログラムを提供しています。

　この公的な学習体験は、社会においても、個人の生活においても、ますます、重要な役割を担っています。現在、ほとんどあらゆる職業で、強制的あるいは自発的に、職能開発という形態で、実務家による継続学習が推奨されています。個人的には、育児、ヘルスケア、精神的問題、家庭問題、金銭管理、引退といった個々の生活特有の問題に対処するのに役立つ、セミナーやワークショップへ参加することもできます。また、組織においては、より多くの資金が、被雇用者の訓練プログラムへ投資されています。いくつかのプログラムは、仕事にすぐに役立ちますし、間接的ですが、仕事に役立つプログラムも提供されています。これは、より良い教育を受けた労働力が、組織に利益をもたらすと、組織自体が認識しているからです。公的教育プログラムは、個人や一般社会の幸福の増進にとって、ますます、重要になっていますので、このようなプログラムをできる限り、効果的にする方法を学ぶことが非常に重要となるのです。

学習者としての自己認識

　前節で説明した、３つの学習機会を私たちは利用できますが、このような学習機会に対して、人それぞれ大いに異なった反応を示します。その大きな差は、学習者としての、自己認識の強さの差にあります。

　ある人にとっては、学習機会は、たまたま訪れたように見えます。彼らは、学習を経験しますが、それに反応するだけで、全体として、学習しようとする自己イメージが比較的弱く、また、受け身です。何を学ぶ必要があるのか、あるいは、何を学びたいのかさえ、明確に認識していません。両親、教員、友人といった他人に、何をどのように学ぶのか、指示してもらうのです。そのような学習は、砂漠のあちこちに水を撒くようなものです。水は、大地に注がれるのですが、そこから、何か意義あるものが生まれることはありません。彼らは学ぶのですが、その学びによって、彼らの人生が、有意義なものへと変わりませんし、高められもしませんし、変革をもたらすこともありません。

　学習者として、より積極的な心構えをもっている人たちもいます。彼らは、日々の生活に精を出すので、何を学ばねばならないか探求し、実際に、それを学ぶ責務を果たすのです。彼らは、自分が何者か、そして、人生で何をしたいかをわかっています。そのため、**何を学ぶ必要があるのか**、そして、**何を学びたいのか**わかっており、学習に対する適切な戦略をもち、どのように、その戦略を展開

してゆけば良いのかもわかっているのです。このような人たちを Knowles（1975）らは、自発的学習者と呼び、Martinez（1998）らは、計画的学習者と呼びます。

このグループの学習者は、庭に水をやるようなものです。その庭から、何を得たいのか、彼らはわかっているのです。腐葉土を準備し、種をまき、成長期全体を通して、水を注意深くやります。この種の水やりによって、まさに、ぴったりのタイミングで、食物を収穫できるのであり、肉体と精神に、栄養を与える、おいしい食事を享受できるのです。

学習者としての自己認識が強ければ、その人に固有の学習の必要性に、より良く対応できるのです。そして、人々が、学習者として、より強い自己認識を発達させ、学ばなければならないことを学ぶことができれば、社会全体が、今よりずっと良くなるでしょう。

良い授業の意味と重要性

ここまで、私は、2つの密接に関連する点を指摘してきました。第1が、質の高い学習は、質の高い生活に絶対必要であるということです。第2は、公的な教育プログラムが、社会において、ますます重要になってきているという点です。なぜなら、新しい展望、知識、スキルを要する、幅広い人生の問題に直面する機会が、ますます増えているからです。このことは、ある程度までは真実であり、これらの教育プログラムが、可能な限り、効果的になる方法を見いだすことが重要になっているのです。このことが、国家や地方自治体が、公立学校の改善に真剣に取り組む理由であり、高等教育機関に説明責任を果たす動きを強く促す理由でもあります。公私を問わず、社会のリーダーたちは、より良い学習の必要性と、より良い授業の意味を十分にわかっているのです。

しかし「より良い授業」というものが、2つの意味をもっていることは明らかです。1つは、現在、学んでいる主題に関連して、真に、重要であると考えること（私は、「意義ある学習」と呼んでいます）を、人々が学ぶのを、教員はサポートする必要がある、ということです。さらに、これに加えて、学生が学習者として、強固で、能動的な自己認識を開発できるように、教員は助力しなければなりません。後者は、私たちが、学習機関や、より広く学習社会というものを創造していこうと望んでいるならば、絶対必要なことです。意図的で計画的な学習の価値を知り、それに対して、いかに自ら意識する形で関わっていくのかを知ろ

うとする、多くの人々を育てることが必要なのです。このような学習を推進する方法を学ばなければ、単に、授業に合格する方法を知って、学校を卒業していくだけの人々を育て続けることになりますし、人生における二流の学習者を生み続けることになるでしょう。

授業に関する新しいメタファー

メタファーを用いることは、人生を描写し、人生から得られる教訓を表す強力な方法です。教員は、何年にもわたって、自らが実践していることについて、いくつものメタファーをつくり出してきました。最近、授業に対する新しいアプローチと伝統的なアプローチを区別するなじみのあるメタファーが、用いられるようになりました。そのメタファーとは、教員は、「舞台上の賢人」を演じるよりも、「裏方に徹する」というものです。これは、授業が、主に講義中心で進められる場合、意義ある学習を引きだすのに、かなり限界があるということに、注意を促す良いメタファーです。また、メタファーは、自らの学習に責任をもつことを、学生に勧めるという点においても、価値があります。しかし、「裏方に徹する」というのは、ほとんどの良い教員が考えているよりも、ずっと消極的なイメージです。そこで、私は、この特性のみならず、その他の重要な特性をも内包した、新しいメタファーがないかと探し始めたのです。たとえば、教員は、しばしば、能動的であると同時に、受動的でもあります。また、教員は個人として、個々の役割に関する能力を伸ばすと同時に、全体的な努力として、厳格なチームワークや協調への取り組みが必要となるような相互依存の状況にいます。

そこで私は、授業に関する新しいメタファーを提案したいと思います。教員は、学習経験に関する**操舵手**であれ、というものです。(この概念は、私の激流下りの経験から来ています。現代のジェンダー感覚からいうと、*helmsman* のかわりに、*helmsperson* を用いようと漠然と思うのですが、そうすることが、より面倒な感じもしますし、そう効果的であるとも思えません。また、男女を問わず、そのような言葉をあてもなく用いることはないと思います。したがって、ジェンダー特有の言い方ではなく、元来の使い方をすることを読者の方々にはご容赦いただきたいと思います)激流と格闘するとき、難所の多い川下りをコントロールし、岩から離れるために、私たちは、ラフティングボートの中で、力を合わせて作業します。そうすることによって、川下の目的地へと到着できるのです。ほと

んどの人がラフティングボートの片側で、あるいは、もう一方で、「漕ぎ手(oarsmen)」としてパドルを漕ぎます。通常は、最も経験のある人が「操舵手」になります。操舵手の仕事は、舵を取り、漕ぎ手の努力を協調させることです。

　教員が操舵手であるというメタファーは、さまざまな関係者間の相互作用のみならず、授業全体の状況に見られる重要な特徴の多くを捉えています。まず、重要で挑戦しがいのある仕事（意義ある学習）を行っていると、グループ全体で認識しなければなりません。つまり、操舵手（教員）は、リーダーであり、全員の行動を協調させるという、重要な役割を負っています。そして、漕ぎ手（学生）も個々の役割（研究し、学ぶこと）と、他者といかに協調するかを理解しなければなりません。つまり、全員が、学習プロセスを、互いに支え合わなければならないのです。積極的に、リーダーシップを発揮する教員と共に、協調したチームとしての努力が必要なのです。

　そのグループやリーダーの決断によって、ゆっくりとした穏やかな流れにラフティングボートを漕ぎだすのか（簡単な学習）、急流に挑むのか（より挑戦的な学習）が決まるのです。急流に挑むのは、より困難ですが、その挑戦が成功すれば、より刺激的で、得るものも多いでしょう。

　そのような挑戦を成功させるためには、全員が、学習プロセスにおける、互いの心構えを了解しておかねばなりませんし、その教科自体とそれを学ぶことは何を意味するのかを見いだす必要があります。とくに、操舵手は、各個人の能力とグループ全体の能力を把握しなければなりません。漕ぎ手（学生）も、また、自らの能力、他のメンバーの能力、そして、リーダーの能力を把握しなければなりませんし、互いの信頼に基づく、精神的に一体となったチームのメンバーとして共に作業することで、自らの能力を、いかにして高めるかを探求しなければなりません。

　このように、メタファーの役割は、作業や状況の重要な側面を象徴化することにあります。教員を操舵手にたとえたメタファーは、最善を尽くしたときに、どのような授業が可能かという多面的な見方を提供してくれるでしょう。

本書のアイデアが果たす役割

　人生のダンスを踊る能力を高めるために、学びたい場合、また、学習者として、強い自己認識をもった学習者でありたいと思うとき、本書の提示するアイデアは、

どのように役立つのでしょうか。そのことに関して、私は、3つの主要なトピックスについて言及しようと思います。つまり、意義ある学習、統合的コースデザイン、そして、良好な組織的支援について、以下で説明しましょう。

意義ある学習

　意義ある学習の分類とは、学生がコースで学ぶべきことを、ある特別な概念で提示するものです。それは、授業の目的を高めることができる概念でもあります。教員が、学生に真に学んでほしいことについて想像し、学生が、偉大な教員から学んだことを省察すれば、教員も、学生も、その教科の理解を共有できますし、単に、理解するということにとどまらず、いかに、応用するかも学習することができるでしょう。では、様々な意義ある学習の範囲とは、どのようなものでしょうか。

　その分類では、教員の指導に関して、より刺激的な教育目標を設定できる6種の意義ある学習を確認できます。

- **基礎的知識**　重要な概念、原則、関係性、そしてコース内容と関連する事実を理解し、記憶に留めること。
- **応用**　その科目についての考え方（たとえば、批判的考え方、創造的考え方、問題解決、意思決定など）に取り組むことができ、そして、その他の重要なスキルを発展させ、複雑なプロジェクトをいかに扱うかを学ぶこと。
- **統合**　知識、特定の思想、人間といった領域間の類似性と相互作用を確かめること。
- **人間の特性**　新しく、よりよい方法で、自分自身と他者を相互作用させること。つまり、新しい知識の個人的、社会的意味を発見すること。
- **関心を向ける**　ある教科に関する人々の興味、感情、価値観の変化に関心を向けること。
- **学び方を学ぶ**　研究のための、よりよいスキルを獲得し、ある特定の教科の知識を調査・構築する方法を学び、自律型学習者になる方法も学ぶこと。

　これらの学習目標を定式化できれば、意義ある学習を学生が経験できる可能性を創造できます。しかし、新しく、より野心的な目標をもつことは、これらの目標を、より強力な学習経験と結びつけない限り、満たされない期待を抱くだけに

なるでしょう。そして、このために、教員は、もっと意義ある学習経験を創造する方法を学ばなければならないのです。

統合的コースデザイン

統合的コースデザインのモデルは、教員が意義ある学習を支援、促進することができる道具です。既存の有効なアイデア、たとえば能動的学習や教育的アセスメントといったものを授業に組み込み、構成することができ、また、様々なアイデアを結合・統合することによって、そのアイデアの影響力を大きくする方法を示すことができるのです。

設計の初期段階 —— 強固な主要構成部分の構築
1　状況要因の慎重な分析
2　意義ある学習目標の確認と設定
3　意義あるフィードバックおよびアセスメント形式の作成
4　効果的な授業・学習行動の構築
5　上記4つの主要構成部分の統合

設計の中間段階 —— 主要構成部分を学習活動の全体的計画に組み込む
6　テーマに沿った授業構成の確認
7　強力なインストラクショナル戦略の策定あるいは選択
8　学習活動の全体的計画に授業構成と教授戦略を統合

設計の最終段階 —— 残っている作業の完成
9　公正な成績評価システムの確立
10　想定可能な問題の発見・修正
11　授業シラバスの作成
12　授業内容および指導の評価を計画

上記3段階の各ステップに基づいて、慎重に作業を進めることによって、授業設計の方法を学ぶことができれば、教員は、極めて、効果的な授業設計を行うことができるでしょう。このコースデザインは、さらに、要件を満たす必要はありますが、教員のみならず、学生に対して、真に、意義ある学習経験の可能性を創

造するでしょう。

組織的サポート

　高等教育機関の教員にとって、本書で述べた、新しい授業方法を学ぶには時間や努力を要するので、様々な組織から、現在受けているよりも多くの支援を受ける必要があるでしょう。

　まず、カレッジや大学が、以下のような支援を提供する一定の方策をとる必要があります。

- その機関が、内部で、協力的に運営されており、組織化されていることを確認すること。
- 高等教育機関の教員が、授業や学習に関する、新しいアイデアを学ぶ努力を、以下の方法で支援すること。つまり、高等教育機関の教員の職能開発を教員の業務の一部に統合し、教員が、授業や学習に関する、新しいアイデアを学ぶ支援センターを設立すること。(教員が、学ぶことができるアイデアの一覧は、付録Bを参照)
- 職能開発に必要な時間を、どのように設定するかを決める際に、教員と共に、作業が可能な高等教育機関のリーダー、とくに、学部長を有すること。
- 教員の授業に対する考え方を成長させるような方法で、授業を評価すること。つまり、学生の学習に焦点を当てた授業、および、授業の質を、さらに高めるために、何が必要かという点が重要。
- 良い授業と学習が構成されている要素について、学生を教育する仕組みを開発すべきである。そうすることによって、新しいアイデアを用いる教員と協力可能となる。

　第2に、高等教育機関の教員を支援するには、様々な高等教育に関わる組織からの支援が必要です。

　教育に関わる国家組織は、カレッジや大学が、良い授業を促進するために、その良い授業の定義を創出する主要な国家プロジェクトに協力すべきでしょう。このようなプロジェクトは、以下の2点に留意して、形成される必要があります。つまり、幅広い教科や授業の状況に対して、十分な意義をもつという点と、良い授業と並の授業を区別するための明確な方法を用いる、という2点に留意し、プ

ロジェクトは形成されるべきでしょう。良い授業の定義が明らかになれば、カレッジや大学は、真に優秀な教員を認知し、その教員に報いることができる有効な基準をもつことになり、高等教育機関における指導の質を評価できる有効な基準ももてるでしょう。

　認証機関は、すでに妥当な方向に向かっている政策を続けることが必要です。その政策とは、個々のカレッジや大学が、学生が意義ある学習を達成しているという証拠と、教員ができる限り有効な授業方法を学ぶ職能開発活動を定期的に行っている、という証拠の提供を促進することです。

　政府、企業、民間組織にある**財政支援機関**は、教育関連プロジェクトに資金を提供しています。これらの機関が、資金提供するプロジェクトを説明する場合、以下の2点が、重要であるということを応募者に告知することが有益でしょう。つまり、プロジェクトにおいて、どのような意義ある学習が推進されるのか確認できること、そして、提案された活動が、能動的学習や教育的アセスメントといった有効なインストラクショナル・デザインの原則を、どのように反映しているのかを示すこと、の2点が重要です。

　教科別団体は、現在、様々な方法で、その教科の範囲内で授業を改善する努力を支援していますが、これらの団体の活動が、以下に示す可能性全体に反映されるならば、その教科の授業実践において、さらに大きな影響を与えることができるでしょう。つまり、カレッジの授業に関する主要なアイデアとその科目特有の状況を関連づけるワークショップを提供すること、効果的な授業に関する研究に資金を供与し、組織化すること、現場の教員が授業に関する関心事や経験、研究、成功事例などを分かち合えるフォーラム（会議、専門誌、ウェブサイト）を提供すること、良い授業実践方法に関するアイデアが要約・統合された教材（書籍、論文集、ビデオ、CDなど）を作成すること、授業に影響を及ぼす政策課題に取り組むために地域の組織やその他の国家組織と共同で作業を行うこと、などが挙げられます。

　カレッジの授業に関する専門誌の増加は、その読者の授業に、より大きな影響を与えうるでしょう。ただし、専門誌の編集者、著者、評者が、以下の点について、配慮することが重要です。つまり、専門的な論文とカレッジの授業に関する一般的な文献の主要アイデアを関連づけること、特定のテクニックからより広範囲にわたる授業戦略へと焦点を広げること、インストラクショナル・デザインの主要な要素すべて（状況要因、学習目標、フィードバックとアセスメント手法、

授業・学習行動、そして、これらの要素間の関係）に関する情報を提供すること、が重要です。

　高等教育に関わるカレッジや大学、その他の組織が、教員に上述のような支援を行えば、教員は、革新的に異なるすばらしい学習経験を学生に提供できると、私は確信しています。

教員と学生の相互作用を最大限に引きだす

　ここまで議論してきた、コースデザインに関するアイデアは強力ですが、良い授業と学習の全人的な意義をもっと引き出すには、それだけでは十分とは言えません。良い授業と学習は、教員と学生間の良い相互作用を必要とします。現在、私たちが実行できるインストラクション・デザインとして、学生との相互作用を高めることができそうな3つの概念があります。それは、教員の信頼性、リーダーシップ、授業の精神的特性です。

教員の信頼性

　教員の信頼性とは、説話者の信頼性、あるいは、「情報源の信頼性」に関するコミュニケーション研究から引き出された概念です（Cooper and Simonds, 1998; Berlo, Lemert, and Mertz, 1969）。その基本的な命題は、説話者（あるいは教員）が、聴衆とコミュニケーションをとっているとき、聴衆は、その話し手が信頼あるいは信用できるかどうかを、常に、判断しているということです。聴衆が、説話者を信頼あるいは信用できると考えた場合は、説話者のコメントやアイデアを注意深く聞きますし、そうでない場合は、説話者から心が離れ、何か他のことに注意を向けてしまいます（インストラクショナル・コミュニケーション分野の博士号をもつArletta Knightは、教員の信頼性に関する概念をインストラクショナル・コミュニケーション分野から、カレッジの授業に関する専門分野に適用することを精力的に研究しました。この概念に関する全体的な記述は、以下のサイトの彼女のコメントを参照してください。（http://www.ou.edu/tips/ideas/credibility.html：アクセス日時は、2002年10月14日）

　コミュニケーション論の研究者は、特定の説話者が信用できるか、できないかが、何に基づくのか、そのデータを集めており、そのデータに関する要因分析を行っています。研究者の好みによって、3要因モデル、4要因モデル、5要因モ

デルが用いられていますが、私は3要因モデルを好んで用います。その3要因モデルは、KouzesとPosnerのリーダーの信頼性についての著書（1993年）で議論されているモデルと同様のものです。このモデルでは、説話者の信頼性に影響を与える主要な要因は、能力、信用、そして、ダイナミズムである、と結論づけています。この概念を授業・学習状況に適用した場合、学生が教員を評価し、どの授業やコースを選択するかは、学生が、各教員の能力・信用・ダイナミズムを、どう認識するかで決まってくる、ということを示しています。

　これらの3要因は、2段階のレベルで解釈でき、そのどちらも重要です。教員は、実際に、能力があり、信用も得ており、熱意にあふれているかもしれません（または、そうではないかもしれない）。この現実が、実際には、重要です。しかし、学生が、その教員を能力、信用、ダイナミズムの点で、十分であると**認識する**かどうかが、現実とは別に、また、重要です。たとえば、実際に、非常に能力のある教員が、学生にとっては、能力がない教員だと認識されてしまう場合もあ

表7-1　教員の信頼性を表す特性

能　力	信　用	ダイナミズム
その科目の知識	学生が、心から関心をもてるか	その科目への熱意

「以下のケースに当てはまれば、教員は能力があり、信用され、ダイナミックであると、認識される。」

能　力	信　用	ダイナミズム
・複雑な教材をうまく説明できる ・クラス運営の技法に長けている ・学生の質問に適切に答えられる ・他者の重要な研究に言及することができる ・コミュニケーションをうまくとれる ・教えていることを実践できる ・幅広い情報をもっている	・約束事に従う ・すぐにフィードバックする ・評価について合理的な説明をする ・偏らないこと。つまり、多面的な見地から教える ・すべての学生を同等に扱う ・学生を困惑させない ・柔軟性がある	・非常に、エネルギッシュである ・興味深い人物である ・柔軟である。つまり、学生の関心を高める方向へと逸脱できる ・プレゼンテーション技術に長けている ・様々な授業技術を使うことができる ・時々、予期できないことをする ・学生と積極的に関わる ・クラスに自分の個性を付け加える。

ります。そのような場合、教員の信頼性は、実際の能力にかかわらず、低く見られてしまいます。

　教員の信頼性の概念は、次のような疑問に行きあたります。つまり、教員の能力・信用・ダイナミズムに対する、学生の認識に影響を与えるのは、どのような教員の行動なのだろうか、という疑問です。多くの参加者が、この疑問について議論し、表7-1に示されているような、各要因を結びつける、教員の行動をリストアップしています。

　多くの教員は、この概念と、それにともなう行動の一覧が学生との関係を改善する要素であるとわかっています。教員は、自らの行動や、行動しないことによって、問題を引き起こすかもしれないということを認識していますし、比較的簡単に、行動を変えられることもわかっています。そして、行動を変えることができる教員は、その後、学生との関係を顕著に改善できることもわかっているのです。そのため、このリストは、教員と学生の相互作用を高める重要な価値をもった概念といえるのです。

リーダーシップ

　教員と学生の関係について、関連する2つ目のアイデアが、リーダーシップの概念です。教員は、一般に、所定のコースの責任者である、と大学や学生から認識されています。このことは、コースについて考える教員が、リーダーになるチャンスかもしれませんし、リーダーシップ・スキルを用いる良い機会でもあります。

　学生との相互作用を改善し、その指針を得るために、リーダーシップに関する文献のアイデアを使いたい教員にとって、多くの理論やモデルが参照可能です。私は、リーダーシップ論に関わるモデルを、すべて研究したわけではありませんが、そのいくつかのモデルは、教育の場にも、応用可能な意義をもつアイデアを提供しています。

　とくに、教育現場で価値をもつと考えられるモデルの1つが、Bernard　Bass（1984, 1994, 1998）が、展開した「変革的リーダーシップ・モデル」です。このモデルで、Bassは、変革的リーダーシップ理論の4つの要素を説明しています。理想化による影響、モティベーションの鼓舞、知的刺激、そして、個別の配慮です（表7-2を参照）。このリストを見ると、学生との関係で問題を抱える教員が、従来とは異なる学生との関わり方を確認するために、これらの概念を使える、と

いうことが容易に想像できます。

他のリーダーシップ・モデルの方が、有意義であると考える人もいるでしょう。それは、それでいいことだと思います。現在、私が指摘できることは、リーダーシップ論には、様々なものが存在し、教員が、学生との相互作用を分析したり、高めたりする方法を教えてくれるということです。

**表7-2　変革的リーダーシップ・モデル
4つの要素と関連する行動**

---

1. 理想化による影響
   - 自らの役割の責任を果たしたときには、自らの価値をモデル化し、提示すること
   - 賞賛、尊敬、信頼を保証する方法で行動すること
   - 他者が、リーダーとして認識し、見習いたいと思っていると想起すること

2. モティベーションの鼓舞
   - 仕事の意味と仕事への挑戦を提示することによって、他者に動機付けを行い、励ますこと
   - チーム・スピリットを高揚させること
   - 熱意と楽観的な態度を見せること
   - 魅力的な将来像を想起し、それに他者を関わらせること

3. 知的刺激
   - 前提を疑う、問題を別の角度から検討する、既存の状況に新しい方法でアプローチするなど、革新的・創造的になるように、他者を刺激すること
   - 個人の失敗に対して、公の場で批判しない
   - 他者に新しいアイデアを求める

4. 個別の配慮
   - 各個人の達成感や成長へのニーズに特別な注意を払う
   - 協力的な環境のもと、新しい学習機会を創出する
   - 個人差を認識すること（ニーズや欲求に関して）
   - 双方向のコミュニケーションを促すこと
   - 効果的に聞くこと

出典：Bass（1998）を修正。

授業の精神的特性

過去20年間、Parker Palmer は、教育について、新しく異なるアプローチで、研究し、著作を著してきました。とくに、『知られていることを知る（*To Know as We Are Known*）』（1983）と広く読者を得た『教えることの勇気（*The Courage* to Teach)』(1998) の 2 冊で、特有の観点から基本アイデアを整理しました。一般的に言えば、知性、感情、精神といった重要な 3 つの特性を統合することによって、授業についての私たちの理解を広げようと試みた、と Palmer は語っています (1998, p. 4)。人生の精神的特性について、彼は、「人生の大いなるものと結びつけられた心の切望——つまり、愛情ととくに教えるという仕事に生命を吹き込む切望——に答える様々な方法」に言及しています。(p. 5)

こういった観点から授業を考えると、愛情、信心深い教育、全体性、連結性、知者と既知のものとの有機的な関係など、新しく異なる要素の重要性に気づくのです。この文学的な言葉の核心は、3 つの主要な影響力——つまり、教員、学生、教科——の相互作用から教育というものは生まれる、と考えていることです。これらは、すべて、相互依存の関係にあります。つまり、各々が密接に結びついており、他の 2 つの要素の変化によって、強く影響を受けるのです。しかし、Palmerは、この関係の中心に「教科」を置いています。彼は、教員と学生は、「教科」についての真実を学ぼうとする、学習仲間と考えているのです。

授業の精神的特性を追求するために、教員が、とるべき多くの行動がある、と Palmer は論じています。教員は、強固な個性と高潔さを追求しなければなりません。そして、コミュニティをいかにつくり出すかを学ばねばなりませんし、「コミュニティを知ること」「コミュニティで教えること」「コミュニティから学ぶこと」に、いかに向き合うかを学ばねばなりません。これらは、すべて、熟慮と信心を通じて、学生と教科に、深く耳を傾ける高い能力に関わるのです。学生が、教科と教員、そして、学生自身とその仲間たちと、感情的・知的・精神的関係を築くことを支援することが目的なのです。

Palmer が、このトピックスに関する最も目立った、広範囲にわたる書き手であることは明らかですが、その他の著者たちも、精神と愛情が、どのようにすれば教員と学生の関係や相互作用の一部になりうるのかという問題を探求しました。Vail は、自らの著書『元気あふれる指導と学習 (*Spirited Leading and Learning*)』(1998) において、どのような組織のリーダーにとっても、精神性と学習が最も重要であると考えており、その重要性に関するいくつかのアイデアが Palmer と共通しています。Mary Rose O'Reilley は、このテーマに、直接、言及する著書を 2 冊著しています。『穏やかな教室 (*The Peaceable Classroom*)』(1993) で、内的生活を充実したものにするために、学生に自由を許すという非暴力的なクラスを創造する努力を彼女は描いています。彼女の最近の著書である『ラジカルであ

ること（*Radical Presence*)』(1998) では、教育というものは、熟慮にもとづいた実践の場であり、予言的な営みであるという見方を提示しています。

◆ ◆ ◆

　教員の信頼性、リーダーシップ、授業の精神性という3つの大きな道筋に基づいて考えることは、学生との相互作用や関係を強化・改善する考えや方法において、多様な可能性を教員に提供するでしょう。これらの要素と学習経験を設計する新しいアイデアが結びつけば、授業の実践に臨むための強力な能力を、教員に与えることができるでしょう。教員が、授業において、上述の要素を発展させ、高めることができれば、その結果として実現されたものは、学生のみならず、教員にとっても、より強固で刺激的な学習経験となるでしょう。

伝統的な授業方法をやめるべきか

　この点に関して、1つの重要な要件が付け加えられるべきです。私は、教員が、教育に関する新しいアイデアを学ぶ必要性を強調してきました。また、伝統的な教え方と、ここ数年の教育分野の研究から明らかになってきた、新しい発想を付け加えることで達成しうる教え方との対比を、本書の大半で描いてきました。そして、私は、教員が新しい発想を学び、それを実践することは正しいことである、と信じています。

　しかし、それと同時に、私は、これらの伝統的な教育手法というものにも、それが改善されうる場合は、良い面ももっているということも認識していますし、信じてもいます。人文科学は、研究対象となるテキストを詳細に検討し、議論し、学生による、深い自己省察を促すエッセイを作成させるという長い伝統をもっています。科学分野における価値ある伝統は、実証的な分析を用いることです。その一部は、実験室の中で起こり、また、様々なフィールドワークの中で観察されるものです。社会科学では、ケーススタディを用い、授業に、社会的現実をもち込んで分析するという手法で、偉大な価値を発見してきました。

　このような伝統的な教育手法は、確かに、価値をもっていますが、その影響においては限界があります。より強力なコースデザインが組み込まれ、教員と学生の、より強い相互作用が起これば、限定的だった影響が、より大きくなりうるのです。したがって、教員の真の仕事は、新しい発想を学び、自らが教える教科や

分野の伝統にとって、何が良いことなのかを見極め、その両方の良い部分を結びつけた、新しい授業の形を創造することにあります。

良い授業の原則と精神

　私たちは、伝統的な授業方法に何かを付加し、それを乗り越えようと努力しますが、その場合、何がしかの選択をせざるを得なくなります。そのためには、良い授業の正しい原則と精神とは何かを見極める必要があります。

　最近、私は、地元の教会で、この議論と関連するいくつかの重要な特徴を示唆する牧師の説話を聞きました。そのとき牧師は、信者が、信仰確認式と洗礼式の教訓から学んでほしいことについて話していました。その説話で、彼は、信者が善良に、正しい生活を送るためのルールを学ぶことを望みました。しかし、ルールを学ぶだけでは、私たちが関わっている、すべての状況をカバーすることができないため、ルールを学ぶだけではなく、善良な生活の原則を学ぶことを望みました。そして、牧師は、さらに、ルールや原則だけではなく、善良で正しい生活を送るための正しい精神を見つけることを信者に望んだのです。人生を深く、十全に、そして、精神的に送りたいと希求しなければ、すべてのルールや原則を知っていても、私たちにとって、何の価値ももたないということです。

　これと同様のパターンが、授業の実践にも応用できると思います。私は、良い授業のルールに資する何かがあるという確信はありませんが、いくつかの原則はあると考えています。たとえば、コースデザインの分野では、いくつかの重要な原則があります。コースデザインの基本的な構成部分に、意義ある学習の目標を達成する手段として、能動的学習と教育的評価を組み込むべきです。コースの構成とインストラクショナル戦略は、差異化と統合の両方によって、特徴づけられるべきです。この他にも、いくつかの原則があるでしょう。

　これらが、授業に関する重要な原則を構成するのであれば、授業に相応しい精神については、一体、どんなことが言えるのでしょうか。この問いに対する答えを探しているときに考えたことは、その他の人間活動の分野において、正しい精神とは何か、ということでした。そのとき、あらゆるケースで、人の行為に対して、愛情や情熱といった精神をもつことが、最も重要であるとわかったのです。このことは、（芸術家にとっての）音楽や絵画への愛情、（ビジネスマンにおいては）高品質の製品やサービスを顧客に提供する愛情、（医者にとっては）人々が

健康になるように診察することへの愛情、なども当然含まれるでしょう。

教員にとっても、正しい精神をもつということは、必然的に、愛情を伴うものです。私の良き友人で、同僚であるすばらしい教員の Tom Boyd は、良い教員は、教科を愛し、学生を愛し、授業と学習のプロセスを愛するべきだ、と書いています（1997）。この3つの愛情は、すべて必要であり、1つでも欠けると、授業の実践は暴君的になり、指導力に欠け、不適当なものとなるでしょう。

私が、あと1つ付け加えるとすると、自分自身を愛し、尊敬する必要がある、ということです。この種の正しい自尊心は、謙遜という重要な特性を引き出します。この謙虚な精神が、教科について、学生について、そして、学生たちに、いかに教えるかについて、すべてを知っているとは限らない、と私たちに認識させるのです。最後に、この種の愛情によって、私たちは、自分自身の限界を受け入れることができるのであり、必要とされる学習は、学生と教員の相互作用から生まれるだけではなく、学生自身の内なるものから、そして、学生間の相互作用から生まれるべきであると認識することができるのです。そして、私たちはこのような学習プロセスを信じることができるのです。

起こりうる1つのドリーム

ほとんどの人が、マーチン・ルーサー・キングの有名な「私には、ドリームがある（I Have a Dream）」という、スピーチを読んだり、ビデオで見たことがあるでしょう。キング牧師のスピーチは、人々を奮い立たせるスピーチでした。その理由は、彼自身のドリームを語ったということだけでなく、私たちが尊重し、実現のために、努力する社会とはどういうものか、明確で、力強いイメージを与えたからです。つまり、キング牧師はスピーチを通じて、すべての人が真の自由を経験しうる、統合された多文化的な社会のイメージを、私たちに与えたのです。

私も、また、ドリームをもっています。しかし、このドリームは、授業、学習、そして、高等教育についてであり、学習が、個々の人生や社会において果たす役割についてです。以下に述べることが、私のドリームです。

　　私は、人々が、すべての人々が、学習に満ちた人生を過ごしていると確信している。人生のあらゆる段階や局面において、人々は学習の必要性を認識している。つまり、学習が人生に豊かさと活力を与えてくれることを明確に知っているのである。

さらに、質の高い人生と質の高い学習が強く結びついていると確信しているので、人々は、学ぶ必要があることをいかに学ぶかも知っているのである。様々な学習戦略を利用できることにも十分に気づいており、それらの戦略を用いる方法も知っている。つまり、新しい経験を得ること、新しい経験や昔の経験から得られた意味を省察すること、新しい情報やアイデアを獲得すること、他の人々と関係を持つこと、特別な教訓を与えてくれる人に関心を向けること、そして、公的な教育プログラムに参加すること、などをわかっているのである。
　あらゆるところで、人々は、このような方法を実践することができる。なぜなら、公的な学習経験と非公式な学習経験を通じて、人生に関わる学習の重要性について学んでいるからである。両親、友人、コミュニティの仲間たち、そして、教員たちが、継続的な学習が、なぜ、重要なのかを明らかにしてくれるし、人々が学ぶことができる様々な方法を明確に示してくれる。
　こういったプロセスで、全員が、重要な役割を果たすのだが、正式な教員の役割を担う人々は、とくに、決定的に重要な役割を果たすであろう。教員は、学習経験を設計する状況に責任を負っている。その責任を果たせば、教員は多面的なレベルの学習をサポートできる。教員は、人々が、教科や主題について学ぶのを手助けするだけではなく、学習の重要性や継続的な学習の特別な方法を学ぶ手助けもする。その結果として、これらの教員のもとで学ぶ学生は、学習者としての自覚を強くもつようになり、自律型学習者へ発展していくのである。
　私の夢では、教員は、多面的な学習経験をつくり出すことが可能だ。なぜなら、教員が、その役割を担うのに十分な準備をしているからである。また、教員には、感銘を与える教員であろうとする精神を支える内発的動機と外部からの誘因もある。
　教員は、必要な準備、支援、そして、承認を得ている。なぜなら、教員が働く組織——学校、カレッジ、大学、教会、ビジネス社会、コミュニティ内の諸組織——は、良い授業の重要性を認識しており、教育プログラムをつくり、教員を支えるのに必要な組織変革を行っているからである。
　そして、個々の組織は、このような支援を教員に提供できるのである。なぜなら、教育に関わるすべての組織が、この共通の目標に向けて、互いに、助け合うからである。そして、この努力への協調関係も生まれるのである。なぜなら、一般社会や教育現場、そして、とくに、高等教育に携わるリーダーたちは、質の高い学習が、社会において、絶対的に重要であると認識しているからである。このため、リーダーたちは、必要な組織変革がなし得ることを学ぶのである。

　これは大きなドリームです。今は、単なるドリームにすぎませんが、すべての大きな変革は、誰かが、新しく異なる方法をイメージすることで始まるものです。多くの人が、同じドリームを見て、そのドリームが価値あるものと思えば、物事

が始まり、変革をなし得るのです。イメージすることができれば、あなたにもできるのです。

　本書が、読者の想像力を刺激し、新しいドリームや追求する価値のあるドリームを見いだす手助けをすることが、私の希望です。読者の皆さんは、教育機関において、教員、学習者、また、リーダーであるための、何か新しい道筋を想像するかもしれません。もし、あなたが、教員であり、本書が示したアイデアや変革にまじめに取り組めば、コースの設計者として、あなたは、ますます有能になると、私は確信していますし、また、期待もしています。そして、あなたが、それをなしとげれば、人々の学習経験に責任をもつ重要な人物として、ますます、力をつけ、感銘を与えることができるのです！

　私は、また、本書のアイデアが詳細に検討されることも望んでいます。アイデアが、正しいか間違っているかという観点からではなく、そのアイデアが**有用か**どうかを確認するために、詳細に検討してほしいのです。本書のアイデアは、正しいか誤りかという、学説として見るのではなく、むしろ、あなたを刺激的なところへと導くものと考えるべきでしょう。本書で提示されたアイデアが、実際に有用なものであれば、教員、学習者、そして組織のリーダーたちによって、人生を豊かにし、人生に活力を与えてくれる学習経験と教育プログラムの創出が可能になるでしょう。

　これが、私の希望であり、ドリームです。

付録A

コース計画
――最終手引き

　教員が、コースを計画するときは、いつでも、本質的には、計画をつくりだすことを目的とした一連の決定をします。この場合、その計画は、教員と学生が授業の中で行うことのための活動の計画から成り立ちます。この手引きは、コースの計画にあたって、いくつかの決定を確認し、適切な流れで、これらの決定を並べ、そして、良い決定をする方法を提案します。これらの決定を、計画のプロセスとして以下の通り3段階に分けました。

　初期段階　コースの最も重要な要素を構築すること
　中間段階　要素をダイナミックで、首尾一貫したまとまりに組み立てること
　最終段階　重要な詳細に関心を向けること

初期段階　コースの最も重要な構成部分を構築すること

1．あなたは、どこにいますか？
　　状況要因を判断しましょう。
- **具体的な文脈**　学生の数、教室の種類など。
- **大まかな文脈**　カリキュラム内での位置、専門の準備など。
- **教科の性質**　一点集中か分岐するか、安定しているか速く変わっていくものか。
- **学生の特徴**　予備知識、態度、成熟さなど。
- **教員の特徴**　教科、学生に対する知識や想い、すなわち、授業哲学や経験など。
- **特別の教育学的チャレンジ**　この教科をよく教えることの特別な挑戦は何？

2．あなたはどこに行きたいのですか？

　この授業の学習目標は、何ですか？　理想的には、あなたは学生たちにこの授業から、何を得てほしいのですか？　いくつかの可能性として挙げられるのは、

- **基礎的知識**　重要な内容の理解：事実、原理、概念など。
- **応用**　考え方のスキル、その他の肉体的、知能的スキル、複雑なプロジェクトを扱うこと。
- **統合**　概念、情報、生活の領域を組み合わせること。
- **人間の特性**　自己と他者の相互作用の方法を知ること。
- **関心を向ける**　自分の感情、興味、価値の変化。
- **学び方を学ぶ**　授業後の学びをどう維持するかを学ぶこと。

3．学生とあなたは、もし、そこに行き着いたとき、それをどのようにして知るのでしょうか？

　それらの目標に学生が到達したとき、あなたはそれをどのようにして知るのでしょうか？　どのようなフィードバックや課題が適切なのでしょうか？

　様々な目標のためによく考えられた適切なフィードバック、課題の１つの方法のために、この付録の最後にある表A-1を参照してください。

- ここで述べられた、それぞれの全体的な目標のために、その目標に向けた個々の進歩について、あなたとそれぞれの学生に伝わるだろうどのような情報を集めることができるか？　クラス全体がどのくらいよく学んだかについては集めることができるだろうか？
- そのために、筆記試験評価は十分だろうか？　省察的記述には、何が必要か？　パフォーマンスアセスメントはどうするのか？
- 成績の基礎資料となる以上の、また、実際に、学習のプロセスを高めるためには、どのようなフィードバック、課題を与えることができるか？

4．あなたは、どのようにして、そこへたどり着こうとしているのですか？

　積極的な学習の理念を、省察的な学習行動を選択し、発展させましょう。

- どのようにして、学生は、内容、すなわち、必要な情報や概念を得るのだろうか？
- どのような「する」「気づく」といった経験が学生に必要か？　学生に、い

くつかの学習目標を同時に追求させることができる豊かな学びの経験をつくることができるか？
- どのような省察的対話が、学生たちに、内容、生活との繋がりを理解させるのを助けるだろうか？──ミニット・ペーパー、毎週のジャーナル、学期末ラーニング・ポートフォリオのような、多種多様な対話を発展させることができるか？

5．誰が、何を手助けするのですか？

資源を見つけましょう。

それぞれの学習目標のために、必要な資源を確認するのを手助けするはずなので、この付録の最後にある表A-1を参照してください。
- 前述の4で挙げられた学習活動を、それぞれサポートするのにどのような資源が学生に必要になるだろうか（また、あなたが入手できるか）？　資源は、人であるかもしれないし、場所、メディアを含むモノとなるかもしれない。

中間段階　構成部分をダイナミックで首尾一貫したまとまりに組み立てること

次の3つの決定は、学習行動の基礎となる計画をつくり出します。次の6．「コースの構成をつくる」は、一番初めになされることが多いでしょう、また、あるときは、その次の7．「教育上の計画を立てる」から始めることもあるでしょう。まず、6．から説明しましょう。なぜなら、常にではありませんが、しばしば、そこから始めるとより意味をなすからです。

6．このコースの主要なトピックは何ですか？

コースのために主題の構成をつくりましょう。
- コースでの主な概念、トピック、テーマを4つ〜7つ確認しましょう。
- それらを適切な順序に並べましょう。
- 可能であれば、諸概念をそれぞれの上に組み立て、概念、トピック、テーマを統合し、完結するようなプロジェクトを導き出してください。

7．学生たちは何をすることが必要なのでしょうか？

望ましい学習のために必要な具体的な学習行動を確認し、それらを教授戦略に効果的に組み入れてください。

- 教授戦略は、具体的な学習行動を組み合わせた特別のシーケンスの中で、おおよそ1～3週間の期間が必要です。
- それぞれ個々の活動は、学生の過去の学習行動に相乗作用的に基づいているとともに、未来の活動の準備となっているべきです。
- 教授戦略の例
  - 中間試験を1、2回挟んだ、授業と課題の読解のひと続き。**学生の活動のシーケンスは、聞く―読む―テスト。**
  - 読解、省察的な記述、クラス全体のディスカッションといった課題の一連（このシーケンスは、それぞれのトピックで繰り返される）。**学生の活動のシーケンスは、読む―書く―話す**（これのバリエーションは、読む―話す―書くになることもあるだろう）。
  - いくつかのフィールドワーク、または、実験室の作業の観察から始まり、読解やクラス全体のディスカッションが、それに続く。**学生の活動のシーケンスは、実践（あるいは見る）―読む―話す。**（実験室の作業やフィールドワークの記事も時々含まれる。）
  - 講義の後に、フィールドワークや実験室を観察する。**学生の活動のシーケンスは、聞く―見る、または、実践。**
  - 割り当てられた読解を学生にさせ、続いて、個人で、また、小さなグループでミニテストをさせ、グループでの応用プロジェクトに移行させる。**学生の活動のシーケンスは、読む―個人またはグループのテスト―フィードバックとともに「する」の練習。**
  - それぞれ、4～6週後に発展的な段階の一連を乗り越える：知識、スキルの構築、小さな応用プロジェクトに取り組む、そして、より大きなより複雑なプロジェクトに取り組む。**学生の活動のシーケンスは、知る―ノウハウを築く―実践―さらに、実践。**
  - 成績の取り決め―すなわち、Cを得るためには、「テキストを読み、試験に合格する」、Bをとるためには、研究レポートを加える、Aをとるためには、研究レポートと、さらに、発展させたプロジェクトを行うといった基準にそった取り決めを定める。

学習行動の望ましい一連を説明する図をつくることも役に立つはずです。たとえば、図A-1のようになるかもしれない。

8．学習行動の全体的な計画は、何でしょうか？

このとき、授業の構造と授業全体の教授戦略をダイナミックに統合する必要があります。

授業の構造と教育上の戦略のダイヤグラム（図解）をつくること、そして、これら2つの要素を共に働かせる方法を高めるやり方を発見することは手助けになるはずです。そのようなダイヤグラムの1例は、図A-2のようになるかもしれません。この図のダイヤグラムは、1つの可能性をもつ例です。言うまでもなく、これは、あらゆる与えられた授業の状況に合わせて調整する必要があるでしょう。

図A-1　「キャッスルトップ」ダイヤグラムの例

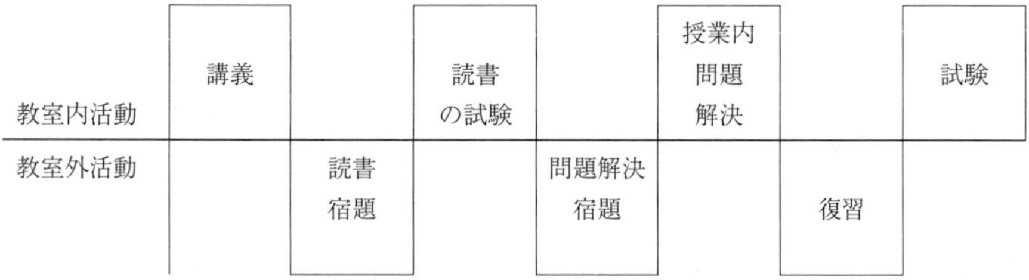
講義
読書
の試験
授業内
問題
解決
試験
教室内活動
教室外活動
読書
宿題
問題解決
宿題
復習

図A-2　戦略と構造のレイアウト

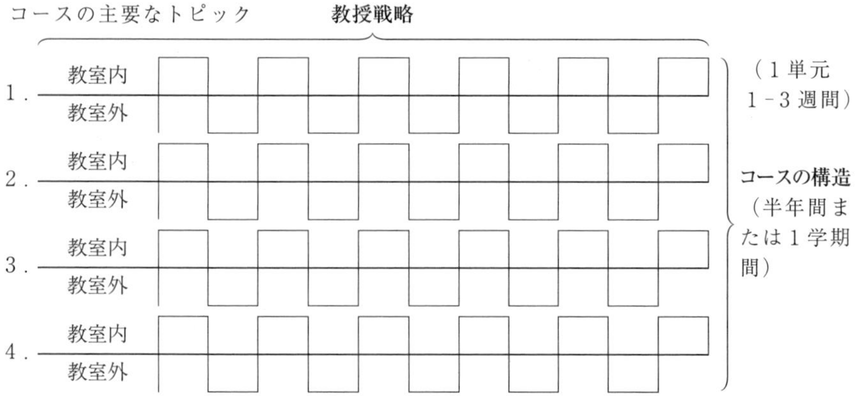
コースの主要なトピック
教授戦略
1．教室内
教室外
2．教室内
教室外
3．教室内
教室外
4．教室内
教室外
（1単元
1-3週間）
コースの構造
（半年間または1学期間）

- 良いコースデザインと計画は、学習の**分化**と**統合**の両方を供給する。

  分化は、主題ごとのひとまとまりの時間内に、日々の学習活動のタイプの多様性の中で、また、1～4までの主題単位で、学習の複雑さとチャレンジの中での発達において、省察を促すに違いありません。

- このプロセスの結果で、学期全体に向けて活動の週ごとの予定を立てる準備をするべきです。この資料の最後にある表A-2は、コース全体の一連の活動、また、全体の予定を立てるのに役立つはずです。このフォームは、1週間あたりの3つのクラスセッションを想定しています。様々な時間の構成を伴う授業のために、必要に応じて調整することができます。これをするとき、役立つであろう、一連の尋ねるべき問題があります。

  どのような活動が、最初に来る必要があるか、すなわち、コースをどのようにして始めるべきか？

  どのような活動で結論付けたいか、すなわち、コースをどう終わらせるべきか？

  コースの中間ではどのような一連の活動を置くべきか？

- 練りに練ったコースの計画は非常に重要です。しかし、また、それは、ただの計画に過ぎないということを心にとめておくことも大切です。すべての計画のように、それは、フレキシブルである必要があり、それが実行されるとき変化しやすいものである必要があります。

最終段階　重要な詳細を大事にすること

9. どのようにして、**成績**をつけていくのですか？

成績をつけるシステムを発達させましょう。

- 学習目標と学習行動のすべての領域を反映させるべきです（覚えておいてください。すべてを評価する必要はありません。しかし、あなたが学生に維持してほしい、すべての学習の事実を評価することをしなければならない）。
- コース評価上のそれぞれの項目のウェイトは、その活動の重要性に、比例していなければならない。

10. どのように**間違って**しまうのでしょうか？

コースの、この「最初の草案」を分析し、アセスメントすることによって、

計画を修正しましょう。
- 良いコースデザインのための一般的な基準
    - ある状況に応じたファクターの綿密な分析に基づいているか？
    - より高いレベルの学習目標を含んでいるか？
    - フィードバックや課題活動は教育に役立つ評価の原理を反映しているか？
    - 4つの要素は上手く統合されているか？
- 起こりうる物理的な問題
    - 学生は、教室外での課題をする時間があるだろうか？
    - 学生は、必要な資源を手に入れることができるだろうか？（たとえば、何人の学生が、同時に、図書館の予約で文献を手に入れようとするだろうか？ 必要とする学生たちのために、十分な複写があるか？）

11. 学生にあなたが計画していることを知らせましょう。

それでは、今、シラバスを書きましょう。少なくとも、次の点を含めてください。
- 一般的な管理情報　　講師名、オフィスアワー、電話番号など
- コースの目標
- 構成、そして、主要な課題、テスト、プロジェクトの提出日を含めた一連の授業活動
- テキスト、その他の必要とされる文献
- 評価手順
- コースの約束事　　出席、遅刻の扱い、追試験など

12. コースの進み具合を、どのようにして把握するのでしょうか？ うまくいきましたか？

- コース自体の評価、授業パフォーマンスの評価を計画しましょう。
- どのような中間、学期末のフィードバックが必要になるだろうか？
- どのような具体的な疑問をあなたはもっているだろうか？
    - どの程度コース目標が達成されたかについて。
    - 特定の学習活動の有効性について。
    - 学生との効果的な相互作用力について。
- これらの疑問に答えるのに必要な情報をあなたに与える資料は何でしょう

か？
　クラスセッションのビデオテープ、または、オーディオテープ
　学生へのインタビュー、または、アンケート
　外部の観察者
　テストの結果

表A-1　コースデザインのためのワークシート

コースの学習目標	学習過程での学生を評価する手順	学習行動	資　料
1.			
2.			
3.			
4.			
5.			
6.			

表A-2　学習行動のシーケンス

1学期間の各週予定

週	授　業	課　外	授　業	課　外	授　業	課　外
1						
2						
3						
4						
5						
6						
7						
8						
9						
10						
11						
12						
13						
14						
15						
最　終						

付録 B
推奨図書

　ワークショップ後、意義ある学習、コースデザイン、大学教育全般について何か良い参考文献はないかと、高等教育機関の教職員からよく訊ねられます。そのような要望に応えたのが以下に示したリストです。

　もちろん、すべての参考文献を列挙しているわけではありませんが、少なくとも、授業の具体的な側面に関して、有益なアイデアを提供している文献に関する個人的なガイドです。本書で取り上げたいくつかのテーマに沿って、以下の順で推奨図書リストを構成します。

- Ⅰ　意義ある学習に関してのもの
- Ⅱ　コースデザインに関してのもの
- Ⅲ　教授戦略に関してのもの
- Ⅳ　授業に関するその他の重要な側面に関してのもの
　　授業哲学の展開
　　学生との相互作用
- Ⅴ　授業への組織的サポートに関してのもの
- Ⅵ　大学の授業に関するアイデア集に関してのもの

Ⅰ．意義ある学習に関してのもの
　A．学び方を学ぶ
　　1．自発的生涯学習
- Candy, P.C. 1991. *Self-Direction for Lifelong Learning: A Comprehensive Guide to Theory and Practice.* San Francisco: Jossey-Bass.
　　生涯学習に関するアイデアや文献の徹底的なレビューに関するものです。独習や自発的生涯学習に関する小規模な研究プロジェクトの範囲を越えて、学生自身による学生の自発的学習に導くモデルが展開されています。

- Knowles, M. S. 1975. *Self-Directed Learning: A Guide for Learners and Teachers*. New York: Association Press.

  このテーマに関する古典的な著作物です。学習予定と学習戦略を組み立てる個人に焦点をあて解説されています。

2．形式的な質問
- Novak, J. D., and Gowin, D. B. 1984. *Learning How to Learn*. New York: Cambridge University Press.

  著者らは、独自の「知識Ｖダイアグラム」（Knowledge Vee Diagram）を展開しています。そのダイアグラムでは、すべての構造的な質問は、理論構成と方法論との論理的関係に伴って、明らかにされます。また、学生（あるいは専門家）が主題をいかに理解するかを明らかにする１つの方法として、コンセプトマップの価値についても言及しています。

3．優良な学生として

  以下の２冊の編書と『ティーチング・チップス』のレビューの章では、学生が自己制御型学習者になるために必要なモチベーションやスキルを発展させる際に、教員ができることについて、認知心理学に基づいて書かれています。

- Schunk, D. H., and Zimmerman, B. J., eds. 1998. *Self-Regulated Learning: From Teaching to Self-Reflective Practice*. New York: Guilford Press.
- Pintrich, P., ed. 1995. *Understanding Self-Regulated Learning*. New Directions for Teaching and Learning, no. 63. San Francisco: Jossey-Bass.
- Weinstein, C. E., Meyer, D. K., and Van Mater Stone, G. 1999. Teaching Students How to Learn. In *Teaching Tips: Strategies, Research, and Theory for College and University Teachers*, 10th ed., by W. J. McKeachie and others. Boston: Houghton-Mifflin.

Ｂ．関心を向ける
- McKeachie, W. J., and others. 1999. Teaching Values: Should We? Can We? In *Teaching Tips: Strategies, Research, and Theory for College and University Teachers*, 10th ed., by W. J. McKeachie and others.

Boston: Houghton-Mifflin.

　　マッキーチーは、「関心を向ける」ことの価値面と上記文献のタイトルである「価値を教えるべきか、それは可能か」という問いに肯定的に答えています。この著書では、学生が、自分自身の価値観、他者の価値観、個人的・社会的決定に関する倫理的意味に対して、より敏感になれるように教員はサポートする必要がある、と説得的に論じています。

C．人間の特性
- Baxter Magolda, M. 2001. *Making Their Own Way: Narratives for Transforming Higher Education to Promote Self-Development.* Sterling, Va.: Stylus.

　　授業に関する新しい課題へと教員を誘います。つまり、教員は、人生という「作品」に向かって旅立つ学生にとって、良い仲間となる必要があります。

- Shapiro, N. S., and Levine, J. 1999. *Creating Learning Communities.* San Francisco: Jossey-Bass.

　　ラーニングコミュニティ、他者について学習するための強力な手法および他者との相互作用の方法を創造する有効な手法が描かれています。

D．統合化
1．学際的研究

　　以下の2冊は、1つが単著で、もう1つが論文集ですが、学際的学習の重要性と学際研究の手法について言及しています。

- Davis, J. R. 1995. *Interdisciplinary Courses and Team Teaching.* Phoenix, Ariz.: Oryx Press.
- Klein, J. T., and Doty, W. G., eds. 1994. *Interdisciplinary Studies Today.* New Directions for Teaching and Learning, no. 58. San Francisco: Jossey-Bass.

2．ラーニングコミュニティ
- Gabelnick, F., MacGregor, J., Matthews, R. S., and Smith, B. L. 1990. *Learninng Communities: Creating Connections Among Students, Faculty, and Disciplines.* New Directions for Teaching and Learning, no. 41. San Francisco: Jossey-Bass.

　　この論文集の優れた特徴は、統合学習においてなし得る様々な種類の

連関について言及していることです。学生間、教職員と学生、教職員間、そして、科目間での様々な連関について言及されています。
3．サービスラーニング

以下の2つの論文集は、サービスラーニングの影響力に関する公式発表ですが、その影響力を最大限にするサービスラーニングの授業と学習形態の方法に関しても具体的な提案が含まれています。

- Zlotkowski, E., ed. 1998. *Successful Service-Learning Programs: New Models of Excellence in Higher Education*. Bolton, Mass.: Anker.
- Rhoads, R. A., and Howard, J. P. F., eds. 1998. *Academic Service Learning: A Pedagogy of Action and Reflection*. New Directions for Teaching and Learning, no. 73. San Francisco: Jossey-Bass.

E．応用

- Brookfield, S. D. 1991. *Developing Critical Thinkers: Challenging Adults to Explore Alternative Ways of Thinking and Acting*. San Francisco: Jossey-Bass.

「批判的考え方」という魅力的な概念に付与される定義は、数多く存在するという点に注目すべきです。Brookfield は、「批判的考え方」を、(1)仮説を認識し、それに挑戦すること、(2)代替説を探求し、想像すること、と定義づけています。それを踏まえて、学生がその能力を十分に開発できるのに役立つ戦略が描かれています。

- Paul, R. W. 1993. *Critical Thinking: How to Prepare Students for a Rapidly Changing World*. Santa Rosa, Calif.: Foundation for Critical Thinking.

批判的に考えることができる人々に絶対必要なこと、そして、現在、批判的考え方を教えるというやりがいのある仕事を私たちは行っていますが、それが十分に行われていないということを、情熱的に論じています。パートBは、「批判的な考え方を教える方法」というタイトルです。

- Sternberg, R. J., and Spear-Swerling, L., eds. 1996. *Teaching for Thinking*. Washington, D. C.: American Psychological Association.

「考え方」に関する3つの主要な見解が述べられており、「考え方」の多様な形式を学生に教える方法について提案されています。

- McKeachie, W. J., and others. 1999. Teaching Thinking. In *Teaching*

Tips: Strategies, Research, and Theory for College and University Teachers, 10th ed., by W. J. McKeachie and others. Boston: Houghton-Mifflin.

　批判的考え方を伸ばす3つのテクニックを確認できる短い論文です。その3つのテクニックとは、学生のライティングとディスカッションについて、様々な事例に関する問題解決を明示的に強調すること、そして、メタ認知を活性化させるための方法や戦略を言語化することです。

F．基礎的知識
- Marton, F., Hounsell, D., and Entwistle, N., eds. 1997. *The Experience of Learning.* 2nd ed. Edinburgh, Scotland: Scottish Academic Press.

　ヨーロッパの教育に関する研究で明らかになった「深い学習」（deep learning）への関心がきっかけとなり、一連の刺激的な論文が、発表されました。

Ⅱ．コースデザインに関してのもの

A．一般
- Diamond, R. M. 1998. *Designing and Assessing Courses and Curricula: A Practical Guide*, rev. ed. San Francisco: Jossey-Bass.

　インストラクションを体系的に設計するために、教授陣のみならずアカデミックな組織全体と仕事を行った著者自身の幅広い経験が書かれています。コースだけでなく、カリキュラムデザインに焦点を当てた数少ない資料の1つです。

- Wiggins, G., and McTighe, J. 1998. *Understanding by Design.* Alexandria, Va.: Association for Supervision and Curriculum Development.

　当初は、公立学校の教員向けに書かれたものですが、本書と同様の原則に基づいたデザインモデルを提供しています。また、著者らは、教員に一連の良い学習目標の開発を促し、そしてその本質を学習経験の設計に活かすことも促しています。

B．状況要因
- Diamond, R. M. 1998. Gathering and Analyzing Essential Data. In *Designing and Assessing Courses and Curricula: A Practical Guide*,

rev. ed. San Francisco: Jossey-Bass.

　ダイヤモンドは、私が命名した「状況要因」についてのデータを徹底的に収集し、詳細に分析することの重要性を強調しています。彼は、データの収集・分析が、いかにコースデザインに違いをもたらしたのか、数多くの事例を提供しています。

　この他、以下のウェブサイトに学習スタイルに関する情報が含まれています。

ノースカロライナ州立大学 Rich Felder のウェブサイト
http://www2.ncsu.edu/unity/lockers/users/f/felder/public/Learning_Styles.html. Access date: October 14, 2002.
オーストラリアの Neil Fleming のウェブサイト
http://www.vark-learn.com. Access date: October 14, 2002.
コロラドの Charles Bonwell のウェブサイト
http://www.activel-learning-site.com/vark.htm. Access date: October 14, 2002.

C．学習目標の形成

- Wiggins, G., and McTighe, J. 1998. Six Facets of Understanding. In *Understanding by Design*. Alexandria, Va.: Association for Supervision and Curriculum Development.

　「理解」に関する6つの側面が、著者たち独自の新たな一連の学習目標を示しています。その学習目標は、私の「意義ある学習分類」と酷似しています。

- Gardiner, L. 1994. "What are the Critical Competencies? In *Redesigning Higher Education: Producing Dramatic Gains in Student Learning*. ASHE-ERIC Higher Education Report 7. Washington, D.C.: George Washington University.

　ガーディナーは、「批評力」を学習目標として分類していませんが、主導的な立場にある市民やビジネスリーダーのコメントに基づいて、社会が大学の卒業生に求める「批判力」のリストを示しています。

- Bloom, B.S., and Associates. 1956. *Taxonomy of Educational Objectives: Handbook I: Cognitive Domain*. New York: McKay.

　この分類図は、時間の経過にもかかわらず、驚くほど良くできていま

す。個人的な学習法にまさる認知学習に関する6つの主要なカテゴリーが示されています。つまり、知識（記憶）、理解、応用、分析、統合、評価の6つです。

D．教授・学習行動の創造

1．能動的学習一般

- Bonwell, C. C., and Eison, J. A. 1991. *Active Learning: Creating Excitement in the Classroom.* ASHE-ERIC Higher Education Report 1. Washington, D. C.: George Washington University.

  大学の授業に関する専門的な文献において、能動的学習の用語と概念を強固に確立した著書です。

2．経験学習（とくに、小グループでの問題解決手法やケーススタディーについて）

- Michaelsen, L. K., Knight, A. B., and Fink, L. D. 2002. *Team-Based Learning: A Transformative Use of Small Groups for Large and Small Classes.* Westport, Conn.: Praeger.

  「チーム基盤学習」（TBL）は、小グループの授業に関して非常に強力な優れた学習形式です。「テクニック」というよりもむしろ「戦略」であり、この学習形式は「グループ」よりも強力な「チーム」を基盤としたものです。

- Millis, B. J., and Cottell, P. G. 1998. *Cooperative Learning for Higher Education Faculty.* Phoenix, Ariz.: Oryx Press.

  大学の授業で小グループを活用する多様な方法に関する情報を入手できる最も優れた集大成です。

- Christensen, C. R. 1987. *Teaching and the Case Method: Text, Cases, and Readings.* Boston, Mass.: Harvard Business School Press.

  プロフェッショナル・スクールで広く用いられている能動的学習の一形式である「ケースメソッド」を授業に有効に取り入れる提言や事例が示されています。

3．省察的文書

- Zubizarreta, J., ed. 2003. *The Learning Portfolio: Reflective Practice for Improving Student Learning.* Bolton, Mass.: Anker.

  ティーチング・ポートフォリオと同様に、ラーニング・ポートフォリ

オは、自己認識を育て、他者に対して、自分は何を考えているのか伝える非常に強力なツールです。この著書には、ラーニング・ポートフォリオに関するアイデアが描かれており、そのアイデアを用いた様々な事例が示されています。

- Bean, J. C. 1996. *Engaging Ideas: The Professor's Guide to Integrating Writing, Critical Thinking, and Active Learning in the Classroom.* San Francisco: Jossey-Bass.

  ライティングを高等教育における2つの広範な目標――批判的考え方と能動的学習――に結びつける方法が述べられている含蓄深い著作です。アイデアとアドバイスが豊富な優れた資料です。

- Zinsser, W. 1988. *Writing to Learn.* New York: HarperCollins.

  学習ツールだけではなく、アセスメントツールとしてライティングを用いることに関する基本的な議論が整理されています。様々な主題に関する多くの事例を通じて、ライティングは、刺激的で、喜びでもあるということを読者に気づかせます。

E．教育的アセスメントの手順

- Wiggins, G. 1998. *Educative Assessment: Designing Assessments to Inform and Improve Student Performance.* San Francisco: Jossey-Bass.

  学習を審査するだけでなく、学習を高めるという視点をアセスメント手順に取り入れたい場合に、どのようにアセスメント手順を変える必要があるのかが示されているので、きわめて重要な著書です。

- Walvoord, B. E., and Anderson, V. J. 1998. *Effective Grading: A Tool for Learning and Assessment.* San Francisco: Jossey-Bass.

  成績評価の基準と尺度をより明確に、優れたものとする手順を整理するのに、とくに効果的です。また、成績およびアセスメントが、教育過程全体にとって、不可欠な部分となる必要性も示されています。

- Angelo, T. A., and Cross, K. P. 1993. *Classroom Assessment Techniques: A Handbook for College Teachers*, 2nd ed. San Francisco: Jossey-Bass.

  学習アセスメント、学習者に関する情報収集、インストラクションに対する学習者の反応について、50のテクニックを集めた古典です。

Ⅲ. 教授戦略に関してのもの

私の定義では、教授戦略とは、ある特定の連続性を用いた「教授・学習行動」の組み合わせです。この定義を用いると、広範な学習法に関して、教員が用いることのできる十分に発展した教授戦略がいくつかあります。

A. チーム基盤学習（TBL）
- Michaelsen, L. K., Knight, A. B., and Fink, L. D. 2002. *Team-Based Learning: A Transformative Use of Small Groups for Large and Small Classes.* Westport, Conn.: Praeger Press.

  比較的簡単に導入でき、しかも、広範な授業状況で、強力な学習形態を生み出すのに十分洗練されているので、急速に採用されている戦略の1つです。本書に関するウェブサイト：

  http://www.teambasedlearning.org. Access date: October 14, 2002.

B. 問題基盤学習（PBL）

  以下の2つの論文集は、「意義ある学習」の重要な形態を促進するために、具体的に設計された優れた教授戦略について、説明しています。つまり「コース終了後、学び続ける方法」を学ぶことについて述べられています。

- Duch, B. J., Groh, S. E., and Allen, D. E., eds. 2001. *The Power of Problem-Based Learning.* Sterling, Va.: Stylus.
- Wilkerson, L., and Gijselaers, W. H., eds. 1996. *Bringing Problem-Based Learning to Higher Education: Theory and Practice.* New Directions for Teaching and Learning, no. 68. San Francisco: Jossey-Bass.
- 以下の4つのウェブサイトは、問題基盤学習（PBL）に関する有益な情報を提供しており、広く参照されている大学のサイトです。

  http://www.udel.edu/pbl. Access date: October 15, 2002.
  http://www.samford.edu/pbl/pbl_main.html. Access date: October 14, 2002.
  http://edweb.sdsu.edu/clrit/PBL_WebQuest.html. Access date: October 14, 2002.
  http://chemeng.mcmaster.ca/pbl/pbl.htm. Access date: October 16, 2002.

C. 加速学習
- Rose, C., and Nicholl, M. J. 1997. *Accelerated Learning for the Twenty-*

First Century. New York: Dell.

比較的新しい戦略ですが、いくつかの重要な特徴があります。学生が自ら学習する理由に向き合うということから、加速学習は始まるという重要な事実が指摘されています。

Ⅳ．授業に関するその他の重要な側面に関してのもの
A．授業哲学の展開

- Lowman, J. 1995. *Mastering the Techniques of Teaching*, 2nd ed. San Francisco: Jossey-Bass.

  この本は、有益な「秘訣（tips）」を提供するだけでなく、それ以上の内容が含まれています。インタビューや観察にもとづいた著者自身の授業哲学を、多数の優れた教員と共有することの重要性が述べられています。

- Leamnson, R. 1999. *Thinking About Teaching and Learning: Developing Habits of Learning with First Year College and University Students*. Alexandria, Va.: Stylus.

  この本は、「初年次学生の学習習慣を伸ばす」というサブタイトルですが、初年次学生を担当する教員以外にも十分な価値があります。自らの授業哲学をもっと意識し、その哲学をより確固たるものとするために、批判的に検討することの必要性が述べられているという点で、本書はとくに貴重です。

- Brookfield, S. 1995. *Becoming a Critically Reflective Teacher*. San Francisco: Jossey-Bass.

  教員として、自らを検証する準備のある教員に対して、ブルックフィールドは、自らの仕事を批判的に検討するための4つの視点を提供しています。つまり、教員は「自らのキャリア」「学生の視点」「同僚の認識」「理論的文献」という視点から自己を検討すべきです。

B．学生との相互作用
1．リーダーシップと信頼性

- Knight, A. B., *Teacher Credibility*. www.ou.edu/idp/tips/ideas/credibility.html. Access date: October 14, 2002.

この論文は、教員の信頼性に関する概念をとりあげており、学生との相互作用における問題を診断するために、どのように、その概念を使用できるかが示されています。

- Kouzes, J. S., and Posner, B. Z. 1993. *Credibility: How Leaders Gain It and Lose It, Why People Demand It.* San Francisco: Jossey-Bass.

  リーダーシップについての著名な著者のKouzesとPosnerは、Knightが用いた信頼性に関する概念をとりあげ、リーダーシップを発揮したい人が、どう行動すれば良いのかを示しています。教員は、どうリーダーであるかを考えるのに、学生と共に「リーダーの信頼性」に関するこれらの考えを用いることができます。

- Bass, B. M. 1998. *Transformational Leadership: Industrial, Military, and Educational Impact.* Mahwah, N. J.: Erlbaum.

  教員がクラスの状況に応じて適用できるリーダーシップに関するもう1つのモデルです。このモデルは、「理想化による影響」「モティベーションの鼓舞」「知的刺激」、そして「個別の配慮」に基づいています。

2．授業の精神的側面

- Palmer, P. J. 1983. *To Know as We Are Known: A Spirituality of Education.* New York: HarperCollins.

- Palmer, P. J. 1998. *The Courage to Teach: Exploring the Inner Landscape of a Teacher's Life.* San Francisco: Jossey-Bass.

  これらの2冊の本で、パーマーは、教員が「全体性」「連結性」「信心深い教育」「愛情」、そして「誠実」を希求することによって、授業の精神的側面をいかに発展させることができるかを探求しています。

- O'Reilley, M. R. 1993. *The Peaceable Classroom.* Portsmouth, N. H.: Boynton/Cook.

- O'Reilley, M. R. 1998. *Radical Presence: Teaching as Contemplative Practice,* Portsmouth, N. H.: Boynton/Cook.

  O'Reilleyは、授業というものは、熟慮にもとづいた実践の場であり、予言的な営みでもあるという目新しいビジョンを提示しています。そのような見解では、授業は明らかに精神的側面をもつものと考えられます。

V. 授業への組織的サポートに関してのもの
A. 教員業績の評価
- Braskamp, L. A., and Ory, J. C. 1994. *Assessing Faculty Work: Enhancing Individual and Institutional Performance*. San Francisco: Jossey-Bass.

  教員のアセスメントは、個々の教員と教育機関の双方の成長を促す方法でなされるべきである、と提案されています。教員、教育機関双方の希望をともに設定する方法も含まれており、教員のアセスメントを実施する具体的な手続きが示されています。

B. 授業評価
- Fink, L. D. 2002. Improving the Evaluation of College Teaching. In *A Guide to Faculty Development*, edited by K. H. Gillespie. Bolton, Mass.: Anker.

  現在、行われている評価手法を越えるために、授業の多面的側面を検討するための複数の情報源に基づいて、授業評価は行われる必要がある、と論じています。これを実施する具体的な処置も明らかにしています。

- Fink, L. D. 1995. Evaluating Your Own Teaching. In *Improving College Teaching*, edited by P. Seldin and Associates. Bolton, Mass.: Anker.

  良い自己評価の重要性のいくつかの理由を提示した後、本章では、教員が利用可能な5種類の情報を特定し、徹底的な自己評価には、この5つの情報が明らかに必要である、と論じています。

- Knapper, C., and Cannon, P., eds. 2001. *Fresh Approaches to the Evaluation of Teaching*. New Directions for Teaching and Learning, no. 88. San Francisco: Jossey-Bass.

  授業評価の代替案に関するアイデアを提供しています。学生の成果を用いる方法も含まれています（第7章）。

VI. 大学の授業に関するアイデア集に関してのもの
- Davis, B. 1993. *Tools for Teaching*. San Francisco: Jossey-Bass.

  授業の多面的側面に関する非常に有益なアイデア集です。読者が求めるアイデアに関するトピックスとその水準を、簡単に見つけられるように、本書は構成されています。

- McKeachie, W. J., and others. 1999. *Teaching Tips: Strategies, Research, and Theory for College and University Teachers*, 10th ed. Boston: Houghton-Mifflin.

  授業のための秘訣（teaching tips）に関する古典的論文集です。各章には、授業のための秘訣とそのトピックスに関する研究文献のレビューが含まれています。マッキーチは、大学の授業に関する現代的な考え方をアイデアに反映させ、現状に合わせるために、何年もの間、新版ごとに各章のトピックスを修正するという優れた業績をあげています。

- 良い授業や学習に関するアイデア集は、以下のウェブサイトにあります。

  http://www.hcc.hawaii.edu/intranet/committees/FacDevCom/guidebk/teachtip/teachtip.htm. 私が見つけたウェブサイトで、授業のための具体的な秘訣を最も大量に収集したものです。

  http://php.indiana.edu/~nelson1/TCHNGBKS.html. インディアナのCraig Nelson は、教育と学習の多様な側面に関する参考文献に関して、印象的な図書目録を編集しました。

  http://www.ou.edu/idp/tips. オクラホマの私のプログラムのウェブサイトは、コースデザイン、学生との相互作用、教育や学習のアセスメントなどに関する材料を提供しています。

参考文献

Accreditation Board for Engineering and Technology (ABET). 1998. *Criteria 2000.* 3rd ed. Baltimore: ABET.
Alverno College Faculty. 1994. *Student Assessment-as-Learning at Alverno College.* Milwaukee, Wis.: Alverno College.
American Association of Colleges for Teacher Education (AACTE). 2000. Students Learn More from National Board-Certified Teachers. *Briefs* (AACTE Newsletter), 21(15): 1. (Full report on this study available online: http://new.nbpts.org/press/valstudy.pdf.Access date: Aug. 29, 2002.)
American Historical Association. 1998. "AHA Statement on Excellent Classroom Teaching of History." *Perspectives* (AHA Newsletter), 36(4): 11-12.
Amiran M. R., with the General College Program Assessment Committee. 1989. *The GCP and Student Learning: A Report to the Campus,* Fredonia: State University College of New York at Fredonia.
Angelo, T. A., and Cross, K. P. 1993. *Classroom Assessment Techniques: A Handbook for College Teachers.* 2nd ed. San Francisco: Jossey-Bass.
Annis, L., and Jones, G. 1995. Student Portfolios: Their Objectives, Development and Use. In *Improving College Teaching,* by P. Seldin and Associates. Bolton, Mass.: Anker.
Association of American Colleges (AAC). 1985. *Integrity in the College Curriculum: A Report to the Academic Community.* Washington, D. C.: AAC.
Barr, R. B., and Tagg, J. 1995. From Teaching to Learning: A New Paradigm for Undergraduate Education. *Change,* 27(6): 13-25.
Barzun, J., and Graff, H. F. 1992. *The Modern Researcher.* 5th ed. Boston: Houghton Mifflin.
Bass, B. M. 1984. *Transformational Leadership and Performance Beyond Expectations.* Boston: Harvard Business School Press.
——, 1994, *Improving Organizational Effectiveness Through Transformational Leadership.* Thousand Oaks, Calif.: Sage.
——. 1998. *Transformational Leadership: Industrial, Military, and Educational Impact.* Mahwah, N. J.: Erlbaum.
Baxter Magolda, M. 1992. *Knowing and Reasoning in College: Gender-Related Patterns in Students' Intellectual Development.* San Francisco: Jossey-Bass.
——. 1999. *Creating Contexts for Learning and Self-Authorship: Constructive-Developmental Pedagogy.* Nashville, Tenn.: Vanderbilt University Press.
——. 2001., *Making Their Own Way: Narratives for Transforming Higher Education to Promote Self-Development.* Sterling, Va.: Stylus.
Bean, J. C. 1996. *Engaging Ideas: The Professor's Guide to Integrating Writing, Critical Thinking, and Active Learning in the Classroom.* San Francisco: Jossey-Bass.
Beaudry, M. I. 2000. How Much Content? Are We Asking the Wrong Question? *National Teaching and Learning Forum,* 9 (4): 1-4.
Bergquist, W. H., Gould, R. A., and Greenberg, E. M. 1981. *Designing Undergraduate Education.* San Francisco: Jossey-Bass.

Berlo, D. K., Lemert, J. B., and Mertz, R. J. 1969. Dimensions for Evaluating the Acceptability of Message Sources. *Public Opinion Quarterly*, 33: 563-76.

Blackburn, R. T., Pellino, G. R., Boberg, A., and O'Connell, C. 1980. Are Instructional Improvement Programs Off Target? *Current Issues in Higher Education*, 2 (1): 32-48.

Bloom, B. S., ed. 1956. *Taxonomy of Educational Objectives. The Classification of Educational Goals. Handbook I: Cognitive Domain.* New York: McKay.

Boice, R. 1992. *The New Faculty Member.* San Francisco: Jossey-Bass.

Bonwell, C. C. 1992-93. Risky Business: Making Active Learning a Reality. *Teaching Excellence*, 4 (3): entire issue. Available from POD Network in Higher Education, P. O. Box 9696, Ft. Collins CO 80525.

Bonwell, G. G., and Eison, J. A. 1991. *Active Learning: Creating Excitement in the Classroom.* ASHEERIC Higher Education Report 1. Washington, D. C.: George Washington University.

Boud, D., and Feletti, G. 1998. *The Challenge of Problem Based Learning.* 2nd ed. London: Kogan Page.

Boyd, T. 1997. On Learning and Love. *Spotlight on Teaching*, 17 (2). Available online: http://www.ou.edu/idp/newsletters/archive/d2.html. Access date: October 14, 2002.

Boyer, E. L. 1990. *Scholarship Reconsidered: Priorities of the Professoriate.* Princeton, N. J.: Carnegie Foundation for the Advancement of Teaching.

Braskamp, L. A., and Ory, J. C. 1994. *Assessing Faculty Work: Enhancing Individual and Institutional Performance.* San Francisco: Jossey-Bass.

Brookfield, S. D., ed. 1985. *Self-Directed Learning: From Theory to Practice.* New Directions for Adult and Continuing Education, no. 25. San Francisco: Jossey-Bass.

———. 1995. *Becoming a Critically Reflective Teacher.* San Francisco: Jossey-Bass.

Bruner, J. S. 1960. *The Process of Education.* Cambridge, Mass.: Harvard University Press.

———. 1966. *Toward a Theory of Instruction.* Cambridge, Mass.: Harvard University Press.

Calderon, J. 1999. Making a Difference: Service-Learning as an Activism Catalyst and Community Builder. *AAHE Bulletin*, 52 (1): 7-9.

Campbell, W. E., and Smith K. A., eds. 1997. *New Paradigms for College Teaching.* Edina, Minn.: Interaction Book Company.

Campus Compact. 1998. *Wingspread Declaration on the Civic Responsibilities of Research Universities.* Available online: http://www.compact.org/civic/Wingspread/Wingspread.html. Access date: October 14, 2002.

Candy, P. C. 1991. *Self-Direction for Lifelong Learning: A Comprehensive Guide to Theory and Practice.* San Francisco: Jossey-Bass.

Carnevale, A. P., Johnson N. C., and Edwards, A. R. 1998, April 10, Performance-Based Appropriations: Fad or Wave of the Future? *Chronicle of Higher Education*, p. B6.

Cashin, W. E., and Clegg, V. L. 1994. Periodicals Related to College Teaching. IDEA Paper no. 28. Manhattan, Kans.: Center for Faculty Evaluation and Development, Kansas State University.

Cassel, J. F., and Congleton, R. J. 1993. *Critical Thinking: An Annotated Bibliography.* Metuchen, N. J.: Scarecrow Press.

Collingwood, R. G. 1993. *The Idea of History.* rev. ed. New York: Oxford University

Press.

Cooper, P. J., and Simonds, C. 1998. *Communication for the Classroom Teacher*. 6th ed. Boston: Allyn & Bacon.

Courts, P. L., and McInerney, K. H. 1993. *Assessment in Higher Education: Politics, Pedagogy, and Portfolios*. Westport, Conn.: Praeger.

Covey, S. R. 1990. *The Seven Habits of Highly Effective People*. New York: Simon & Schuster.

Creech, W. L. 1994. *The Five Pillars of TQM*. New York: Plume.

Cross, K. P. 2001. Leading-Edge Efforts to Improve Teaching and Learning: The Hesburgh Awards. *Change Magazine*, 33 (4): 30–37.

Csikszentmihalyi, M. 1990. *Flow: The Psychology of Optimal Experience*. New York: Harper-Collins.

———. 1996. *Creativity: Flow and the Psychology of Discovery and Invention*. New York: Harper-Collins.

———. 1997. *Finding Flow: The Psychology of Engagement with Everyday Life*. New York: Harper-Collins.

Davis, B. 1993. *Tools for Teaching*. San Francisco: Jossey-Bass.

Davis, J. R. 1993. *Better Teaching, More Learning*. Phoenix, Ariz.: Oryx Press.

———. 1995. *Interdisciplinary Courses and Team Teaching*. Phoenix, Ariz.: Oryx Press.

Diamond, N. A. 2002. Small Group Instructional Diagnosis: Tapping Student Perceptions of Teaching. In *A Guide to Faculty Development*, edited by K. H. Gillespie. Bolton, Mass.: Anker.

Diamond, R. M. 1998. *Designing and Assessing Courses and Curricula: A Practical Guide*. rev. ed. San Francisco: Jossey-Bass.

Dolence, M. G., and Norris, D. M. 1995. *Transforming Higher Education: A Vision for Learning in the Twenty-First Century*. Ann Arbor, Mich.: Society for College and University Planning.

Duch, B. J., Groh, S. E., and Allen, D. E., eds. 2001. *The Power of Problem-Based Learning*. Sterling, Va.: Stylus.

Duderstadt, J. J. 1999. Can Colleges and Universities Survive the Information Age? In *Dancing with the Devil*, edited by R. N. Katz. San Francisco: Jossey-Bass.

Education Commission of the States (ECS). 1994. *Quality Assurance in Undergraduate Education: What the Public Expects*. Denver, Colo.: ECS.

Ellis, D. B. 2000. *Becoming a Master Student*. 9th ed. Boston: Houghton Mifflin.

Enos, S. 1999. A Multicultural and Critical Perspective on Teaching Through Community: A Dialogue with Jose Calderon of Pitzer College. In *Cultivating the Sociological Imagination: Concepts and Models for Service-Learning in Sociology*, edited by J. Ostrow, G. Hesser, and S. Enos. Washington, D. C.: American Association of Higher Education.

Farrington, G. E. 1999. The New Technologies and the Future of Residential Undergraduate Education. *Educom Review*, 34 (4).

Fink, L. D. 1984. *Te First Year of College Teaching*. New Directions for Teaching and Learning, no. 17. San Francisco: Jossey-Bass.

———. 1995. Evaluating Your Own Teaching. In *Improving College Teaching*, by P. Seldin and Associates. Bolton, Mass.: Anker.

———. 2001. Improving the Evaluation of College Teaching. In *A Guide to Faculty*

Development, edited by K. H. Gillespie. Bolton, Mass.: Anker.

Flanigan, M. 2000. How to Create Writing Assignments for Students That You Actually Look Forward to Reading. *Innovation*, (4): 89–92. (An annual publication by Nottingham Trent University, England.)

Gabelnick, F., MacGregor, J., Matthews, R. S., and Smith, B. L. 1990. *Learning Communities: Creating Connections Among Students, Faculty, and Disciplines.* New Directions for Teaching and Learning, no. 41. San Francisco: Jossey-Bass.

Gardiner, L. 1994. *Redesigning Higher Education: Producing Dramatic Gains in Student Learning.* ASHE-ERIC Higher Education Report 7. Washington, D. C., George Washington University.

Gardner, J. N., and Jewler, A. J. 1999. *Your College Experience: Strategies for Success.* 4th ed. Belmont, Calif.: Wadsworth.

Gibbs, G. P. 1992. *Improving the Quality of Student Learning.* Oxford, England: Oxford Centre for Staff Development, Oxford Brookes University.

———. 1993, April. Deep Learning, Surface Learning. *AAHE Bulletin*, pp. 10–11.

Goleman, D. 1995. *Emotional Intelligence.* New York: Bantam Books.

———. 1998. *Working with Emotional Intelligence.* New York: Bantam Books.

Gower, B. 1997. *Scientific Method: An Historical and Philosophical Introduction.* New York: Routledge.

Grow, G. 1991. Teaching Learners to Be Self-Directed. *Adult Education Quarterly*, 41 (3): 125–149.

Halpern, D., ed. 1994. *Changing College Classrooms: New Teaching and Learning Strategies in an Increasingly Complex World.* San Francisco: Jossey-Bass.

Healey, M. 1998. Developing and Disseminating Good Educational Practices: Lessons from Geography in Higher Education. Paper presented to the International Consortium for Educational Development in Higher Education's 2nd International Conference. Austin, Tex.

Heifitz, R. A. 1994. *Leadership Without Easy Answers.* Cambridge, Mass.: Harvard University Press.

Heller, S. 1989, October 11. More Than Half of Students in Survey Flunk History and Literature Test. *Chronicle of Higher Education*, p. A15.

Hestenes, D. 1999. Modeling Instruction Program. Available online: http://modeling.la.asu.edu/modeling.html. Access date: Aug. 29, 2002.

Jacoby, B. 1996. *Service-Learning in Higher Education: Concepts and Practices.* San Francisco: Jossey-Bass.

Jenkins, A. 1996. Discipline-Based Educational Development. *International Journal for Academic Development*, 1 (1): 50–62.

Johnson, D. W., Johnson, R. T., and Smith, K. A. 1991. *Cooperative Learning: Increasing College Faculty Instructional Productivity.* ASHE-ERIC Higher Education Reports, #4. Washington, D. C.: School of Education and Human Development, George Washington University.

Kegan, R. 1994. *In Over Our Heads: The Mental Demands of Modern Life.* Cambridge, Mass.: Harvard University Press.

Klein, J. T., and Doty, W. G., eds. 1994. *Interdisciplinary Studies Today.* New Directions for Teaching and Learning, no. 58. San Francisco: Jossey-Bass.

Klein, J. T., and Newell, W. 1996. Advancing Interdisciplinary Studies. In *Handbook of*

the *Undergraduate Curriculum*, edited by J. G. Gaff and J. L. Ratcliff. San Francisco: Jossey-Bass.
Knowles, M. S. 1975. *Self-Directed Learning: A Guide for Learners and Teachers*. New York: Association Press.
Kolar, R. L., Muraleetharan, K. K., Mooney, M. A., and Vieux, B. E. 2000. Sooner City-Design Across the Curriculum. *Journal of Engineering Education*, 89 (1): 79–87.
Kotter, J. P. 1996. *Leading Change*. Boston: Harvard Business School Press.
Kouzes, J. S., and Posner, B. Z. 1993. *Credibility: How Leaders Gain It and Lose It, Why People Demand It*. San Francisco: Jossey-Bass.
Kuh, G. D. 2001. Assessing What Really Matters to Student Learning: Inside the National Survey of Student Engagement. *Change Magazine*, 33 (3): 10–17, 66.
Lazerson, M., Wagener, U., and Shumanis, N. 2000. Teaching and Learning in Higher Education, 1980–2000. *Change Magazine*, 32 (3): 13–19.
Lindbergh, C. A. 1927. *We*. New York: Putnam.
———. 1953. *The Spirit of St. Louis*. New York: Scribner.
Martinez, M. 1998. Intentional Learning and Learning Orientations. Available online: http://Mse.byu.edu/projects/elc/ilsum.htm. Access date: Aug. 29, 2002.
Marton, F., Hounsell, D., and Entwistle, N., eds. 1984. *The Experience of Learning*. 1st ed. Edinburgh, Scotland: Scottish Academic Press.
Marton, F., Hounsell, D., and Entwistle, N., eds. 1997. *The Experience of Leaning*. 2nd ed. Edinburgh, Scotland: Scottish Academic Press.
McKeachie, W. J., and others. 1999. *Teaching Tips: Strategies, Research, and Theory for College and University Teachers*. 10th ed. Boston: Houghton-Mifflin.
McLeish, J. 1968. *The Lecture Method*. Cambridge, England: Cambridge Institute of Education.
Mentkowski, M. 1999. *Learning That Lasts*. San Francisco: Jossey-Bass.
Meyers, C., and Jones, T. B. 1993. *Promoting Active Learning: Strategies for the College Classroom*. San Francisco: Jossey-Bass.
Mezirow, J. 1985. A Critical Theory of Self-Directed Learning. In *Self-Directed Learning*, edited by S. Brookfield. New Directions for Continuing Education, no. 25. San Francisco: Jossey-Bass.
Michaelsen, L. K., Knight, A. B., and Fink, L. D. 2002. *Team-Based Learning: A Transformative Use of Small Groups for Large and Small Classes*. Westport, Conn.: Bergin & Garvey.
Millis, B. J., and Cottell, P. G. 1998. *Cooperative Learning for Higher Education Faculty*. Phoenix, Ariz.: Oryx Press.
National Association of State Universities and Land-Grant Colleges (NASULGC). 1997. *Returning to Our Roots: The Student Experience*. Washington, D. C.: NASULGC.
National Institute of Education (NIE). 1984. *Involvement in Learning: Realizing the Potential of American Higher Education*. Washington, D. C.: NIE.
National Science Foundation(NSF). 1996. *Shaping the Future: New Expectations for Undergraduate Education in Science, Mathematics, Engineering and Technology*. Washington, D. C.: NSF.
Novak, J. D. 1998. *Learning, Creating and Using Knowledge*. Mahwah, N. J.: Erlbaum.
Novak, J. D., and Gowin, D. B. 1984. *Learning How to Learn*. New York: Cambridge University Press.

O'Reilley, M. R. 1993. *The Peaceable Classroom*. Portsmouth, N. H.: Boynton/Cook.
———. 1998. *Radical Presence: Teaching as Contemplative Practice*. Portsmouth, N. H.: Boynton/Cook.
Palmer, P. J. 1983. *To Know as We Are Known: A Spirituality of Education*. New York: Harper-Collins.
———. 1998. *The Courage to Teach: Exploring the Inner Landscape of a Teacher's Life*. San Francisco; Jossey-Bass.
Paul, R. W. 1993. *Critical Thinking: How to Prepare Students for a Rapidly Changing World*. Santa Rosa, Calif.: Foundation for Critical Thinking.
Paul, R., Elder, L., and Bartell, T. 1997. *California Teacher Preparation for Instruction in Critical Thinking: Research Findings and Policy Recommendations*. Sonoma, Calif.: Foundation for Critical Thinking.
Paul, S. J., Teachout, D. J., Sullivan, J. M., Kelly, S. N., Bauer, W. I., and Raiber, M. A. 2001. Authentic-Context Learning Activities in Instrumental Music. *Journal of Research in Music Education*, 49 (2): 136–145.
Pintrich, P. R. 1994. Student Motivation in the College Classroom. In *Handbook of College Teaching*, edited by K. W. Prichard and R. McLaran Sawyer. Westport, Conn.: Greenwood.
Pintrich, P., ed. 1995. *Understanding Self-Regulated Learning*. New Directions for Teaching and Learning, no. 63. San Francisco: Jossey-Bass.
Porter, L. W., and McKibbin, L. E. 1988. *Management Education and Development: Drift or Thrust into the Twenty-First Century?* New York: McGraw-Hill.
Rhoads, R. A., and Howard, J. P. F. 1998. *Academic Service Learning: A Pedagogy of Action and Reflection*. New Directions for Teaching and Learning, no. 73. San Francisco: Jossey-Bass.
Roberts, M. 1997. *The Man Who Listens to Horses*. New York: Random House.
———. 2001. *Horse Sense for People*. New York: Viking.
Rose, C., and Nicholl, M. J. 1997. *Accelerated Learning for the Twenty-First Century*. New York: Dell.
Sabatini, D. A., and Knox, R. C. 1999. Results of a Student Discussion Group on Leadership Concepts. *Journal of Engineering Education*, 88 (4): 185–188.
Saunders, P. 1980, Winter. The Lasting Effects of Introductory Economics Courses. *Journal of Economic Education*, 12: 1–14.
Schmidt, P. 2000, Oct. 6. Faculty Outcry Greets Proposal for Competency Tests at University of Texas. *Chronicle of Higher Education*, p. A35.
Schön, D. A. 1983. *The Reflective Practitioner: How Professionals Think in Action*. New York: Basic Books.
———. 1987. *Educating the Reflective Practitioner: Toward a New Design for Teaching and Learning in the Professions*. San Francisco: Jossey-Bass.
Schunk, D. H., and Zimmerman, B. J., eds. 1998. *Self-Regulated Learning: From Teaching to Self-Reflective Practice*. New York: Guilford Press.
Schwab, J. J. 1962. *The Teaching of Science as Enquiry*. Cambridge, Mass.: Harvard University Press.
Shapiro, N. S., and Levine, J. 1999. *Creating Learning Communities*. San Francisco: Jossey-Bass.
Smith, F. 1998. *The Book of Learning and Forgetting*. New York: Teacher's College

Press.
Spence, L. 2001. The Case Against Teaching. *Change Magazine*, 33 (6): 10-19.
Sternberg, R. J. 1989. *The Triarchic Mind: A New Theory of Human Intelligence*. New York: Penguin.
Sutherland, T. E., and Bonwell, C. C., eds. 1996. *Using Active Learning in College Classes: A Range of Options for Faculty*. New Directions for Teaching and Learning, no. 67. San Francisco: Jossey-Bass.
Svinicki, M., ed. 1999. *Teaching and Learning on the Edge of the Millennium: Building on What We Have Learned*. New Directions for Teaching and Learning, no. 80. San Francisco; Jossey-Bass.
Thelen, H. A. 1960. *Education and the Human Quest*. New York: HarperCollins.
Tough, A. 1979. *The Adult's Learning Projects: A Fresh Approach to Theory and Practice in Adult Learning*. 2nd ed. Research in Education Series no. 1, Ontario Institute for Studies in Education. Austin, Tex.: Learning Concepts.
Vaill, P. B. 1996. *Learning as a Way of Being*. San Francisco: Jossey-Bass.
——. 1998. *Spirited Leading and Learning*. San Francisco: Jossey-Bass.
"Virtual" Institutions Challenge Accreditors to Devise New Ways of Measuring Quality. 1999, Aug. 6. *Chronicle of Higher Education*, pp. A29-30.
Walvoord, B. E., and Anderson, V. J. 1998. *Effective Grading: A Tool for Learning and Assessment*. San Francisco: Jossey-Bass.
Weimer, M. 1993. The Disciplinary Journals on Pedagogy. *Change Magazine*, 25 (6): 44-51.
Weimer, M., Parrott, J. L., and Keens, M. M. K. 1988. *How Am I Teaching? Forms and Activities for Acquiring Instructional Input*. Madison, Wis.: Atwood.
Wiggins, G. 1998. *Educative Assessment: Designing Assessments to Inform and Improve Student Performance*. San Francisco: Jossey-Bass.
Wilkerson, L., and Gijselaers, W. H, eds. 1996. *Bringing Problem-Based Learning to Higher Education: Theory and Practice*. New Directions for Teaching and Learning, no. 68. San Francisco: Jossey-Bass.
Wlodkowski, R. J. 1999. *Enhancing Adult Motivation to Learn: A Comprehensive Guide for Teaching All Adults*. rev. ed. San Francisco: Jossey-Bass.
Wright, B. D. 2001. The Syracuse Transformation: On Becoming a Student-Centered Research University. *Change Magazine*, 33 (4): 39-45.
Zimmerman, B. J., and Schunk, D. H., eds. 1989. *Self-Regulated Learning and Academic Achievement: Theory, Research, and Practice*. New York: Springer-Verlag.
Zinsser, W. 1988. *Writing to Learn*. New York: Harper Collins.
Zlotkowski, E., ed. 1998. *Successful Service-Learning Programs: New Models of Excellence in Higher Education*. Bolton, Mass.: Anker.
Zubizarreta, J., ed. 2003. *The Learning Portfolio: Reflective Practice for Improving Student Learning*. Bolton, Mass.: Anker.

高等教育におけるパラダイム転換への対応 ── 訳者解説にかえて

　本書は L. Dee Fink, *Creating Significant Learning Experiences: An Integrated Approach to Designing College Courses*（San Francisco: Jossey-Bass, 2003）の全訳である。本書のタイトルを『学習経験をつくる大学授業法』とした。

　原著者フィンク博士は、大学教育における授業コンサルタントとして約25年の豊富な経験を有し、1979年オクラホマ大学教授開発プログラムを創設した。2002年、北米最大のファカルティ・ディベロプメント組織・POD ネットワーク（Professional and Organizational Development Network in Higher Education）会長も歴任した。

　2010年1月25日、第9回東北大学高等教育講演会「学士課程教育の体系化をどう進めるか ── 学修の系統化と大学院の接続」が開催された。そこでは、中央教育審議会答申『学士課程教育の構築に向けて（答申）』（2009年12月）の基本理念である各大学の個性に応じたアドミッション、カリキュラム、ディプロマの3つのポリシーの方針の明確化と整合性を受けて、中教審専門委員として、この答申の作成に当たった神戸大学川嶋太津夫教授による基調講演「高等教育のパラダイム転換と学習成果重視のアプローチ」があった。同講演では、現状の日本の大学が直面する課題、そして海外における先進的な取り組みが紹介された。「大学を取巻く環境変化と大学改革の課題」について、高等教育のパラダイム転換の必要性が提唱された。たとえば、ユニバーサル化→多様化、少子化→大学全入、グローバル化→同等性・比較可能性、知識基盤社会→コンピテンス、ポートフォリオ社会→ポータビリティ APL、アカウンタビリティ→付加価値へとベクトルが大きく転換されている事実が指摘され、高等教育の質の保証のためには高等教育におけるパラダイム転換が不可欠であることが述べられた。そこでは、教員本位→学生本位、ティーチング→ラーニング、インプット→アウトカムへと転換される。

　学生像の変化についても、「入学時に明確な将来の進路を考えた学部選択」→「入学時に将来の進路は不明確」、「入試によって基本的な学力保証」→「入試での学力保証は困難」、そして「学生の能力・意欲は一様」→「学生の能力・意欲は多様」へと変わっている現状が紹介された。アウトカムとは、学生が身につけた知識やスキル、態度、価値観など、論文引用指数（インパクト）、教員の能力改善など、学生の学修と成長、成功などである。すなわち、アウトカムを重視し

たカリキュラムデザインへの転換、さらに、アウトカムを重視した学習では能動的学習が不可欠であることが強調された。

以上のように、日本では高等教育におけるパラダイム転換と学習成果重視へのアプローチが重要な課題となっている。しかし、これをどのように推し進めていくべきか、未だ、模索中である。その点から考えれば、本書は、まさしく「救世主」的な専門書である。

本書では、「どうすれば学生に意義ある学習経験をさせる授業が創れるか」と考える多くの教員の抱える根本的な問題に焦点を当てている。この重要な問題を解決するために、著者は、教員に対して、内容中心アプローチから学習中心アプローチへの転換を主張している。そして、「どのような学習が学生にとって意義があり、そのような学習をどのようにつくり出すことができるか」を明らかにしている。

著者は、いくつかの概念あるいは取り組み方法を提供し、それらがすべての教員にとって、コースデザインするうえで、きわめて重要であると位置づけている。また、大学教育におけるこれまでの能動的学習や教育的アセスメントの重要性に加えて、新たに、意義ある学習分類や教授上の戦略概念を加え、これらをどのように体系的に結合させるかが、学生の意義ある学習経験に繋がると主張している。このようなコースデザインのプロセスを理解することで、教員は多様な状況における意義ある学習コースを創造的にデザインする能力を身につけることができるようになると述べている。

さらに、多様な高等教育組織についても、優れたティーチングをより効果的に支援するために、何ができるかについても価値ある提言をしている。教員が教育変革に興味をもつ、6つの鍵となる重要性にもとづいて、いくつかの具体的な実践をカレッジおよび大学の意思決定者、大学認定機関、財政機関、ティーチングに関するジャーナル、そして専門協会の関係者に明らかにしている。

本書は、高等教育がどうあるべきかという刺激的な視点に対して、それを現実的なものにするための実践的な助言もしている。学生を学習に巻き込む授業方法へと転換することを強調している点に大きな特徴があり、教員の授業方法に対して再考を促している。本書は、原著書出版社で15,000部以上を売り上げるほどの、高等教育分野の専門書としてのベストセラーとなっている。

本書の中でも、高等教育における教授法について、パラダイム転換を促した著者は多く現れ、アメリカの教育界はすでに大きな転換期に差しかかったと説いて

337

いる。それは、学校教育での教育の生産（ティーチング・パラダイム）から学習の生産（ラーニング・パラダイム）への転換であると指摘している。たとえば、高等教育では、ほとんどの教員が、内容中心パラダイムと呼ばれるものをいまだに教えているが、このようなパラダイムでは、教員は、学生が授業に含まれるトピックや内容について、何を学ぶべきかを問題にしているに過ぎないと述べている。たとえば、トピックA、B、C、Dのようである。対照的に、本書が取り上げる意義ある学習分類においては、学習中心パラダイムを主張している。このパラダイムでは、教員は、学生が学習の異なる種類について説明することによって、学ぶべきであることを問題にする。たとえば、学び方を学ぶ、関心を向ける、人間の特性、統合、応用、基礎的知識などである。これらの2つのパラダイムは、対照的な方法で作動している。内容中心パラダイムでは、教員は、限られた時間内にどれだけのことを網羅できるかの問題にいつも直面する。新しい研究に関しての頻繁な刊行は、ますます、多くの詳細さとトピックの網羅の必要性に追い立てる。これは、教科書のとどまるところを知らないサイズの厚さにも明らかに反映されている。これは、教育が伝統的なトピックA、B、Cをカバーする必要性だけでなく、トピックD、E、F、それ以上のことを網羅する必要性を感じさせる学習中心パラダイムとは、異なった方向に教員を向ける。

著者はコースデザインについて興味ある指摘をしている。たとえば、教員が、コースをつくる仕事に向かうときのアプローチに、「トピックリスト」と呼ばれるアプローチがあり、とくに、具体的な訓練を受けていない、新しい教員に広く見られるが、経験豊かな教員にも共通している。それは、教員が、主題を見て、それに関する8つから12のトピックのリストをつくり、それぞれのトピックについて、講義をつくり始める。1回か2回の中間試験と最終試験を加えて、コースの準備が完了するというものである。トピックのリストは、教員自身による主題の理解か、または、良いテキストの目次からつくられる。極端な場合は、教員たちは、2冊のテキストを使う。すなわち、1冊のテキストを学生が読むように選択する。2冊目は、より洗練されたテキストであり、教員自身のコースの教材となる。この方法だと、ほんの数分でコースデザインを完了してしまう。

アセスメント方法についても、時代遅れのアセスメント方法を使う教員は、最近の4週間で教えたことをふり返り、学生に次のように言う。「私たちは、XとYとZを勉強してきました。あなたは、それらのことを習得しましたか？」ところが、将来を考えたアセスメント方法では、教員は、XとYとZについて学ん

だことの結果として、将来、学生がどのようにできるようになるかを期待することや、やってほしいことを見通すことになる。たとえば、「人々が、実際に、この知識を使うような状況になったと想像してください。あなたは、XとYとZという知識を使って、これがどのようにできますか？」という具合である。

フィードバックとアセスメントには、2つの大きな違いがあると述べている。1つ目はフィードバックは、授業の成績の一部になることはない。アセスメントだけが、成績の一部になる。2つ目はアセスメントが、学習者に与えられるものであるのに対して、フィードバックは、学習者との対話によってなされるものである。

日本では、EvaluationとAssessmentを共に「評価」として訳してしまう傾向があるが、厳密には異なる。たとえば、アセスメントする（assess）という言葉の語源は、「一緒に座る」という意味があると説明している。つまり、教員の職務内容や教員アセスメントを共同作業で行い、互いに、そこでのプロセスがはっきりわかることが大切であることを強調している。

日本でも学習成果（アウトカム）の重要性が叫ばれ、最近では、初等・中等学校での「学習ポートフォリオ」に対して、大学の学生がまとめる「ラーニング・ポートフォリオ」が注目され、中教審答申でも推奨されている。本書でも、省察的記述のラーニング・ポートフォリオの重要性が提唱されている。たとえば、学生にラーニング・ポートフォリオを作成させるという構想は、省察的記述という考えの自然な発展であると述べている。著者の見解では、ラーニング・ポートフォリオは、近年、出現したより有力な教育的な考えの1つで、とりわけ、効果的なのは、授業計画の主要な構成部分の3つのすべてを、同時に統合し、促進するという事実にある。すなわち、構成部分とは、意義ある学習目標、能動的学習行動、そして教育的フィードバックとアセスメントである（本書の図4-3を参照）。ラーニング・ポートフォリオの中心にある考えは、学生に、選り抜きの学習経験を省察させることである。それは、1つの授業かもしれないし、専攻分野におけるすべての授業かもしれない。あるいは、大学における経験全体であるかもしれない。そして、授業やプログラム終了時に、学生は、学習経験全体の意味を記述し図解した文書をまとめる。一般的に、ポートフォリオは、2つの部分から成り、物語風的な記述と語られた内容を図解し裏付ける様々な巻末資料である。

もし、学生が授業を通して、定期的にミニット・ペーパーや毎週のジャーナルを書くように促されれば、次第に、学習経験について省察し、記述できるように

なる。もし、授業を通して、これらのことを頻繁に行うならば、授業終了時に、ラーニング・ポートフォリオの重要なコレクションとなると述べている。

最後に、教員をサポートする優れた組織的な活動として、「専門家としての自己開発」を加えることを推奨している。すなわち、教員の基本的な3つの仕事（教育、研究、管理運営）を、「職務の四角形」（教育、研究、管理運営、専門能力の開発）にすべきであると提唱している。教員の専門能力は、高等教育機関における他のすべてのものの基礎となるから、教員が継続的に、自分の職務のうちのいくつかの領域の能力を伸ばしていくことは重要である。そのうえで、教員の活動の主要分野を以下のように4つに分類している。

1. **教育活動**
   下記の活動を含む
   - 所属学部での教育活動
   - 大学全体レベルでの教育活動（所属学部外での教育）
   - カリキュラム開発
   - 学生助手やインターンの指導
   - ゼミでの学部生の指導
   - ゼミでの大学院生の指導

2. **研究等の創造的活動**
   下記の活動を含む
   - 外部資金を探す
   - 研究
   - 執筆、学会発表、出版
   - 芸術的創造活動
   - 展覧会、演奏会などの活動

3. **管理運営業務**
   下記の活動を含む
   - 大学での管理運営業務
   - 学会等の運営業務
   - 地域貢献のための活動
   - 大学としての地域貢献活動

4. **専門能力の開発**
   下記の分野での専門的な能力開発を含む

- 教育活動
- 研究（や創作活動）
- 管理運営業務
- 専門家としての自己管理

そのうえで、教員が、下記の4つの基礎的職務分野での職務能力を向上させることができれば、教育の有効性は向上すると提言している。

1. **教育**
    - 基本的なスキル（教えること、討論をリードすること、試験を実施すること）
    - コースデザイン
    - カリキュラムデザイン
    - 学生との対話、接触
    - 大学でおきる変化への対処、大学一般の変化への対処
2. **研究**
    - 外部資金の獲得
    - 書く技術（外部資金を申請する。成果を出版する）
    - 出版戦略の向上
    - 研究者の養成
    - 新しい分野の研究のための勉強
3. **管理運営業務**
    - リーダーシップ
    - 組織変革に参与する方法
    - プレゼンテーションの技術
    - 会議
4. **専門家としての自己啓発**
    - 時間管理とストレス管理
    - 仕事と私生活の間のバランス
    - 仕事の優先順位

これらの多くは、高等教育におけるパラダイム転換への対応を考えるうえで、示唆に富んだ提言であり、日本の大学においても、積極的に取り組んでいくべき課題が多く含まれている。とくに、付録B「推奨図書」は、これから、この分野の研究を深めたい研究者にとっての「宝庫」であり、是非、参照してもらいたい。

本書の翻訳作業は、以下の同僚からの全面的な協力によって完結することができた。第1章を諏訪淳一郎（弘前大学国際交流センター准教授）、第3章を深野政之（一橋大学大学教育研究開発センター特任講師）、第4章を杉山倫也（横浜美術大学美術学部准教授）、第5章を川野卓二（徳島大学大学開放実践センター教授）、第6章を鹿嶋彰（弘前大学国際交流センター准教授）、第7章と付録B（推奨図書）を田宮憲（関西外語大学国際言語学部講師）、付録A（コース計画——最終手引き）を小高さほみ（秋田大学教育文化学部准教授）、監訳者（土持）が残りの第2章、日本語版への序文、序文、著者の紹介を訳した。訳語全体の調整などは監訳者が行ったもので、訳語に不備があるとすれば、その全責任はすべて監訳者が負うものである。

　企画の段階から多くの時間を経過したが、これも偏に監訳者の編集能力の乏しさに起因したもので、関係者に心よりお詫びしたい。本書は、そのタイトルからも明らかなように、学習者中心のためのコースデザインについての手引き書で、新たな専門用語も多く使用されていて翻訳分担者を悩ましたことと推察する。専門用語に関しては、基本的な概念の統一は試みたが、各章は、それぞれの分担者に一任した。原著者は「評価」という表現に配慮し、評価（Evaluation）とアセスメント（Assessment）を区別して用いているので、原書に忠実に、「評価」と「アセスメント」を分けて訳すことにした。手引き書という本書の性格もあり、原著者からの提言もあり、訳文を口語体で統一することにした。

　監訳者と一部を除く、他の分担者の多くは大学における授業改善（FD）とは直接に関係のない研究者で、翻訳上の苦労および献身的な努力に対して、心より謝辞を送るとともに、これを契機にFD活動に積極的に関わっていただければ、望外の幸せである。

　最後になったが、優れたコースデザインに関する本書の出版・編集を担当していただいた玉川大学出版部成田隆昌氏に心より感謝の意を表します。とくに、原書との詳細な照合や図表のチェックなどで多大な労力を賜ったことを追記しておきたい。

　　2011年8月

　　　　　　　　　　　　　　　　　　　帝京大学高等教育開発センター
　　　　　　　　　　　　　　　　　　　　土持ゲーリー法一

訳者（50音順）

鹿嶋　彰　　　　　　弘前大学国際交流センター准教授　　　　　　　　　　第6章

川野　卓二　　　　　徳島大学大学開放実践センター教授　　　　　　　　　第5章

小高　さほみ　　　　秋田大学教育文化学部准教授　　　　　　　　　　　　付録A

杉山　倫也　　　　　横浜美術大学美術学部准教授　　　　　　　　　　　　第4章

諏訪　淳一郎　　　　弘前大学国際交流センター准教授　　　　　　　　　　第1章

田宮　憲　　　　　　関西外国語大学国際言語学部講師　　　　　　第7章、付録B

土持ゲーリー法一　　帝京大学高等教育開発センター長・教授（監訳）
　　　　　　　　　　　　　　　　　日本語版への序文、序文、著者の紹介、第2章

深野　政之　　　　　一橋大学大学教育研究開発センター特任講師　　　　　第3章

監訳者

土持ゲーリー法一（つちもち げーりー ほういち）

1945年、中国撫順市に生まれる。コロンビア大学東アジア研究所研究科修了。コロンビア大学大学院ティーチャーズ・カレッジ（比較教育学専攻）で教育学博士号取得。東京大学大学院で教育学博士号取得。現在、帝京大学高等教育開発センター長・教授。

主な著書：『米国教育使節団の研究』1991年、『新制大学の誕生―戦後私立大学政策の展開』1996年、『戦後日本の高等教育改革政策―「教養教育」の構築』2006年、以上玉川大学出版部刊、『ティーチング・ポートフォリオ―授業改善の秘訣』東信堂、2007年、訳書：マーク・T. オア著『占領下日本の教育改革政策』玉川大学出版部、1993年、他。

高等教育シリーズ 154

学習経験をつくる大学授業法（がくしゅうけいけん　だいがくじゅぎょうほう）

2011年10月15日　初版第1刷発行

著　者―――――L. ディー・フィンク
監訳者―――――土持ゲーリー法一（つちもち げーりー ほういち）
発行者―――――小原芳明
発行所―――――玉川大学出版部
　　　　　　　　〒194-8610　東京都町田市玉川学園6-1-1
　　　　　　　　TEL 042-739-8935　FAX 042-739-8940
　　　　　　　　http://www.tamagawa.jp/introduction/press
　　　　　　　　振替　00180-7-26665

装　幀―――――渡辺澪子
印刷・製本―――藤原印刷株式会社

乱丁・落丁本はお取り替えいたします。
©Tamagawa University Press 2011, Printed in Japan
ISBN978-4-472-40438-2/NDC377